U0936583

珍藏本·增订本

纪念版

汉译世界学术名著丛书

法律与道德

〔波兰〕列昂·彼得拉日茨基 著

于柏华 译

SINCE1897 商务印书馆 The Commercial Press

Leon Petrazycki

LAW AND MORALITY

translated by Hugh W. Babb

本书根据哈佛大学出版社 1955 年版译出

汉译世界学术名著丛书
（120年纪念版·珍藏本）
增订本出版说明

2017年10月，为纪念商务印书馆创立120周年，本馆推出“汉译世界学术名著丛书”（120年纪念版·珍藏本），计七百种。近五六年来，仰赖学界同人倾力支持，订正旧译，增补新译，拓展新著，积累日多。为满足读者需要，本馆在七百种的基础上，继续推出“汉译世界学术名著丛书”（120年纪念版·珍藏本·增订本）三百种。至此，“汉译世界学术名著丛书”累计出版已达千种。

今后，本馆将继续推进丛书的翻译出版工作，在积累单本名著的基础上陆续分辑刊行，汇印出版。为促进中外文明互鉴、推动我国学术发展，使“汉译世界学术名著丛书”这项对我国学术文化有基本建设意义的重大工程发挥更大作用，诚望海内外学术界、翻译界继续给予支持，帮助我们把这套丛书出得更好。

商务印书馆编辑部

2024年2月

汉译世界学术名著丛书
（120 年纪念版·珍藏本）
出 版 说 明

2017 年 2 月 11 日，商务印书馆迎来 120 岁的生日。120 年前，商务印书馆前贤怀揣文化救国的理想，抱持“昌明教育，开启民智”的使命，立足本土，放眼寰宇，以出版为津梁，沟通中西，为中国、为世界提供最富智慧的思想文化成果。无论世事白云苍狗，潮流左右激荡，甚至战火硝烟弥漫，始终践行学术报国之志，无改初心。

迻译世界各国学术名著，即其一端。早在 20 世纪初年便出版《原富》《天演论》等影响至今的代表性著作，1950 年代后更致力于外国哲学和社会科学经典的译介，及至 1980 年代，辑为“汉译世界学术名著丛书”，汇涓为流，蔚为大观。丛书自 1981 年开始出版，历时三十余年，迄今已推出七百种，是我国现代出版史上规模最大、最为重要的学术翻译工程。

丛书所选之书，立场观点不囿于一派，学科领域不限于一门，皆为文明开启以来，各时代、各国家、各民族的思想与文化精粹，代表着人类已经到达过的精神境界。丛书系统译介世界学术经典，引领时代思想，为本土原创学术的发展提供丰富的文化滋养，为推动中国现代学术和现代化进程做出了突出的贡献。

为纪念商务印书馆成立120周年，我们整体推出“汉译世界学术名著丛书”120年纪念版的珍藏本，寄望既利于文化积累，又便于研读查考，同时向长期支持丛书出版的译者、编者和读者致以敬意。

两甲子后的今天，商务印书馆又站在了一个新的历史时间节点上。我们不仅要铭记先辈的身影和足迹，更须让我们的步伐充满新的时代精神。这是商务人代代相传的事业，更是与国家和民族的命运始终紧密相连的事业。我们责无旁贷，必须做好我们这代人的传承与创造，让我们的努力和成果不仅凝聚成民族文化的记忆，还能成为后来人可以接续的事业。唯此，才能不负前贤，无愧来者。

商务印书馆编辑部

2017年10月

目　　录

英译本导读

一、彼得拉日茨基之前的俄国法学

列昂·彼得拉日茨基(Leo J. Petrazhitsky)是俄国20世纪早 xxix
期最著名的法哲学家。[①] 在那个时代,俄国法哲学的历史尽管还不到一百年,却已经明显进入繁荣期,出现不同法学流派,并且大多数学派都有其杰出的法学家。但是,这些学派不过是德国和法国的法学和法哲学中相似学派的映射,它们之间的争论很客气,它们的论辩含有这样的意思,即尽管对手是错的,但它仍然为理解法律这个复杂的现象做出重要贡献。

不过,自从彼得拉日茨基加入进来,局面完全改变了。他清楚地告诉他的学生和同行,已有的所有关于法律的本质和特点的理论完全错了。这是因为,它们都不知道法律的真实性质,它们认为是真实的东西其实不过是幻象,对于"法律中什么是真实的"这个问题,它们甚至没琢磨过。

当然,彼得拉日茨基的这个说法过于夸张了。但正如我们在科学发展史上已经看到的那样,当一个真正具有创造力的头脑成

---

① 尽管如本书的标题页所示,本书作者名字的波兰语拼写是 Leon Petrazycki,但在这本书中我们使用 Petrazhitsky 这个音译,这样能够最清楚地显示他的名字的发音。——英译本出版方注

就了每一个学者都有的梦想(为一个难题提供一种新颖且有前途的解决办法)的时候,经常出现这样的夸张。彼得拉日茨基有这种创造力,并且沿着前人没有尝试过的道路真正为法律哲学的基本问题提供了一个解决方案。

不过,彼得拉日茨基的理论进路的新颖性是相对的。众所周知,人类的每一次革新,不论是技术上的还是文化上的,都有其"文化基础",也就是说都依赖于已有知识,都整合了革新者的前辈们提出的很多想法。为了理解彼得拉日茨基的灵感来源以及人们对他的革新做出的反应,有必要简要回顾一下 1900 年之前俄国的法学和法哲学。①

如同欧陆的其他国家,俄国的法哲学分成了法律理念主义与法律实证主义两大流派。理念主义试图将法律定位于理念世界,并理所当然地认为,作为理念的法律以某种方式反映在人类行动的世界中。实证主义分为社会学实证主义与狭义法律实证主义。社会学实证主义强调,法律位于社会现象之中。狭义法律实证主义则认为,法律是一个自足的规范体系,研究法律应该从"法律之内"着手,而不是像理念主义者那样从"法律之上"着手,或者像法社会学家那样从"法律之外"着手。

在俄国历史上,理念主义比实证主义更早出现。俄国最早以此为主题的作品是库尼钦(A. V. Kunitsin,1783—1841)教授的

---

① 关于俄国法哲学的发展史,参见诺夫哥罗德谢夫(Novgorodtseff)、古尔维奇(Gurvitch)及其他人的文章,2 PHILOSOPHIE UND RECHT(1922),以及 Laserson, *Russische Rechtsphilosophie*, 26 ARCHIV FÜR RECHTS-UND WIRTSCHFTSPHILOSOPHIE(1933)。导读作者在撰写导读的第一节时参考了上述作者的研究。(本书注释如无特别说明,均为原书注。——译者)

《自然法》(*Natural Law*),这是一部两卷本的著作(1818—1820),走的是康德哲学的路子,写得很好。后来俄国哲学受到更为保守的黑格尔主义的影响。涅沃林(K. N. Nevolin,1806—1855)是俄国法哲学家中第一个(也是在相当长时间内最著名的)黑格尔主义者,他的代表作是《法律百科》(*Legal Encyclopedia*,2 vols.,1838—1840)。该书的标题体现了当时俄国大学的官方教学计划,它们想让一年级法科生简要掌握一般意义上的法律的知识以及概括(百科式)地了解实证法的主要部门(民法、刑法、程序法、商法、宪法)。但是,这本书并不是一部乏味的百科全书,涅沃林实际上将其变为一部出色的法哲学讲义。这一点需要注意,因为在很多年以后,彼得拉日茨基也使用了同样的策略。

在实证主义开始流行之前,理念主义自19世纪70年代便渐趋式微。尽管如此,理念主义方面的作品仍不断出现,在19世纪末还出现了一个新的、颇有影响的理念主义学派。该学派最知名的成员是契切林(B. Chicherin,1828—1902),他的主要作品有《政治理论史》(*A History of Political Theories*,5 vols.,1877—1902)以及《法哲学》(*Legal Philosophy*,1902)。契切林是黑格尔的追随者,他认为实证主义者否定形而上学相当于否定法律。但是,他尽管信奉黑格尔主义,却不愿意赋予国家最高的社会价值。在他看来,国家必须从属于法律,因为它是落实后者的工具。在那个时代的俄国,"厌恶国家"是很典型的社会思想。我们在彼得拉日茨 xxxi
基的作品中也会看到该思想倾向,尽管如此,在彼得拉日茨基的批评者中也会看到契切林。

19世纪晚期的另一个理念主义者是索洛维耶夫(V. Soloviev,1853—1900),他比契切林更具有原创性,在他的作品中着实有很多俄国神秘主义成分。抛开他理论中的神学成分不论,他关于法律的理论主张[特别是他的成熟作品《善的证实》(*The Vindication of Goodness*,1895)中的观点]的大意如下:

法哲学的核心问题是法律与道德的关系问题。法律与道德不可分离。法律是一种价值,因为它使得道德理想的实现成为可能。在理想的善与恶的现实之间,法律占据一个居中的位置,它有助于实现善、抑制恶。然而,不能将法律和道德相等同。二者的主要差别体现为这样一个事实,即道德是自由的领域,而法律则接受强制,尽管它并不要求必须有强制。与此同时,法律实际上基于道德,它是"最低限度"的道德。总体而论,道德趋向于"爱"这个绝对客体(在学习彼得拉日茨基的理论的时候,这是一个可供参照的重要观点,需要注意)。

那个时代俄国的理念主义者大都是新康德主义者,他们中最著名的是诺夫哥罗德谢夫(1868—1924)和基斯梯可夫斯基(Kistiakovsky,1920)。诺夫哥罗德谢夫是俄国法哲学家中第一个倡导复兴自然法的。他在一系列著作中提出并捍卫这个命题,其中包括《法学中的历史学派》(*The Historical School in Jurisprudence*,1896)以及他杰出的专著《康德与黑格尔》(*Kant and Hegel*,1901)。基斯梯可夫斯基沿着新康德主义的道路走得比诺夫哥罗德谢夫更远,在他的《社会科学与法律》(*The Social Sciences and the Law*,1916)这本文集中的很多文章里,我们都可以看到这一点。在彼得拉日茨基掀起的法哲学革命所激发的辩论中,我们会看到诺夫哥罗德谢夫和基斯梯可夫斯基也参与其中。

现在让我们转向俄国法学和法律哲学中的实证主义流派。社会学实证主义在俄国的兴起可以追溯到俄国最伟大的法律史学家之一赛格耶维奇(V. I. Sergueyevich,1841—1910)。在1868年,他出版了一本名为《政治科学的任务和方法》(*The Tasks and Methods of Political Science*)的著作,这本书明显受到孔德(Comte)、密尔(J. S. Mill)和斯宾塞(Spencer)的影响。他认为对法律进行纯粹的教义研究不具有科学性,他提倡使用实证的或经验的研究方法。法律不应该被视为具有某种神秘性质的规范体系,而应该被视为社会现实的组成部分。因此,法学应该与社会学这门社会现象的一般科学步调一致。赛格耶维奇强调法律是一种现实(而不是一 xxxii
种理念的体系),这明显对彼得拉日茨基产生影响。不过,当后者的著作问世的时候,没有人比赛格耶维奇批评得更严厉。

总体来讲,赛格耶维奇的作品对那个时代很多俄国法学家都产生了重大影响。其中有两位法学家,分别是穆罗姆谢夫(S. Muromtseff,1850—1910)和科库诺夫(N. Korkunoff,1833—1902),他们将孔德和斯宾塞的社会学遗产与耶林(R. Jhering)的法律理论结合在一起。他们完全接受耶林理论中的"在法律与利益之间建立功能性连接"这个部分,但是试图将法律从对国家的依靠中解放出来。正如我们已经说过的,那个时代大多数俄国思想家都很不喜欢国家这个制度。

在穆罗姆谢夫与彼得拉日茨基之间,从来没有任何实际的思想交流,但科库诺夫的一个想法是彼得拉日茨基具有创造力的作品中灵感的一个来源。科库诺夫以其《法的一般理论讲义》[*Lectures on the General Theory of Law*,1988,英译本的译者是黑斯廷斯(W. S. Hastings)，由波士顿出版社于 1909 年出版]而广为人知，但是就我们讨论的主题而论，科库诺夫的《俄国宪法》(*Russian Constitutional Law*, 2 vols., 1883—1886)更为重要。在这本书里，科库诺夫否认“国家意志”的现实性，他否认的这个东西是他所有德国和俄国同行都接受的基本预设。他宣称存在着的只是公民或臣民的依赖(从属)意识所产生的一种力量，因此，国家被断定为一种心理现象。当思考彼得拉日茨基的法律理论的时候，这是一个可供参照的重要观点，需要记住。

在一定程度上，科库诺夫的心理主义可以追溯到卡韦林(K. D. Kavelin, 1818—1885)的著作，卡韦林将实证主义和理念主义的特定要素结合在一起。卡韦林的法律著作受到俄国社会学中主观学派的很大影响，该学派注重个体在社会中的角色，强调人们对提高自己的道德品质以及推动社会进步负有义务。彼得拉日茨基从来没有说过自己与该学派的关系，但很可能发生的情况是，他因为熟知社会学的“主观”学派的理论，所以努力在心理层面发现法律这个现实。

在彼得拉日茨基那个时代的俄国，狭义的法律实证主义[可被视为凯尔森(H. Kelsen)的“纯粹法律理论”的先驱]是学术主流。该学派在俄国的第一个代表人物是帕赫曼(S. V. Pakhman, 1825—1910)，他在一本名为《法律科学中的现代运动》(*The Modern Movement in the Science of Law*, 1882)的书中提出这样一个观
xxxiii 点，即法学是一个自治的、形式的、逻辑的科学，它的发展独立于哲学或社会学。相当多的俄国法学家(特别是那些教授民法的法学家)都接受帕赫曼的观点。在他们之中有两个杰出代表，分别是舍

尔舍涅维奇(G. F. Shershenevich，1863—1912)和格林(D. D. Grimm)，他们都强烈反对彼得拉日茨基的新颖观点。

二、彼得拉日茨基:生平与作品

以上就是1900年之前俄国法哲学的概况，这就是彼得拉日茨基在法律科学领域"搅动一池春水"，甚至可以说"干革命"时所处的学术环境。

彼得拉日茨基1867年生于维捷布斯克省，该省位于1772年被俄国从波兰吞并的领土的东北角。他属于当地的贵族，维捷布斯克省的贵族主要受到波兰文化的影响，民众则大都受到白俄罗斯文化的影响。他的波兰裔以及他属于贵族群体这个事实看起来对彼得拉日茨基的人格形成有一定影响。他用俄语教学，但明显有波兰口音。在他学术生涯的开端，这个事实看起来给他带来一些困扰，但后来在他成名之后，这就不再重要了。他的多数早期作品都以德语出版，署名为"冯(von)·彼得拉日茨基"。在他的俄语作品中，这个前缀消失了，因为在俄语中并没有像德语中的"冯"或者法语中的"德"(de)那样的标志贵族身份的词。

彼得拉日茨基就读于基辅大学，一开始读的是医学专业。两年之后，他转入法学院，选择罗马法和民法作为他的专业研究领域。在就读期间，鉴于当时在罗马法方面没有好的俄语教科书，他便翻译出版了贝隆(Baron)著名的《潘德克吞法典》(*Pandects*)，这本书在很多年间都被俄国法学院作为教科书广泛使用。

在学生时代就出版了一本书这一非同寻常的事迹，加上彼得拉日茨基在课业和毕业论文上的非凡表现(他毕业时获得的是"一等文凭”，想要在俄国大学以“一等文凭”毕业，需要写一篇相当于美国硕士水平的论文），成为他学术生涯的开端。年轻的彼得拉日茨基在本科毕业后成为法学院的“教授志向者”（professorial aspirant），这是一种很高的荣誉，仅仅授予少数杰出的学生。“教授志
xxxiv 向者”需要在三名教授的指导下进行两到三年的研究生学习，需要通过一个非常难的综合测验，并且出版一本在法学院的公开答辩中获得通过的有重要价值的专著。成功地完成这项学习计划后，“教授志向者”会得到硕士学位。如果想获得博士学位，他还必须出版另一部在法学院的另一场公开答辩中获得通过的专著。

当彼得拉日茨基开始为教授职位做准备时，他的运气不错。那时的俄国教育部长意识到俄国的法律科学存在不足，因此在德国的柏林为俄国的“教授志向者”们设立了一个特殊的培训班。该培训班由德恩伯格（Dernberg）教授主持，他是那个时代在世的最伟大的罗马法专家。彼得拉日茨基被选拔出来参加了这个培训班。

通过与德恩伯格和其他德国学者接触，彼得拉日茨基对罗马法这个研究领域有了更深入的理解。然而，他在柏林学习时的另一个事件或许深切影响了、决定了他一生的工作。在那个时候，德国法学肩负一项最为重要的任务，即帮助立法者起草一部新的民法典。年轻的彼得拉日茨基直接投入到“在立法过程中科学地对待法律”这个问题之中。德国法学家打算基于历史学派和法律实证主义的学说来完成这项任务，这样就排除了哲学、社会学或心理学视角的运用，致使民法典的起草者仅在意将他们的产品在技术上做到完美。

对于德国学者的此种表现，彼得拉日茨基全然谈不上满意或

钦佩。他的思考结论是，为了给立法提供科学的基础，必须创立一门新的科学，即法律政策学。这是他学术生涯的转折点。除了成为一名出色的“教义”法学家、能够解释最为复杂的法律文本之外，他还提出一种法律的经验理论。该理论吸收了那时俄国和德国法学中的许多理论成分，但它的主体部分是原创的，这证明了他极佳的创造力。

在这一点上，他的工作与孔德类似（彼得拉日茨基很熟悉孔德的著作）。孔德尽力将社会改革建立在科学的基础上，当他意识到还不存在经验的社会科学的时候，便决定创造一个。与此类似，彼得拉日茨基认为法律的改进首先需要一个应用性的科学，也就是法律政策学，其次，该应用科学的基础应该是一种理论的、经验-因果式的法律科学。他断定，很明显尚不存在这种法律科学。他通过考察法律的经验属性得出结论说，法律的现实性是心理学意义上的。这个观点尽管已经被比尔林（Bierling）、耶里内克（Jellinek）、卡韦林和科库诺夫提到了，但还从来没有得到过充分的阐发。彼得拉日茨基转向心理学寻求帮助，但他那个时代的心理学不足以支撑他所需要的理论的建构，于是他大胆地决定创立新的心理学。他在很大程度上复制了斯宾塞的成就，后者在没有经过心理学训练的情况下写了一本非凡的心理学著作。当他同时在他的法律理论和新心理学领域中开展工作时，彼得拉日茨基发现那时的逻辑学家关于概念的形成与界定的理论是不充分的，他因此也决定建构新的逻辑学，至少是关于概念的新逻辑学。在这方面他做得很成功。

当然，彼得拉日茨基并不是在任何明确的时间点决定采取

上面说过的这些研究步骤，这些想法和计划都是逐渐形成的。当他还在柏林学习的时候，他出版了两本著作，这两本书的内容主要都是依照最好的德国模式对民法进行教义学解释，即《使用权人变更时的孳息分配》(*Fruchtverteilung beim Wechsel des Nutzungsberechtigten*，1892)和《关于收入的理论》(*Die Lehre vom Einkommen*，2 vols.，1893—1895)。其中的第二本书包含了一个题为"民事政策与政治经济学"的附录。在这篇附录里，可以看到彼得拉日茨基关于法律政策的观点的雏形，特别是"主动的爱"这个原则。依照彼得拉日茨基，立法者在努力搜寻更好的法律的时候，必须以"主动的爱"为指引。这的确是"进步"学说的俄国版本，也是对那时刚开始的自然法复兴运动的独创性表达。诺夫哥罗德谢夫自己是一个充满热情的自然法运动专家，他却认为彼得拉日茨基的这个说法对于西方人来讲是荒诞的、非理性的、近乎无法理解的。这种现象很奇怪，非常有俄国特色。①

在进行修正和扩充之后，彼得拉日茨基出版了这个附录的俄文版，名为《法律政策学导论》(*Introduction to the Science of Legal Policy*，1896—1897)。他凭借这件作品被授予硕士学位，他接着出版的俄文专著《股份有限公司》(*The Joint Stock Company*，1898)使他获得博士学位以及圣彼得堡大学的"法律百科"讲席。彼得拉日茨基得到的是这个位置而不是他同样有资格得到的"罗马法和民法"讲席，这确实是一件幸事。假设他被委任了罗马法或民法方面的讲席，他很容易将他在柏林时期酝酿的雄心抱负

---

① *Über die eigentümlichen Elemente der russischen Rechtsphilosophie*，2 PHILOSOPHIE UND RECHT 61.

放在一边,发展成为一个典型的德国式"学者"(Gelehrter)。作为 xxxvi
一个"法律百科"教授,他像涅沃林那样,开设了一门法律哲学讲座课程。

当彼得拉日茨基在圣彼得堡大学开始他的讲座的时候,他还没有出版任何关于法律的一般理论的作品,他的《法律政策科学导论》只是法学领域的一门应用科学的概述。但是从一开始,他的讲座内容不断变化,能够参照听课的法科学生的其他课程的学习情况不断进行调整。彼得拉日茨基公然断言,直到他这个时候,法学仍处于前科学阶段,正是他的工作才使得法学被提升到科学的层次。彼得拉日茨基给他的学生们提供了一种新颖的理论,其中包含了一个新的概念体系。在他的讲座中,他着重强调他的理论与先前理论的区别,这些别的理论被他彻底推翻。但是推翻已有理论不是目的,在这些被摧毁的理论的废墟中,一栋科学大厦拔地而起,它具有一致性之美,充满激动人心的表述。只有少数人能够理解该新理论更为精致的方面,多数人只不过被它迷住了。一些人对彼得拉日茨基的理论表达了钦佩和赞同,那是因为他的理论很快在大学生群体中流行开来。不仅在法学院的学生中确实出现了这种情况,在听他讲座的那些为数甚多的科学和人文科学的学生中,情况也是如此。

逐渐地,他的讲座内容开始付印。他的《法律哲学论集》(*Essays on Legal Philosophy*,1900)的第一部分(前 43 页)讲述法律的心理学理论的核心观点。这本书的第二部分共 95 页,概述了彼得拉日茨基那个时代最重要的法律理论,并对它们进行了批判。该书的第一部分提出如下几个基本命题:

（一）法律是现实的一部分，但它的现实性是心理学意义上的。换句话说，它只能够在人的心理活动过程的内容中被观察到。

（二）法律体验（经验）（legal experience）主要是“被义务拘束”的意识。

（三）法律的前两个特点在道德体验中也存在，因此必须找到二者的“种差”（differentia specifica），它指的是出现在人们的法律体验中但并不出现在道德体验中的特征。在法律体验中出现的、拘束第一人“A”的义务必然关联于一项针对“A”的权利或主张（claim），该权利或主张被归属给第二人“B”，在道德体验中不存在此种现象。换句话说，道德仅仅是律令性的（imperative），法律则是归属-律令性的（attributive-imperative）。

xxxvii 彼得拉日茨基这本书的目标和论述方式都是实证主义式的，这就难免激起理念主义的代表人物的负面反应。契切林和特鲁别茨科依（E. Troubetskoy）对他们这个年轻同行的观点进行了犀利但善意的批评。契切林认为，除了将法律理解为规范以外没有其他理解法律的可能性，而在彼得拉日茨基看来，规范不过是“幻象”（见下文）。依照契切林，规范不是个体的体验，而是拘束所有人的原则。“实证法”从被自由统治的思想领域中得到“法律”，将其置入现实领域，该现实领域将其自身施加在个体身上。特鲁别茨科依谴责彼得拉日茨基，说他混淆了法律的心理视角与伦理视角，把全然幻想的东西也算作法律。他断定，只有在哲学的层面上参照自然法才能认识法律的本质。

彼得拉日茨基并没有回应这些批评，因为他很清楚，他这本书对法律的心理学理论的论述远非完善。正如我们已经说过的，已有的不论法学家关于法律以某种方式关联于人类心理的零散论述，还是心理学方面的学术研究，都不能帮助他建构其理论体系。因此他着手从事他一生中最为果敢的事业，即创立一门新的心理学。他的研究成果体现在他的一本名为《论人类行为的动机》(*On the Motives of Human Conduct*，1904)的专著中，该书的内容在做了一些改动(缩略)后被包含在读者面前的这本书中。

彼得拉日茨基那个年代的心理学主要是分析性的。心理活动过程被分为三个部分，分别是认知的部分、情感的部分和意志的部分。很明显的是，直到格式塔(Gestalt)学派兴起之前，人们还没能把它们综合成整体心理活动。彼得拉日茨基正确地看到了，还存在一种特殊的心理活动过程，它结合了被动的(认知的和情感的)心理要素与主动的(意志的)心理要素。彼得拉日茨基主张，除了传统的三要素以外，还存在第四种关于"双边体验"的心理要素。此类心理要素不仅包括饥饿、性这样的体验，也包括义务的体验。

发现此种复合的或者说双边的体验，这是彼得拉日茨基的理论形成过程中的决定性步骤，这是因为法律与道德(或者更准确地说，法律体验和道德体验)都属于此种类型。然而，此种双边体验的类型极为多样，因此只有在对这些体验进行分类的基础上，才能够形构出一种基于心理体验的法律理论。在这个方面，彼得拉日茨基有了另一个发现，这个发现类似于近乎同时被俄国心理学家 xxxviii 巴甫洛夫(Ivan Pavlov)发现的"条件反射"。依照彼得拉日茨基，在某些双边体验(例如，饥饿或性)中，主动的要素完全由被动的要素预先决定。在其他双边体验(例如，那些被命令引起的体验，关联于审美渴望的体验，或者关联于义务感的体验)中，主动的要素被与被动要素同时被体验到的实际行动的心理意象(mental image)所决定。第一类双边体验被他称为"特殊的"体验,第二类双边体验被他称为"抽象的"体验。用当代心理学的术语来表达,彼得拉日茨基的双边体验中的"特殊的"体验近似地对应于"无条件反射(本能)",其中的"抽象的"体验则对应于"条件反射"。在"条件反射"中,依照"学习定律"(laws of learning),被动要素[刺激(stimulus)]引起主动要素[反应(response)]。

依照彼得拉日茨基,法律体验和道德体验属于抽象的双边体验的范畴。然而,彼得拉日茨基知道,仅凭这一点尚不足以精确地界定它们,还有必要对二者做更为复杂的分类,他为此花费了很多心思。在做完该分类工作之后,他得出结论说,伦理体验(这个术语涵盖了法律体验和道德体验)与其他规范性体验的种差就体现在与双边体验同时被知觉到的心理意象的特殊性质上。伦理体验中的心理意象就是对实际行动自身的积极或消极评价,此评价独立于行动的功效或美丑方面的考量。

对于彼得拉日茨基而言,"法律"和"道德"合起来构成了"伦理"这个事物类别。在这方面,他与索洛维耶夫的观点一致,当然也与许多别的哲学家的观点一致,相比之下,契切林和其他黑格尔主义者更看重的是法律与道德的区别。值得注意的是,在大约同一时间的美国,萨姆纳(William G. Sumner)在他《民风》(*Folkways*, 1906)一书的著名的前言中谴责这样一个事实,即现代国家丢掉了"精神风貌"(ethos)这个希腊理念,该理念指的是关于"正当"(right)的所有标准的总体。

通过上述方式,在《法哲学论集》中那些未得到回答的问题看起来已经被解决了。依照彼得拉日茨基，法律和道德的现实性就体现在法律体验和道德体验的心理学本质上，在他的新理论中，法律体验和道德体验的心理学本质被牢固地确立起来。以此为基础，彼得拉日茨基完成了他的由两部密切关联的作品构成的代表作，这两部作品分别是《法律和道德研究导论》(*Introduction to the Study of Law and Morals*，1905)以及《法与国家的理论及其与道德理论的关系》(*Theory of Law and the State in Connection with a Theroy of Morals*，2 vols.，1907)。这些作品有其丰富的内容，下面仅介绍彼得拉日茨基的理论体系的中心思想。

依照彼得拉日茨基，法律和道德这类现实就是个体对心理活动过程的双边抽象的体验，它包括：(一)实际行动的意象；(二)对这些行动的评价，此种评价不是在这些行动作为实现目的的手段的意义上的，而是就其自身而言的。我们可以用一些简单的事例来展现彼得拉日茨基这个观点的确切含义。假设 A 从 B 那里借了 100 美元，且已经到了还款日期。彼得拉日茨基问道，此时在真实世界中发生了什么呢？答案就是，在 A 与 B 的心中，以及或许在旁观者的心中，出现了“A 向 B 还款”这一实际行动的意象。该意象结合了一种肯定性评价：这个行为自身是好的，此种“好”独立于对该行动的功效考量。当出现在 A 心中的时候，该意象和评价便形成了伦理冲动，或者说义务冲动。该冲动是一种双边体验：其中被动的(认知的)部分是对当下情况的意识(包含了该实际行动的意象)；它的主动部分是行动自身；如果伦理冲动没有被其他更强的非伦理冲动压倒，该行动就会被做出。让我们思考这样一种情况，如果一个银行职员有机会挪用公款并且只有很小的概率被

发现，该实际行动的意象结合了一种否定性评价。义务的伦理冲动如同在前一个事例中那样以同样的强度发挥作用，它的出现经常导致人们不做这个行为，不过，伦理冲动也经常被更强的非伦理冲动压倒。伦理冲动由预期行动的意象以及对它们的评价组合而成，形成法律的真实基底的就是伦理冲动，而不是权利、义务或者规范。因此，法律在有着相应体验的那些人的心中被发现，而不是在别的什么地方被发现。

彼得拉日茨基的理论很看重具体理念的出现或缺失，但这没有使得他的法律哲学变成理念主义式的。因为对于他而言，重要的不是理念自身，而是人们对理念的实际体验，不论它们是有效的还是无效的，不论它们是否被其他个体拥有。当然，很常见的情况是，人们共享着很多法律和道德理念。彼得拉日茨基这样来解释该现象，即该现象是“适应群体”这个潜意识所导致的，该潜意识因为“适应群体”对生存的必要性而得到强化。他的这个观点类似于萨姆纳，萨姆纳认为，最适宜的民风是经由试错过程而被选定的。

在彼得拉日茨基的理论体系中，真实的东西就是人们的具有法律和道德内容的心理活动过程。他认为，通常被法学家认为是真实的那些东西仅仅是幻象，例如，成文法、司法先例、习俗。依照彼得拉日茨基，形成法律这个现实的心理现象（例如，人类归属权
xl 利和义务的内心状态）具有“被投射在相关的人和物之上”这个特征，这是它们与许多其他现象共同具有的特征。换句话说，“真实的东西”是归属给自己或他人一项权利或一项义务这个心理事实。该“归属”总是依赖于人们对相关规范中的规范性判断的接受。该

“接受”也仅仅是内心的状态,但也被投射在现实中,换句话说,被归属为现实。人们理所当然地将投射当作“真的”,然而实际上它们并不是真的,法学家们正是基于这些投射来构建他们的理论。

彼得拉日茨基很清楚他的法概念与传统的法概念有多么不同。但是在逐个检视了他那个时代的法律理论之后,他断定,这些法律理论没有一个包含了科学上有效的“类别概念”(class concept),它们都不能够解释法律这一现实。他坚信,他提供的才是在科学上唯一可行的理论方案。

在一定程度上,彼得拉日茨基愿意将他的革命性观点与通常的观点相调和。他把法律和道德分为两种类型,一类是实证的,一类是直觉的。二者的种差是,在实证法或实证道德中,个体通过援引“规范性事实”来得出他们关于权利和义务的判断。但在直觉法中,明显不存在此种援引活动。规范性事实不仅仅包括成文法、习俗以及司法先例,还包括“博士们的共同意见”(communis opinio doctorum)、契约等。彼得拉日茨基进一步将法律分为官方的和非官方的。官方法是被法庭或其他国家机构适用的法律,没有被这些机构适用的法律就是非官方法。

这两种分类彼此独立,因此依照彼得拉日茨基,法律可以是:(一)实证的和官方的;(二)实证的和非官方的;(三)直觉的和官方的;(四)直觉的和非官方的。他认为,他所界定的官方实证法非常类似于传统意义上的法律(不过它不包括国际法)。

通过下述例子可以充分展示上述这些分类的意义。(一)当一个法庭通过援引民法典第十条或者一个先例做出一个判决,这就是实证法(因为它援引了一个规范性事实),同时也是官方法(因为该机构的官方性质）。（二）当一个被人们自愿选出的仲裁员通过援引某种得到广泛接受的社会实践解决了一个行业冲突，这就是实证法（因为它援引了一个规范性事实），同时也是非官方法（因为该机构的非官方性质）。（三）当一个盎格鲁-撒克逊的法庭基于衡平判决了一个案件，或者一个瑞士法官基于这样一个规范判决了
xli 一个案件，即如果他是立法者，他本该制定这个规范，这就是直觉法（因为不存在对规范性事实的援引），但它也是官方法（因为这些机构的官方性质）。（四）当在一个新情况中，人们依照自己的理解来把握法律的内涵，并基于“这是他应得的”绞死一个“坏人”，这就是直觉法（因为不存在对规范性事实的援引），并且是非官方法（因为不存在官方机构）。

很明显的是，依照彼得拉日茨基，很多通常被认为不属于法律的规范都应该被归类为非官方法规范。例如，大多数礼仪规则。这些规则是归属-律令性的，因为它们不仅仅施加义务给某人，还授予其他人与此相关的权利。在上流社会中，当遇到熟人的时候，人们必须和他打招呼，后者对于“被打招呼”享有一个主张。如果对方没有打招呼，后者将会感到受到侮辱。大多数旁观者都会同意，应该像上面这样来理解此种互惠性行动的性质，因此，他们都在遵从彼得拉日茨基意义上的法律，步入了非官方法的领域。还有很多其他类型的非官方法，例如，儿童法（孩子们之间的归属-律令性冲动），各类游戏法，犯罪团伙法等等。

依照彼得拉日茨基，个殊的，甚至全然是个人自己的归属-律令性体验也是法律体验。在俄国革命前，很多佃农将排除地主的干涉、拥有土地之权利归属给他们自己。当工人们被雇佣一段时

间之后，他们将“排他性地在工厂工作”的权利归属给自己，以及由此而来的将“对顶替罢工者工作的人使用暴力”的权利也归属给自己。这些体验都是法律体验，尽管是直觉法层面的体验。如果一个人认为他向魔鬼出卖了灵魂并将权利归属给魔鬼、将义务归属给自己，这种体验也是法律体验。

彼得拉日茨基的成熟形态的法律理论激起一场“愤怒的风暴”。很多著名的俄国法学家都撰写文章和小册子或者在他们的教科书和专著里辟出专门的章节来批判法律的心理学理论。所有学派的代表人物都参与了这场批判，其中的主要人物有：赛格耶维奇，社会学实证主义者；舍尔舍涅维奇，法律实证主义者；诺夫哥罗德谢夫和基斯梯可夫斯基，新康德主义者。其中赛格耶维奇的批评是最严厉、最坚决的。

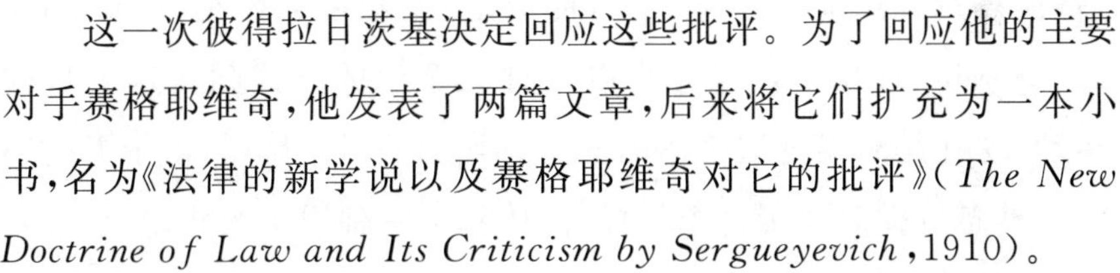

这一次彼得拉日茨基决定回应这些批评。为了回应他的主要对手赛格耶维奇，他发表了两篇文章，后来将它们扩充为一本小书，名为《法律的新学说以及赛格耶维奇对它的批评》（*The New Doctrine of Law and Its Criticism by Sergueyevich*，1910）。

对于他受到的来自其他人的批评，彼得拉日茨基选择回应其 xlii
中诺夫哥罗德谢夫的批评。[①] 他认为，这位伟大的法哲学家对法律的心理学理论比他之前更有敌意。在1902年发表的一篇文章里，诺夫哥罗德谢夫承认，在个人体验的层面研究法律具有可欲性甚至必要性，而在后来发表的文章里，他认为彼得拉日茨基走错了路。尽管二人都关心自然法的复兴，但他不认为彼得拉日茨基的

① *The Social Ideal and Natural Law*，1 YURIDICHESKI VESTNIK (1913).

研究与复兴自然法有什么关系。

彼得拉日茨基利用回应诺夫哥罗德谢夫的批评的机会,重述了他最初表达在他的德语著作中的关于该主题的观点。他坚持认为,他相信自然法应该被复兴,但不是以通过哲学抽象形成的严格信条的形式被复兴。自然法应该被理解为一种立基于法律的经验的、因果的理论的新的经验科学,即法律政策学,作为其基础的法律理论则必须立基于心理学。诺夫哥罗德谢夫回应道,对于他来讲,法律科学不是、也不可能是一门经验科学。①

在彼得拉日茨基为了回应诺夫哥罗德谢夫的批评所写的文章里,不全是论辩性的内容。从一开始他就说,他通过对作为心理现象的法律的经验研究,来解决建构一门法律政策科学这个问题。首要的任务是界定法律的目的。在对他的早期观点进行一定修正后,彼得拉日茨基认为,法律的目的是“人和社会团结”(man and social solidarity)。法律总是以一种无意识的方式朝向这个目的运动,现在是时候将这个运动变为有意识的了。然而,由于人类还没有准备好彻底实现这个目标,法律作为一种居中的建制,它必须秉持“爱你的邻人”的精神尽力教导人们。

在他的代表作出版之后、第一次世界大战爆发之前,彼得拉日茨基的注意力很大程度上被吸引到这场大辩论中。他一开始打算将他对批评者的回应的要旨摘录下来作为他的《法律与国家理论》一书的附录,但是后来改变想法,决定为这场争论单独写一本书。然而,后来发生的政治事件使他不再有机会完成这项计划了。

① *The Psychological Theory of Law and the Philosophy of Natural Law*, 1 YURIDICHESKI VESTNIK.

彼得拉日茨基在这段时间没有太多学术贡献，这并不意味着他完全投身于这场与反对者的争辩之中。这段时间他在《法律》(*Pravo*)(他是编辑之一)这本周刊上发表了很多优秀的论文。在这些文章中，他批评这样一种不幸的趋势，即俄国知识分子忽视了社会生活的法律阶段(legal phase)，力图通过革命的手段来推动社会进步。在这段时间他也出版了一本书，名为《大学与科学》(*University and Science*)，这本书在分量上比得上十四年之后韦伯(Max Weber)的《学术作为一种志业》(*Wissenschaft als Beruf*)。 xliii

在 1917 年 3 月的民主革命之后，俄国临时政府委任彼得拉日茨基为国会议员和最高法院法官。由于对革命的前景很悲观，他没有参加国会会议。在《里加和平条约》(1921 年)签署之后，俄国的波兰裔们被允许选择留在俄国或者移民波兰，彼得拉日茨基选择了后者。到了波兰之后，他被华沙大学任命为教授，并被威尔诺大学授予荣誉法律博士学位。他在波兰的教学与在俄国一样精彩。1926 年波兰元帅毕苏斯基(Pilsudski)发动反动政变，作为一个自由主义者，彼得拉日茨基深感不安。尽管如此，他仍全身心地投入到为复国后的波兰统合民法典这个工作中去(在那个时代波兰有四部民法典，分别是俄国民法典、德国民法典、奥地利民法典以及拿破仑民法典的修正版)。他针对不同论题完成了很多手稿，但发表很少。他在俄国和波兰的经历引发的悲观情绪在他身上不断累积、加剧，在 1931 年 5 月 15 日，他走完了生命的旅程。

三、彼得拉日茨基的理论对于法律哲学的意义

尽管彼得拉日茨基的同行们抵制他的法律的心理学理论，但该

理论开始对俄国的新生代法学家产生重要影响。他的一位名为克鲁格列夫斯基(A. Kruglevsky)的学生基于他的理论写了一本名为《犯罪未遂》(*The Criminal Attempt*)的专著。克鲁格列夫斯基把这本书作为硕士毕业论文提交给圣彼得堡大学法学院,但答辩未能获得通过,因为多数教授对彼得拉日茨基的理论都持否定态度。

尽管如此,有两个杰出的新康德主义者,分别是基斯梯可夫斯基以及塔拉诺夫斯基(V. Taranovsky),他们尽管批评法律的心理学理论,却将心理学要素吸收进他们关于法本质的多元主义理论之中。基斯梯可夫斯基甚至还说了几句强调彼得拉日茨基的理论的优点的话:"将法律看作一种心理现象的观点已经被证明是很有
xliv 些成果的。彼得拉日茨基关于法律心理的大量论述都可被视为经典,其中最让人感兴趣的是,他关于法律和道德规定的实现的论述,关于违反这些规定的论述,关于这些违反行为激发的反应的论述,关于法律趋向于统合冲突中各方观点的论述。"[①]他总结说,彼得拉日茨基的理论的优点也就到此为止,该理论不能解释作为一种普遍现象的法律的现实性。

另一方面,马克思主义者赖斯纳(M. Reisner)试图将彼得拉日茨基的理论与马克思的理论结合起来。马克思认为,法律是意识形态的组成部分,意识形态又是社会的上层建筑的组成部分。但不论马克思本人还是他的追随者,都未能在一般意义上对此进行阐发。因此,赖斯纳想到,为什么不借鉴彼得拉日茨基的理论,

① SOCIAL SCIENCES AND LAW(俄文版,1916)。

用一种现实主义的方式来解释意识形态呢？[①]

在共产主义革命之后，赖斯纳被任命为司法部副政委。他用这个机会建议他的上司（司法部政委），可以将沙皇政权和临时政府时期的立法都废除掉，用工人阶级的直觉法来替代它们。赖斯纳这个建议体现在《法院令》（1918 年 11 月 30 日）中，依照该政令，新的法院在判决案件时，必须基于“工农政府”的立法以及法官的那些被认为与工人们持有的正义理念一致的革命意识。由于在那个时期，新政府的立法很少且不成体系，另一个法律渊源“革命意识”因此被广泛使用。正如后来苏联承认的，这使得当时的法律混乱不堪。[②] 1921—1923 年，政府公布了一系列“法典”，赖斯纳的观点也就没人再提了。

后来，彼得拉日茨基的名字在苏联成为禁忌。他被归类为理念主义者（他实际上并不是），苏联的法律和法学转向法律实证主义的极端形式，该种法律实证主义将法律等同于国家强制实施的规范。当然，苏联的法律定义走得更远，它坚持认为，国家的意志等同于统治阶级的利益和意志。[③] 该等同作为一种“合理的法律 xlv
推定”（praesumptio juris and de jure）被视为理所当然。这些观点与彼得拉日茨基的理论相去甚远。

移民到其他国家的俄国学者致力于宣扬彼得拉日茨基的理

① 赖斯纳关于此主题的文章出版于 1908 年，收录在 *Soviet Legal Philosophy*（1951，pp. 71—80）。

② 参见 N. S. Timasheff，“The Impact of the Penal Law of Imperial Russia on Soviet Penal Law”，*American Slavic and East European Review*（1953），p. 445。

③ 参见维辛斯基（Vyshinsky）的法律定义，*Soviet Legal Philosophy*（1951，p. 336）。

论,尽力将他的理论与西方文化遗产相统合。索罗金(Pitirim A. Sorokin)是彼得拉日茨基在俄国期间的一个学生,他接受了彼得拉日茨基的若干概念,即"伦理分为法律和道德"概念以及"种差"概念。索罗金在他的《社会和文化动力学》(*Social and Cultural Dynamics*,1937—1941)以及《社会、文化与人格》(*Society, Culture and Personality*,1947)中认为,伦理作为五个大系统之一,构成了文化总体的上层系统。他也把法律视为近乎与总体社会秩序协调一致,在这一点上他依循了彼得拉日茨基的理论。

另一个俄裔法学家和社会学家古尔维奇也一直认为,法律的种差体现在它的归属-律令性质上。然而,他纠正了彼得拉日茨基的主要缺陷,即把法律视为个体意识的现象,古尔维奇把法律视为群体成员对价值的聚合承认。[①]

直到最近,美国法学还很少有机会熟悉这位俄国-波兰大师的理论。在《法律的现代理论》(*Modern Theories of Law*, Oxford, 1933)中有个短篇文章介绍了彼得拉日茨基的理论,但介绍得很不充分。1937—1938年,波士顿大学的休·巴布(Hugh W. Babb)教授发表了两篇重要的文章,一篇关于彼得拉日茨基的法律政策的观点,另一篇关于他的法律的经验理论。[②] 庞德(Roscoe Pound)教授在1938年让他的同行们留意彼得拉日茨基的理论。[③] 在1947年,在《现代法律哲学的解释》(*Interpretations of Modern*

---

① 参见他的 SOCIOLOGY OF LAW(1942)52—60。

② 17 BOSTON UNIVERSITY LAW REVIEW (1937) 793—829, and 18 B. U. L. REV. (1938) 511—578.

③ 51 HARVARD LAW REVIEW (1938) 809.

Legal Philosophy)这部庆贺庞德诞辰75周年的文集里,莱瑟森(Max Laserson)、索罗金以及本导读作者的三篇文章解释了彼得拉日茨基对法律哲学和法律科学的贡献。

彼得拉日茨基自己很有兴趣让美国人了解他的理论。在他去世前,他给他之前的一名学生吉恩斯(G. C. Guins)教授写了一封很短的信(吉恩斯当时任教于中国东北的哈尔滨大学法政学院,现
在任教于伯克利的加利福尼亚大学),在信中彼得拉日茨基告诉他 xlvi
要强调"他的理论立足于对相关真实现象的观察,具有经验性特征,不同于先前那些处理不真实的客体的理论"。[1]

俄国和美国的法律科学之间的接触很少,但是在20世纪早期,在俄国学者和西欧学者(特别是德国学者)之间,有一场激烈的思想交锋。然而很不幸的是,德国学者能够看到的彼得拉日茨基关于法律政策的观点,只是出现在《关于收入的理论》中的那个粗略形式。在1907年,他的小册子《论人类行为的动机》的德语译本问世了,但这仅仅是他的伟大工作的一个片段,也是他的理论中最容易受到质疑的部分。在一战马上爆发之前,彼得拉日茨基的代表作的完整德语译本正在被筹划,但没有落实。只有施塔姆勒(Rudolph Stammler)发现彼得拉日茨基的理论与其意气相投,在1920年代,鲍姆嘉通(A. Baumgarten)和卢莫林(M. Rümelin)写文章提到彼得拉日茨基的理论,后来绍尔(W. Sauer)也做了类似的事情。[2]

---

① 巴布推荐,18 B. U. L. REV. 574,n. 250。

② BAUMGARTEN, DIE WISSENSCHAFT VOM RECHT (1920); RÜMELIN, RECHTSGEFÜHL UND RECHTSBEWUSSTSEIN (1925); SAUER, RECHTS-UND WIRTSCHAFTSPHILOSOPHIE (1936).

在波兰，有一群热情的拥护者成立了“列昂·彼得拉日茨基研究会”，该研究会搜集和整理了大师留下的所有手稿。他的学生写了几篇关于他的文章，其中包括该研究会的会长芬克尔克劳特(J. Finkelkraut)。[1] 在彼得拉日茨基去世后，在法国、西班牙、意大利和荷兰出现了一些评论文章，[2]他的《法律和道德研究导论》的部分内容被翻译成德语在巴黎出版，但不幸的是，出版的部分主要是他的逻辑学和心理学方面的理论。

值得注意的是，在过去的二十几年间，在斯堪的纳维亚国家中，出现了一个新的法社会学学派，即所谓的乌普萨拉(Uppsala)学派，该学派的主要成员提出了与彼得拉日茨基相同的问题，也就
xlvii 是基于心理学对法律进行现实主义解释这个问题。[3] 他们试图将(属于理念领域的)客观“应当”替换成关于权利和义务的主观体验。这非常接近彼得拉日茨基的理论，但是与彼得拉日茨基不同的是，斯堪的纳维亚学派并不倾向于扩张法律的概念，使其涵盖彼

① 巴布推荐，17 B. U. L. REV. 796—797。

② Gurvitch, *Une philosophie intuitioniste du droit*, ARCHIVES DE PHILOSOPHIE DE DROIT ET DE SOCIOLOGIE JURIDIQUE (1931) 403 ff.; Cornil, *A-propos d'un livre posthume de L. Petrazhitsky*, ARCHIVES DE PHILOSOPHIE DE DROIT ET DE SOCIOLOGIE JURIDIQUE (1934) 59—101; Pietka, *Leone Petrazycky*, 12 RIVISTA DI FILOSOFIA DEL DIRITTO (1932) 109 ff.; Haskin, *Leo von Petrazycki*, 164 RIVISTA GENERAL DE LEGISLACÍON Y JURISPRUDENCIA (1934) 299 ff.; Verwey, *Een Paladijn der Rechtwetenshap*, 52 RECHTSGELEERD MAGAZIJN (1933) 233 ff.

③ 该学派的主要代表人物是哈格施特罗姆(A. Hägerström)，他关于该主题的学术贡献被奥利弗科罗纳(K. Olivercrona)收集和编辑在一本名为《法律与道德的本质研究》(*The Nature of Law and Morals*, 1953)的文集中；K. OLIVECRONA, LAW AS A FACT (1939); ALF ROSS, TOWARD A REALISTIC JURISPRUNDENCE (1946); T. GEIGER, VORSTUDIEN ZU EINER SOZIOLOGIE DES RECHTS (1947)。

得拉日茨基称之为直觉法和非官方法的东西。不同学者在观点上部分一致,这是一个我们很熟悉的科学发展中出现的思想汇聚现象,不论如何,乌普萨拉学派的成员都没有直接看过彼得拉日茨基的理论作品。但这并不妨碍他们中的一个成员,也就是奥利弗科罗纳,写了一篇长文来批评这位俄国-波兰大师的理论。[①]

人们或许猜测,要是没有一战和俄国爆发的共产主义革命,彼得拉日茨基对法哲学的影响会是非常大的。正如已经说过的,在俄国有很多年轻学者被彼得拉日茨基的理论深深地打动了,如果没有这些政治事件,他们或许已经在他们的作品中发展和完善了彼得拉日茨基的理论。要是没爆发战争,彼得拉日茨基的完整作品的德语译本毫无疑问会在欧陆的法学家中激起兴趣和讨论。一战之后,新出现的问题更多是实践上的,而不是理论上的。总体来讲,科学的普遍性,特别是把所有国家的学者的贡献都视为对共同事业的贡献的趋向,因战争而严重受挫。

由于以上原因,彼得拉日茨基的理论没有得到它应得的关注,没能在法学和法哲学中将它的全部潜能释放出来。现在是时候复兴他的理论了,当然,此种复兴不是全盘复兴。彼得拉日茨基是他那个时代的人,是一个带有20世纪早期印记的思想家。他分享了当时流行的“进化有助于无限进步”这个乐观主义观点。他的心理学理论只是部分预见到了在巴甫洛夫的影响下心理学这个学科发生的革命性变化。他并没有受到社会学法学和法律社会学的影响,因为当他创作其主要作品时,这些学科还没出现。他也不可能

① 14 THEORIA (1948) 168—181.

了解美国的新现实主义这个在许多方面都与他自己的学说相像的理论。假设彼得拉日茨基知道这个理论的话，他会把他们的一些研究成果吸收到他的理论中，但是他或许会指出，新现实主义进路是一个过于狭窄的进路，因为法律并不限于法庭的行动，而是弥漫在所有社会生活之中。

xlviii 在彼得拉日茨基的理论中，有很多成分实质上是正确的，在参考科学发展的新成果对它们进行必要的修正之后，能够也应该能够把它们吸收到法律哲学中。彼得拉日茨基无疑是第一个不再局部地论述“把法律视为现实的组成部分的必要性”的法哲学家，是第一个不再仅仅思辨“此种现实是社会学意义上的还是心理学意义上的”的法哲学家。他的理论尽管有其局限，却是一个完整的、一致的法律的现实性的理论。

第一，在他的作品出版五十五年后的今天，我们更有能力判断其中什么是妥当的、什么是有问题的。强调法律现实的心理学本质，很明显是非常有意义的。法律是文化的一个组成部分，文化则包含了它的承载者的“心理事物”。即使是物质客体，也就是所谓的人造物，它们自身没有意义，而是仅仅通过使用它们的人的心理活动过程接收意义。彼得拉日茨基用双边的、被动-主动的心理体验这个术语来解释法律和道德的现实性，这也有其坚实基础。然而，人们必须拒绝彼得拉日茨基的这样一种信念，即人类的一系列刺激-反应都是通过进化过程而被创立的模式，该模式包含了特殊的“伦理冲动”。今天我们知道，并不存在此种生物学遗传模式。习得的行为-趋向确实存在，但它们是由另一种刺激以及对它们的反应构成的。每一个人通过主要基于重复和模仿的体验而形成行为-趋向，该行为-趋向因为充分的反应获得奖励、不充分的反应受到惩罚而得到强化。法律和道德这类现实与文化的其他组成部分一样，都主要表现为确定的社会群体成员的相同或相似的行为-趋向的固化。法律作为文化的组成部分，它由规范构成（与彼得拉日茨基的观点不同的是，规范具有特殊的现实性）。通过学习，这些规范被内化到群体成员的人格之中。由于老一代人对年轻一代的学习过程有很大影响，被习得的行为-趋向的内容至少部分可以被继承，然而，此种继承不是生物学意义上的，而是文化意义上的。尽管彼得拉日茨基的理论在这方面有缺陷，但其中很多内容都能够很容易地用现代心理学和社会学的术语予以重述。他的理论毫无疑问地为我们理解通过法律和道德控制人们行为的机制提供了重要洞见。

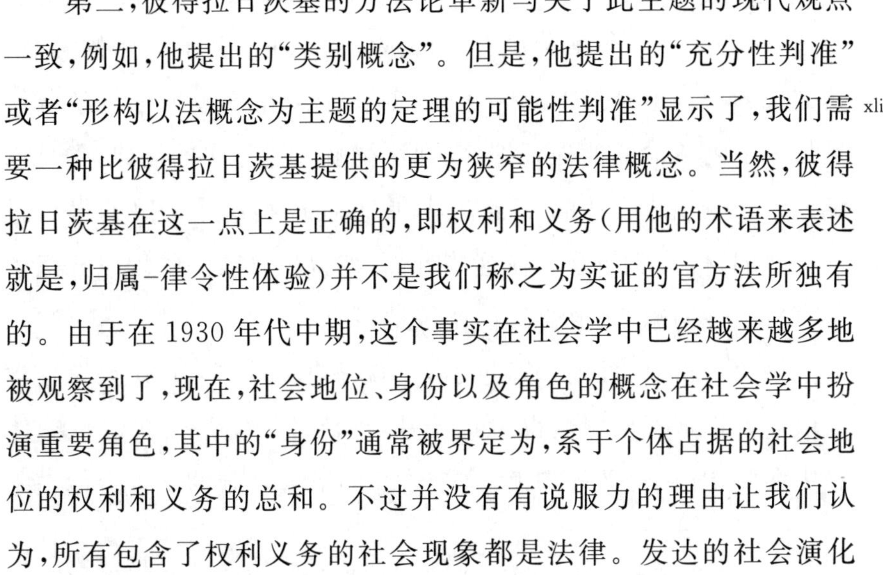

第二，彼得拉日茨基的方法论革新与关于此主题的现代观点一致，例如，他提出的"类别概念"。但是，他提出的"充分性判准"或者"形构以法概念为主题的定理的可能性判准"显示了，我们需 xlix
要一种比彼得拉日茨基提供的更为狭窄的法律概念。当然，彼得拉日茨基在这一点上是正确的，即权利和义务（用他的术语来表述就是，归属-律令性体验）并不是我们称之为实证的官方法所独有的。由于在1930年代中期，这个事实在社会学中已经越来越多地被观察到了，现在，社会地位、身份以及角色的概念在社会学中扮演重要角色，其中的"身份"通常被界定为，系于个体占据的社会地位的权利和义务的总和。不过并没有有说服力的理由让我们认为，所有包含了权利义务的社会现象都是法律。发达的社会演化出为数甚多的复杂技术，借此来创立、查明以及实现具体的权利，

并实施相关义务。在社会中存在此类技术与不存在此类技术，有很大区别。因此，与彼得拉日茨基的观点不同，法律的概念应该强调它被政治组织化的社会予以实施这个特征，或者像本导读作者所建议的那样，强调它被社会力量予以实施这个特征。[①] 对法概念做这样的修正之后，纯粹个人的或特殊的归属-律令性体验需要被排除在法律的领域之外。

第三，彼得拉日茨基的著作为科学地解释正义打开了新的视野。在一个富于启发性的章节（本书第三十二节）中，他将正义等同于“直觉法”。在通常的关于正义的讨论中，充斥着含混不清的术语，与此不同，彼得拉日茨基基于“直觉法”形构了一套命题体系，其中的术语类似于那些被适用于实证法的术语。对于一个不接受彼得拉日茨基的宽泛的法概念的人来讲，正义或者“直觉法”形成了围绕法律这个核心的一系列外围现象，必须这样来理解它们，即它们是一个弥漫着没有实际成为法律的“关于法律的考量”的文化领域。但是人们必须承认，对这个文化领域进行科学分析是从事下列活动的前提条件：发现法律变迁过程中的规律；预见制定或废除一项成文法的可能后果；更好地理解司法判决的得出过程；解决其他重要问题。在这些方面，彼得拉日茨基的理论充满了具有启发性的想法，值得我们系统地研究。

第四，彼得拉日茨基通过引入“规范性事实”这个概念为法学做出重大贡献。依照彼得拉日茨基，规范性事实是法律（道德）体验中那些指出“被义务拘束”这个体验的形成基础的要素。他关于

① TIMASHEFF，INTRODUCTION TO THE SOCIOLOGY OF LAW（1939），12—17，263—267.

规范性事实的讨论(本书第三十五节至第三十八节)是这样一个非凡的事例,即把法律理论立基于法律的类别概念,而不是立基于法律在具体的法律体系中呈现出来的样子。规范性事实的理论能够并且应该与用现代心理学术语重述的彼得拉日茨基的心理学理论相关联。在特定文化中运作着的规范性事实的体验会呈现为一种刺激-情境,对它的反应会形成新的习得的具有法律(道德)内容的行为-趋向。这个观点能够为研究法律规范与个人的法律意识的关系的"法律的内化理论"提供新的发展动力。

第五,彼得拉日茨基在法律的社会功能,特别是实证官方法的 1
社会功能方面,提供了刺激人们思考的研究。在法律的社会功能中有两个功能得到他特别的关注,即组织功能与教育功能。依照彼得拉日茨基,法律的组织功能体现在,法律模塑了人类行动的动机,通过协调那些行动来确立社会秩序。法律的教育功能体现在,法律修正了人类的行为趋向,去除其中的反社会成分,强化其中的社会性成分。例如,自由社会的民法在相当程度上使得人们节俭、有事业心、热爱工作。不同类型的宪法模塑了相关不同国家的政治心理,它诱使其中一些国家的成员独立自主、具有权利意识以及趋向于为权利而斗争,另一些国家的成员则被其宪法教导得惯于服从掌权者对他们的压迫、接受掌权者的利己主义做派。

在他的代表作和若干文章中(其中一些文章参见本导读的第二节),彼得拉日茨基告诫立法者需要意识到官方法的教育潜能,并且彼得拉日茨基为作为"社会工程"(social engineering)的法律的观念提供了牢固的基础。

彼得拉日茨基的重大贡献本该有的影响力被历史的一个糟糕

的悲剧性转向削减了。这使得美国的和使用英语的学者甚至更有责任至少大体上掌握彼得拉日茨基的理论中最重要的部分,从而使得彼得拉日茨基的建设性、原创性的贡献不至于变为徒劳。

尼古拉斯·蒂玛谢夫*

(Nicholas S. Timasheff)

* 福特汉姆大学社会学教授。

英译本译者说明

目前这个译本是“20 世纪法律哲学书系”中的一部，它的翻译 li
工作开始于 1940 年。这个译本在内容上包含了彼得拉日茨基在圣彼得堡出版的《法律和道德研究导论》的 311 页以及《法与国家的理论》的 758 页。这两本书的一些内容在英译本中被删掉了，因为这些内容只是在特定时间(四十几年以前)具有重要性，或者在欧洲的语境中才有重要性，或者因为它们的旨趣只是与他人进行论辩。蒂玛谢夫教授(现任教于福特汉姆大学，之前是本书作者在圣彼得堡大学的同事)将《法律和道德研究导论》的第三章“一般概念和理论的形成”进行了缩写(英译本的第一章第四节)。英译者根据剩下的内容形成了三个完整的译稿，其中最后一稿在长度上接近 1 000 页(机打)。从英语读者的眼光看，译文有一些缺陷，这是因为：第一，俄文原著在俄语表达上不是特别好或者说不够典型[确实达不到诺夫哥罗德谢夫或者波克罗夫斯基(I. A. Pokrovsky)写的那类当代文本所具有的高度的清晰性]，此外，在俄文原著中存在着让人难以置信的啰嗦(我认为，对于一个忠实的译者而言，对此没有选择余地，只能予以保留)，这会让一个“西方”读者反感。第二，更可怕的是，作者使用术语(一般都有拉丁语词源)很

随意，经常赋予它们任何字典都找不到的意思，这些意思在通常的俄语中也没出现过。例如，aktsiiâ 的意思并不是“行动”(action)或“份额”(share)，而是“反应”(response)；kontrol 的意思并不是“控制”(control)，而是“证实”(verification)；pritiâzatel'niĭ 的意思并不是“催告”(exigent)，而是“归属”(attributive)；psikhika 的意思并不是“心理”(psyche)，而是“心态”(mentality)；emotsiiâ 的意思并不是“情绪”(emotion)，而是“冲动”(impulsion)。极为大度和无私的蒂玛谢夫教授承担了清除这些缺陷这个困难无比的任务，他出色地完成了将它们予以删除和修正这个复杂、细致的工作，并且没有以牺牲任何实质上具有科学意义的东西为代价。当然，对于这个译本(任何形式或内容上的不妥当)的责任只属于我自己。

英译本的书名以及作者的名字的拼写都不是译者决定的。彼得拉日茨基或许会同意《法律与道德》(*Law and Morality*)这个
lii 书名。作者的名字既可以拼成 Leon Petrazycki(鉴于作者有着波兰血统并在波兰去世，这个拼写方式或许更好)，也可以用目前已有的两三种俄语音译的方式之一来拼写。

译者由衷地感谢以下人员：霍尔(Jerome Hall)教授(编委会的常设主席)、美国学会理事会的总干事格雷夫斯(Mortimer Graves)、“俄罗斯翻译计划”的编辑亨廷顿(W. Chapin Huntington)、科修斯科基金会的主席梅兹瓦教授(Stephen Mizwa)和卡尔霍恩(Philo C. Calhoun)先生——他慷慨地为我提供了资助和建议。此外还要感谢我的妻子(当我还在琢磨原文期间，我的妻子用心通读了译稿全文不下三遍)和我的秘书沃瑟温(Barbara Worhthevn)

(在最初那近乎支离破碎的译稿中,对于我那叠加在蒂玛谢夫教授的文字上面的潦草文字,她总是能够准确地辨认并清晰地誊抄)。

休·巴布

1954年2月27日于水城

英译本与俄文原著章节对照表

英译本	俄文原本(A)
节	节
1	1
2	2
3	3
4	4—6
5	7
	俄文原本(B)
5—20	1—16
21	22
22	23
23	24
24	25—28
25	29,30
26—39	31—34
40	46
41	49
42	50
43,44	51

(A)《法律和道德研究导论》(1907 年第二版)

(B)《法与国家的理论》(1910 年第二版)

英译本删节与缩略说明

在这个英译本中，彼得拉日茨基著作中的以下部分内容被删掉了。一、他对他的新心理学的详细阐述（《法律和道德研究导论》第 7 节后部开始直至第 19 节）。删掉它的原因是，在《法与国家的理论》的第 1 节（英译本第 5 节）中他以缩略形式重复了这部分内容。二、法律本质的诸理论的概述（《法与国家的理论》第 17—21 节）。三、俄国官方法的概述（《法与国家的理论》第 45 节）。四、公私法的诸理论的概述（《法与国家的理论》第 46 节后部及第 47、48 节）。五、在俄文本中有一些段落用单倍行间距排版，以此来表示相关论述不是特别重要，很多这样的段落也被删掉了。六、绝大多数主要为了论战而添加的脚注。

关于逻辑的理论（《法律和道德研究导论》中长达 107 页的论述）被缩写成只有四页的短短一节。他关于法律关系、权利、义务以及权利和义务的主体的诸多理论的讨论（《法与国家的理论》第 25—32 节）被大幅度缩减了。

在原书中很多地方出现的重复性论述都被删掉了。

第一章　法律和道德的科学理论的预设

第一节　法学的科学方法论的前提

1　伟大的哲学家康德嘲弄他那个时代的法学仍不知道怎么界定法律。他讥讽道："法学家还在寻找他们的法概念的定义。"他自己试图找到这个问题的解决办法，但未成功。从他那时起，许多杰出的思想家、哲学家以及法学家在该领域做了大量研究工作。然而甚至是现在，"法学家还在寻找他们的法概念的定义"。人们在此研究方向上已经投入大量劳力，在此过程中出现的大量在不同程度上精巧、深刻地界定法律本质属性的企图，在相当程度上都失败了，近来人们不由得怀疑，这个问题真能被解决吗？

不过，人们要是认为把下列问题搁置一边就能建构法律科学，就能科学地解答与其相关的各类问题，那就大错特错了。这些不能被搁置的问题有：法律是什么；何种现象属于法律现象；法律现象如何区别于其他现象。毕竟，确立法律的科学的概念是科学地构想所有别的法学概念的前置条件，这些法律概念可以被分为两种类型。

一、法律概念的第一种类型是法律的种类、亚种和次亚种的区分概念。例如，习惯法、制定法、公法、国际法、宪法、刑法、民法，以及作为民法具体类型的债法、家庭法和继承法。

种的概念是（种作为其组成部分之一的）属的概念加上**种差**（differentia specifica）。故此，种的概念首先预设了存在适宜的（不可或缺的）属的概念。依此，国际法就是法律的概念加上使得国际法区别于其他法律种类的**种差**。因此，要是没有科学的法律 2
概念，就不会有科学的国际法概念。

任何给定种的亚种的概念（例如，债法和家庭法是民法的种概念）预设了科学的种概念。既然如此，在确立法律这个属的科学的概念之前，不可能有科学的法律的种的概念，也不可能有恰当的法律的亚种的概念。

二、第二类法律概念并不是由法律及其具体种类构成，而是由别的客体构成，这些客体被安排在一个给定法律概念之内或之外的妥当性，依赖于它们与法的定义性关系。“违法”就是这样一种概念，违法不是法律或法律的具体种类，它们是绝对地不同于法律的现象，特定现象被视为违法，依据的是它们与法律的关系，是因为它们违反了法律以及法律禁止它们。法律行为的概念（遗嘱、国际条约或者犯罪行为）则意味着法律（更具体地说，民法、国际法以及刑法）眼中的特定人类行为，法律为它们附加了特定后果。

我们可以将这样的概念称为相对法律概念，以此区别于顶级的法律概念以及从属于法律概念的、法律的种和亚种的概念，后面这些概念可被称为绝对法律概念。

每一个相对法律概念必然包含（作为其构成部分的）特定客体与法律或法律分支的关系的概念。故此，**每一个相对法律概念**不

可避免地包含了某个作为其构成要素的绝对法律概念。它要么包含了顶级的法律概念(例如,“违法”“法律行为”),要么包含了法律的种的概念(例如,犯罪行为),要么包含了法律的某个亚种的概念(例如,债法中“有法律约束力的契约”)。

我们已经阐释了,没有法律的科学的概念,所有绝对法律概念都不可能是科学的。因此,在法律的科学的概念被确立以前,也没有任何相对法律概念称得上妥当的科学的概念。如果我们对法律概念所做的区分是完整的、穷尽的,那我们必然会得出这样的结论,即在法律的科学的概念被确立以前,没有任何一个单独的法律
3 概念是科学的,在诸多与法学领域相关涉的理念中,也没有任何一个是科学的。

通过塑造一般概念,科学在现象世界中找到方向,这样它才能将异质的、具体的、有着无序和无限多样性的客体和事件纳入一个有序的系统,该系统由范畴、属、种、亚种所构成。妥当的系统化由此被实现,人类知识得以有序化。个别科学中的知识因此获得适宜载体,得到妥当安排,与此同时,总体意义上的“科学”的各个层级部门的学科之间的关系也得到妥当安排,由此形成人类知识的统一系统。

我们的目的是解释清楚法律的科学的概念对于实现如下目的的重要性,即在法学范围内形成一套完整的法律的次级概念系统。然而,法律自己也是现象世界诸多属种中的一个种,法学也是一般意义上“科学”的门类之一。

从一般意义上的“科学”和科学教育着眼,以及从具体的法学和法律教育的角度来看,了解上述对应关系是很重要的事情。尤

其需要清楚地把握法律所关联的更高、更一般的现象类别，以及在这同一个属中的其他种，了解与法学在学理上相近的科学以及法学与它们之间的界限。然而，只要科学地解决了法律概念问题，所有这些相关问题就都能够得到科学的解答。

对于理解法的科学的概念以及一般的科学的概念的意义而言，以下两点尤为重要。

一、关于不同类别的客体的妥当的概念是最重要的，它不仅为人们在现象世界中指引方向，将人们获得的知识予以妥当的系统化，也有助于人们获得知识。基于科学的方法论对特定类型现象进行系统研究，预设了存在关于该现象的科学的概念。

基于相关事实来科学地阐释关于特定类别现象的命题(propositions)，预设了这样一个前提，即把与待研究的该类现象相关的事实挑选出来予以检视，将不相关的事实予以清除。我们基于研究资料做出的推论的真实性，依赖于在此之前该研究资料
被正确地择选出来。如果这些说法是妥当的，那么我们必须避免 4
资料择选上的含糊与误解。故此，在研究道德的时候，某种事实上与道德无关的现象一定不能被当作与道德相关，因为基于它不可能得出妥当的道德推论。如果我们未能形成关于相关类别现象的科学的概念，就不会有妥当地选择和挑选事实素材的标准，就失去了避免相关研究变得模糊不清的所有保障。在获得法律的科学的概念以前，不可能有任何关于法律的真理的研究，也不大可能形成担得起科学之名的法律的真理体系。

如果特定类型现象的性质得到正确界定，通过研究适宜的具体事实，科学不仅仅获得了关于这些客体的知识，(通过运用演绎方法）也揭示了其他通过观察它们尚不能得到的真理。知道了给定类别现象的基本特性，科学就能运用演绎方法来解释该“存在之场域”(province of being)进一步的、与其基本特性相伴随的特征（这些特征是其基本特性的自然或必然结果），甚至能预见那些尚不为人知或被遗漏的事实。科学知识的这后一种可能渊源类似于缺少法律概念（尚不知道有待法律科学研究的现象的性质）的法律科学。

二、即使“必须遵循科学的方法才能获得科学的命题”尚未得到人们承认，不具备此种科学的方法论基础的断言仍被人们认为是科学的，但如果我们对相关客体未能形成明确的概念，任何关于该类客体的命题都必定是不科学的。这些命题是在无视议题的要旨到底是什么的前提下做出的判断，这些（关于一个未知客体的）断言被表达得越是信心满满，它们偏离科学立场的程度就越严重。同样地，在没有明确的法律概念的前提下，所有关于法律的判断都不过是关于一个未知的、不确定的客体的判断和断言。

以上论述展示了，基于这样一种观点而来的（明确或隐晦的）误解是多么值得我们注意，即在不花费时间决定“法是什么”的前提下，就能够对法律科学更为具体的问题进行科学研究，甚至就应当这样研究。

法律概念问题并非法学的诸多问题之一，它（纯粹地、直接地）是一般意义上的法律科学的问题。它是一个基本问题，在解答该问题之后，法律科学才有存在的可能性，法律科学才得以区别于那些在起源或内容上不具有科学性的意见、断言和命题的集合。另一方面，这样一种陈述（甚至是确实的断言）同样没有科学

根据，即迄今为止解决该问题的企图都已经失败了，因此它无法被 5
解决。[①]

恰当的且科学上正确的假说与上述说法完全不同，必须要假定，迄今为止用于研究法律现象以及阐释适当概念的方法已经失败了，这些方法必须被批判地、细致地重新审视，我们需要找到适当且科学的方法，让它引领我们实现预期目的。

当代法律科学中其他基本概念与问题的境况支持了该观点，它们的境况与法律科学的问题的境况一样死气沉沉，它们在行动领域所产生的结果与前述因未能确定一般意义上的法律性质而导致的结果一样负面。

“寻找定义”（以及寻找定义的企图受挫）是一种在其他一般性概念（抽象法律概念和相对法律概念）上反复发生的现象。在顶级概念（法律概念之类）的问题得到解决之前，不可能有妥当的科学概念。然而，（准确地讲，因为缺少顶级的科学概念，）次级法律概念的缺陷通常未能被注意到，法律这个术语或某种相似的模糊观念仍被用作科学的法概念，同时人们在阐释次级概念时，就好像法律是一个已知的、被科学地界定的“量”（quantity）似的。尽管如此，关于这些概念有无数困难和分歧，随着时间的推移，这些困难和分歧甚至蔓延到一般概念，这些一般概念号称无疑问，貌似彻底地被确立起来，并且完全令人满意。

在法律的一般理论领域（所谓的**一般法律理论**）中，此种科学病症以特别明确和深刻的形式被人们注意到，但具体法律学科（私

① 对于道德的概念而言，情况也是如此。

法学和公法学，特别是宪法学）的概念体系也极为混乱。

大体上，法律科学极为可悲的混乱状况无可争辩，特别是不计其数的解决其基本和基础问题的企图都失败了，这使得完成这样一些任务有了首要的、紧迫的重要性，即批判地确证迄今为止被用来获取法律知识、建构自觉-科学的认识论和方法论的手段和方法。即使对于修正科学研究的常规手段和方法在事实上所具有的
6 前述那些具体缺陷来讲，此任务显得没那么紧迫，但此任务确实是法律科学所面临的基本的、最重要的任务之一，每一种**科学的**知识的基本预设都是自觉地、批判地运用被科学地确证和证明了的认知的科学方法与手段。

过去（现在仍旧）被使用的解决科学问题的方法与手段立基于传统与习惯，而不是基于妥当的自觉-科学的方法论命题。就目前而论，不论在法律科学还是在道德科学中，都不存在这样的方法论。

第二节　法律现象及其要素被发现的场域

观察是研究和获取现象与客体的知识的基本手段，在研究物理世界和物质世界的客体与现象时，观察就是在"外感官"（看、听、嗅、味、触）帮助下的知觉，可称其为外在观察。在研究精神世界的现象（心理现象）时，观察就是对自己心中发生之事的内在知觉，[①]可称其为内在观察——自我观察或内省。

---

① 尽管有些犹豫，我们还是用英语中的"心"（mind）这个词来对译作者使用的俄语 psykhika 一词。参见 17 Boston University Law Review 806(note)。——英译者注

在特定认知领域中(例如,研究极细小的客体、普通感官无法知觉的客体以及极遥远的客体),必须借助特定技术手段和方法才能成功地观察相关研究对象——显微镜和望远镜是重大技术发明,它们极大地拓宽了人类观察与认知的领域。正如之后会解释的,有一些特定类型心理现象(包括部分极为重要的道德现象和法律现象)不能在普通条件下通过内在观察被察觉,为了成功地观察和认知它们,需要找到并适用一些特殊的方法和手段。

在某些认知领域中,人们对于相关真实现象的实际存在场域
的误解妨碍了人们对这些现象的观察和成功认知。下面我要处理
一类特殊的、有着独特性质的心理活动过程,对于体验到该心理活 7
动过程的人来讲,外部客体似乎拥有特殊的、实际上并不存在的属
性,或者说它似乎存在于外部世界,但实际上它在外部世界中完全
不存在。

在该认知领域中,我们必须避免这样的错误,即把似乎存在于体验到该心理活动过程的人之外的世界中的东西接受为真实的。我们要牢牢记住,相关真实现象在该主体的心中被发现,并且只能在其心中被发现。这样一种想法很幼稚,即“美好的”“亲爱的”等被用在他人身上的词语表示了被归属了这些属性的人的某种特殊性质。不论我们多么仔细地研究这个人(从头到脚地检视他,试图发现某种与“亲爱的”词语相对应的东西),我们的搜寻都是徒劳的,词语“亲爱的”的意义仍隐而不显。只有转而研究使用这些词语的人的心理体验(psychic experiences),这些词语的意义方能被揭示。

在道德生活的现象领域中,人们可能会产生这类误解,人们事

实上也经常产生这样的误解。“某道德义务要求做某事”这样的陈述通常预设了(正如该陈述自己显示的),“道德义务”是一个真实的现象,它存在于作为该道德义务适用对象的那个人存在的地方。然而实际上,与“道德义务”陈述相对应的真实现象在完全不同的场域中被发现,它在发现他人负有道德义务的那个人的心中被发现。

在法律和法律研究领域中,同样要牢记这个教训。假设我们正在思考这样的判断,“地主 A 有权利从佃户 B 那里获得 5 000 卢布租金”,或“佃户 B 必须按照租赁合同付 5 000 卢布租金给地主 A”,用法律术语来表达就是,在 A 与 B 之间存在租赁法律关系。此时,一种法律现象摆在我们面前,但它在哪儿?去哪里发现它并予以研究呢?

下述想法都是错的:该现象会在 A 与 B 之间的空间中被发现;如果 A 和 B 处于特定领域,法律现象处于该领域中的某个地方;在前述判断中被归属给佃户 B 的法律义务是某种在他身上发现的东西,获得 5 000 卢布的权利是出现在地主 A 身上的某种东西,在他手上、他的精神里、他的周边地带的某处或在他身体内部。

这个问题的科学的、经过反思之后的答案能够并且应当很简单,法律现象就存在于那个设想“A 有权利收受(receive)B 必须支付的 5 000 卢布”的第三人 C 的心中。

8 类似地,如果一个专业法学家体验到这样的判断:“承租人必须在占有期截止前付给出租人约定的租金”,我们面前就有了一种法律现象。对于该法律现象,专业法学家可以观察、研究以及分析它。然而,如果他在人们之间或之上的空间中搜寻相关法律现象

（在“社交空间”中搜寻），他就是出于误解而行动。该现象存在于他自己身体内部，存在于他的心中，并且仅存在于他的心中。

法律现象由独特心理活动过程所构成（后面将对此做进一步研究、分析和界定），该心理活动过程的表达有时采取独特的、归属给不同“存在”（beings）以“权利”和“义务”的形式（不仅归属给人，还有在人心中被想象的、多种其他类别的“存在”），或者采取归属给这些“存在”的特定类别以“权利”和“义务”的形式。所以，如此被构想的这些“存在”似乎在这样一种特殊环境被发现，在这些环境中，这些“存在”受到拘束或者拥有“权利”这样的特定客体。

法律科学（以及当道德义务和道德规范成为研究对象的时候的道德科学）会被一种误解所影响，当我们为了在人身上发现相关属性而考察“美好的”“亲爱的”人，此种误解就显露出来了。总体而言，传统法律科学的内容是一种视觉幻象，它不是在法律现象实际发生的地方考察它们，而是在它们不存在的地方（体验到该法律现象的主体之外的世界）辨识它们，在那里它们不可能被发现、观察或了解。下面我们会看到，此种视觉幻象的形成有其自然的心理原因，这正如当不了解天文学的人认为太阳在早晨“升起”并绕着我们转时（正如哥白尼之前的天文学），视觉幻象（在这个词的字面意义上）完全自然。

与中世纪的天文学一样，法学的相关概念和信念完全错误。不仅如此，与那些先前阻碍天文学成功发展的误解相比，现代法律科学基于一种更为基本的误解。即使古代的天文学也是在考察真实的客体：地球、太阳以及其他天体。它能够观察它们并获得它们的真正知识，仅仅在确定它们的相互关系时犯了错。从科学的观点来看，法律科学犯的错则是完全遮蔽了事物的实际样貌，断绝了观察和了解它的可能性。与此同时，它迫使科学耗费时间和精力
9 （完全徒劳地、没有成效地）在待研究的客体不可能被发现的场域中开展搜寻和研究，并因此对那些实际上根本不存在的东西展开虚幻、任意的思辨。

对此等“幻影”的搜寻，以及关于不存在之物的精巧、玄奥的思辨，仍在编织着法学家和法律哲学家的理论，并且随着时间的推移，这些理论不仅争议越来越多，也愈加模糊、精巧和做作。

依照目前法律理论被阐述的样子，其问题（以及适宜的答案）有三重特征。通过这样一个假设，这些问题及其答案的一般类型可以得到最佳理解，即假设一个逻辑学（或语法学）的学生被要求对下列三个判断（或命题）进行逻辑（或语法）分析：一、“仆人在接待室里”；二、“宙斯是奥林匹斯诸神之王”；三、“国库有大量财产”。该学生这样来解答：为了找到第一个判断的逻辑主词（或者说第一个命题的语法主语），他走进接待室，很高兴地发现仆人在那里，然后得意地宣称“这就是第一个判断的主词（第一个命题的主语）”！关于第二个判断的主词（或者说第二个命题的主语），他也没遇到任何困难。他是一个基督徒，被教育得根本不相信宙斯的存在，他无需花费时间和金钱到希腊去检视奥林匹斯山的云朵，而是自信地断言，在此情形中没有主词，没有主词便没有判断（或命题）。

然而，对他来讲，第三个判断的主词则是一个甚为复杂、精巧的问题。他需要建构极为玄奥的假说来解释此处的主词到底是什

么，并形成这样的信念，即此处有某种特殊的、庞大的、带有一整套机构的有机体（某种超动物的东西）。所有这些结论都明显基于对主词的发现场域以及它们被找到的方式的误解，它们当然是在它们自己作为其构成部分的判断中（在那些体验到这些判断的意识中）被发现，而根本不是在“判断”之外的空间（接待室、奥林匹斯山的云朵或任何此类场所）中被发现。

此种基本且一般的误解要为这三类错误的答案负责：一、第一
个答案的错误在于，它将实际存在的、出现在不适当的研究场域 10
（接待室）的客体（仆人）接受为正在被搜寻的那个客体。然而，事实上被搜寻的东西有一种完全不同的性质，并将在一个完全不同的研究场域中被发现，即在判断自身当中被发现。此种错误可被称为天真的现实主义答案。二、第二个答案的错误在于，它否定了主词的存在（该主词无疑存在着并很容易在该主词置身其中的判断里被发现）以及该判断自身的存在，这是因为相关论者不相信在一个不适当的研究场域中存在着与研究不相关的客体（在奥利匹斯山的云顶上活生生的宙斯）。这可被称为天真的虚无主义结论。三、最后，第三个答案的错误在于，它设想了在一个不适当的研究场域中与研究不相关的客体的存在和性质，并附带不同程度的玄奥或荒诞的思辨。可将其称为天真的思辨理论。

后面我们会考虑法律科学的一个门类，它在性质上与这两种学说极为相似，即考察判断要素（主词和谓词）的逻辑学说，考察主语、谓语和宾语的语法学说[尤其是考察关于主语（法律权利或义务被归属于它）的问题和学说]。我们会发现，现代法律学科的相关学说完全复制了逻辑或语法主词（主语）的界定模式。对于下述

学说，我们更是特别熟悉：(错误的)法的“生理”主体(“活生生的人类个体”)的现实主义学说；关于权利的其他类型主体的虚无主义理论；认为并不存在权利和义务的诸多主体的信念(这些主体毫无疑问地已经存在并必然存在)；关于国库以及相似主体的一整套荒诞和思辨的理论。

现代法学也包含别的学说，这些学说不涉及前述“主体”，也不试图搜寻这些主体(或者设计和建构地球种群领域内的不同活体生物)。但是它基于同样的基本误解，并可被划归为同样的三种理论：现实主义、虚无主义以及思辨理论。如此看来，将法律规范仅仅理解成命令(commands)[某人对他人的指示(order)与禁止]的通行理论，就其在特定情形下或许成功搜寻到命令的真实事件(君主之类发布的相关命令指涉了那些体验到法律判断的人)而言，它是天真的现实主义。然而，在历史上(甚至现在)人们经常成为神的命令的指涉对象，对于他们来讲神的命令比人的命
11 令更有权威。中世纪法学包含了精确、有序的神法理论，与它不同，现代法律理论仅相信人所制定的法律(这与不相信神具有成为法律主体的能力一样，都是荒诞的虚无主义)。在所谓的习惯法领域，当权利和义务被归属给自己或他人时，人们并没有成为任何人的命令的指涉对象，而仅仅成为这样一种事实的指涉对象，即“这就是我们先人的行为”之类的事实。尽管如此，现代法律科学竭力在“人民的公意”以及类似的荒诞思辨的名头下得出根本不存在的命令。在立法领域，某些研究者不仅混淆了法律规范与被称为“命令”的人类行为，还在玄奥的论证和花样繁多的拟制的帮助下设计

出“普遍同意”这个东西，他们假定这些命令被所有公民承认，尽管谈论所有公民对所有法律都能了解就够荒唐了（更别说承认这些法律了）。

同样的困难与错误重现于义务、权利等概念的理论中。

“国库对某省的某片森林拥有财产权；所有人都不得故意砍伐树木……”此类法律判断将现代法律科学的一整套让人头疼的问题组合在一起，并将一整套误解置入该研究领域。一、必须确定或想象出此财产权的主体；二、必须检视此主体，以便于精确地发现他拥有什么，他的财产权到底意味着什么；三、必须确定或想象出对应的义务主体，既然不得侵犯该财产权的禁令向所有人发布，义务主体或许就是人类学意义上的全体人类。以此种方式，在现代法律理论的幻象世界中，与每一个具体的购买行为（买一支笔或一个别针）相关联，无数不同的事件发生了。

如果我们将前述视觉幻象消除掉，所有那些古怪、荒诞的思辨自己都会崩解，所有那些不计其数的幻想的现象都将烟消云散。当财产权被归属给国库、对应的义务被归属给“所有人”的时候，并没有什么东西被法学发现或设计出来。此时只有一种简单的法律现象，它存在于归属给国库对森林的财产权、归属给“所有人”不得砍伐树木的义务的那个人的意识里。该权利有一种完全真实的主体，就是思考着“国库”的那个人所构想的东西；也存在着义务主体，那便是“所有人”“每一个人”，即代词“所有人”“每一个人”所表 12
达的概念。在体验到法律判断的那个人的意识里，可发现一个单一的主体，而不是散布在整个地球上的复数主体。

第三节 法律现象及其要素的科学研究方法

不论待研究的现象是物理世界的，还是精神世界的，观察都是研究现象的基本方法。之前的论证清楚地表明了，能够被发现和用作观察对象的法律现象并非存在于视觉幻象诱导我们认为它存在的地方，而是存在于更接近我们的地方：在我们的内部，在我们的意识里，在那个于特定时刻体验到权利与义务的人的意识里。摆脱此种视觉幻象意味着消除了一大片被认为能够发现和研究法律现象的领域，以及清除了相当大数量的（被认为的）法律现象及其要素。尽管法律现象及其“存在之场域”（spheres of their being）的规模远小于流行的理论所臆想的样子，但从我的观点来看，它们的数量仍旧不小。法律现象的“存在之场域”的数量与能够体验（以及事实上正在体验）相关精神状态的活体生物的数量相同，同时，法律现象的数量等于这些体验的数量。

在地球上的动物中，有着心理生活的“存在”的数量极为庞大，但其中有一种“存在”（智人）与众不同，只有他有能力体验到构成法律现象的复杂心理活动过程。在这类物种的范围内，体验法律（以及由此而来的法律现象）的心理活动过程的能力仅仅在如下条件下才能出现，即文化发展达到一定水平（远远高于别的动物的文化水平），特别是在语言上取得一定进步。甚至是现在，也不是所有人都拥有体验法律的能力，只有那些到了一定年龄、受过特定教育的人才拥有这个能力。另一方面，所有没有特定身体和心理缺陷（聋哑、痴呆）的人，在人类日常生活的环境（甚至在那些很明显是犯罪环境中）中得到教育，较早地获得这个能力（在他们达到法定成年标准之前）。

如果我们考虑的是，对实际存在的真正的法律现象，经由观察 13
进行直接和可靠的认知和研究，而不是它们是否存在之类的问题，由于我们完全不能看到或观察到另一个人的心中发生了什么，除了我们自己的内心（我们的自我意识）以外，法律现象的所有“存在之场域”（以及一般意义上的所有心理现象的“存在之场域”）都绝对地不可能被观察到，实际存在的真正的法律现象的数量（尽管实际上极大）必定因此而大大缩减。

因此，**观察法律现象唯一可能的适宜方法必定是自我观察，即内省方法**。一般意义上的内省是指：一、当待研究的心理现象被体验到的时候，将内心的关注指向该现象（狭义的自我观察），观察饥饿、口渴、牙疼等；二、对先前被体验到的给定行为类型的理念［“意象”（images）］进行内在观察，例如，回想昨晚的牙疼。

包括内省观察在内的所有观察要么是简单的，要么是实验性的。实验方法意味着通过有意干预被观察的现象而复杂化了的观察，即通过使用特殊方法去唤起、改变或终止这些现象。如果此方法针对的是将要被内心观察的现象，它就是内省-实验方法。

我们一定不能这样想，即没有特殊的实验室、器械或其他被特意设计出来用于科学研究的工具，便不可能运用实验的方法开展研究。在做下列事情时，人们就是在运用实验方法研究心理现象：为了研究特定痛苦现象，某人用针扎自己以引起疼痛；为了研究饥饿不吃食物；让自己读一本不得不等待让自己极为好奇的结局的小说，以便研究该心理状态；让别人故意在其不经意时惹怒他，随后马上提醒他这是应他的要求所做的，以此来研究生气这一现象。

此种方法甚至不要求采取外在的行动或干预措施，某人可能闭着眼睛躺在沙发上不动，在内心中构想着内省-实验研究过程中一套又一套的心理实验。这样的实验可以提供研究羞耻、骄傲、抱
14 负心、感谢、受损的自爱、嫉妒等现象的适宜方法，在我们的想象中，此类实验创造了情景的特殊组合形式的生动画面，能够唤起相应情感。所有这些内省方法都完全可用于研究法律现象。

在日常情形中，法律现象如同心理体验一样，表现得并不是很明显，它们因人们无心而被错过，或者至少不大容易被观察到。如果不了解法律现象的心理背景，也就不可能知道法律的性质、它的价值以及它影响行动的方法与理由。因此，把这些体验的强度提升至它们能被注意到和适于研究的程度极为重要。对此，实验方法（包括类似于前述那些例子的实验）尤其能提供有用的服务。它包括：一、阅读这样的故事、小说、新闻报道等，即它们生动地描绘了“骇人听闻”的专横行为、被践踏的明确和“神圣”的权利、被断然拒绝的公正要求等；二、这样一些生动意象，即一个人自己受到强烈诱惑去否认和质疑（或者去“践踏”）他人明确和“神圣”的权利，或者成为骇人听闻的专横行为或违法行为的牺牲者；三、朋友（为了实验的目的）帮助我们感受到对法律的热情或者对法律的“不满”与愤慨等等；所有这些实验手段使我们能够观察和研究相关的（特别是那些有法律特性的）心理体验，这些心理体验有多种形式和强度，其中强度最高的就是“狂暴”情绪。

同样的实验也能使我们把握那些与法律体验相似的、具有道

德性质的体验，通过把这些实验和其他实验结果汇总在一起，我们就能知道法律与道德（迄今仍未被理解）的差异。

内省方法（简单的、实验性的“自我认知”）是对法律现象和道德现象进行观察，获得对它们直接的可靠的认知以及对它们开展研究的唯一手段，**没有它，就完全不可能有什么关于法律和道德的知识**。

一般来讲，能被我们认知的心理现象的唯一类型就是那些我们基于自我的发展史所知道的东西，我们很熟悉它们，因为我们自己体验到它们。其他类型的心理现象绝对不可能被我们认知。一个人如果没有通过自己的心理体验知道饥饿、口渴、生气、高兴等现象，就不可能知道这些心理现象，尽管别人知道并体验到它们。15
因此他不能理解他人的相关行为、身体动作和言语。就法律现象而言，情况也是如此，一个人如果是绝对的法律白痴（完全没有能力获得法律体验），就不可能知道法律是什么，无法理解被法律激起的人类行为。当听到“法律”这个词，以及看到人类社会中依据“法律”做出的大量行为，他或许会对这些表达以及行为做出个人的特殊解释。他或许认为，它是一种命令，由强者为了自己的利益而对弱者和手无寸铁者发布，并附带（当人们不服从时）适当威胁，这些胁迫性命令被弱者基于权宜理由（reasons of expediency）而贯彻。然而，这绝不是法律实际是什么的知识。

对于诸多心理活动过程的性质，那些并没有任何心理缺陷的人，甚至那些卓越的思想家和学者，或许也是无知的或者做了错误的解释，他们同样未能理解相关人类行为的意义和动机。这可能发生在以下情形中：不知道在哪里以及如何发现给定类别现象；使

用了不适当的方法；未使用任何科学研究方法，任意地塑造理论与研究方案。但是，在获得特定类型心理体验的知识的时候，如果我们使用适当的方法（简单的或实验性的内省方法），我们就有了（尽管间接地以及在不同程度上假设地）获得关于该种现象在他人心中的信息的手段，别人的所思所想对于我们来讲就不再是完全不可知的秘密。

需要注意的是，我们内在的心理活动过程（生气、高兴等）引起肢体运动，这些运动可以从外部被观察到。当我们的肢体动作是为了与他人交流自己的某种心理状况或活动过程的时候（做手势或者写出和说出语词等），它们更容易被观察到。当我们观察到他人做出与我们相同的行为，我们能够进行类比假设（这具有一定或然性），可以假设这些行动出于同样的心理体验而被做出。

此种基于“类比推论”的假设在多大程度上能够揭示真相，依赖于多种因素。这取决于我们考察的是一个诚实的人，还是一个
16 喜欢伪装和撒谎的人；我们考察的个案情形是否为不诚实提供了特殊诱因（例如，法庭上的罪犯）；给定的肢体动作（包括语词）通常对应着一个单一确定的心理活动过程类型，还是异质的内在体验的同一种外在表现等等。

由此看来，对他人心理体验的科学研究不仅预设了对自己同样的心理体验的科学知识，还预设了这样一种科学的反思，即他人的肢体动作（包括口头或书面交流）是否适合被当作推测给定种类的心理活动过程的事实资料。

对于（作为研究他人心理活动过程的手段的）观察他人的肢体动作而言，关于他人看到的行动、听到的言论的可以得到的记录

（例如，年报、传记以及旅行记录）是一种相对适宜的替代品。科学地使用此种资料（例如，作为直接观察的替代物的“传统”）明白地预设了：一、应按照前已指出的方式批判地检验它们；二、应根据观察自身的可靠性批判地检验它们（如果收到的信息是来自于第三人的二手资料，错误的可能性会明显增大）。

总之，研究者自己对同样类型的体验的内省认知，与关于此类体验的外在表现的知识合在一起，是理解他人心理体验的先决条件。因此，相应的科学认知方法可以被称为内外观察相结合的方法。毋庸多言的是，作为此方法的要素之一的外在观察和内在观察一样，可以要么是简单的，要么是实验性的。

我关于此种结合方法说过的东西，完全可用于研究法律现象和道德现象。法律现象真正的科学研究尤其要尽可能详尽地研究法律体验的不同类别的外在表现，以及研究这些体验与相关心理活动过程（特别是道德心理活动过程）的表现的区别。这样，我们就有了研究他人（特别是早期的、文化发展水平较低的人们）法律体验的科学基础。如同其他科学地研究他人心理体验的领域，实验方法可被用于精确地研究法律。例如，我们抢走一个孩子的玩具，坚称这是我们的并拒绝归还；或者我们与这个孩子商量，如果 17
他为我们完成特定工作，他会得到很多糖果，然而在他完成工作之后拒绝履行约定；或者我们与这个孩子达成协议，在我们履行某种义务之后，他必须履行会要求他做出比较严重的牺牲的义务（例如，失去心仪的玩具或者很长一段时间没有食物）。这些实验以及观察它们的外在结果使我们能够基于法律现象的性质与属性的妥当知识，做出具有科学可靠性的判断，来确定这个孩子是否能够体

验到法律心理活动过程，一般来讲他的体验的生动性和强烈程度如何，以及与饥饿（它的促动力量是胃口）之类的心理活动过程相比它们的促动力量是什么。此外，同样的实验方法使我们能检验这个孩子的法律心智，探索其中是否体现了特殊类型的法律现象的属性，例如财产法、契约法和家庭法。对白痴或聋哑人进行同样的实验，我们可以得到关于法律发展所需的实质性条件的有趣发现。

之前所述穷尽列举了（作为真实现象的）法律现象的科学的研究方法。对于法律现象这种特殊的心理活动过程，只可能运用下述方法才能进行科学的研究：一、（简单的或实验的）内省方法，对于获取关于法律现象的性质的知识，这是基础的和不可或缺的手段；二、（简单的或实验的）内在观察与外在观察相结合的方法。

第四节　类别概念与充分理论

关于法律现象的存在场域的前述误解并非阐释法律的科学理论面临的唯一障碍。另一个更难逾越的障碍是，法学（如同社会科学和人文学科一样）缺少塑造一般概念的正确理论。

一般认为，为了形成“法律”这个概念，人们应该全面审视所有法律现象，在这些法律现象彼此之间以及它们与类似现象之间进行比较，最终选择法律普遍具备的、使法律区别于其他现象的属性。然而，这是不可能完成的任务，因为这样的审视和比较恰恰预设了什么是法律现象和什么不是法律现象的知识，形成“法律”概念的适宜途径是正确地阐释类别概念。

一般概念或者说类别概念是具有特定属性或特性的客体的理 18
念，“类”由具备该特性的所有客体所构成。白色物的理念（idea）是一种类别概念，此种“物自身”（things themselves）构成了相应类别。类别概念并不限于实际存在的物，也有完全虚构的物的类别概念，例如几何学中的概念。被设计用来涵盖真实物的类别概念也不限于实存的物，还包括具有相关属性的过去的物以及未来的物。

被人们实际接受的塑造类别概念的方法要么是循环推理，要么是盲目地接受既有术语。故此，当法学家试图阐释“法律”的概念时，他们就是将所有被称为法律的客体进行比较考察。然而，很明显，“法律”这个词以及相关的“权利”之类概念可以在日常言说中被发现（其内容十分宽泛），也被专业人士和律师所使用（其内容限定得更为严格）。当人们玩纸牌、安排社交聚会、讨论朋友或爱人的关系时，就会使用“法律”和“权利”的表述。有时人们也会使用“道德权利”的表述，它结合了法律和道德。没有理由认为哪一种用法更好或更正确，并且，并非不可能的是，它们在科学上都没有根据。

阐释一门科学（例如，法律科学）的基本概念体系的终极目的是，从诸多可能的候选概念中，将那些作为科学上相关命题的逻辑主词（logical subjects）以及有助于将那些命题妥当安排到体系中的概念挑选出来。或许可以先验地（a-priori）断言，日常用法和专业用法对此都不能科学地提供充分的概念。在专业或职业用法中，流行的概念是从特定职业者的实践活动的视角来看、统合了具备相同（或相似）价值的客体的概念。一个厨师可以妥当地将某客体称为“蔬菜”或“猎物”，但如果植物学家或动物学家用这些概念作为逻辑主词来阐释科学理论，就会出问题。律师在职业群体中占据如此高的地位这一事实严重地妨碍我们克服职业术语的弊病，阻碍法律的真正科学的概念的形成。尽管如此，这是我们必须完成的任务。

当一个人理解了类别概念的真正性质，因循环推理或语词的
19 日常用法和职业用法不一致而产生的障碍将会被消除。他挑出一定数量的特性或属性，将它们并置在一起形成一个类别概念。他用列表的方法宣称，所有具备特性A、B、C……N的客体构成类别X，那些客体的理念就是类别概念X。然后他得到两个结果：一、那些具有与此不同的构成特性的客体并没有出现在此类别中；二、所有具有相关特性的客体都被包含在内。

很明显，通过此种方式，能够形成难以计数的类别概念，但其中只有一小部分具有科学价值。类别概念的科学价值的判断依据是，能否凭借它们阐明充分的科学的理论。科学理论是具有妥当方法论和体系基础的理论，充分的科学的理论是满足这样一种极为明确的前提的理论，即被谓述的内容必须完全符合此谓述所指称的那类客体。

许多理论尽管并无谬误，但仍不充分。某人或许形成了“一支5盎司重的雪茄”这样的概念，此概念谓述了该类的每一件东西，这些东西总体上是物质之物（一般而言是固体，这些雪茄的成分的化学性状，吸雪茄对健康的影响等等）。这些“理论”虽然完全正确，但明显不充分，这是因为，被“5盎司重的雪茄”所谓述的内容同样适用于无数不属于该类概念的客体，例如，一般意义上的

雪茄。

一种理论不够充分的原因有：一、谓词关联的类别过于狭窄（上一段提到的那种理论）；二、谓词关联的类别涵盖过宽（例如，很多社会学理论将某种因素的影响力过分夸大，事实上该种因素的影响力有限）。前一种不充分的理论可以被形容为“瘸腿”（limp），后一种理论可被形容为“跳脱”（jump）。当然，或许有绝对不充分的理论，它谓述了完全不属于任何类别的事物。科学仅应承认充分的理论，应该审视每一个被试图当作一种科学理论的陈述，以免出现前述错误。经常出现的情况是，某种被谓述为较狭窄类别的事物，实际上属于更宽广的类别。该理论因此“瘸腿”，我们必须选择一个属概念（而不是像原来那样用种概念）作为逻辑主词，以此来重塑该理论。有时人们或许会说，如果一个属由种“n”构成，这些种相对于该事物类别对应于一般概念，那就可以建构“n+Ⅰ”型的充分的理论（它顾及了所有的种，除此以外还顾及了属）。如果结果是该理论“跳脱”了，我们必须选择一种类别概念（它表现为 20
我们原先试图使用的类别概念的一个种）来作为逻辑主词，以此来限缩该理论的适用范围。

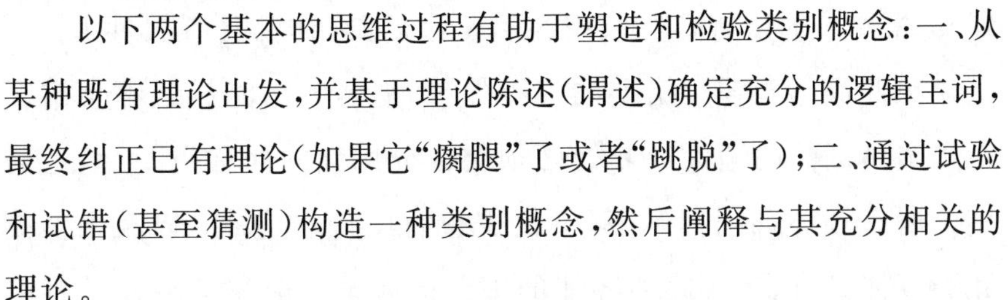

以下两个基本的思维过程有助于塑造和检验类别概念：一、从某种既有理论出发，并基于理论陈述（谓述）确定充分的逻辑主词，最终纠正已有理论（如果它“瘸腿”了或者“跳脱”了）；二、通过试验和试错（甚至猜测）构造一种类别概念，然后阐释与其充分相关的理论。

在判断某理论是否充分时，我们必须牢记的是，理论真理（在前述意义上谓述了客体类别的真理）并没有这样一种特征，即通过观察可以在每一个个例中发现它(尽管在物理学上,许多理论真理已经通过观察被发现了)。然而,在所有情形中,真实的实践活动的展开都没有完全地符合相关命题,就社会科学(特别是经济学)的真理而论,情况更是如此。所谓的自然法所断言的东西,从来没有自然地发生,此种“法”的价值不过在于解释和预测事实。实际上它们告诉我们,如果没有复杂因素的出现(事实上总会出现这些复杂因素),什么将会发生。然而在大多数情形中,它们(复杂因素)的影响微乎其微。如果我们知道了几个决定性因素,我们就能够解释事实并预测未来的发展趋势。单凭“观察”仅仅会展示混乱和变动,“理论”则揭示了若干持续存在的趋势(这是比“自然法”更贴切的表达)之间的互动。

阐释一种科学理论所要求的不仅是关于某些经常发生的事情的知识,即在命题的理论主词的(具体种类客体的)具体属性与别的事物之间确立逻辑关系或因果关联。以此为基础,可以得出关于理论充分性的下述命题。如果已经确定了,在类别 A 的属性 a 与别的东西(b)之间存在必然的逻辑关联或持续的因果关系,这证明该理论没有“瘸腿”。换句话说,可以理所当然地认为,被类别概念 A 涵盖的所有(过去、现在和未来的)客体都具有属性 b。这是避免此类(“瘸腿”)错误的唯一保障,但是它不能保证不会错误地提出“跳脱”的理论。此处必须要区分属性的两种类型:给定类别的所有客体共同具有(但不仅被它们具有)的属性,以及仅仅被
21 此类客体具有、构成此类客体的种差的属性。谓述了某种具有前一类属性的东西的理论必然是“跳脱”的理论,必须运用一个范围更广的类别来重述和纠正它。那些谓述了某种具有第二类属性的

东西的理论并没"跳脱",因此是充分的。

基于这些命题,很明显的是,类别的种差构成了所有理论的科学基础。一种科学理论的内容必定是,它谓述了与待研究的客体类别的种差在逻辑或因果上相关联的东西,并提供了对此种关联的解释以及该种关联存在的证据。

政治科学、法学和道德科学因为没有有效的类别概念,所以包含了诸多不充分的理论。这些不够专业的研究已经汇集了大量的、可被用来形成充分理论的真实素材,但是相关的类别概念仍有待建构。

第二章　法律和道德的本质

第五节　法律科学和道德科学对心理学的依赖

22　对于法律科学和道德科学的建构与成功发展而言，主要的（尽管不是唯一的）障碍是缺少适宜的科学方法论，过去被使用的思考和研究的方法并不适合科学的目的。为了成功地研究有着复杂性质的心理现象，我们必须找到适宜的科学基础，此科学基础表现为一般心理活动过程（它们的要素、它们的因果关系和属性以及它们对行为的影响）的一般类别概念系统。心理学（心理现象的理论）有助于揭示此种知识，但传统的、流行的心理学所提供的教导被一种基本的谬误搞砸了，基于现在这个样子的心理学无法建构法律和道德的科学理论。当代心理学认为，心理活动的要素有三个：一、认知（感觉和理念）；二、情感（快乐和痛苦）；三、意志（愿望和主动体验）。

该分类并不让人满意。在一般意义上，认知体验（视觉、听觉、味觉、嗅觉、触觉、体温以及别的感觉）与相关理念和知觉具有单边-被动（unilateral-passive）性质，它们是被动的体验。技术意义上的情感（快乐与痛苦）与此类似，也有单边-被动性质，它们是快乐和不快的被动体验。意志体验（例如，不辞辛劳地持续工作的意愿）是单边-主动体验。我们通过适宜的自我观察会展现，在我们的心理活动中存在着与上述三种类型都不相符的体验，它们具有双边（bilateral）的被动-主动（passive-active）性质，包含了不同于认知和情感的被动体验，同时也有特别的主动体验（欲望）。这些 23
冲动-刺激（impulse-stimuli）（例如，饥饿、口渴和性兴奋的体验）可被称为被动-主动的双边体验。被称为饥饿或胃口的心理现象实质上既是一种特殊的被动体验，又是一种特殊的渴望或欲望，它是一种内在的刺激，是一种愿望。不能把饥饿-胃口的被动方面与痛苦的情感（不快的情感）相混淆，在特定情境中观察到的与饥饿相伴随的痛苦是一种与饥饿的心理学构造无关的并发现象，它有着特殊的病理原因，正常、中等和健康的饥饿更经常地伴随着满足感而非痛苦感。传统理论（它将饥饿视为一种消极的情感或痛苦）完全忽略了此现象的主动方面，它混淆了在饥饿-胃口中被体验到的被动体验（不同于传统心理学意义上的情感）和伴随着饥饿但实质上不属于饥饿的现象。在口渴和性兴奋中也可以观察到此类被动-主动体验（尽管它们表现出不同的具体特征），通过自我观察，恐惧以及不同类型的厌恶感也表现出相同的特征（把腐烂的、不适合吃的食物等不同寻常的东西放入口中，试着咀嚼和吞咽，或者摸到蜘蛛和特定类型的昆虫、爬虫等等）。作为抵制性的促动性刺激，这些以及与其相似的体验有别于胃口、口渴之类体验（它们是趋向性的）。**我们把所有具有此种被动-主动双边性质的人类和动物的心理现象归为一种特殊类型，称其**

为冲动(impulsions)。[①]

精神生活的传统三分法构成了心理学(以及处理心理现象的其他科学)的基础。鉴于此,我们必须用如下分类取而代之:一、双边的被动-主动体验(冲动);二、单边体验,它进一步分为:(一)单边-被动体验(认知和情感);(二)单边-主动体验(意志)。

在人类和动物的生活中,冲动是适应生活环境所需的、主要的、指导性的心理要素。心理生活的其他(单边)要素扮演着辅助、次要以及隶属的角色。冲动有着激发身体的外部运动以及其他行
24 动的功能(例如,智力创作和别的内在行动),并直接引发适宜的生理和心理活动过程。有大量冲动被人们无心地忽略了,只有极少数例外情形,因其较高的强度和清晰度才能引起那些体验到它们的人的注意。在日常生活中,我们体验到成千上万次冲动,它们支配着我们的身体和心灵,唤起我们的肢体运动和呈现于意识中的思想和决定,以及唤起其他生理和心理活动过程。在统治我们的心理生活的过程中,除了极少数例外情形,这些因素自身并未被注意到,我们仅在它们偏离常规的运作情形(相关冲动波动到极高或极低的情形)时才意识到它们,在后一种情形中,我们体会到一种特殊的、让人厌恶或冷漠的压抑状态。

既然在通常情形中,冲动既不可察觉也无法辨识,有一个非常重要的问题摆在心理学和其他科学(包括法律现象和道德现象的科学)面前:对于这些通常被忽略和未被觉察的冲动,能够找到辨

① 俄文原文使用的是“冲动或情绪”这个表述,但有一个令人信服的权威观点认为,作者并不是在我们英语中的 emotion(一种激动或兴奋的心态)的意义上使用俄语 emotsiya 一词,情况确实如此。——英译者

识以及相对清楚地观察它们的途径和方法吗?

冲动具有极高的敏感性和弹性,它们(依环境而变)有多种强度,在特定环境下,那些通常相对较弱(因此被忽略、未被觉察到)的冲动在强度上将获得极大提升,并因此被注意到,适于被观察和研究。通过研究支配冲动的多种强度的法则,尤其通过获得冲动在其中达到最高强度的环境的知识,我们可以得到一些技术手段,凭借这些技术手段(例如,放大镜、显微镜以及科学领域中其他类似的东西),我们能够发现和观察到通常不能被认知的相关现象。

如果冲动的实现和满足受阻,其要求未被落实,冲动的力量将会增加。如果我们不去满足胃口和口渴冲动的要求,它们会变得极为强力(甚至变为狂暴和激情)。不适于食用的有害物质使人厌恶,如果人们企图违反它的禁令,把这些物质放入口中,它的力度将大大增强,如果咀嚼和吞咽这些物质,此种冲动会变得更强。**此种发现和辨别冲动的适宜的实验方法可被称为反动法**(method of counteraction)。如果满足某冲动的障碍看起来能够被克服,但此企图事实上不完全成功(并且特别地,如果将此类 25
近乎成功和暂时失败的状态重复几次),此冲动(胃口、口渴、性兴奋或者好奇等)的强度会达到极高等级。**此种诊断学的实验方法可被称为激发法**(method of provocation)。反动法和激发法的应用不仅有外在实验的形式,也有内在实验的形式,可借助相关理念在想象中完成。生动地想象自己身处悬崖边或者自己嘴里有某种恶心的东西,就能唤起相应的厌恶和抑制性冲动。

为了确立科学的行为理论,我们必须区分两类冲动。

一、特定冲动特别趋向于唤起因其性质伴随它们的、确定的和具体的行为。并且既然我们把肢体运动系统和别的被冲动唤起的生理和心理活动过程称为对它们的反应(the responses)[①],我们可以将这第一类冲动称为带有预定的和具体的反应的冲动。因此,饥饿-胃口有它自己的、确定的和具体的独特反应,其构成要素包括:(一)关于食物和进食的理念和思想的表现,饥饿感越强,此反应越生动(有时达到亢奋和幻觉状态);(二)取代其他智识活动过程(intellectual processes)以及冲动和意志活动过程;(三)(当看到或想到食物时)得到觉醒和强化的以下肌体的活动过程:唾液腺以及与吸收营养相关的其他腺体;味觉和嗅觉神经以及其他重要的、与吸收营养相关的神经;与吸收营养相关的肌肉,包括舌部肌肉(进食欲望强烈时看到食物,它会不由自主地抽搐,例如,动物舔嘴唇),唇部肌肉(咂吧嘴),腮部肌肉,以及其他在获取食物时活跃的肌肉等等。

另一类特殊的反应与排斥进食相伴随,例如,当看到、嗅到、尝到或想到烂肉时产生的冲动。此类反应不是由吃和它的附属活动过程所构成,而是由相反的活动过程所构成:那些旨在不允许东西进入嘴巴或胃里,或者将其从嘴巴和胃里清除的活动过程。

以与进食完全相同的方式,口渴、性兴奋、好奇、恐惧、羞耻以及无数其他冲动也有其特有的反应,其中一部分在语言上有特定名称,另一部分则没有。

---

① 一个令人信服的权威观点认为,彼得拉日茨基这里在“反应”(response)的意义上使用俄语 aktsiya 一词,而不是在我们英语中 action 的意义上使用这个词。——英译者

为了界定有着特殊反应的冲动的一般运作模式(简称为特殊冲动),可提出下述命题:特殊冲动会改变有机体(一般来讲适于生 26
产诸多极为不同的行动的生理-心理器官),使其特别地适于暂时完成一定的生物功能,这就是说,它们会唤起相关运动(肌肉的收缩)和无数附随的生理和心理活动过程。

此运作模式并不试图断言,对特殊冲动的反应是绝对地预先确定的,如机器运转一般整齐划一,或者特定的特殊冲动不论在何时出现,同样的确定的运动会被原样重复。特殊冲动的反应的预定性是相对的,不是绝对的。在一定限度内,它的不同要素(特别是肢体运动)可以适应具体环境并做出相应改变。因此,进食的肢体运动(作为饥饿-胃口的反应的构成要素)并不总是以绝对确定的形式被重复,它们依照被吃的客体的具体特点做出改变,与相关感觉的指示保持一致。一般来讲,与高级动物相比,低级动物对特殊冲动的反应更加严格、精确地被预先确定,与其他高级动物相比,人类对特殊冲动的反应更为自由和易变。同一类动物对某些冲动的反应更为机械,对另一些冲动的反应则更为灵活和自由。人类对特定冲动的反应是如此自由和易变,以至于它们的预定性仅体现在对行为的一般指引上。这特别体现在人类心灵中那些(从社会生活的角度看)最重要的要素上,例如那些其反应表现为对他人行善的冲动。这可以以极为多样的形式被表述:对他人的由衷奉献这一意义上的爱("体验关于那个人的有益性冲动"的倾向或禀性)表现为成千上万种不同的仁善之作为或不作为;宗教意义上的爱也是如此,它具有普遍性特征,是"体验关于其他所有人的有益性冲动"的倾向。与有益性冲动相对的,是旨在引起罪恶的

邪恶性和憎恨性冲动，这些冲动带有依具体情形而变的、极为多样的反应，表达憎恨的行动成千上万，各不相同。同样地，对野心和虚荣之冲动的反应，以及对许多别的冲动的反应，也是极为多样和多变的。

二、除了为数众多的有着确定的反应的冲动（尽管有时此确定性仅仅是一般的和方向性的）以外，还有别的冲动在生活中扮演极为重要的角色。后者自身的预定性既不体现在行动细节上，也不体现在行动的一般特征和取向上（它们是一种对所有行动的刺激：它们具体地激发了那些伴随它们的、其理念被体验到的反应）。
27 我们将其称为“抽象的”或“概括性”（blanket）冲动。它们由向我们发布的命令和禁止所构成，适宜的实验和自我观察会展现，命令和禁止像电流一样，马上在我们心中唤起具体的、有助于依照命令或禁止去行动的活动过程。在下述情形中它们更容易被注意到，即当它们表现得突然、短促和锐利的时候（例如，“安静！”“退后！”“别碰！”），以及当它们以恰当的引人注意和严肃的语气被说出来并带有恰当的祈使手势的时候。积极命令唤起激发相关行动的冲动，消极命令（禁止）则唤起对与肢体运动或其他被禁止的行动相关联的冲动的抑制（排斥）。要求、祈祷或建议在心灵中有着相似的运作方式，唤起那些支持或抵制特定行动的冲动。命令或禁止所唤起的冲动与要求和建议唤起的冲动的差异主要在于，前者有着严格的和强制性的内在激励，后者则有着温和、鼓励以及劝说的特征；前者被体验为限制和对自由的内在束缚，后者则被体验为对自由的刺激。命令、要求和建议等支配他人行动的手段唤起他人的冲动，当不存在特殊的物理障碍或更有力的反向心理因素时，这

些冲动就可能引发某种肢体运动或别的行动。后文将会展示，**构成道德体验和法律体验的实质性要素**以及引发**道德行为和法律行为的冲动属于概括性冲动的类型**。

一般来讲，我们行为的刺激要么是特殊冲动（此时，我们的行为是事实上与给定冲动相伴生的具体行动），要么是概括性（抽象的）冲动（此时，与此冲动相伴的行为理念的内容，即行动的理念，界定了我们行为的特征和取向）。与此不同，快乐与痛苦如果（正如经常发生的那样）没有使我们觉醒某种冲动，或者说，如果我们对它们毫不在乎（无动于衷），它们在动机中就不扮演任何角色。在另一些情形中（当这些体验出现并激发冲动时），确实出现对作为或不作为的刺激，但它们由浮现于并操控这些情形的冲动所构成，它们与积极或消极的情感、快乐或痛苦等全不相干。一般来讲，快乐唤起趋向性冲动，而痛苦唤起排斥性冲动，就此而论，存在着趋向快乐的冲动和避免痛苦的冲动。但有时也会有相反的情形，因为受到的教育、相关个人的性格或其在特定时刻的心理状态（例如，在爱人死后），需求的满足会唤起排斥性冲动，在这些情形 28
中，存在一种“反快乐主义的”（antihedonistic）抵制快乐的行为。相似地，也是与“反快乐主义”行为相伴随，痛苦有时会唤起趋向性冲动。

在有些动机的生发过程中，冲动的刺激来自于快乐和痛苦，这些动机可以被称为感官-冲动性动机。而在有些动机的生发过程里，冲动的刺激因素则是观念、理念或其他智识活动过程（激发了这个或那个行为），这些动机可被称为智识-冲动性动机。有些智识-冲动性动机由通过特定作为或不作为而实现的后果的理念所构成，可以被称为目的性或目的论动机。待实现的后果的理念，我们称其为目的性或目的论理念，想象的后果可被称为目的（如果它体现为已有状态的某种改变，就称作积极目的；如果它体现为避免改变已有状态，就称为消极目的）。

无论如何，可能的快乐和痛苦的意象不能被视为唯一能被当成目的理念的理念，有很多别的行为的可能后果的观念，也具有唤起（趋向性或排斥性）冲动的能力。诸多有利或不利的理念（功效主义理念）尤其具有此种能力，必须小心地将其与快乐主义（hedonism）理念区分开，它包含诸多纯粹客观后果的理念（例如，技术或科学后果），这些理念与任何人的需求得到满足或获得好处全不相干。

然而，关于行为的可能后果的所有理念，必须要注意，它们并非唯一能够唤起冲动和界定我们行为的东西，许多别的理念具有完全相同的作用，除了目的论动机以外，还有诸多其他类型的智识-冲动性动机。哲学家、心理学家、法学家、道德学家、经济学家经常认为（并将其接受为自明之理），所有人类行为都有一定目的，没有目的的行动是荒谬的、不可能的。这是一个严重的错误，它主要源于相关论者未能将理论的视角（thcoretical viewpoint）与实践的视角（practical viewpoint）区分开，并且他们接受这种观点：任何事情的非理性证明了，它事实上不可能、不存在。不过，人类和动物的绝大多数行为都是非目的性的，其根据都不是目的性动机。

一、首先，基于“特殊推理”（specific reasoning）的行动（“因
29 为”型行动）与为了达成特定目的的行动（“为了”型行动）相对立。与未来可能发生什么的理念相比，着眼过去的理念（例如，我们被

冒犯的理念)并不缺少唤起冲动的能力,一旦它出现了,就有了寻求唤起相关反应的冲动,至于它是否实现了特定目的,则在所不问。这样,如果别人的行为在主体心中唤起了愤慨、蔑视、热情等情感,相应的冲动就以言辞(辱骂、轻蔑的表达或热情赞扬)或者别的行动(例如,打击侮辱者、颂扬、拥抱或亲吻)的形式显露出来(展现它们的反应),通常其中并没有哪怕一丁点儿相关肢体运动的目的的推理或理念。如果某人"为了……"突然开始谩骂(或表达"高贵的愤慨"、热情等),这可被视为笑话或借口,并不是真的在表达生气、愤慨或热情。很多人类行为必然预设了源于过去的动机,此动机依其本性与着眼未来的目的性动机不相容。

前述动机类型可被称为基础动机(fundametal motivation)。作为唤起冲动并直接引起相关反应的认知因素的(某事已经发生或出现了的)理念,可被称为基本理念(basic ideas)。呈现于意识中的相关现象(他人的行动等),可被称为行为基础(bases of conduct)。

二、另一种智识-冲动性动机(与目的性计算和理念全不相干)是由如下事实构成的动机形成过程:特定客体的观念(例如,饥饿者看到的面包,干渴者看到的水,猫看到的老鼠,或者老鼠看到的猫)在观察者心中唤起(趋向性或排斥性的)针对那些客体的冲动,以及(完全没有想到目的就)唤起肢体运动来抓住该客体或靠近它(在趋向性动机的情形下),或者取出、推开该客体(一个讨厌的虫子、落入口中的恶心的东西等),或者后退远离(例如,远离一个可怕的动物)。此类动机可被称为客观动机。这是人类生活中最为常见和广泛存在的动机类型,对于动物而言更是如此。在动

物世界中，动物基于此类动机进食（包括吃、喝、捕猎等旨在占有营
30 养物质的肢体动作）、交配、采取行动避开有威胁的敌人，以及避免其他有害的、具有危险性的行为。即使在人类生活中，即便一个人达到（有别于奴隶和孩子的）成年人的高级智识文化水平，与客观动机相比，目的性动机仍是很少见的例外。对成千上万的日常肢体运动（从早晨穿衣、洗漱、吃饭、吸烟到晚上准备就寝）的动机进行科学诊断，会展示其中客观动机与目的动机的比率达到数百比一。

三、最后，还有一类智识-冲动性动机需要介绍，它在特定人类行为领域（包括道德行为和法律行为）中扮演重要角色：在有些动机形成过程中，**行为的意象自身就是它们的认知要素**，这些动机的形成过程唤起了引发积极和消极行为（不作为）的冲动。这（“行为的意象自身就是它们的认知要素”）可被简称为**行动理念**。

当一个高尚的人被（金钱或其他好处）引诱去从事欺骗、做伪证、诽谤、投毒谋杀等行为时，此种“下流”“邪恶”行为的理念自身就会唤起拒绝此类行为的冲动。此种拒斥会很强烈，不允许出现此种（与可见的好处相关联的）趋向性冲动和产生相关目的性动机，或者当它们出现时将其摧毁。与此相对，其他行动理念（例如，被称为“好”“值得赞许”的行为理念）唤起对此类行为的趋向性冲动，这也正是此类行为被称为“好”的理由。

行动理念在其中发挥作用（唤起趋向或排斥相关行动的冲动）的动机，可被称为**自足动机**。“自足”的意思是，此处不需要外在的（目的性的或其他的）认知活动过程，行为理念自己就足以唤起趋向或排斥它的冲动。

在我们心中，行动理念和（拒绝或鼓励相关行为的）冲动紧密结合在一起并以此来发挥作用，这可以表现为拒绝或鼓励特定行为自身（而不是作为特定目的的手段）的判断，即“撒谎可耻”“不应撒谎”“要讲真话”等。基于行动理念与拒斥冲动或趋向冲动的此种结合的判断，可被称为**规范性判断**，它们的内容可被称为行动原则或规范。

以上所述的动机类型都是复杂的、由情感和带有冲动的智识 31
活动过程所构成的心理活动过程。然而，从前面主张的心理学理论的基本命题的视角看，还有更简单的动机，它们仅由唤起相关行动的冲动所构成。

冲动不论受到何种心理活动过程和状况的影响，它都能够（并且经常）在没有任何心理活动过程（情感、感觉、理念等）参与的条件下出现。这样，当肌体的力量在足够长的睡眠后得到恢复，冲动刺激我们起床。在相反的情形中（当肌体需要睡眠来恢复力量时），睡眠的冲动迫使我们越来越想靠在什么东西上躺下来、闭上眼等等。当肌体活动产生的垃圾积聚到一定程度，需要将其去除的时候，冲动就越来越强力地刺激我们采取适宜行动。就对这些以及相似特殊刺激的反应（其出现没有预设别的心理活动过程）能够在没有任何心理活动过程参与的情况下被实现而言，我们正在讨论的动机形成过程和行动，从心理学的视角看，仅仅由冲动构成。更具体地说，在此种情形中，不论目的性（或类似的）理念，还是感觉，都不在场。

将以上提出的关于行为动机的命题与当代心理学理论相对比，我们一定会注意到：一、流行的心理学理论将所有行为化约

(reduce)为单一动机模式;二、该模式是一种快乐主义和利己主义(egoism)模式。基于先前确立的理论立场,此种单一模式并不存在也不可能存在。相反,动机形成过程的类型极为多样,它们的数量随着别的心理因素加入唤起冲动的过程而增长。抛开冲动的多样性不论,存在着多种多样的动机形成过程。例如,最简单或最纯粹的冲动性动机,多种复杂的感官-冲动性动机和智识-冲动性动机,多种目的性动机,客观动机。

第六节　审美现象和伦理现象的心理学理论的基本命题

对于迄今尚未被科学解决的、基于传统的心理学理论也不可
32 能被解决的道德和法律的性质问题,前面提出的一般心理学命题,使我们可能找到它的解决办法。为了解释这些现象的性质,我们必须借助自足动机和规范性判断这两个概念。

在不同情形中,规范性判断和动机形成过程由不同冲动所构成,这些冲动(与其具体性质相一致)为精神生活和行为领域注入多种性质和特征。由此,形成不同类型的规范性体验既是可能的,也是可欲的。

特定规范性体验由具体的积极冲动或消极冲动所构成,我们称其为审美(aesthetic)冲动,它不仅在关涉不同人类行为的场合,也在关涉其他现象和客体的场合,经常被我们体验到。在这些情形中,如果审美冲动是积极的,就被称为漂亮、美丽,如果审美冲动是消极的,就被称为病态、丑陋或下流。不同的行动理念与这些冲动相结合，就有了所谓的礼仪规则（关于为人处世、良好仪态、社会习惯、举止优雅的规则）。在有着“良好教养”的人那里，使用手指、桌布、餐巾而不是手帕来擦拭嘴唇，在社交中（特别在与女性的社交中）使用“不得体”的言词，这些行动的理念伴随着消极审美冲动。通过反动法的适宜实验，我们能够知晓这些冲动的特征，以及有时它们施加在行为上的、难以克服的压力。别的行动理念（“礼仪”所要求的、体现“良好仪态”或“举止优雅”的行动理念）伴随着积极审美冲动。此类冲动阻止人们在语法、句法等方面出差错，是语法、文体和修辞规则的基础，并因此在语言领域，在其发展过程中以及在文学领域中扮演重要角色。所有这些由具有某种内容的行动理念所构成的、抵制着或有助于相关行动的审美（积极或消极）冲动，我们称之为审美规范性体验；相应的规范被称为审美规范；依赖于审美规范的相关动机和行为，被称为审美动机和审美行动。

除了行动理念以外，审美规范性体验（特别是判断）经常包含具有其他智识内容的理念，这是指环境的理念，如果某些环境出现了，从审美的角度看，就应当做出（或不许做）相关行动。例如，与 33
“在社交中”“在与女性的社交中”“初次见面时”等语词相对应的理念。这些理念可以被称为审美条件，环境自身可被称为与审美相关的事实。审美判断、信念以及规范（它们自身并未指明条件和相关性事实）无条件地要求或禁止具体行为，它们可被称为绝对的或无条件的审美判断、审美信念和审美规范。有条件的审美判断由两部分构成，即假设（指明适用条件）以及处理（指明其他要素），无条件的审美规范和审美判断则仅仅包含第二部分（处理）。

审美规范性复合体(aesthetic normative complexes)在结构上经常包含个体、阶级或人民的理念,例如,“儿童”“绅士”“女人”,或者其他类型“存在”的理念,例如,国家(存在着适用于国家的国际礼仪规则以及适用于国家行为的国际审美规则)、公司和机构。一般来讲,审美规范性复合体包含所有从审美的角度被要求做出特定行为的主体的理念(主体理念,即审美主体的理念)。

此外,在审美规范性精神活动的特定领域,人们发现了事实的理念,例如,一种古代习俗或一种“新的风尚”,在举止优雅问题上“定了调子”的本地领袖的行动,父母对粗鲁行为的责备,特定行为的丑陋性。这些事实界定了审美禀性(aesthetic disposition)的内容,指出了它所包含的“义务”的产生条件:人们应该(或似乎应该)这么做,因为自不可考的距今遥远的时代起人们就是这么做的,或者因为这就是习俗所要求的,或者因为所有人都这么做,或者因为这就是风尚,或者因为这就是威尔士王子的穿着风格;人们不应该这么做,因为妈妈说这么做是不适当的,或者因为这就是礼仪课本上所说的(课本所述的处世之道)。(规范性)体验的这些构成要件可被称为确立规范的事实或规范性事实的理念。包含这些理念的审美规范性体验和审美规范可被称为他律的或实证的,其他规范性体验和规范可被称为自律的或直觉的。

如果某人体验到一个审美判断或者形成了一种审美信念(例如,用手指擤鼻涕不得体,它是不好的仪态),但在其判断中没有任何规范性事实的理念(例如,养育者的告诫)支持此判断,相应的规
34 范就是一种自律的、直觉的规范。然而,如果一个孩子认为此类行为不得体(不好的仪态),应该被避免,“因为奶奶这么说了”,或者

"因为兄长们都不这么做",相应的规范就是实证的或他律的规范。在父系生活阶段以及一般地在文化发展的较低阶段,流行的审美在性质上主要都是实证的,并将一直如此。在所有情形中,与现在的文明国家的状况相比,实证的审美在国民生活中更为重要(直觉的审美不够重要)。祖先们的相关群体行为的理念(他们的习俗的理念以及古代习俗的理念),作为规范性事实的理念是很重要的,具有主导性和支配性。行为举止、衣着、建筑、住所、庙宇的排列和装饰、仪式庆典等,都对应着古老的习俗,对应着被视为优良、得体的传统,任何个别的擅自偏离以及标新立异的行为都会激起严厉的审美谴责,被视为丑陋的、不得体的。在我们这个时代,直觉的、自主的审美(与实证审美一道)极为重要并被广泛应用,在实证审美领域,除了某些更为保守的精神生活领域(主要指宗教和宗教信仰领域)以外,定下调子的并非古老的习俗,而是时尚或风尚(新的群体行为)。

正如我们已经看到的,(积极或消极的)审美冲动被我们体验到,不仅在它关联到行动理念和相关现象(肢体运动和其他行动)的时候,也在其关联到其他现象和客体的理念(以及知觉)的时候。如果我们出去散步,看到路的一边有一个垃圾堆,另一边则是一个绿草如茵、繁花似锦的公园,在由垃圾唤起的消极审美冲动以及由花海和草坪唤起的趋向性审美冲动的作用下,我们必定走向公园。一般来讲,消极审美冲动促使我们躲避(离开),避开唤起它们的东西;而积极审美冲动则诱使我们趋向唤起它们的客体,亲近它,有意地检视它,接近这些客体或者待在它们中间。

依照冲动体验的一般法则,冲动性要求的实现(得到满足)会唤起满足感，相反的现象（违背冲动性要求的行动，例如，移除某积极冲动的客体或者接近唤起消极冲动的客体）则会引发相反的情感，即不满足感。依此，接近唤起审美排斥的客体（接近“浅薄”“丑
35 陋”或“下流”的东西），想到此类客体，与此类客体必不可免地相处，都让人不快，并唤起消极情感。接近唤起审美趋向的客体（接近“可爱”“逗乐”“美丽”“壮丽”的东西），想到此类客体，想到与它们在一起，诸如此类，这让人愉快，会唤起积极的情感。

所有的现代美学（研究审美现象的科学）都以这样一种事实为中心，即想起特定客体或现象让人愉悦并获得满足（享受），也就是说，以（积极）审美冲动的特定表现为中心。在总体上，现代心理学，特别是审美现象的科学对此并不知晓。这些表现并不代表审美领域任何奇怪的或有着独特性质的东西，依照冲动的普遍法则，它们是在成千上万其他冲动上反复发生的东西。审美现象等同于“审美享受”，关于它的性质（想到该现象会实现“审美享受”之类的性质），人们提出了多种在不同程度上玄奥和悖谬的理论。但只有一般地研究冲动及其属性，具体地认识它们的积极和消极分类，才能奠定审美科学成功发展所需的、能够与其研究对象和谐匹配的基础。

道德体验和法律体验是规范性冲动-智识复合体（normative impulsive-intellectual complexes）里的一个种，该“种”是我们特别关注的。除了后面会做进一步检视的、使其彼此区分的属性以外，相关（积极和消极的）道德冲动和法律冲动具有一些共同属性，这为构造单一的更高类别的冲动提供了基础，此更高类别的冲动可被称为义务体验，即**伦理冲动**。相关规范性冲动-智识复合体可被

称为义务意识，即伦理体验和伦理意识。

伦理冲动常常被我们体验到并支配我们的行为，尤其影响我们与我们附近的东西的关系。然而，与诸多别的冲动一样，它们通常没有被主体注意到。它们不能被分辨出来，不能被观察到，在所有情形中，它们不能被清楚、明确地了解到。因此，在科学研究中，以及在日常生活中，它们的存在、性质以及属性仍未得到界定。由于这个原因（如果没有别的原因的话），显然不存在对法律和道德的性质的知识。

当有着一定力量的行为的“诱惑”构成对义务意识的抵制和反动的时候，即当那些促动了不同行为的不同冲动的体验和行动抵制着伦理冲动的实现的时候，对于我们关心的义务意识领域中的 36
冲动而言，为了发现它的存在并了解其性质，我们必须对（实际的或者为了实验目的想象出来的）个案情形进行内省式探究。伦理冲动（与其他冲动一样）有不同的强度等级，如果出现了阻碍、反动或激发因素，其强度会增加，此冲动因此可被辨识并适于被研究。

伦理冲动通常在我们犹豫不决时，在这些冲动和别的与其冲突的“诱惑”冲动之间的斗争过程中，被特别明显地体验到，它们间歇性地出现或涌现，显露和兴起，随后减轻和消失。即使斗争已经得出支持或抵制伦理冲动的结果，相关行动已经被人着手实施，特定的环境仍会诱发伦理刺激的强力攻势卷土重来。如果某种抵制义务的冲动获胜了，相关行动已经开始了，例如，一个孩子看到他人的糖果，被唤起了食欲刺激，受其影响而决定（在主人不在的情况下）从篮子里抓几块（尽管他意识到不得侵犯他人财物），并伸出手来达成其“犯罪”目的。先前被弱化、被清除的伦理冲动会再一次显露，继续发力攻击，其攻击力强劲得有时迫使那些抵制伦理冲动的行为被暂时打断或被完全取消（手立刻停止向他人的财物移动），在抵抗性伦理冲动的打击消除之后，再继续实施盗窃行为。如果伦理冲动获胜，相关行动已经开始，例如，尽管有着因看到他人可被秘密窃取的财物而被唤起的有力冲动，一个孩子或其他主体放弃引发胃口冲动的客体，遵从更有力的义务冲动。在伦理冲动因为反动因素的消除而被弱化之后，先前被弱化和清除的“诱惑”冲动有时再一次显露，再次发起有着一定力量的攻击，例如，正在离开他人财物的某主体停下来观望，甚至回来再一次靠近该诱惑客体。这些活动过程与反动因素一样，在它们卷土重来的时候
37 再一次唤起伦理冲动，并增加伦理冲动的强度。即使在义务已经被最终地、不可挽回地违反之后（即使已经秘密地揭开篮子的盖子，吃掉别人的糖果），相关义务意识仍会再一次发起攻击（有时在很长时间以后：数月或几年），抵制着已做的事。然而，在此情形中，复杂的心理活动过程妨碍人们对伦理冲动的清晰明确认知。其复杂性体现在，依照这样一条普遍法则，即与冲动性要求相对抗的现象唤起消极情感、不满足以及痛苦，不可能实现的伦理冲动的出现以及与其伴生的意识（不可能完成该冲动的要求）引起一定强度的痛苦（类似于“良知的折磨”）。此复杂性妨碍人们获得对伦理冲动的清晰和明确的知识，甚至或许使得人们未能将它们与实质上与其不同的、纯粹被动的心理活动过程（通常被称为痛苦的那些心理活动过程）区分开。

即使与伦理冲动相关联的行为不是主体自己的，而是他人的，如果存在反动因素或激发因素，伦理冲动也可以获得很高强度，并

在相关情境中被注意到。如果我们在伦理体验的影响下试图说服我们的兄弟、朋友或熟人不要做某事,例如,不要冒犯无辜者或者不要破坏他人家庭的和睦。他们抗拒此说教并与我们争吵,拒不承认此义务,或者先是承认和遵从,其后又去实现那个在伦理上侵扰他人的目的,此种反动和激发因素会使我们的伦理冲动达到强烈和明显兴奋的程度。与其类似,阅读故事、传说、话剧、悲剧(它们生动地描绘了诸多事件,这些事件的理念能够唤起读者的伦理冲动,并通过想象的反动和激发因素使其达到较高强度)或者参加相关戏剧表演,也是实验性地研究伦理冲动的绝好手段。

通过自我观察来研究这些体验,引发这样一种信念,即具体的被动-主动体验(冲动)是伦理体验的构成要素,它有两个独特的性质:一、其包含的刺激和鼓动具有独特的神秘权威性质;二、此冲动作为内在的自由的阻碍因素而被体验到。

一、我们现在研究的刺激与鼓动具有独特的神秘权威性质,它们作为有着崇高光环与权威性的冲动,抵制着我们的情感偏好和
欲望。它们有着未知的和神秘的渊源,存在于我们的现实自我之 38
外,具有神秘的、有点让人恐惧的色彩。伦理冲动的此种特征表现在大众的言谈、诗歌、神话、宗教中,以及类似的有着虚幻理念形式的人类精神造物中。它尤其表现在这样的理念中,其中,某些我们自我以外的"存在"也出来对抗我们的自我,并促使其做出特定行为:某种神秘的声音和我们说话并责备我们。良知这个词就是这么来的,它指明了另一个"存在"的在场,由此也有了多种语词用法,例如"良知的声音"。宗教、格言和诗歌将此声音归属给神秘的"存在",即先人的崇高精神、多种神灵或者一神教中的上帝(上帝

的声音）。这些拟人物，此种对良知声音的神圣起源的信念，以及“聆听良知”“良知的恐惧”之类的表述，反映了伦理冲动特有的崇高权威性特征（神性色彩）。伦理冲动的这些独特性质也影响着哲学家和学者的思考，界定了他们在伦理领域的智识劳动的特征与取向。苏格拉底这个道德哲学的奠基者谈到了建议他该如何行为的高等精神（神灵）。康德将其道德理论立基于一种特殊的、形而上学的自我（与经验自我相区分）的假想存在，它引导着经验自我。在别的哲学理论中，多种多样的形而上学意义上的“存在”扮演着相同角色，即被构想为至高“存在”的“自然”、世界“理性”以及“客观精神”等。即使由那些力图避免神秘主义、具有实证和怀疑精神的学者提出的法律和道德理论，也趋向于神秘的拟人物。例如，历史法学派以及诸多当代法学家和道德学家关于“民族精神”“公意”以及种族天性的观点，此处的“民族精神”“公意”或“种族”被赋予了高于人的权威，居于个体及其个体意志之上。

二、我们正在讨论的冲动类型，其更引人注目的特征是，它们是这样被我们体验到的，即作为内在的阻碍自由的因素，作为对偏好的自由实现的阻碍因素，作为对我们的癖好、欲望以及目的的自由选择和自由遵从的特殊阻碍因素，作为强大的、坚定不移的行为
39 的（相关冲动与其理念相结合的）压力。就此而论，伦理冲动类似于被我们接收到的命令或禁止所唤起的律令冲动。

伦理冲动的此种性质以两类虚幻理念的形式反映在语言以及其他人类精神产物上。

一方面，行为的相关原则（规范）被称为“法律”“命令”以及“禁止”。与伦理冲动具有的崇高神秘权威特征相一致，这些看起来是

统治人(甚至神)的至高法律。就我们看到的与我们的自我(或一般意义上的人)发生关系的神秘“存在”所具有的更为奇特和人格化的理念而论,这些“存在”(或者说相关神秘“声音”)向我们发布的不是要求和建议,而是命令。“良知”提出的不是要求,而是“命令”。道德原则和法律原则是神所确立的法律、命令和禁止。同样的理念流行于哲学、法律科学和道德科学,相关原则被视为“命令”和“禁止”(二者可统称为律令)。依照康德,形而上学自我向我们的自我(ego)发布了“绝对律令”等。与这个理念相伴随的是,“意志”这个词在法律科学、政治科学以及其他科学中具有重要性。其重要性抽象地表现为将法律化约为“意志”,辨识法律在意志中的本质,或者具体地表现为“公意”“国家意志”的拟制。我们必须牢记的是,“意志”这个词的含义是模糊的,它有一种心理学意义,被用来指称特殊类型的、先于肢体和精神活动的心理活动过程,但也有别的实质上不同的意义,该意义通常伴随“意志”这个词的日常表达方式,此时它经常被用来指称某人向他人发布的命令、指示和禁止。仆人或下属执行“主人的意志”“领导的意志”,当然,在科学心理学的意义上,“执行”意志的是主体自身的肌体,而不是任何其他主体。与此相似,法学家、政治学家、道德学家甚至某些心理学家都不认为“意志”这个词的含义是模糊的,都未能区分开“要求”(demands)(发布给别人的命令)与心理学意义上的意志,都将法律规范和道德规范视为某人的命令,把法律和道德理论塑造成意志理论,即某人的意志与他人的意志的关系的理论,“公意”和“联合意志”的理论等等。

另一方面,假想的(虚幻的)命令和禁止(律令、虚构的“意志” 40

等)所指向的主体处于某种不自由的情境中(被束缚),因此有了“义务”这个表述。当存在着“义务的要求”,服从自己的欲望就表现为扯断或破坏一种纽带,表现为摧毁或逾越一个障碍,因此有了“违反义务”和“不法侵入”(transgression)的表述。法学家和道德学家将道德义务和法律义务解释为对命令和禁止的服从或者对为此目的而“变”出来的“意志”的服从。在讨论法律性质的作品中,经常有这样的观点,即在每种命令或禁止背后,都有针对违反它们的行为的威胁(不利后果),因此服从是必然的。

为了澄清伦理(道德和法律)规范和义务的真实性质,我们必须了解下述内容。我们内心被客体(它们的观念或理念)唤起的或通过它们而体验到的刺激因素,为相关观念或理念涂上特殊色彩,以至于这些客体自身呈现在我们面前,就好像它们客观地拥有此种性质一样。这样,如果烤肉(烤肉的观念、外表、观感、味道)之类的特定客体唤起了我们的胃口,它由此在我们眼中呈现了一个特定面貌,我们将特定性质归属给它,并把它说成开胃的、有着诱人的外表。如果同一个客体(在我们肌体的心理条件改变的时候)或者另一个作为食物提供给我们的客体在我们内心唤起的不是胃口,而是相反的(消极的)冲动,如果该消极冲动较弱,我们就归属给该客体不好吃的性质。如果刺激更为强烈,我们就赋予该客体以“讨厌的”性质。如果任何客体或现象的观念在我们内心唤起了名为可怕、恐惧、讨厌或丑恶的冲动,我们就将该客体或现象称为可怕的、危险的或恐怖的。对于一个孩子来讲,一只嘶嘶叫的鹅、一条狂吠的狗具有极为危险和可怕的外表(是可怕的动物),然而对于一个成人或胆大的孩子而言,它们并不是可怕的动物,它们的

外表完全不会让人害怕。B对A体验到爱的冲动,A对B看起来是"可亲的"或"亲爱的",但如果爱已消逝、被排斥性体验之倾向所替代,"可亲"的人就变成"可恨的",甚至"下流和恶心的"。同情、英俊、可恶、非凡、有趣(一个有趣的故事)、好笑和感人(一个好笑、
感人的情景),或者卑鄙和震惊(一个卑鄙或惊人的行为),这些表 41
示性状的词语进一步描述了相同类型的心理现象。

此现象(它也在冲动性生活领域中被发现,在该领域中,我们的语言没有为物质客体被想象出来的那些性质提供特殊名称)可被称为冲动性投射(impulsive projection),或者被称为冲动性幻想(impulsive phantasy);处于冲动性幻想影响下的、对于我们来讲似乎客观存在的现象可被称为冲动性幻象(impulsive phantasmata),或者被称为被投射的意识形态实体;主体的相关视角(他对冲动性幻象或者作为某种真实的和实际存在于他指涉或投射的那个场域中的某种东西的意识形态实体的态度)可被称为投射的视角或意识形态的视角。

冲动性幻想不仅创造了客体和现象的多种性质和属性(在语言中有不同形容词与其对应),也创造了事实上并不存在的其他类型实体,包括不存在的客体和情境,以及关于它们的客体、活动过程和事件的条件,它们在日常言语中对应着不同的名词、动词和副词。这样,在审美心理领域中(其中,冲动性投射总体上扮演较重要的角色),不仅虚构的意识形态属性被归属给客体和现象,而且还有虚构的心理活动过程在起作用,即"要求主体做出特定行为,或者不允许他做特定行为,以及基于某种理由拒绝他的特定行为"之类混乱的想法。这些心理活动过程和理念由冲动性投射所产生。

如果对于一个具有被主体看到或想象出来的性质的客体或现象，主体体验到积极或消极的审美冲动，随之而来的冲动性投射便赋予这些客体或现象以与该审美冲动的此种具体特征相对应的性质和属性。此种心理活动过程对应着多种形容词，它对应着“消极审美排斥”的“丑陋”“难看”“畸形”“恶心”和“可憎”，以及对应着“积极审美冲动”的“可爱”“美丽”“好看”“迷人”和“壮观”。名词“美丽”指代相关冲动性虚幻性质。在人的肢体运动以及人的其他行动方面也有同样的投射，它们对应着表示审美冲动的行动的性状词语，消极的词语有“讨人厌的行为”“讨厌的动作”“难看”“不得体”“下流”“粗俗”“琐碎”和“无礼”，积极的词语有“可爱”“优美”“庄严”和“优雅”。

基本上当主体将肢体运动作为某种已经或正在完成的东西感
42 知到(看到或想象到)的时候，肢体运动和别的行动(经由投射)被赋予审美性质，总体上这发生在考虑作为事实的肢体运动或别的行为以及考虑为该事实命名的时候。然而，如果一个人把特定行动视为可以(或不可以)被他完成的某种事情(尤其是该行为成为行为选择的对象的时候)，以及在其心中出现了抵制该行为的审美冲动或者出现了支持此行为的积极审美冲动，相关性质由此不是被投射在行为上，而是被投射在做(或不做)此行为的积极(或消极)要求上。“在这种情形中拜访他人是适宜的(适当的或得体的)行为”，这样的判断仅仅在言词中表明了一种冲动性投射。如果在我们的理念中存在着我们正在考虑其行为的特定主体或复数主体，对他们提出要求的活动过程看起来就发生在主体和行为之间，它们似乎被发布给主体，诱导他们完成(或不要完成)特定行动。

与这些投射活动过程相对应的是这样的判断，即他做此行为是得体、妥当、适宜的（或者这样做是不得体、不妥当、不适宜的）。此外，“这是妥当的”这个短语，或“他应当”“他不应当”这样的表述，不仅被用在审美趋向和审美排斥领域，也被用在预期的行动引发的多种其他冲动的领域。

那些具有高于人的权威的命令类型，在伦理体验的情形中客观地展现其存在，并被发布给主体。它也存在于归属给主体的、被拘束（被强制）或不自由以及服从这样的特定状态中，在此状态中，伦理法则命令或禁止主体从事特定行为。它不过是冲动性投射的产物，即冲动性幻象。

只有伦理冲动（与撒谎之类的特定行为理念，以及其他特定行为的主体之类的理念一起）才真实、真正地存在，但是对于那些体验到此种心理活动过程的人而言，冲动性投射使其看起来好像是，在某处（在更高的、某种程度上超人类的空间中）存在着相关绝对的、严格的律令或禁止，它们支配着一切（例如，不得撒谎的禁令），命令和禁止所指向的那些人处于被拘束或被强制的特殊境地。

在伦理领域，普遍存在的现象是，人类一般倾向于（正如在思
维、术语和言语习惯的情形中表现出来的）投射的视角，并（忽略实 43
际的心理活动过程）顽固地认为，真实存在着（对应于冲动性投射的）禁止、命令和义务。此种投射的视角得到如此广泛的接受，以至于如果有人遵从科学心理学的教导（这些是不存在的幻象，唯一真实存在的是，将关联于特定智识活动过程的义务进行归属的那个人心中的特殊冲动）来检视伦理问题，就会给人们带来思维和语言上的困难，相当于谈论一种他们不懂的语言。此外，当考虑伦理

现象的一般理论的诸多问题时，(出于阐释上的简明性)这样做是更为便利的，即坚持传统的、习惯上的投射的视角，在谈论义务、义务的内容、义务的种类的时候，就好像它们实际存在着，但同时要一直清楚地记着，我们实际上正在考虑的是对应着作为真实事实的已知情绪和智识活动过程的冲动性幻象。此种反思性视角作为不同于日常的、非反思的视角，并没有什么不科学之处，它并非开始于(或导致他人产生)幻觉，仅仅是阐释的便利形式。

在这种意义上，以及出于此种阐释目的，我们可以接受此类术语和用法，它将“命令”“禁止”这些名称分派给伦理(法律和道德)规范，为了避免与真正的命令和禁止(带有特殊类型的行动或行为的命令和禁止)相混淆，最好将这些规范称为律令(imperatives)，即律令性规范。在我们所理解的意义上，“律令”和“律令性规范”这样的表达完全不意味着，一个人向他人发布关于某事的命令，或一个“意志”指向另一个“意志”，它们指代的是基于具有前述特征的冲动(类似于被发布给我们的命令和禁止所唤起的冲动)的投射，它们可被称为律令性冲动。

所有律令性冲动都是抽象冲动。它们自身并不预先决定我们的行为，其运作过程类似于被支持或抵制此行为(其理念在特殊情形中与积极或消极的律令性冲动一起被体验到)的要求、命令等唤起的冲动。因此，在伦理律令性冲动的帮助下，包括倾向于直接对抗彼此的行为在内的最为多样的行为都可以被唤起。一般来讲，
44 任意一种行为、任何类型的行为，其理念都伴随着律令性冲动。另一方面，伦理冲动没有特殊的反应，并因而在缺少行动理念的时候不会唤起任何类型行为，即它们会既没有动机意义，也没有含义。

与所有类型行为解除关系之后,它们明显不会被体验到。伦理体验的最小心理构造是行动的理念(某种外在或内在行为的理念)加上积极或消极的伦理冲动(不论弱的、未被注意到的,还是强的、被注意到的)。然而,经常出现的情况是,这些体验还包含其他认知要素,这些要素与前面在讨论审美规范性复合体的结构时介绍过的那些要素属于同一范畴。

一、情境或条件(特定行为义务依赖其存在)的理念。例如,"如果有人打你的右脸,左脸也转过来由他打"、在安息日"你应该……"是伦理条件或伦理相关性事实的理念。不包含任何条件的伦理判断、信念、义务或规范(例如,"你不应杀人"),我们称之为绝对的或无条件的,其他的我们称之为假定的或有条件的。在后一种情形中,需要区分伦理假定(hypothesis)和伦理处理(disposition),"在神庙里"(如果我们在这个庙里:假定)"我们必须如此这般控制自身"(处理)。

二、在伦理上,被要求做出特定行为的是个体或人群(例如,国民、君主、父母或孩子)或别的"存在"(例如,神、牵涉所谓国际义务和其他义务的国家、土地委员会或城市),它们的理念是主体的理念,即义务(债)主体的理念。

三、正如我们在审美领域已经看到的,在特定伦理体验的结构中包含着规范创设或规范性事实的理念:"我们必须这样行为,因为它被这样写在《新约》《古兰经》或《法典》中","因为我们的父亲和祖父就是这么做的",或者"因为人民大会已经这样决定了"。由此类规范性事实及相关义务和规范的理念所构成的伦理理念,我们称之为他律的(或实证的)理念,除此之外的其他理念则称之为自律的（或直觉的）理念。如果有人独立于任何外在权威，归属给自己以义务（帮助有困难的人，按约定准时给工人发工资等），相关判断、信念、义务以及规范就是自律的（直觉的）伦理判断。如果他认为，有义务帮助穷人，“因为这是主的教导”，或者应该准时付
45 给工人工资，“因为制定法就是这么规定的”，相关伦理体验及其投射（义务和规范）就是实证的（他律的）。

第七节　两类伦理上的义务和规范

我们必须区分两类伦理冲动，以及两类伦理上的冲动-智识复合体及其投射（义务和规范）。为了解释它们的差异，从投射在不同的伦理意识情形中的不同特征着手是较为适宜的。

在某些情形中，我们认为自己有义务做的事情，对于我们而言似乎是欠（owed to）别人的，这是某种他应得（due to）的东西，即他应该从我们这里得到的东西。所以他能够主张，我们应该适当地履行我们该做的。我们的此种履行行为（例如，按照约定付给工人或仆人工资）仅仅是给予他应得的东西（他收受了“他的”东西），并不是在做慈善，不是使他受益或受惠。如果我们未履行相关行为，则引起了对他人的侵害，因为他被剥夺了他能够主张的、其应得的东西。

在其他伦理意识的情形中（例如，我们认为自己必须为穷人提供金钱帮助、给他们救济金），我们认为自己有义务做的事情，对于我们而言并非是欠他人的、他人应得的东西或者他应该从我们这里得到的东西。他做出的相关主张或要求，对于我们而言是不适

当的、无根据的。我们提供相关客体（救济金等）给他人，以及他获得此客体，并不是将他应得的东西提供给他（他收受此物不是在收受他的东西），而是基于我们自己的仁慈而行善。如果我们未提供相关客体（我们改变了帮助那些要求得到救济者的原初意图，因为我们碰到了更需要帮助的其他人），这在性质上完全不属于不被允许的侵害行为，不属于导致他人损害的行为，不属于拒绝满足有充分理由的主张的行为。

在第一种情形中，我们的义务是这样一种对他人的债，此债作为他的财产确保了他的利益，此财产是一项属于他的（被他赚得的或被他要求的）资产（asset）。在第二种情形中，我们的义务并不是由关涉他人的债所构成。该义务并不指向他人，并非用来确保他人的利益。

无关他人的义务（就此义务而言，义务人并不欠他人什么东西），我们称之为**道德义务**（moral obligations）。 46

指向他人的义务（确保他人的利益），我们称之为**法律义务**（legal obligations）。两方主体之间的关系（他们之间的纽带，一方负有义务，确保另一方的利益），我们称之为**法律关系**或**法律纽带**。从义务履行对象的角度来看，我们将法律义务（某人负有的保障他人利益的义务）称为**权利**。我们的权利是他人负有的、作为我们的资产而属于我们的、确保我们利益的义务。在这种意义上，权利和法律关系并非任何不同于或有别于法律义务的东西。从一方负担（义务）的角度来看，它可以被称为法律义务；从它属于另一方的资产的角度看，可被称为后者的权利；从中立的角度看，它可被称为双方之间的法律关系。

具有上述特征的两类义务分别对应着两类伦理规范(律令)。

有些规范规定了与他人无关的义务。这些规范权威性地为我们规定了特定行为,但对于我们履行的这些行为,并没有赋予他人任何类型的主张或权利(claim or rights)。它们是单边的、拘束性的、非催告性的、纯粹律令性的规范(例如,与《新约》特定段落相对应的规范:“只是我告诉你们,不要与恶人作对。有人打你的右脸,连左脸也转过来由他打。有人想要告你、要拿你的里衣,连外衣也由他拿去。”)。在倡导和体验到(或正在体验)这些规范的人的意识里,这样的伦理判断和潜在的规范当然不意味着它们确立了旨在保障侵犯者利益的相关主张,即他已经被赋予了权利,要求他人把左脸递给他打,或者(作为回报)受害人的外套是拿走衬衣那个人应得的(或者他应该正当地得到的)。同样的道理也适用于真正的基督教伦理的其他规范。此种伦理体系的精神(在此方面极为不同于《旧约》的伦理)是,人们在相当程度上受其邻人的拘束,遵从这些拘束极为困难,但邻人并不拥有(也不应该拥有)要求你遵
47 守此类拘束的主张。基督教伦理整体上是非催告性的,并且,如果说(在中世纪和近代)人们从多个方面已经(并正在)演绎出多种(具有宗教或社会属性的)权利和主张,这是因为人们完全未能理解此教义整体的真正性质。

另一类(为某人确立义务的)规范使这些义务被用来确保他人的利益。此类规范赋予后者以权利(主张),与这些规范相结合,某人受拘束被要求做的事情作为某种被权威性地授予他人的东西是他人应得的,被用来保障他人的利益。它们是拘束-催告性(binding-exigent)规范和律令-归属性(imperative-attributive)

规范。

第一类（单边拘束、非催告性以及纯粹律令性）规范，我们称之为**道德规范**（moral norms）；第二类（拘束-催告性和律令-归属性）规范，我们称之为**法律规范**（legal norms）。

法律规范具有的二元的律令-归属特征有时以生动的、引人注目的形式反映在法律语言中。这是因为，相关规范的内容通过两个命题被表达出来，一个指明了一方的义务，另一个指明了另一方的主张或权利。法律规范的此种表达形式，即同时指出了被动要素（一方的义务）和主动要素（另一方的权利：一方的债务被用来确保另一方的利益），可被称为法律规范的律令-归属性（或者说完整和充分的）表达。

在道德领域，单边-义务性和单边-律令性表达是完整且充分的，该种表达表现为，我们必须要这样做，不得那样做等等。

在法律领域，除了完整的律令-归属性表达，还有三种缩略表达形式，（就听众和读者不会产生误解而言）它们完全适宜，事实上也被使用着。一、缩略的归属表达。它仅指出了法律资产（一方的主张）而没有指出另一方的义务。例如，“如果义务在时限内未被履行，债权人可以要求损害赔偿”。此处，完全可以理解另一方（债务人或其继承人）有义务做相关行为和提供相关客体。二、缩略的律令性、义务性表达。它仅指出了法律负担（一方的义务）而没有指出另一方的权利。例如，“如果义务在时限内未被履行，债务人
必须赔偿其造成的损失”。此处人们可以理解另一方（债权人及其 48
继承人）对满足其利益的相关行动以及对获得相关客体享有权利。三、双重缩略的、中性的表达形式。它以无人称的形式指出应该发

生什么，而没有指明一方的义务或另一方的权利。例如，“如果债务在时限内未被履行，应赔偿由此导致的损失”，“人们引起损害的次数增加了义务的总数”。此处，可以理解为，一方有义务做相关行为来满足他人的利益，后者对前者享有相关权利。

为了精确和完整地确定法律规范的意义，这三个缩略表述必须通过妥当解释被替换为完整表达。在第一种缩略情形中，必须界定谁是义务人以及他对什么负有义务。在第二种缩略情形中，需要界定谁是给定情形中的权利人以及他对什么享有权利。在第三种缩略情形中，需要在以上两方面进行解释性扩充。有时这样的解释性扩充（确立此表达的完整的律令-归属意义）是很难完成的任务，或者至少是一个预设了特定补充性历史信息或其他信息的任务。古代的法律经常说，如果从事了某种犯罪（抢劫等），就应支付一定数量的金钱。对于不熟悉古代法的现代读者而言，如果他需要界定相关规范以及用完整的律令-归属形式表达它，他倾向于说，它的含义很简单，犯罪的人有义务支付赔偿，受害人有权利收受相应数额的金钱。这样的解释经常是错的。在古代，对于已经被犯下的罪行，责任经常由他人（同村居民）以及那些有罪的人来承担，收受被确定的一定数量的金钱的权利则被国王享有，或者受害方的亲属对部分罚金享有权利，国王对剩下的罚金享有权利。

在（具有单边拘束、非归属性质的）道德领域，规范及其解释的表达形式更为简单。这里我们仅考虑义务人及其义务，谈论权利人以及授予他们的主张则不适当。此处并没律令-归属性表达，也没有缩略的归属表达。在道德领域中，仅有作为充分形态的单边

律令表达,以及作为陈述一项义务的单边缩略形式的中性表达(例如,《新约》的登山宝训中的表达)。 49

第八节　道德冲动与法律冲动

这两种义务和规范(单边-律令性义务和规范,律令-归属性义务和规范)的差别,根源在于相关伦理冲动上的差别。

为了解释这样的事实,即特殊冲动是一般的伦理体验的基础,以及为了把握这些冲动的特征,同时也是为了发现这两种伦理冲动以及把握它们各自的具体特征,需要有方法论自觉,需要有意地应用适宜的研究和认知技术:一、必须通过适当的实验方法(反动法和激发法)使这两类冲动达到一定强度,我们由此才能够对它们进行心理学研究和比较。或者至少找出和挑出具有同种强度的、不是被实验唤起的而是被生活环境唤起的体验;二、相关的(道德和法律)冲动必须依照它们的双边性质被内省地研究和比较。

为了研究道德冲动和法律冲动,需要用到第六节说过的一般原则,并佐以研究法律冲动的方法的具体原则。

一、当我们心中出现如下两方的争斗时,强有力的法律冲动就产生了。即(一)意识到我们对他人负担义务(他人对我们享有权利);(二)引导我们违反义务(践踏他人的权利)的诱惑(别的冲动)。如果我们对他人的义务(他人对我们的权利)对于我们而言是“神圣且无可置疑的”,以及如果不满足该权利会严重地且无法补救地伤害他人,情况更是如此。在此类情形中,如果具有相应强度、能够与伦理意识产生严重冲突的诱惑出现了,并且极其强力和

明显的法律冲动的脉动（尽管间歇性地）显露出来，法律良知就会
50 被充分激发。如果其他冲动已经占据优势、他人权利已经被践踏，每当想到他人、想到他人的权利以及想到对他做的恶，与相类消极情感（痛苦、法律良知的折磨）相连的强有力的法律冲动就会一再出现。此类真实的事件（或对它们的回忆）可以（出于实验目的）被替换为这样一种自我的生动意象，即将要践踏（或正在践踏）他人重要且神圣的权利的自我。除了起源于心理活动过程的法律冲动的反动因素和激发因素，能够提高法律冲动强度的因素还包括满足他人的权利的外在阻碍，它们与它们导致的激发因素一道，可以唤起较为强力的法律冲动（特别当它们间或发生的时候）。事先安排一个人假装为我们履行对他人的义务设置障碍，当我们已经忘了这个安排或者我们没想起这是一个实验性“恶作剧”的时候，实验就可以取得预期效果（唤起较强的法律冲动）。

二、把握法律冲动的具体性质所需的进一步的事实素材可以在这样一种（实际的或为了实验目的生动想象的）情形中被找到。在其中，我们对他人享有的权利（他人对我们负担的法律义务）的意识以及相关冲动被激起了，因为他人质疑我们的权利（他自己的法律义务），或者有时表示准备承认和满足该权利，有时却拒绝这么做或侵犯我们“无可置疑的”（甚至“神圣的”）权利。依照此种模式设计实验并不困难。如果一个人正通过旷日持久的诉讼捍卫其权利，历经多个法院取得不同成效，在他心中有时就会出现非常强力的法律冲动，以至于他有了对相关法律体验的强烈倾向，该倾向深入其内心，具有激昂、剧烈特征的实际法律冲动也就出现了。其心中的控制机制和限制机制（所谓的“理性”“常识”）被遏制和毁掉

了，被法律激情蒙蔽双眼的主体拒绝服从裁判，开始缠讼，并做出一些在冷静的旁观者看来反常的、无意义的事情，做出一些毁掉自己及其家庭的、疯狂或变态的行为。

三、研究法律冲动所需的第三类也是最后一类事实素材，可以在下述情形中被找到。其中，我们的法律意识生动地将某种法律义务（法律权利）想象成存在于三个人之间（我们归属给某人以特定的、指向第三人的法律义务），我们的法律冲动因为相关义务 51
（以及被我们视为“无可置疑的”“神圣的”第三人的相关权利）被挑战和践踏而被强化了。在“德雷福斯事件”（Dreyfus affair）中，具有此种特征的强有力的法律冲动被成千上万人体验到了。对于那些有着敏锐的法律良知并紧密关注事态进展的人来讲，该案的事实足以激发极为强烈的法律冲动。

关涉他人的法律冲动特别适于用实验方法来研究。除了在妥当设计的实验中的丰富的实验素材以外，阅读传说故事、话剧和法律诉讼记录，参加戏剧表演和庭审，也是可行的研究途径，它们的内容能够唤起法律冲动，使它们成为激发因素。

对上述类型的心理学素材的内省研究（从主动和被动两方面着手）会展示，冲动（正如我们已经分析的那样）是我们归属给我们自己或他人以权利（法律义务）的基础，我们由此知道了这些冲动的特征。对相关非归属性道德体验（包括被反动和激发因素提高强度的冲动）进行类似的内省研究，将其与其他类型的冲动进行比较，使我们可以这样说，伦理冲动的一般属性（类属性）展现在此比较过程中，由此有可能发现它们之间的重要区别。

在我们接触到的冲动中，有一些具有独特的性质，它们不是存在于我们内心并影响我们的冲动，它们看起来源自某种被构想或幻想的东西，有着来自于外部的吸引力。如果某人叫我们的名字（用适当的声调或适宜的姿势），我们体验到特殊的冲动，它看起来源自于呼唤我们的那个人被构想或想象的地方，如果声调和姿势的表现力很强的话，情况更是如此。在饥饿、胃口、口渴、捕猎的刺激等情形中，关于相关客体（食物、水或游戏）的冲动具有激励我们趋向该客体的渴望的特征。然而，当他人以一种让我们联想到抓住我们并将我们拽到身边的方式向我们呼唤、示意、挥手时，我们被唤起了冲动，该冲动自身的特征恰恰暗示了，我们受到来自于呼唤者的东西的吸引。如果一个人以完全相同的方式，用适宜的声调和姿势向我们乞求某种东西（例如，某物），这唤起了特殊的冲
52 动，它具有从我们这里吸取、掏出、获得某物（起源于恳求者）的特征。如果某人用专横的语调专断地（peremptorily）提出一项主张（从我们这里为他自己取得某物），我们由此产生的冲动与前一种冲动是类似的。恳求性冲动具有和缓、灵活和自由的特征，与此相对，逼迫性冲动具有严格强制性、非自由的特征。那些具有产生自某种（被构想或想象的）吸引因素或提取因素以及从我们这里获取某物的特征的冲动，可被称为吸引性冲动、提取性冲动或获取性冲动。

消极冲动也可以以类似的方式被分为：一、存在于我们内心并影响我们、使我们远离某事物（抵制我们亲近某物）的冲动；二、具有来自外部的力量（产生自某些被构想或想象的客体）的冲动，它们把我们推开、撇开或者不允许我们做某事。羞耻或羞怯的冲动是第一种类型的冲动，它们可被称为狭义的抑制性冲动。进入又

黑又原始的洞穴、靠近火源或难闻的东西所引发的冲动是第二类冲动的例子，它们可被称为狭义的排斥性或偏离性冲动。

一般来讲，我们可以把各种冲动分为：一、对于我们的意识来讲，产生于我们内部、对某物产生影响的冲动，或者说来自于我们的冲动（“内在”冲动或“来自于内部”的冲动）；二、对于我们的意识而言，产生于外部并影响我们的冲动（“外在”冲动或“来自于外部”的冲动）。作为我们对他人的法律义务的意识的基础的冲动，属于外在冲动的范畴。如果我们归属给自己以义务，将某物（例如，一定数额的金钱）作为他人从我们这里应得的东西向他人提供，相关冲动就会作为“来自于外部”的冲动而被体验到。一般来讲，即使当我们归属给他人义务时，对于我们的意识来讲，相关冲动看起来也是关涉义务人的、“来自于外部”的心理活动过程。下面这些表达，A“被授权收受”B 提供的某物，A“应当”从 B 那里收受某物，或者具有某种内容的一个“主张”（一项针对 B 的“要求”，即权利）属于 A 等等，生动地反映和描绘了法律冲动的此种特征，即依照伦理冲动的一般性质，它们具有律令性、拘束性和强制性特征，并（在此方面）类似于一个人被他人以命令性语调呼唤时被激起的冲动。这解释了权利为何被称为“要求”或“主张”，说明了法学家为何将 53
相关“意志”归属给被我们归属了权利的那些人。当然，这未能将“命令和要求”与意志区分开。

依照伦理冲动普遍具有的、崇高神秘的权威性特征，为了他人利益从相关的某人那里拿走某物，表现为权威性地为他人提供某种利益。这界定和解释了被投射于外部的义务和规范的特征：一、在高于人们的层级上，权威性法律支配着人们，甚至支配着人

和神(让一方为满足他人的利益承受负担),它命令一方当事人、向其索取某物,为另一方当事人赋权、赐予其某物;二、在高于人们的指导性权威的支持下,某些人以及其他“存在”服从这些权威为了满足他人的利益而提出的、对多种客体的要求,负有遵守这些要求的义务,将属于他人的东西提供给他人。前者的义务(债)被权威性地授予和给予后者,作为后者的资产而得到保障。它们是一方负担的、针对他人的义务,可将其理解为双重纽带,表现为双方之间的法律关系:权利人的主张与义务人的义务。

因为伦理冲动普遍具有的神秘权威性特征,大众心理趋向于为更高层级的“存在”归属投射于外部的伦理命令和禁止,针对现在正讨论的伦理冲动的特殊种类,这被以独特方式呈现出来:这样的“存在”看起来不仅仅发布命令与禁止(确立义务),也同时授予他人以相关权利。

作为道德体验的构成部分的冲动的具体特征不同于法律冲动的具体特征。如果我们归属给自己做特定行为(而不是提供给他人其应得的或满足其主张的东西)的义务,对相关行为来讲,相关冲动就是内在的权威性激发因素,而不是从外部发挥作用的、权威性提取或抽取的冲动。这与道德投射的具体特征相一致并展现了其特征,即相关义务并非他人的主张,它们不是用来确保作为他人资产的某种东西,而是与他人无关的义务,相关规范是单边的命令
54 和禁止,拘束某人为其施加负担,但并不授予他人权利。

第二类伦理投射(以及冲动自身和作为其基础的一般心理体验)具有纯粹的或单边的律令性特征,有别于律令-归属性投射以及第一类冲动。

为了避免人们误解上述内容，需要做进一步说明。它们绝不意味着，律令性与归属性是法律冲动以及一般的法律现象的两种彼此分离的、独立的特征。法律现象的律令性与归属性的实际关系是，律令性仅仅反映了相关冲动的归属性，并不具有独立的特征。为满足某人利益进行的抽取就是对他人的提取。为了某人的利益（归属）的权威性获取（要求），就是从他人那里（律令）的权威性获得（要求）。如下事实展示了法律冲动的律令性的衍生性，在法律体验的智识构造中，积极效果和确保权利人获益（通过使他们获得属于他们的东西）的理念，与要求义务人所做的行动的理念一起扮演着重要角色。从法律心理的角度看，具有重要性和决定性的并非义务人做出相关行动，而是权利人得到属于他的东西。这样，如果属于权利人的东西被（义务人以外的）他人提供给他，当欠债权人的款项不是被债务人而是被债务人的亲属或熟人所支付，从法律的角度看，这完全妥当，债务已经被妥当履行了。

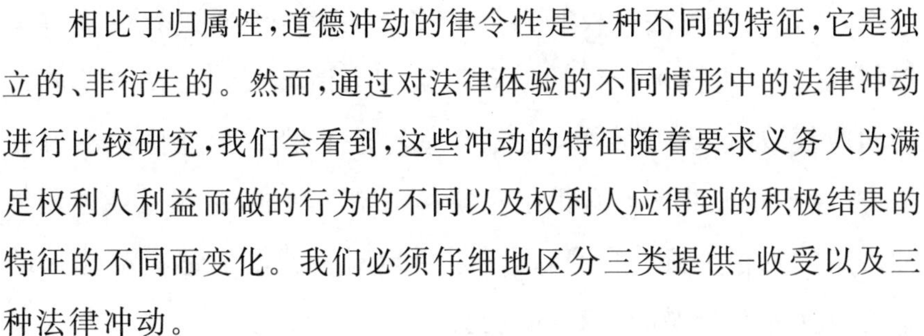

相比于归属性，道德冲动的律令性是一种不同的特征，它是独立的、非衍生的。然而，通过对法律体验的不同情形中的法律冲动进行比较研究，我们会看到，这些冲动的特征随着要求义务人为满足权利人利益而做的行为的不同以及权利人应得到的积极结果的特征的不同而变化。我们必须仔细地区分三类提供-收受以及三种法律冲动。

一、义务人被要求去做的事情或提供的东西包括为了他人的利益做某事。例如，支付特定款项，提供其他物品，完成特定工 55
作，或者提供别的积极服务。这些是积极行动和积极供给，即狭义的“做……”和“提供……”相关积极收受（狭义收受）是欠权利人的。在这些情形中，被具体地体验到的冲动必须被概括为权威性的抽取或提取。相关的法律冲动以及相应的一般法律体验，以及它们的投射（规范和法律关系，法律义务和法律权利），具有积极归属性或者被称为狭义归属性。积极-归属性权利可被称为积极法律主张或狭义法律主张。

二、义务人在一般意义上去做的事情或提供的东西包括不做某事、避开某物（不侵犯他人生命、健康、名誉等），即消极行动、消极供给、抑制（不做）。在这些情形中的收受，在属于权利人的积极效果的一般意义上，包括不承受相关后果（免于……）。这些可被称为“消极自由”“豁免”和“安全保障”。在法律心理的相关领域，此种归属性冲动是排斥性、偏离性的刺激，它权威性地保障权利人，权威性地移开了对权利人的相关利益的侵犯，就好像它们是某种被高于他的权威递交给他的东西，使其神圣不可侵犯。相关的法律冲动以及相应的一般法律体验，以及它们的投射（规范与法律关系，法律义务与法律权利），具有安全保障的性质或者说具有消极归属性，具有此种特征的权利可被称为消极权利。在道德心理的相应领域（在该领域中，我们考虑的是不做某事，例如，不得挥霍、撒谎），相关冲动具有拒绝和狭义抑制的特征，它权威性地拒绝和否定的是相关行动自身，而不是否定对权威性地递交给他人的某物或他人对某物的持有的侵犯。

三、最后，义务人在一般意义上做或提供的东西包括了容忍或忍受权利人的特定行为。例如，毫无怨言地忍受权利人所做的让人不快、影响义务人的特定行为（例如，责备或物理惩罚）；容忍人们之间的口头或书面交流，容忍权利人的宗教、政治和其他观

点，容忍人们组织公共集会、会议等。此处，在权利人应得的积极 56
效果的一般意义上，他收到的东西包括义务人相应的忍受行为（包括相应的行为自由，即积极自由）。在法律心理的相应领域，归属性冲动具有对一方的相关行为的崇高制裁性特征，以及来自于另一方的权威性要求的特征，另一方对被高于他们的制裁和权威所支持的、满足他们利益的行动有着顺从尊重的态度。相关的法律冲动以及相应的一般意义上的法律体验，以及它们的投射（规范与法律关系，法律义务与法律权利）具有授权性。具有此种特征的权利（例如，惩罚的权利，言论自由，出版、集会的权利）可被称为法律权力。在道德心理的相应领域（与该领域相关的是，忍受任何事情，例如，邻人的冒犯、因信仰而受迫害），相关冲动具有内在权威性特征，它使得人们默默忍受恶意和不公正的行为，此忍受是纯粹的忍受，并不是因为（他人的）被视为有着高等制裁保障的行为要求此种忍受。

对于义务人来讲，这三种（积极归属性、安全保障性以及授权性）法律冲动都是“来自于外部”的冲动，此类冲动基于高于人的权威要求为他人提供某种好处，它们都构成了义务人面对的、针对相关行为的权威性压力。该特征使得法律冲动不同于道德冲动，不同于那些要求积极行动或容忍行为的冲动，不同于不得从事某行为的冲动。对于义务人而言，这些冲动是内在的、指向此等特定行为的权威性刺激，而不是与归属给他人的任何东西保持一致的方法和手段。

关于一般的伦理体验，前面讨论的内容主要针对道德体验和法律体验的智识结构。具体来讲，心理学分析显示，一些特定类型的理念同时是道德体验和法律体验结构上的组成部分。一、行动理念。在道德领域,我们将其称为道德行为或者道德义务的客体;在法律领域,我们称其为法律行为或者法律义务的客体。二、主体理
57 念,即道德义务主体和法律义务主体的理念。三、相关性事实(relevant facts)的理念,即(在假设的道德体验和法律体验中的)条件的理念。道德体验和道德规范的相关部分(例如,“如果某人打你的右脸”),我们称其为道德假定;道德体验的其他部分(例如,“左脸也转过来由他打”),我们称其为道德处理;相关事实(殴打或侮辱),我们称其为与道德相关的事实(或者更简洁地称为道德事实)。法律领域中的相应术语分别是法律假定、法律处理以及法律事实。依此,在“如果罪犯造成财产损失,犯罪人必须进行赔偿,受害人有要求赔偿其损失的权利”这个法律体验中,第一部分(条件)是法律假定,剩下的部分是法律处理,“造成财产损失”则是法律事实。四、规范性事实(normative facts)的理念,即由规范性事实的理念构成的道德体验(我们应该宽恕侮辱行为,因为这是主的教导或者因为《新约》中就是这么写的。此种道德体验应被称为实证的道德体验或实证的道德,其他并未关联外在权威的道德体验,我们称其为直觉的道德体验或直觉道德)。由规范性事实的理念构成的法律体验,我们称其为实证的法律体验或实证法;那些并不关联外在权威、独立于它而存在的法律体验,我们称其为直觉的法律体验或直觉法。在日常生活的各个方面,我们都依照直觉法为自己和他人归属权利,使自己的行为与其保持一致(完全不是基于“法典中这么规定了”之类的理由,仅仅是因为我们的独立信念认为应该这样做)。制定法没有规定将牌桌上输掉的钱付给赢家的义务,

但所有值得尊重的人（包括那些知道，不管依照任何制定法，他们都可以拒绝支付的人）都依照直觉法承认、尊重且积极地满足他人的相关权利。现今的法律理论仅承认实证法，它既不了解也不承认其他法律。

然而，上面所说的智识要素的分类看起来更为全面和穷尽地解释了道德的特点，而非法律的特征。因为，法律冲动的归属-律令性质决定了，在法律冲动中存在着扮演重要角色的、靠近归属一边的（权利人以及欠他们的东西）理念，当然，该理念与靠近律令一边的理念（义务人以及他们有义务做的事情）一起发挥作用。

我们已经看到，在法律体验中，属于权利人的积极效果（他们
将要获得的东西以及欠他们的东西）的理念，与要求义务人做出的 58
行动（提供某物）的理念一样重要。在道德领域中，由相关冲动的
纯粹律令性质所决定，我们不会（也不能）谈论获取某人被欠的或
应得的东西。在法律领域中，这些欠权利人的“获取”，作为不同于
要求义务人做出的行动（义务的客体或律令性客体），被命名为权
利的客体（归属性客体）。于是我们可以说，法律心理的智识构造
具有一种独特的性质，权利客体（归属性客体）的理念与义务客体
（律令性客体）的理念一起成为其组成部分。同样的道理也适用于
主体的理念，在道德领域中，我们仅仅考虑律令主体（义务主体），
在法律领域中则需要考虑与义务主体相对的权利主体，其中存在
着两方主体。

上述解释穷尽了道德体验的智识结构的特征，它由下述理念所构成：一、义务客体；二、义务主体；三、相关性事实；四、规范性事实（实证道德领域）。但在法律领域，必须进一步补充权利客体与

权利主体的理念。依此，法律体验的智识结构包括：

一、客体理念，包括（一）义务客体的理念（义务性行动的理念），以及（二）权利客体的理念（获得其应得或被欠的东西的理念）；

二、主体理念，包括（一）义务主体的理念，以及（二）权利主体的理念；

三、与法律相关的事实的理念；

四、规范性事实的理念。

这份法律的智识结构表是完整且穷尽的，法律体验的所有智识要素都被囊括在内。

或许不是所有类型要素都能在实际的法律体验中被发现。在直觉法领域中，缺少规范性事实的理念，在无条件的法律体验中，缺少法律事实的理念，并且也绝不可能在每一个具体的法律体验中都找到义务主体、权利主体、义务客体以及权利客体的理念。

从法学的角度看，重要的是，在每一个个案中都了解（并且能够了解）下述问题：一、谁负有义务（义务主体）？二、他有义务做什
59 么行为（义务客体）？三、谁是相关权利的主体？四、他对什么享有权利，他应得到什么（权利客体）？然而，实际的法律体验很少满足此种要求。

当我们观察具体的心理体验，具体地考察体验到法律心理活动过程的个体的注意力正在如何被引导时，要么是律令性一侧（义务人的理念以及他们有义务做的事情的理念），要么是归属性一侧（权利人的理念以及他们对什么享有权利的理念），作为一项规则

单边地显露出来，另外一侧则渐隐淡出，并被抹去，如果说它们确实还存在的话，与其相应的理念也变得模糊不清了。

乍看之下，具有单边（律令性或归属性）智识内容的法律体验似乎在逻辑上不可能，它不符合法律的性质，后者要求存在两方主体（欠方与被欠方）。如果缺少了被欠了某种东西的主体的理念，怎么可能有律令-**归属**意识呢？或者如果缺少了被要求付出某种东西的主体的理念，怎么可能有**律令**-归属意识呢？就律令-归属冲动的性质而言，它难道不是必然暗含着两方主体（义务人与权利人）的互补理念吗？

该问题的答案是，我们能够（且经常）在缺少“律令”智识要素或“归属”智识要素的情况下体验到意识的律令-归属活动过程，这体现在绝不包含义务人以及他们有义务去做的事情的理念的判断中（“所有人有权利任意享用他的财产”，或“所有公民都享有身体不受侵犯的权利”），该判断意味着每一个人都有义务容忍财产所有者的相关行动。实际上，我们在这里能够发现律令-归属性法律判断。相关冲动具有律令特征（尽管不是指向特定人），此律令（遵从相关权利之要求）可以说是对世的。以完全相同的方式，绝对不包含相关主张的主体或任何他们应得的东西的理念的判断（“地主有义务付土地税”“租客必须小心防火”），可以是律令-归属性法律判断。尽管缺少做出主张的主体或应得到某物的主体的理念，相关冲动仍具有归属特征。

进一步来讲，在既缺少负有义务的主体的理念，也没有被授权的主体的理念的情况下，也能够（并确实）形成律令-归属（法律）体 60
验，即无主体、无人称的法律体验。对于生长在法律背景中、具有

妥当和成熟的法律心理的人而言，许多行动理念（例如，盗窃、抢劫、诽谤或侮辱的理念）独立于其他理念，伴有律令-归属性冲动，以至于当这样的理念出现在意识中的时候，不论主体理念是否在场，相应冲动也会出现。适宜的实验方法（例如，企图秘密地捡起和拿走公园里的一支玫瑰）很容易就能展示这是如何发生的。

就它们的智识内容而言，那种（缺少任何归属性智识内容、缺少权利主体及其应得的东西的理念的）法律体验和道德体验并无差别，唯一的不同体现在冲动的特征上，体现在被体验到的冲动的归属性质上。故此，“不应盗窃”“不应诽谤”“不应粗鄙地称呼仆人”或“父母应关心孩子的成长”等表达和判断的智识内容不足以使我们判断出它们是法律现象还是道德现象。它们可以（并且事实上）有时是法律的，有时是道德的，或者它们可以先作为道德判断被体验到，马上又作为法律判断被体验到，反之亦然。如果一个纯粹的律令性冲动结合了盗窃、诽谤、粗鲁对待仆人等理念，将相关行为自身作为不好的东西（但不是作为侵犯某种归属给他人的东西）予以否定，这就是一种道德现象。将它们视为侵犯了归属给他人的东西予以否定，则是法律现象。

基于这些规训和判断的智识内容，不能确定它们到底是道德的还是法律的。它们可能既不是道德的也不是法律的，而是关联于心理活动过程的其他范畴（与伦理现象完全无关）。例如，它们可能是审美体验。如果盗窃、诽谤或粗鲁对待仆人被作为不得体的、丑陋的或不优雅的行为（换句话说，如果相关冲动是消极审美冲动）而被否定，该判断就既不是道德的也不是法律的，它们是审美体验。一般而言，同样的规训可以基于机巧或权宜性判断，而不

是基于原则性判断。如果某人在做出“不应偷窃”的陈述时仅仅考
虑到，相关行为可能导致人们来生被监禁并受罚，仅凭该种理由，61
在他心里（就盗窃而言），该判断（“不应偷窃”）既不是伦理（法律或道德）冲动，也不是审美冲动，而是出于一般来讲伴随着对监禁或冥界的折磨的恐惧，此处该恐惧延伸至盗窃行为，他的判断（“不应盗窃”）因此是机会主义、目的论的体验（是功利的审慎和计算性判断），完全不是原则性体验。

法律、道德与审美的具体性质以及它们的独特性（它们彼此的差别，以及它们与其他体验的差别）源自于它们的冲动内容（在我们所说的意义上），而非它们的智识内容。

我们已经知道了，法律冲动的律令-归属性质界定和解释了法律投射的具体特征。并且，它特别地解释了（不同于道德义务的）法律义务的独特性质，这些义务保障了他人的利益，表现为他人的权利。法律规范并非表现为发布给一方的律令，而是在权威性地将相关利益归属给他人。法律体验的智识内容界定和解释了这些规范支配的场域（真实案件中义务和权利投射的场域），如果智识内容没有限制，相关规范就是终极且普遍的，在所有地域、对所有人都构成义务，归属给所有人以权利（例如，生命权）。

然而，法律规范、义务和权利的投射并不总是伴随着法律体验，特别是当无人称、无主体的法律体验没有为课与一方负担、保障他人利益的义务的投射提供足够素材的时候，情况更是如此。一个被诱惑从事某种违背其法律（律令-归属）信念的行为的人或者因为从事了这些行为饱受良知折磨的人，经常体验到关联着律令-归属冲动的相关行为的理念。例如，在缺少规范、义务和权利

的投射的情况下，侮辱他人的理念关联着法律排斥。同样的道理经适当修正之后也适用于道德体验。

不论法律体验是否伴随着相应的规范和归属（一方主体负有
62 义务、他方享有权利）的投射，此处真实存在的现象是事件，具体来讲是体验（律令-归属冲动与前述智识内容的结合），而不是规范（对于主体来讲它似乎被发现存在于高于他的场域中）。然而，我们却努力找到对应着这些投射的、真实的、物理或心理的东西（我们不辞辛劳地试图在我们归属给权利的那个人那里发现相应的真实的东西），我们的努力注定徒劳无功，执迷于此过于天真。这与下述做法一样天真，即试图通过探究“可亲的”“亲爱的”这些形容词被归属的对象，来找到对应这些词汇的真实的东西。在所有的情形中，这都不过是冲动的幻象。相应的真实现象只可能在完全不同的场域中被找到，它根本不存在于（从天真-投射的角度看）它们似乎显现的地方。严格来讲，形容词“可亲的”“亲爱的”所归属的那个人并没有特殊的物理或心理属性，所以，在各类主体那里也没有特殊的实体与他们的法律义务和权利相对应。真实存在的现象是，将义务或权利归属给这些主体的人的特殊心理活动过程，即律令-归属性冲动与这些主体理念以及被否定或被要求的行为理念的结合。

综上所述，**法律（在其作为特殊类型的真实现象的意义上）应被理解为，其冲动具有归属特征的伦理体验。所有其他的（关联于纯粹律令冲动的）伦理体验，我们称之为道德现象**。

第九节　作为归属性伦理体验的法律的范围

我们通过前述分析所确立的法概念并非法学家们用来指称法律的定义。

首先，法学家们的术语及其法律理念立基于“天真-投射”
(naïve-projection)的视角，该视角将这样一些冲动性幻象视为真
实的法律现象，即发布给臣属于法律的人的规范(“命令”和“禁
止”)，个体之间的法律关系(他们的义务和权利)。就相应实体的
性质而言，该做法引发了一系列实质上无法解决的难题。法学家
不得不求助于拟制以及任意和虚幻的思辨，他们接受各种各样并
不存在的“意志”“公意”、国家的“单一意志”或人们的普遍承认。
法律规范(“法律规范的总和”)被欧陆法学家称为“客观法”或“客
观意义上的法律”。主体之间的法律关系以及他们的义务和权利 63
(被认为是三个不同的东西)被他们称为“主观法”或“主观意义上
的”法律。这就导致了两种类型的法律，而理论家明显应该寻求法
律的单一定义，即同时包括客观法与主观法在内的那类东西的性
质的定义。然而，法学家们并没有这样做。已有传统把界定法律
的问题等同于界定客观法(法律规范)的性质的问题，由此而来的
结果是，“主观法”变成了“客观法”的附属品。

我们的法概念(以及总体上讲，从中得以展开的法律理论)起始于完全不同的视角，在术语使用上，该视角认为，并不存在法学家们认为真实存在于法律领域的东西，作为一种特殊类型的复杂心理活动过程，真实的法律现象存在于完全不同的场域中，即存在

于完成了前述投射的个体的心里。

在法学家称之为法律并努力界定的东西与前述我称之为法律并构造和界定的东西之间，另一个明显的差别是，如果（为了获得衡量标准，来比较依据前面提出的定义被理解为法律的东西与法学家们称为法律并努力界定的东西）我们从投射的视角把法律视为“律令-归属规范的总和”；或者如果（依照传统的“客观”法与“主观”法之分）我们确立相应的两种概念：一、律令-归属规范的总和（“客观”法投射）；二、一方负有的用来主动地满足他人利益的义务的总和（法律义务、法律关系、权利，即“主观”法投射）。然后，比较这些概念类型与法学家们确认为客观法或主观法的东西，我们会注意到相关概念类型在内容上有极大差异。与法学家们承认为法律的东西相比，我们的概念更为宽广，我们的概念类型包含更多的东西。

前述确立的现实主义-心理学意义上的以及投射意义上的法概念，包含了所有律令-归属性体验以及所有的相应投射，没有任何例外或限定。从这些概念的视角来看，并不重要的是（从法律区分为直觉法与实证法的视角看，这是很明显的），一方面，相关规范、义务和权利是否立基于任何人的命令、习俗或别的规范性事实。另一方面，律令-归属性体验与规范、义务等是否独立于这些
64 事实、与它们无关。同样不重要的是，相关规范、义务和权利是否得到国家机构（法庭、行政机关等）的权威确认或者是否一般地被任何共同体的机构或其他成员所承认。

制定法或其他形式的实证法在不同意义上预见和决定了人们的行为，在这些行为领域（例如，与他人生命或财产的关系、财产的

商业交易、买卖、租用房屋、雇佣仆人、签订借贷契约或其他信贷协议），在所有这些情形中，人们都事实上归属给自己或他人以法律义务和法律权利，人们履行这些义务，行使这些权利，是因为这样做符合其直觉法良知，完全不是因为它们被规定在《民法典》或类似的东西上。通常人们并不知道，关于相关案件《民法典》（或其他法典）规定了什么，甚至都不会想到法律条款和法典。只有在特定情形中（主要在意见产生分歧、产生争议的时候，并且仅当分歧和争议特别严重，不诉诸于制定法和法庭就无法解决争议的时候），人们才会去了解制定法条款，经由直觉法步入实证法的领地，提出与先前内容相同（或略有不同）的主张，但引证的是制定法所要求的东西。类似地，所有不计其数的、缺少实证特征的律令-归属性体验，不论它们在实证体验的内容上是一致的还是不同的，都属于前已确立的法概念的范畴，都被从中引申出的法的一般理论所囊括。

此概念和理论囊括了所有的更为多样的律令-归属性体验、规范和义务（直觉的和实证的），它们关涉的生活与行动存在于制定法、法庭以及别的官方机构和权威所管辖和操控的领域之外。可将它们分成以下三种类型。

一、许多没有明显商业性质的消遣和人际关系。游戏规则（例如，扑克牌、跳棋、象棋、多米诺骨牌、乐透、罚物游戏、保龄球、台球、板球）界定了谁能够（以及应当）以何种次序（以及如何）做出
游戏中的行动（发牌、叫牌、出牌、比大小等），它们表述了关于遵守 65
先前特定协议的义务、支付输掉的赌资的一般原则，从我们的视角看，所有这些都是法律规范，它们都具有律令-归属特征，即一方的义务表现为他方的主张，而非“无涉他人”的义务，律令-归属性的、

规范性的复合体是相应投射的基础。此外，正如通过使用实验方法很容易展示的，如果以争辩相关权利的形式运用激发因素，相应的律令-归属禀性会变得强力和强烈，强有力的律令-归属冲动会爆发出来，会出现强烈的、伴随着相应的典型外在表现的法律愤慨。进一步的证据可以在这样一种事实中被找到，即拒绝服从相关动机（有意违反相关规范、义务和权利）是极为少见和例外的现象，会被确认为违规的、让人讨厌的行为。除了骗子和那些在玩游戏方面法律心理极不发达的人，所有人都以一种在法律心理的其他领域中很少见的方式来承认、满足他人的相关权利，而非对此进行质疑。

在相当程度上，律令-归属性体验是所谓的礼节和礼仪规则的基础，从我们已经确立的法概念的视角来看，它们就是法律规范。主人应该周到地照顾宾客，将其安排在餐桌的上座，首先为其上菜（一般来讲更不用说入席的权利、收受主人提供的食物的权利了，侵犯这些权利是最为严重的、闻所未闻的“犯罪”），以及殷勤地满足他们的要求和愿望等。

与此相似，优先权（特权）以年轻人为义务人，它被归属给老人和可敬的人；以儿童为义务人，被归属给成年人；以“绅士”为义务人，被归属给“女士”；以社会地位低的人为义务人，被归属给社会地位高的人，等等。在这些领域，具有特权性质的权利不仅包括权利的优先主张，还包括不计其数的优先性法律权力。由此，特定的个人优先于他人（老人优先于孩子，“主人”优先于仆人等等）。前一类主体被归属了亲密谈话的权利、训诫他人的权利、指导他人的权利、拍他人肩膀的权利，他们自己被允许开他人的玩笑和从事别

的亲密行为，他人对他们却没有类似的特权。反过来看，地位低的 66
人对地位高的人的称呼必须是正式的，有时还要加上头衔，语气要尊敬，态度要适宜，不得有身体接触和其他亲密行为。

通过研究法律心理的这些领域，我们会看到，其中体现了明确的历史“法则”（发展趋向），即特权地位总体上趋向于消亡，在特权地位的具体领域中也有特殊的趋向（在细节上有所不同）。除了那些依赖于出身、性别之类因素的优先权以外，系于社会地位（基于种姓、封建秩序、阶级、职业等）的优先权变弱了、消失了。基于历史资料以及通过检视相关法律部门在人类生活中的角色和重要性所做的演绎推论，我们可以断定，系于社会地位的特权必将彻底消亡。不过与年龄相关的特权的重要性则没那么容易消失，尽管它们比较“温和”，并且随着所谓的父权生活模式的消逝，它们的作用会明显变小。

除了这些确立了不同的优先权、牺牲一方来抬高另一方的规范，还有不可计数的律令-归属规则，它们在礼节和礼仪的领域中确立了法律权力和法律主张。其中一些规则适用于所有地域的所有人，另一些规则仅适用于特定情景或特定类型的人之间，例如，熟人之间、陌生人之间、男性之间、女性之间、校友之间、战友之间、学生之间和公务员之间。

律令-归属规范还界定了侵犯优先权或其他礼节权的后果。在文明社会中，相关心理现象最为广泛地存在于律令-归属意识中，即作恶者应该向被侵害的人承认其罪过，向他表示抱歉，同时还伴有要求宽恕的请求，即一方有义务向对方谢罪，另一方对前者的适宜表白拥有一种主张。此外，特别是在不太发达以及文化水平较低的社会中，此情形中的受害人还被认为拥有其他权利，尤其是积极地用言词（谴责或辱骂）或行动（殴打）惩罚作恶者的权利。
67 在极为严重的侵犯情形中，初民法律思想甚至归属给受害人当场杀死作恶者的权利。一个相关的法律现象（初民法律思想的残留）是，归属给受害人向作恶者提出决斗要求的权利，后者则负有满足此要求的义务。在决斗法昌盛的地方，有较为复杂和细致的（基于习俗或成文决斗“法典”的）实证法律规范，它界定了决斗的程序以及决斗双方连同其助手彼此之间的权利和义务。这些一般的规则被具体规范（从我们的角度看就是法律规范）所补充，这些具体规范是助手通过针对具体决斗的协议所达成的，如此一来，规整决斗的就是，不成文的习惯法和成文的或契约性的法的结合。

二、以性或者其他因素（友爱、爱情、友情或大家庭等）为纽带的关系密切的人之间的亲密关系领域。一般来讲，此类生活和行为领域不受制定法和法庭的规整和干预，但从法律的心理学理论的角度看，该领域也受法律规制。在恋爱关系领域中，恋人也享有权利（忠诚、爱或坦诚的权利；当面对来自于第三人的恶毒流言或其他攻击时的防卫权；在有需要的时候的被帮助权；成千上万的其他类型的被帮助或被服务的权利）。一方示爱，另一方接受此表示，从此刻起双方的法律关系彻底变化了，二者之间的多种法律障碍被撤掉了。示爱的一方获得了多种之前没有的权利，多种事实现在具有了法律意义，在双方的心里引发了不同程度的实质变革，这使得他们的法律纽带更为紧密，为他们创造了新的权利和义务。

在友谊和兄弟姐妹之爱的领域中起作用的法律，在内容上与

“爱情法”部分一致，部分不同于它。与爱情合约（示爱与接受）相对应，友谊合约也有它的法律符号（伸出手或击掌）。在古代，友谊合约或兄弟合约课与双方极为严格的法律义务，甚至有生命危险（特别是肩并肩地对抗敌人的义务，一方被谋杀时另一方报血仇的义务）。“血”这个符号以多种形式被用来表明，合约规定的严格义务被用来积极地确保他方的利益。

在亲近的人之间的特定关系领域（丈夫与妻子的关系，父母与 68
子女的关系等等），制定法指令规定了双方的权利和义务。然而，这些权利义务一般没什么用处，只有在极为有限的情形中（事实上亲密关系消失了、出现了敌对和尖锐冲突等情形）它们才有实践意义。因此，法学家们通常会说，丈夫和妻子的关系（以及父母和子女的关系）主要被道德而非法律所规整。然而，从作为律令-归属性体验的法律的心理学的角度看，家庭与亲密的家庭生活（不论参与者之间是否存在官方承认的关系）是一个有待探究的宽广且独特的法律世界。这是一个有着无数独立于制定法规定的法律规范、义务和权利的法律世界，解决了成千上万的制定法无法预料的问题。尽管所有支配家庭关系的法律系统在内容上和历史发展趋势上都有某些共同特征，但有着某种程度的共同起源和共通意义的东西也会产生许多变种和很大差异。它们可能与人口的阶级结构有关（典型的小康和富裕阶层的家庭法不同于生活不宽裕和无产者的家庭法，典型的农民的家庭法不同于商人和贵族的家庭法）。它们在一定程度上也有个体特征。每一个家庭都是独一无二的法律世界，每一个参与家庭生活的家庭成员（包括姨妈、祖母、远房穷亲戚、被收留的朋友、门客、收养和代养的孩子等）都在弥漫

在该家庭中的法律心理中有自己的特殊地位(独享自己的房间和特定其他物的权利,共享住所的其他部分和其他物的权利,参与共同用餐、家庭庆典和娱乐的权利,在家庭生活的特定问题上做出决定或发表意见的权利,对他人的某种程度的礼貌、爱、感谢的权利,在不同情形中对他人的得体举止的权利等)。

三、前述考察展现了成人的法的多个领域,儿童的律令-归属性体验和投射(在儿童的游戏、幼稚的合约以及其他行为领域引导
69 他们的法律)尤其应得到严肃的科学对待和研究。它们(在前述确立的法的意义上)属于法律的领域,尽管从制定法和法庭的角度来看,它们并不是法。如果此类心理现象得到科学的关注和研究,对于法律总体上的性质与规律,我们会得到诸多有趣的、重要的事实资料和理论命题,法律科学的内容会更为丰富。

在儿童的房间里,我们能够实验性地观察和研究财产法的心理学背景的形成和运作过程,以及对违反此法律的行为(通过拿走或夺走一件玩具之类的行为来产生纷争)的反应。在儿童的房间里,契约法精神也被创造并起作用,孩子们达成和执行了多种交换契约和授权契约。例如,无偿财产寄托契约、储蓄契约(交付一件物品让他人保存,他人有义务归还它)、合伙契约,有时具有“犯罪”性质的契约(例如,一个孩子去偷某些被禁止获得的东西,其他人把风,各方对赃物有同等权利)。得到良好的养育、有着敏锐的法律良知的孩子甚至知道(有时极为热忱地执行)所谓的不法义务(因违反法律而来的义务),在可责的,甚至意外损害他人玩具的情形中,他们主动地服从受害方的损害赔偿主张,例如,用犯错者交付的玩物替换被损害的玩具。

在同龄孩子之间和朋友之间的关系中，有着旨在防范陌生人和年长者的平等法则和团结义务。彼此负有的不得告密的义务尤为严格和重要，违反它是最为严重的犯罪行为，至少会赋予受害方实施残酷报复的权利（与犯错者断交、鄙视他）。

在不同年龄的孩子之间的关系中，有多种基于资历的权利，包括特权、（某些时候）成为权威的权利、发布命令和指示的权利。此种情形可以孕育出监护法律心理，伴有相关权利和义务，这些权利和义务针对受监护人以及代表着最高级别的、监督此监护的人（父亲或母亲）。针对受监护人的权利，以及一般的大孩子对小孩子的权利，同时涉及了惩戒法和刑法。此外，其中适用的关于惩罚的法律规定，要比同龄孩子之间的同类法律规定更为文明，后者具有报
应性这个原始法特征，它经常使用同态复仇原则，即让作恶者承受 70
与他之前所做的、同样的恶的法则。

总体来讲，儿童的法律思想从不同方面揭示了，它们与那些不够成熟的人或者文化水平较低的社会阶层的法律思想的亲缘关系。然而，指导儿童行为的法律的内容极为多样和易变，父母的规制、指令和安排，家庭中的其他生活条件以及特定孩子所受的教育，都在影响着相关法律的内容。

在孩童的法律生活中，特别在其法律思想发展的初始阶段，起作用的法律大都是实证性的，而非直觉的，其中并没有哪怕在最小程度上稳定、独立、直觉的法律信念体系。这样的信念是后来慢慢发展、逐步形成的。此时在儿童生活中发挥主要作用的是他人的建议，是关联于多种外在权威而被儿童经历到的多种实证法律体验的决定性的、不受儿童控制的行为。年长者的教导对孩子的意

义就如同有着绝对权威的君主或立法机关的命令对国家生活的意义，它作为规范性事实扮演着重要角色。在生活的每一个方面，小孩子都依据“爸爸指示了”“妈妈说了”“保姆允许了”或“阿姨决定了”等事实（制定法），归属给自己针对其他孩子、仆人等主体（以及归属给他人针对自己）的多种权利。据此，家庭、习俗（习惯法）、年长者的法庭判决确立了秩序，当孩子们彼此之间或者他们与仆人产生争议的时候，争议的是非曲直由家庭权威来判断，相关事实对孩子就有了法律上的规范性意义。

从社会生活条件的角度看，受适用于孩童的实证法的特征、内容和取向（以及其他教育）的影响，孩子的法律心理或许在不同程度上出现异常，变得有害。例如，如果家庭生活中充斥着法律上的混乱和肆意妄为，尤其是如果没人为孩子提供明确、稳定的法律原则，正常的直觉法心理就失去了生长土壤，某种程度的法盲则获得了滋生环境，在遥远的未来，它会演变成犯罪思想和犯罪行为。

如果在家庭中，大人对孩子的态度是，允许他对他人做任何事
71 情，孩子的所有要求都无条件地予以满足，这会使孩子形成一种不协调的法律思想，可将其概括为主动法律心理的增生：主体倾向于归属给自己针对他人的无数不合理的、过分的法律权力和法律主张，与此同时并不承认他人享有类似的权利。此种异常发展的法律思想会将孩子变成有着特权思想的人。相反，如果在法律上孩子被忽略了，如果不承认他享有任何权利，哪怕最为合理的权利，任何主动的法律场域都与他无关，另一种心理失调就随之而来，即主动法律心理有欠发达。

下面要说的是，一个人具有的法律思想不仅对他的行为，还对他性格的多个方面和构成要素产生极大影响。尤其在孩提时代（在家庭中、在学校里等等）接受适宜的法律教育，对于培养正常的、有利于融入社会的生活取向，以及形成一种健康的、积极进取的性格至关重要。有鉴于此，研究儿童的法律思想，以及其正常的和病态发展的条件和要素，有着重要的实践（以及理论）意义，能够对科学研究做出有价值的贡献。

上述内容并不试图（也难说）穷尽地概括那些存在于国家干预和官方规制之外，处于“律令-归属”伦理意义上的法律的作用领域内的所有生活领域。被官方规制所构想和决定的日常案件以及行动问题的数量，与（前述所确立的意义上的）法律所预见的案件和行动问题的庞大数量相比，是微不足道的。所有不可计数的、多样化的案件和行为既没有也不可能被任何官方法典所囊括，在这些案件和行为场域中，关于什么是应得的、我们欠他人的、他人欠我们的、第三人欠他人的或者我们有权做的事情（以及他人应当忍受的），在我们的法律意识里（其中涉及了所有类型的、针对他人的行善或作恶，哪怕不足称道的满足或者很小的不快），通常存有某种律令-归属指示。此种指示包括诸多行为的要素，例如，向他人说出的语词（它们的内容、它们的发音方式、语调、手势以及姿势），或者一个人表达的关于第三人的判断（它们的内容以及它们的意义
的细微差别）。如果被说出来的语词的内容或者其语调包含了任 72
何让他人愉快或不快的东西（例如，表达同情、尊重、感谢，一定程度的责备、批评、讽刺、嘲笑，说话时轻蔑的、又“干”又“冷”的语调或者带着轻蔑的微笑），法律良知会“开庭审判”并判断此类行为是否是他人应得的。如果某种责备有充分的根据，便是其应得的，所

以指责者有权这么做；或者它没有根据，所以被指责者有权要求指责者不得这么做，并有权要求将该指责确认为无根据的、应被撤销的。如果（与另一个人谈话时口头表达的或书面表达的）关于第三人的判断包含了某些明显会为该言语针对的那个人带来的善或恶的结果（以表扬、鼓励、承认性格的优点和优良品质为内容的判断，或者以批评、谴责、否认性格的优点和良好品质以及怀疑为内容的判断），这些行动（从发达的法律良知的角度看）就似乎是评论对象应得的，而非与其无关。依此，即使对他人的创作或其他劳动产物在艺术、科学、技术或其他方面进行批评，也受到我们的意义上的法律的规制，因为它们处于作为归属性伦理体验的法律发挥作用的场域之中。当（出于个人的、民族的或政党的）恶意、嫉妒等因素促使某评论者否认他人的成果的优点或者某作者的功劳时，或者当他力图淡化这些优点，搜罗并归属给它们（实际并不存在的）应受谴责的品性时，他会发现自己与法律相悖。他会发现，他不仅违反自己的法律良知（如果其得到正常发展的话），其法律良知主张，受害方有权利要求他采取不同态度（对其劳动的不同评价才是其应得的），并且还违反了他人法律良知的同类取向和要求。

前已确立的意义上的法律不仅包含大量存在于国家认知之外、未获得实证的官方确认和保护的内容，还包含大量完全与国家敌对的法律，它们与得到国家官方承认的法律相对立和敌对，是国家努力搜寻和消除的对象。此类法律中的一部分比较有意义，值得特别关注。

73 一、犯罪组织的法律。犯罪组织（抢劫团伙、海盗团伙、盗窃团伙等)形成了完整的律令-归属性规范体系(具有一定复杂性),并将其切实贯彻。这些规范界定了团伙的组织架构,在成员之间分配义务和职能,并赋予他们相关权利(尤其是对赃物的各自份额的权利)。通常来讲,首领具有得到其他成员服从的权利以及对其行使权威的权利。此权利有时是无条件和无限制的(如同绝对君主的情形),有时是有限的,对于一些特别重要的事情和决议,团伙成员会议的同意构成此权利的行使前提(如同有限君主的情形)。有时团伙的法律架构具有共和制特征,对于一般事务,所有成员都有平等地参与管理和决策的权利,通过轮流担任或抽签的方式,来选举或指派实现某种目标所需的临时主席和首领。有时在团伙中会有年老和年轻的成员(享有或不享有完整的权利),事务的决策是通过那些享有完整权利的成员的建议而做出的(贵族制或寡头制组织)。所有团伙成员通常相互负有(极为严格的)团结义务,负有不得向权威当局告密的义务。如果违反此类义务,其他成员会依照报血仇的法律对违反者施以无情打击。当出现其他的不法行为时(例如,不服从首领的命令,不服从集体决策,贪污或挪用赃物),首领会实施惩戒法和其他惩罚,或者采取其他方式处理不法行为,有时还会进行简单的审讯和宣判。

在长期犯罪团伙中,契约确立了实际的权利和义务(那些短期存在或者为了特定犯罪而存在的团伙也是如此),契约性权利义务(它们与从事犯罪以及为此获得报酬等事项有关)通常被严格地、“光荣地”遵守。当犯罪团伙或个体罪犯与外人签订契约时,情况也是如此。如果首领或者团伙的其他权威代表承诺,只要支付特定酬金就可以宽恕甚至是保卫契约的另一方,只要支付特定数额

的金钱（预付）就释放被绑票的旅客或者归还偷来的马之类东西，如果受贿者、受贿介绍人承诺完成某件事情（以及在事情没办成时
74 退钱），另一方当事人通常可以确信，犯罪团伙承诺的义务（或者职业罪犯个人承诺的义务）会得到履行。在所有情形中，相比于得到法庭承认和执行的某些义务（例如，向熟人归还借款的义务、支付物品买价的义务），这些义务尽管完全缺少法庭提供的官方保护，却极受尊重并被严格执行。

二、法律在特定阶层人群（作为国家的组成部分的特定社会阶层、宗教团体、部落群体）的思想中持续存在并发挥作用，尽管事实上相关律令-归属规范不仅没有被官方承认为法律，但从官方的观点来看，它们被视为不体面的、野蛮的、反文化的，基本上需要被坚决地清除。现代的文明国家（拥有殖民地或其他领地，其中居住着“野蛮人”或一般意义上文化水平较低的部落）针对部落的诸多“野蛮习俗”不断开展斗争，尽管这些习俗有时恰恰在这些部落中被视为神圣的法律习俗。例如，报血仇的权利，宗族、家庭首领或类似的人享有的将女人、儿童等成员处死的权利，让妻子和仆人殉葬的权利。

尽管面临来自其他（被国家权威支持、由其执行的）法律的激烈竞争，部落的观念仍坚守古代法的特定要素，所以（有时长达几个世纪）存在二元法律体系，这导致冲突，并偶尔带来悲剧结果。那些依照法律良知的指引贯彻被他们认为是神圣的权利或神圣的义务的人被施加了不同程度的残酷刑罚。这些刑罚由官方权力机关执行，它依循官方法，仅将官方法认可为“法律”。

对于本书确立的法概念以及它涉及的心理现象而言，国家的

确认和保护或者来自于任何人的、任何类型的承认都是不重要的。
从此概念的视角来看，无数律令-归属性体验及其投射就是法律和
法律判断，即使它们不过出现在一个个体的心中，并不为世界上其
他人所了解。一般来讲，从我们的视角来看，每一种类型的法律以 75
及所有法律现象（包括得到他人赞同和鼓励的法律判断）仅仅是个
体性现象，对于研究和界定法律现象的性质而言，他人的同意和肯
定是不相干的。这是法律的心理学理论的必然结论。所有心理现
象都出现在一个个体的心中，并仅出现在一个个体的心中。其性
质不因他人的所作所为而改变，或者说，它并不存在于个体之间、
个体之上或他人心中的某地。就一个完全脱离共同体的人（住在
与世隔绝、荒无人烟的岛屿上的人，或者地球上、火星上幸存的最
后一个人）而言，出现在该个体心中的律令-归属性体验及其投射
（规范等）完全彻底地符合本文所确立的法概念，正如他的喜怒哀
乐和思想并不因他独自一人、远离人世而有所不同，依然是喜怒哀
乐和思想。

就这里确立的法概念及与其对应的心理现象而言，律令-归属判断和规范不论在内容上是理性的、不理性的、荒唐的、迷信的、病态的，甚至是疯子的胡话，都是不重要的。如果一个迷信的人，出于幻觉或错觉，自认与魔鬼缔结了契约，因此有义务向其交出自己的灵魂，相应的律令-归属性体验及其投射，以及魔鬼的权利，都完全符合这里确立的法概念。从法律的心理学的角度看，散布在不同民族中的不同的法律迷信（“迷信的法”），如同儿童的法、罪犯的法，代表一个有待进行描述的、历史的、理论的调查研究领域，应得到我们的关注。与此相似，如果一个精神错乱者自认是皇帝，要求

他的假想臣民服从他，当他们不听话时，十分愤慨和恼火，此现象以及无数其他类似理念完全符合我们确立的法概念，它们可以作为病态的法或法律病理学，为我们提供一种特殊的研究对象。

同样的道理在做必要修正之后也适用于我们确立的道德的概
76 念。如果一个迷信的人体验到一个纯粹律令判断，要求他必须向魔鬼致敬并尽其所能地取悦魔鬼（如果一个精神病人认为，只要看见了人，他就有义务杀死他们），从先前主张的道德概念的角度看，这些纯粹律令体验与道德相关，代表道德现象，即使它们对所有正常人而言都是荒谬的、恶劣的（迷信、病态的道德），即使道德学家和公众惯常称之为道德、指称为道德性的东西，仅仅是那些他们肯定的、从一般福利的角度看有用的和好的东西。这样一种法律和道德的视角，将那些对于我们而言是犯罪的、迷信的、精神错乱的东西，包含在伦理现象的此种（可以说是）不加区分的概念之中，这是此种学说（doctrine）提供的相关理论阐释的结果，也是它坚持清楚地区分理论视角与实践视角的必然结果。在理论科学的领域中，那些有着相同素材和相同的心理学性质的现象必须被归为同一类型，不论它们是否使我们愉快或被我们渴望。

此处确立的法概念一般不限制法律体验的内容，不限制（与律令-归属冲动一起）作为法律体验的构成要素的理念（客体理念、主体理念、相关性事实的理念以及规范性事实的理念）的内容。从此种理论的视角来看，伦理现象的具体性质一般有其冲动上的根源，依此，伦理体验仅指那些其冲动具有律令特征（不论是纯粹律令性、还是律令-归属性）的规范性体验。所有这样的体验都被囊括在内，构成它们的客体、主体以及其他理念的内容则无关紧要。道德仅仅包含其冲动具有纯粹律令特征的伦理体验，法律仅包含其冲动具有律令-归属特征的伦理体验，无需考虑进入给定冲动-智识复合体的理念的内容，无需考虑义务要求何种行动、权利义务的主体是谁、相关的或规范性的事实是什么。对上述观点有必要做以下强调。

一、律令-归属冲动（与纯粹律令冲动一样）是抽象的，能够与所有可能的行动理念（包括多种纯粹内在的或精神活动过程的理念）相结合。对于行动理念，本文确立的法概念一般不做任何限制，该法概念包含所有可能的（真实的或想象的）律令-归属性体验 77
和“规定”纯粹内在行为（它的行动理念是心理现象的理念）的规范。故此，在人们的亲密关系领域，人们归属给他们自己以及对方针对爱、尊重和友谊的权利。在这里，义务和权利的客体是情感关系。情感关系也在其他生活领域受到法律规制（这主要是指这样一些情感和情感禀性，它们存在于他人心中，这看起来会使他人为自己带来好的或坏的结果，有益的和仁慈的情感关系以及憎恨的和恶毒的情感关系尤其如此）。针对来自于他人的同情、爱之类的权利被归属给善人或好人。相反，在他人心中，这样的权利不能归属给坏人，他们“不应得到”此态度，他们甚至“应得到相反的态度”（憎恶、仇视等）。对于那些在生活和行为上值得尊重的人来讲，他们不仅事实上获得此种尊重，他们对此还享有权利。反过来，不应将此权利归属给那些举止不得体的人，他人甚至认为自己有资格在思想上甚至在外部行为上鄙视他们。在大众心理中，获得尊重的权利以及不予尊重和鄙视他人的权利不仅依照个体的德性来分配，也依照个体的法律地位和社会地位来分配。主人与仆人，或者

高等人物（“尊贵的”之类）与低阶人员，在被尊重的权利和鄙视他人的权利方面，在大众心理中处于实质上不同的位置。随着文化发展到较高层次，社会普遍地、逐渐地民主化或自我矫正，较高程度的法律文化形成这样的法律信念，即所有人（即使是被驱逐者）基于其人格都有权获得特定程度的尊重。

法律心理最为普遍的现象之一（其特征类似于较低文化发展水平的民族，以及法律意识不发达的个体）是这样一种律令-归属意识，即体验到来自于他人的利益（对于此种善，他不享有主张，不属于法律义务的范畴）的人有义务感谢他人，施惠者有权利（一个法律主张）获得受益人的感谢。

此种（主要是直觉法上的）法律现象作为获得尊重和感谢的权
78 利，一定不能与针对外在行为（尊重、感谢的外在符号）的权利相混淆。在不同的人群、社会阶层和生活场域中，适用着不同的实证（主要是习惯意义上的）法律规范，不同类型的人被赋予针对他人的、对尊重的外在符号（脱帽、低头示意等）的主张，为了保障那些助人者的利益，助人者享有对多种物质回报（礼物、款待等）或感谢的外在符号（明显地表示感谢的言词和行为）的主张。通过自我观察可以展示，法律意识的前一领域不涉及任何尊重或感谢的外在表达，只是针对作为内在状态的尊重自身（感谢自身），相应理念的内容是纯粹心理上的，不存在它的任何肢体运动的意象。与此相反，在法律意识的后一领域，明确的外在行为（肢体运动等）就是行动理念的客体，所以并不要求存在真正的尊重和真切的感谢。

各种各样的智识活动过程（与冲动的活动过程相结合）也受到法律的规制，人们的思想、信念和信仰尤为如此。通过自我观察，很明显的是，如果特定未被表达的判断（例如，对某些我们敬爱的人，我们产生了内在的指责或怀疑他做了违规行为）对于我们来讲没有充分根据，这会唤起我们法律良知的抗议，引发法律意义上的忏悔，并意识到，我们为他带来了不应得的侮辱，他应该得到（他或许会主张）我们的其他评价，我们应该将“言词被相信”的权利归属给无可指责的、诚实的人等等。在宗教领域，他人应坚持信念和信仰（不信奉错误的教义、异端邪说等）的法律主张，在其特定发展阶段急遽扩张，并显现出明显的实践意义。一个相关的现象是，人们提出主张，要求某种政治思想得到认同。

二、律令-归属冲动（类似于纯粹律令冲动）能够进一步与作为主体理念（义务主体或权利主体的理念）的所有可能“存在”（不限于人）的理念相结合。对于主体理念的内容一般不做限制，此处确立的法概念也包含了，所有为所有可能的非人的“存在”来“课与 79
义务”或“赋予权利”的律令-归属性体验和规范。其中有三类情形（与人类无关的主体理念）需要特别关注。

（一）与作为权利义务主体的动物的理念相关的律令-归属性体验。首先，内省方法提供了此种法律现象存在的证据。如果我们与动物接触（例如，与狗相处，要求它们做或不做特定动作，当它不服从时惩罚它），我们经常体验到与它们相关的律令-归属心理活动过程，其中它们成为义务的主体。

内外观察相结合的方法展示了，动物的法律义务极为普遍，在儿童法律领域中，在文化不发达的民族的法律领域中，它扮演重要角色。在法律思想的特定发展阶段，存在（除了其他的、将动物作为义务主体的实证法规范）特殊的刑法规范，为动物的严重违法行为（杀人等）规定了多种刑罚（死刑等）。当一个人的财产被他人饲养的动物可责地侵入和损害，这就类似于他人的奴隶、受其管束的妻子或者他缺乏教养的儿子的违法行为，受害方有权要求他人将施害动物交给他处置。如果动物主人对损害也有过错，两个违法者都要承担法律责任。依照古希伯来法，如果一个人被一只动物杀死，并且动物主人对此也有过错，动物及其主人都要被处以死刑。

同样地，通过运用内外观察相结合的方法，我们可以确定，道德规范和道德义务也适用于动物，这尤其体现在儿童以及原始民族的道德观念中，不过偶尔也出现在成年人和文化水平高的人身上。现代的道德学家和法律学家的立场是，道德和法律“指向”并“能够指向”的仅仅是“人的自由意志”，动物的道德义务和法律义务是不可能的、荒谬的，当然是不存在的。这不过是方法论错误的表现之一，是贯穿于现今道德科学和法律科学的一条“罪恶之线”，它也在人们处理大量其他类型问题时表现出来。它未能区分理论的视角和实践的视角，研究者基于某种理由认为不合理的东西，便（因为研究者的主观非难）被视为不存在。如果我们纠正此种方法
80 论错误，立足于科学心理学，将动物接受为道德义务和法律义务的主体，这既不会带来疑惑，也不会导致任何困难。前已指出，我们心中存在行动理念（例如，杀死一个人的理念）与伦理冲动的结合，相关行动的实际观念或理念（依照一般的连结法则）趋向于唤起相关冲动，而不论行动者是谁，以及行动发生在何时、何地。将道德义务和法律义务扩展到动物身上，这既不奇怪，也非不可信，这是一般心理学趋向的自然发展结果。

我们可以用完全相同的方式，基于一般的连结法则的视角顺

理成章地期待，动物也应被视为权利的主体，即作为拥有正当主张的权利人。律令-归属的冲动和理念在我们心中与特定事实的理念相连结，在适当的情形中，某物是欠（特定权利被归属给）那些引起这些事实的人的。例如，“救了他人一命”这个理念或者为他人提供其他利益和服务的理念，在我们心中与这样一种理念相结合，即救人者或提供其他服务者有权利得到感谢。如果一个动物救了一个人或者给他带来其他利益，被动物救助的人或者被动物带来利益的人不会对动物以怨报德，他可能会体验到的法律心理状态是，动物因为救了他而被认为应得到他的感谢。实际上，对事实的科学研究（特别是运用回忆或其他内省方法）很容易展示，在我们与动物的相处中，我们经常归属给它们多种权利、权力以及权利主张，我们通常会体验到的法律意识状态是，这些“存在”在我们的法律意识中被视为权利主体。打猎的时候，我们要求狗服从命令或做出其他动作（我们把狗视为义务主体），当它不服从命令时很恼火并惩罚它。当打猎时猎犬提供了妥当的服务（更不必说杰出的服务了），我们认为有义务对其采取相应的态度，例如，打猎结束后奖励它一大块肉。我们的伦理意识告诉我们，这条狗应得到这些（此奖励是狗应得的）。在有些类型的打猎中，惯例就是对做出贡 81
献的狗予以奖励（例如，作为猎杀游戏的组成部分），在此情形中，猎人会考虑哪条狗应得到奖励，并会产生法律性质的争议，争议的基础是一种法律心理。一匹老马在年轻的时候一直忠诚可靠地为主人提供服务，如果主人毫无怜悯地让它挨饿，具有更为敏感的伦理良知（特别是更为敏感的法律良知）的人会谴责他，甚至会对此不公正之举表示愤慨。

简单的或实验的内省方法会展示，在两方主体（权利主体和义务主体）都是动物的情形中，法律关系不仅可能存在，而且事实上确实存在。通过如下实验，我们很容易理解，在有些法律体验中，两方主体理念都是动物的理念。给几条狗食物，食物份额依照平等或其他原则（依照它们在打猎中的表现等）分配，如果一只狗抢了其他狗的食物，我们体验到的法律现象与看见或想象成人之间以及儿童之间出现类似的侵犯时所体验到的法律现象是一样的。具体来讲，它是这样一种律令-归属性体验，其中一个动物是权利主体，排他性地享用其得到的食物，其他动物则是义务主体，为了尊重前者的权利，不得碰触该食物。

对于了解动物对人和其他动物享有的权利来讲，历史记载和当代文学作品为我们提供了进一步的事实素材。这些记载和作品以动物作为主人公（故事、传说和神话中的英雄）或者以动物与人的关系为主题（例如，关于虐待动物、活体解剖、素食主义的佛教传说和伦理作品）。通过内外观察相结合的方法，对人类思想的这些表现的心理学研究显示，这些历史和文学记载的基础是将不同权利（例如，生命权，被善待、不受虐待的权利）投射在动物身上的法律体验。

从当代法律科学的视角来看，动物的权利（将动物作为权利的主体类型）当然是完全不适当的科学异端，是一种既奇怪又不融贯的谬误。传统的、自明的断言是，法律仅为了人而存在，用于保障人的利益，仅仅调整人与人之间的关系。以此为据，现代学术作品重申了老一套学说，即使法律有时涉及动物（例如，禁止虐待动
82 物），也不能认为这是为了保障动物的利益，唯一需要考虑的是人

的利益和权利(保卫人免于“无目的地折磨动物”所带来的不快观感)。依照当代法学领域中的理念和看法,人们应该认定,智人是自然所创造的唯一可以出于完全彻底的利己主义利用所有其他在地球上繁衍生息的生物的物种,至少从法学家的视角来看,人没有理由以其他方式来思考和行动。就智人的名声而言,法学家无疑错了。在早期野蛮残酷的蒙昧时代,对于奴隶、其他种族或部落的成员这类为数甚多的人,人们并不会归属和尊重权利(哪怕是那些在我们看来最为基本的权利),更别说对动物了。然而,文化发展逐渐地、坚定不移地在实质上改进了人的思想。当代绝大部分有文化的人不仅意识到“在此不区分希腊人与犹太人”,并越来越认识到,即使对非人的“存在”,道德良知和法律良知也正在觉醒并强劲发展,可以期待的是,针对动物负担特定道德义务和法律义务,会成为所有人的普遍伦理特征,正如那些旨在保护动物的、丰富且生动的文学作品所建议的那样。

(二)人类思想的特点是,当自然的相关现象与人类行动和人类精神生活的其他表现具有相似性时,就将个人在自己的精神生活中体会到的精神力与属性归属给自然的现象与客体。在原始人和儿童那里,此趋向表现得十分明显,它有着很强的影响力。由此着眼(结合前面关于将道德权利义务和法律权利义务归属给动物的讨论中已经指出的内容),从法律的心理学理论的视角来看,我们能够并应当顺理成章地预测,道德权利义务和法律权利义务不仅被归属给动物,也被归属给无生命的物(只要基于相似性进行联合的法则为此提供根据),例如,树和石头。这样,当无生命的物的运动引起了某种恶(痛苦、伤口、死亡等),特别是这些运动看起来

83 是自发的时候，我们可以合理地预测，伦理关系（与这些客体有关的、纯粹律令性道德或律令-归属性冲动的表现形式）会出现在幼稚的或不太发达的思想中，它们会受到惩罚。实验（尤其是通过观察和实验研究儿童在此类情形中的反应）显示，这些命题是正确的。在历史上（例如，在希腊历史上），确实出现过这样的情形，杀死一个人的石头被人们当作罪犯起诉并受到惩罚。毫无疑问，波斯的国王一定也是出于相似的法律心理来惩罚不听命令的大海。

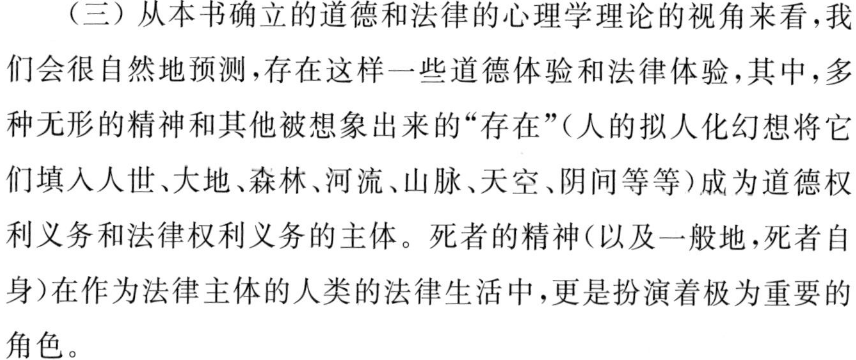

（三）从本书确立的道德和法律的心理学理论的视角来看，我们会很自然地预测，存在这样一些道德体验和法律体验，其中，多种无形的精神和其他被想象出来的“存在”（人的拟人化幻想将它们填入人世、大地、森林、河流、山脉、天空、阴间等等）成为道德权利义务和法律权利义务的主体。死者的精神（以及一般地，死者自身）在作为法律主体的人类的法律生活中，更是扮演着极为重要的角色。

即使在当代的文化水平较高的民族的伦理生活中，运用内省的方法以及内外观察相结合的方法也能揭示多种以死者的理念作为法律主体的法律体验。以死者作为主体，作为义务人的生者欠他相应的行为，此种律令-归属性体验在相当程度上鼓励了这样一些做法，即保存死者的墓地以及他生前的各种物品（鲜花、花圈、墓碑、衣物、装饰、戒指、手镯等等），捍卫死者的荣誉和名声，毫不犹豫地执行他们生前对财物的处置安排（特别是那些具有行善特征的安排，以及为了自己的利益进行的安排。例如，由他的继承人每年付一笔款子，请他人为其灵魂祈福）。当人们针对已故学者的作品开展科学的、文学的、艺术的以及其他类型的批评时，以及当人们评价历史人物的功过时，法律心理向批评者指明了他欠死者的、对死者的功绩和应得的尊重的确认程度，在确保批评的正确性和公正性方面，它扮演了极为重要的、积极的角色。

在我们祖先经由长期文化发展而形成的（以及处于较低文化 84
发展水平的当代人的）社会生活和法律心理中，死者的权利更为广泛和丰富，它们有时要求生者做出严重的牺牲和自我限制，与生者向国家和其他社会组织缴的税相比，它们或许为生者带来更为沉重的经济负担。死者在死后很长一段时间都拥有被提供食物、饮料以及其他东西的权利。他们保留对盔甲、马匹以及其他物品的财产权，因此必须将它们埋到坟墓里或烧掉，以便于它们以非物质的形式跟从主人进入阴间。在特定民族中，死者不仅保有对生前居所和宅地的财产权，还不允许生者使用它们。为了保证死者的利益，生者必须离开该居所和土地，迁往他处另建新居。死后仍保有对奴隶和妻子的支配权的后果是，奴隶和妻子被殉葬，以便于她们可以去阴间继续服侍主人……

道德和法律也归属给死者对生者的义务，生者为死者的灵魂提供食物或其他利益，反过来他们有权要求死者提供服务，尤其是保佑生者，或者至少死者不能作恶和祸害生者。

如果死者的权利被人侵犯了，对侵犯者进行报复和惩罚的权利也属于死者。如果死者的灵魂并没有履行他们对生者的义务（例如，如果生者遭受了不幸和失败，而依照专业人士的解释，这些不幸和失败源自死者的灵魂），那些因此承受痛苦的人有时归属给自己实施报复和惩罚的权利（例如，剥夺死者对其本该得到的供奉的权利）。当人们试图安抚被宰杀的动物的灵魂时（与动物缔结和平契约、因宰杀动物而来的惩罚仪式等），其中体现的法律心理是，被宰杀的动物的灵魂的理念被当作权利主体。

正如我们已经看到的，与伦理冲动独有的高级神秘权威相对
85 应，伦理（道德和法律）规范的权威延伸至超人或神性的“存在”，这些“存在”甚至必须服从伦理法则的高级权威、遵守它的命令。它们因此也是道德义务和法律义务的主体。另一方面，位于这些“存在”（它们自己具有独特力量，是多种利益的来源，有利于人类）之上的是法律规范的高级权威，法律规范赋予它们多种利益。它们因此也被当作法律权力和法律主张的主体。

在人类的宗教心理中，神域极为辽阔，包括了地下空间以及天空、月亮、太阳、星星，总体而言，包括了无限的世界空间。依此，涉及神的宗教法的运作场域包括了无限广大的世界空间。人所生活的地球表面仅仅是此种法律的管辖领域中的一小部分。在道德权利义务主体和法律权利义务主体所构成的世界中，人口构成极为丰富和多样（可能有着稀奇古怪的外形和性格），在不同的种族和民族中，在人类幻想的不同发展阶段中，人的幻想的生产效率惊人，它所产出的东西种类繁多且难以预料。

此外，除了大众幻想出来的大量“存在”以外（有实体的和无实体的，以及那些部分物质部分精神的“存在”），在权利义务的神性主体的世界里，还有无法计数的真实现象，无法计数的自然的和人造的客体。它们被视为有灵的“存在”，被视为神性精神的化身。例如，天空、太阳、月亮、星星、天空辉光、大地、风、山脉、溪流、石头、各种植物（主要是树，例如橡树）、果园、各种动物，用石头、木头、黏土做的人类和其他“存在”（包括动物）的塑像等，以及其他多

种被不同民族视为有着或多或少的灵魂与神性的事物。在不同的文化发展阶段，死者的灵魂（例如，先人和领袖的灵魂）作为神扮演重要角色，甚至在世者（中国的皇帝、君主等）也成为神或神性灵魂的载体。与大量适宜的宗教法（它们是为神性“存在”规定针对人民的权利义务的法律）相对应，存在着极为多样的此类主体。

神要求得到供奉的法律主张，在神对人的权利体系中是很重要的，在宗教法的较低发展阶段，情况尤其如此。有时义务人被要
求直接供养神（例如，定期用食物涂抹神像的嘴唇），有时为了侍奉 86
神需要义务人向神的仆人、代表或神甫提供物资，有时要求大众不得消费某些物品，留给神享用，让其得到滋养，或者让神排他性地使用某块土地及地上的产出物，例如，浆果、猎物。营养品有时以人消费它们时的形态被供给神，有时通过焚烧物资、动物等方式，以气体或“灵魂”形态供给神。在同类相食的时期，神还享有获得人性的法律主张。

除了对营养品的权利以外，神还对侍奉者享有要求他提供其他类型的供奉或金钱的权利。有时它们表现为复杂的、体系化的直接税（各种什一税等）和间接税，由神的代表、神甫、国家官员之类的主体为了神的利益而收取。有时神对广大地域、各类世俗王权以及专卖享有财产权。神的权利还包括，要求人们表达对神的敬仰、为神提供服务（例如，劳动者每周有一天用来侍奉神，以及在一年中拨出一定天数用来侍奉神），要求人们顺服、安然接受神降下的不幸和惩罚。

在人类的社会生活和文化教育中，神要求人们以尊重他人的方式来行动的权利，扮演特别重要的、有益的角色。神的这些权利

要求人们不得杀人、抢劫、盗窃或对其他公民做其他坏事；人们应遵守其缔结的契约；如果人们让神见证其陈述的正确性，他们就应该讲真话。其他例子还有，父母应当妥当教育子女，子女应服从和尊敬父母；君主和官员应为了人民的福祉行使权威，公民应服从君主和其他被确立的权威；妻子应服从丈夫，保持对婚姻的忠诚。由此导致法律所要求的两个在内容上一致的行为系统：（一）人与人之间的法律规定了人将他人作为权利人而尊重的义务；（二）宗教法为同样一批人规定了要求同样行为的义务，只不过对此享有主张的主体是神的理念。杀人犯和窃贼违反了人法，同时也违反了神法（神要求他不得从事这些行为）。当然，这实质上强化了人们
87 从事被要求的行为的动机，当一个人被作恶动机影响，他或许会轻微违反人法，但如果他有了相应的宗教法律体验，认识到相关行为同时侵犯神的权利，他就不会如此轻易地决定从事此类行为。

当神的权利未被满足时，惩罚违法者的权利被归属给它。在宗教法的早期发展阶段，规定此种惩罚的法律很残酷。神的无情的报复权利的行使方式是，在不经审判的情况下让人死亡和生病，或者给人们带来其他此生中（有别于来生）的不幸，这不仅针对犯错者，也针对他的宗族，甚至针对更为广泛的群体（他的部落或他的民族）。一般来讲，在其中被适用的原则具有（人与人之间的）原始刑法的特征。总体上，与人之间的刑法的发展相对应，在宗教性惩罚的法律的后续发展中，法庭审判的理念出现了，惩罚的实施被推迟到犯错者死后的阴间生活。

人与神的法律关系具有相互性，一方面，神对人负有法律义务，人对神享有权利；另一方面，神对人享有权利，人对神负有义

务。当人的行为自身是妥当的时候,即完全地、恭敬地确保了神的权利,神对人的法律义务包括不得作恶,提供多种积极服务,例如,辅助打猎和战争,报复第三方违法者,以各种形式普遍地保佑人们。如果神未能履行它们对人的义务,它们(在原始族群中)就会受到各种惩罚,包括失去食物和其他供奉,身体上的惩罚,被人用棍子打等等。有时事态严重到需要使用“死刑”的程度,用石块击打神像,甚至摧毁它等等。

除了那些基于稳定和确定的宗教法原则的权利义务以外,通过法律协议,人与神之间也确立了偶然的、临时的权利义务。为了得到各种或大或小的特殊服务,人经常与神缔结交易契约,由此,作为获得特定食物和祭品的代价,神有义务为人提供指定的服务。契约的签订由人们通过使用不同的符号和占卜(或者通过神甫之类的中介)来完成,由此人们同意了满足神的利益的安排。类似 88
地,各种对神的感恩措施是经常发生的现象(赠与、遗嘱等)。从心理学的视角看,可以期待的是,神可以与其他“存在”(不仅是人)形成法律关系。动物如果弄脏了神的居所(神庙)或者杀死一个人,它就是罪犯,并依照被玷污的神的要求受到惩罚。甚至人们如果生前违反了宗教法,在死后的阴间生活中,其灵魂要为其已经做的错事向神负责任,为了保障他们的利益,生者需要以他们的名义向神提供用来赎罪的祭品。

在信奉多神的人民的宗教法中,广泛出现了神与神之间的法律(在此类法律中,神既是义务主体也是权利主体)。宙斯是王,对其他希腊神祇拥有王权,对女神赫拉享有夫权,对他的儿神享有父权等等。神从属于法律,被赋予了针对人民和其他“存在”的权利义务，这在信仰多神的地方（以及一般来讲，在宗教发展的较低阶段）再自然不过了。这是心理学上不可避免的现象，此时神的理念被高度拟人化，没有严格的人神之分（神并不比人高明多少）。在一神论的宗教中，我们会看到明显不同的另一幅景象。然而，即使在希伯来教、伊斯兰教之类的高级宗教里，神也明显从属于法律。在这些宗教里，神被各种法律义务所拘束，也被赋予针对人的权利。这极为明显地肯认了前面关于法律冲动的命题，即法律冲动具有典型的高级神秘光环和权威的特征。

《新约》的教导为人神关系带来剧烈变革，总体上，宗教伦理的特征在实质意义上改变了，道德的纯粹律令之伦理替换了法律的律令-归属之伦理。然而，后来在中世纪，基督教思想仍被多种法律要素所渗透，中世纪（以及在一定程度上现代的基督教）的伦理一再反映了向法律伦理的重要转变，它具有法律伦理的各种独特属性，例如，精确地界定义务的客体，运用决疑法（casuistry）解决问题。

第三章　法律和道德的特征与趋向 89

第十节　伦理被区分为法律和道德的科学意义

伦理现象之前被分成两种类型，其中法律的概念的定义与法学家的惯常用法无关，与其有极大区别。它更接近于普通人在日常言说中所做的潜意识的区分，该种语言（不同于法学家的职业语言）广泛体现了这样一种趋势，即人们将“法律”这个词用于存在律令-归属意识（在我们意义上的法律意识）的情境。依此，与职业法律家所使用的语言相比，在普通人的语言中，“法律”有极为广泛的意义。此外，通过更为细致地研究普通人使用的“法律”“道德性”“道德”这些词的意义范围可以得知，它们与本文先前建议的用法并不完全一致。依照我们的术语，有很多伦理体验属于直觉法，而日常语言则不区分“法律”与“道德”，人们常会使用“我有一个道德权利”“他没有道德权利”之类的表述。就道德语词经常在此类情形中被应用而言，日常言语更接近法学家的通常观点，他们将我们称之为直觉法的东西称为道德。不过，日常语言也总是在此类情形中使用“法律”一词，这就与我们的术语相一致了。然而，不论我们的术语总体上与日常用法是否一致，从科学分类的视角看，这都

是不重要的。被构造的事物类别，以及被界定的类别概念，如果与任何职业的或日常的用法完全一致，并不意味着此分类是科学的、
90 成功的，如果不一致，这也不构成否定该事物类别的论据。有意识地构造科学的事物类别以及类别概念必须要符合的并不是这种或那种语言所指明的东西（历史地、潜意识地形成的命名习惯），而是了解和解释相关现象所涉及的问题，特别是构造充分的科学理论所涉及的问题。为了实现此目的，本文之前构造了伦理现象这个更高的类别，并将此类别依照伦理冲动的特征区分为两个亚种：一、律令-归属性伦理现象（“法律”）；二、纯粹律令性伦理现象（“道德”）。已经确立的概念完全不是对语词的解释（而这恰恰是其他界定“法律”与“道德”的企图所具有的特点），它们并不试图界定这些语词在任何具体的语言使用习惯中的意义和具体内容。这意味着，以人们在实践中使用不同的术语指称我们构造的这些或其他类型的客体（例如，将多种律令-归属现象称作法律之外的某种东西：“道德”“风俗”“宗教戒律”等）为由，来反对此种事物类别和类别概念，这缺少严谨、科学的根据。那些我们认为与法律相关的特定现象，被反对者认为“无疑不属于法律”，而属于“道德规范”“社会中的行为规则”，或者他们认为我们提出的法律概念是一个法律、道德与习俗的混合体，这些反对意见也同样没有科学根据。这样的反对意见没能针对被争辩的定义的性质和意义，或者说偏离了科学分类的问题和意义，它们仅仅表达了一种天真的信念，认为用特定的术语指称（或不指称）特定客体的语言和习惯界定了相关客体的性质，使用与其不同的术语则会背离其性质。本文提出的概念自身并未指明法律的**独特属性**（由于与道德或风俗相关联的

特定现象也拥有律令-归属性质），因此在反对者看来，此种范畴应被质疑和反对。从我们已经确立的分类的视角来看，对这些以及相似的反对意见的答复是很简单的，即所有拥有律令-归属性质的东西当然属于同一类别，因为那就是科学分类（它不同于言词定义）所要求的。关于我们确立的事物类别和类别概念的属性是否是普遍的、独特的，总体上并不存在问题，不会导致疑惑。因为依 91
照科学分类的意涵，**只有**具有相关属性的东西才属于相应类别。所有相关客体必定具有相关属性，这是无法避免的普遍现象。另一方面，所有具有这些属性的东西均与这些类别相关联，被隔离在事物类别和类别概念的边界之外的仅仅是那些不同于给定类别的客体的东西。事物类别和类别概念的已经被确立的属性必定是区分性的属性。

语词（既有的命名习惯）可能发挥的作用是提炼和搜寻已经形成的事物类别的便捷名称，而不是形成（证立或挑战）事物类别和类别概念。我们没有为我们构造的伦理冲动的两种类型发明新词，而是借用了也存在于人们的普通用语中的词汇（“法律”和“道德”），这些词汇的实际用法与我们为其确立的意义有一定相似性。如果某人不同意选择这些词汇作为术语，认为其他词汇更为适宜，该争议涉及的仅仅是用语，而不是问题的实质。问题的实质在于，科学地证立和澄清相关事物类别和概念的构造过程。它们可被赋予任何人们喜欢的名字，或者用字母、符号来代替，或者不做任何特别的指示，这些都无关实质。

作者依照伦理冲动的特征将伦理体验区分为两种类型，将相关冲动的归属性质作为其中的一种类型（法律）的区分属性（种差），将相关冲动的纯粹律令性质作为另一种类型（道德）的区分属性。在科学地评价此分类时，应该考虑的是此种分类是否适合作为科学地解释相关现象的手段和基础，即是否适合用其来获得对现象的正确认知和阐释。如果用此种方式构造的这些类别的任何进一步的特征关联着前面提出的区分属性，并通过参照它们得到解释，如果能够确立任何与被构造的类别相关的法律发展趋势，此分类就在科学上得到确证，它的科学解释力越强，它的科学价值就越大。

基于前面的论述，很清楚的是，法律体验和道德体验在智识内容上及其投射上的差异，关联于法律冲动的归属性质以及道德冲
92 动的律令性质（并由此得到解释）。与法律冲动的律令-归属性质相对应，法律的智识内容是复杂的，有着主体理念的二重性（义务主体与权利主体）以及客体理念的二重性（义务客体与权利客体）。这不同于道德，道德的智识内容更少，更简单，它没有二重性。以完全相同的方式，与法律相关的冲动性幻象和投射也具有类似的二重性，它们有别于单边的道德幻象和投射。法律规范一方面表现为负担，另一方面表现为赋权。道德规范仅仅是课与负担的规范，在道德领域中，仅有单边的义务。在法律领域中，两方主体之间存在双重纽带：其一，一方负有主动地确保他方利益的义务；其二，体现了一方的义务与另一方的权利的法律关系。与智识内容和投射特征上的此种区分相对应，反映和表达法律体验和道德体验的外在形式存在差别，大众语言的相关表达的结构也存在差别，相关文献在表述上也有不同形式。确保一方为他方的利益负担义务，这澄清和解释了具有法律符号学特征的现象（这是现代法学所

不理解的),例如,有拘束力的手的符号(牵住、伸出手或其他长形物体的符号),血液、呼吸以及传送文件的符号。有时正是“通过订立契约(由要约和承诺构成的行为)确立义务”这个现象,代表了具有法律特征(不同于道德)的现象,此现象通过该种伦理的归属性质而得到解释。在此现象中,一方做出“提出一个需要对方认可的义务”的行为,另一方则做出“确保要约的内容符合自己的利益”的行为。以下现象也同样体现了法律的归属性质:用于改变法律关系的多种行为;法律交易(legal transaction);把某人的权利(他人负担的义务)转让给第三人(有对价或者没有对价);处置他人义务的其他行为(这在道德上是不可想象的)等等。

由于法律的智识内容和投射的这些特征(不同于道德)关联于相关冲动的归属性质,相应的一般命题必须具体地依据基于律令-归属性冲动的伦理体验(此种伦理体验是充分的、在科学的意义上是适宜的)。如果将它们关联于其他类型的伦理体验,就会形成一 93
种在科学的意义上畸形的理论,理论会变得“瘸腿”“跳脱”,或完全是虚假的。(对比第一章第四节)

流行的观点将法律化约为由他人发布给公民的命令(积极命令或禁止),争议在于,法律的何种属性使得法律区别于其他类型的命令。是法律的强制性吗?是它起源于国家(或被国家所承认)吗?如此界定法律的性质的话,法律现象的智识内容的起源、法律关系的渊源以及权利人(针对义务人)的权利的渊源等问题,都不能得到说明。总体而论,不论将此处所展示的法律(律令-归属性伦理体验)与哪一种(不论由谁发布的)命令相关联,都将塑造一种绝对错误的理论。即使我们的律令-归属性伦理体验的概念被替换为命令（如果本文关于智识内容和投射所确立的命题，被用来专门指涉法学家们所理解的法律），其结果是形成一种“瘸腿”的理论（因为它被关联于一种过窄的伦理体验），因此在科学上站不住脚。

除了已经指出的法律与道德的区分性特征以外，还有许多别的属性和趋向（不同于这两类伦理体验），它们一方面关联于法律的归属性质，另一方面关联于道德的纯粹律令性质。故此，本文所提出的伦理的分类为创造充分理论的两种宽广体系（两种理论科学）提供了基础。

第十一节　道德体验和法律体验的动机效果和教育效果

法律与道德的伦理体验在人类生活中的实质意义在于：一、它是行为的动机，是人们做出某些行动、不做另一些行动的刺激（伦理体验的动机效果）；二、它在个体和群体思想中引起特定变化，形成和强化某些习惯和习性，弱化和清除另一些习惯和习性（这是伦理体验的示范效果或者说教育效果）。由于道德冲动和法律冲动
94 是抽象的，它们自身并不预先决定行为的特征和取向，它们能够（依赖于行为的内容以及与其相关的其他理念）成为极为多样的行为（包括具有社会危害性的行为）的刺激因素，并在极为多样的取向上（包括具有社会危害性的取向）对行为产生教育作用。然而，由于受到那些唤起伦理性冲动-智识复合体（以及界定其发展方向）的社会心理活动过程的影响，一般来讲，作为与社会福利保持一致的结果，伦理性冲动-智识复合体获得（动机和教育方面的）内

容。一般来讲，它们支持社会需要的行为，反对有害社会的行为，它们的教育取向是，发展和强化有利于社会的习惯和习性，弱化和清除有害于社会的习惯和习性。

然而，与法律的律令-归属性质相一致，法律对人类行为以及人类思想的形成过程所施加的影响，在两个方面不同于道德（纯粹律令性伦理）。

一、法律义务意识的归属性质给予此义务一种特殊的动机力量，对相关行为造成额外的压力，此意识包含的不是一种简单的道义观念，即应该做什么（与他人无关的义务），而是这样一种义务观念，即我们有义务做的事情同时是欠他人的，是他人应得的，这是在道德中看不到的（在道德领域，我们并不把我们有义务做的事理解为欠别人的）。在其他条件相同的情况下，相比于义务的纯粹律令意识（纯粹道德义务的意识，其中没有与义务相对应的另一方的权利），义务的归属性或法律意识为行为施加了更大的压力，使得行为更为连续地保持一致。将欠他人的东西提供给他人，是一个正常的、普通的、平淡无奇的现象。甚至在那些将相关权利归属给他人（户主）的人（特定文化发展阶段的奴隶、儿童和妻子）看来，忍受他人的殴打（没有埋怨、愤慨或反抗）是理所当然的事情。另一方面，对同伴们实施道德上被赞许的行为（依照既有的伦理观点，同伴们对此行为不享有主张），一般被视为特殊的功绩（既不平凡也不普通），遵守这样的道德训诫（例如，把左脸也转过来，让打你右脸的人继续打）体现了一种伦理英雄主义，预设了不同寻常的基督教狂热。

法律的律令-归属心理能够唤起人们相对普遍和持续地服从

95 相关社会行为规则。必须要承认，与纯粹律令性的道德相比，这是法律的一个很大的优点，道德没有此种动机力量。如果对于社会来讲，可欲的特定行为的理念一开始与纯粹律令冲动相结合（“这样做是好的或适宜的”这一意识，而不是因为相反的行为会剥夺他方应得的东西），它之后转变为法律意识（与律令-归属冲动相结合）就是往前迈出了重要一步。对于社会来讲，可欲的行为先前仅仅在特殊的情形中被伦理上杰出的人士遵守，现在它流行于共同体中，变为普通的社会现象，这是社会进步的体现。在现代欧洲国家的法律意识和社会生活的历史中，这种社会进步的例子有很多。基督教的（纯粹律令性的）至高伦理包含丰富的素材，可用其构造行为的相应律令-归属原则，有不少针对同伴（狭义同伴或广义同伴，包括域外民族和个人）的行为原则起源于基督教道德的一般原则，经过几个世纪的文化教育，逐渐不再（像其一开始那样）是纯粹律令性的，而是凝结为稳定的律令-归属心理。毫无疑问地，在相同方向上的进展也会在未来发生，个体和民族现在（尽管存在相关道德原则）完全不享有的东西，或仅仅在个别情形中作为特殊的关怀和行善而享有的东西，未来会被其他个体以保障他的权利的名义向其提供。法律通过对行为施加更为有力的、决定性的压力，唤起有利于社会的习惯和习性，不允许有害的、反社会的习惯和习性，它比道德更为成功和持久地确认有利于社会的习惯和习性，清除人的性格中与其对立的因素，如此一来，法律对人的思想发挥了比道德更为持续和有力的教育作用。

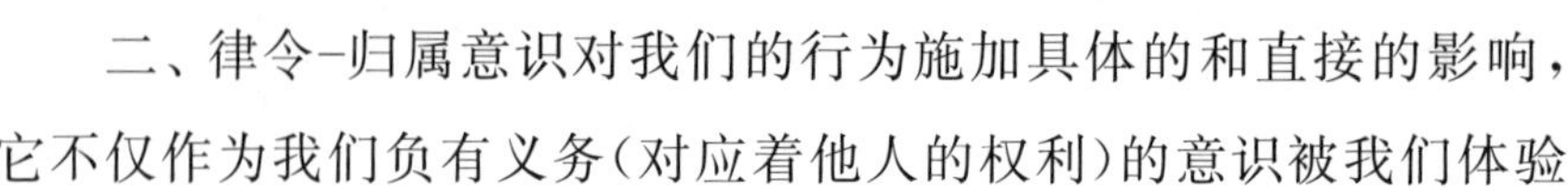

二、律令-归属意识对我们的行为施加具体的和直接的影响，它不仅作为我们负有义务（对应着他人的权利）的意识被我们体验

到,也作为他人对我们负有义务的意识(我们被赋予了针对他人的
权利)被我们体验到。此时,律令-归属冲动对(与我们权利的内容 96
相对应的)行为的刺激具有推动性和权威认可性,即展现在我们面前的相关行为被高级权威认可为归属性规范的要求。相关冲动越强烈,此种归属的神秘权威特征就越强,我们的权利看起来就越“神圣”、愈加不可置疑;此种动机越有力,我们的行动就越确定、愈加具有决定性。

上述命题在自我观察和观察他人行为的过程的每一个环节中都得到印证,可以看到相关冲动对身姿、步伐、声音和面部表情的具体影响(笔直的身姿、高昂的头颅、坚毅的语调等),这时可以推测出,心肺活动加强,脉搏有力,血液流动快速,呼吸加重等等。对主动法律体验的心理活动过程进行更为细致的研究(包括在实验方法的帮助下的研究)是未来法律的心理学理论的一个值得关注的问题。

源于“我们的权利和他人的义务”意识的动机,可称之为主动法律动机,它有别于源于“我们的法律义务和道德义务”意识的动机,我们称后者为被动伦理(法律和道德)动机。在道德领域,明显没有主动伦理动机,主动伦理动机是本书确立的意义上的法律所特有的。

当法律涉及我们确立的意义上的法律权力(做某事的权利加上他人允许我们从事相关行为的义务)时,主动法律动机极为重要,因为此时主要的行动者是权利的主体(权利人)。但无论如何都不能忽视的是,在积极和消极法律主张的领域中,权利的实现过程中的主要行动者是义务主体,为了保障权利人的利益,他有义务

做或不做某事。此时，此动机主要表现为，鼓励并在伦理上认可义务人向我们提供欠我们的东西（有别于依照纯粹道德或其他刺激因素赋予的特殊关爱和善举），让义务人切实完成相关积极服务和其他行为，不做其他行为。据此，就主张、要求权利人做出特定积极行为而言（例如，为了收受其应得的东西、提醒义务人做某事，出现在义务人面前等等），主动动机表现为鼓励和认可这些行为。

97 一般来讲，主动法律动机（与被动动机一起）是社会生活与社会秩序的本质性的、必然的构成要素，缺少主动法律动机，社会生活和社会秩序就不是现在这个样子。现今的财产分配以及相关经济秩序和经济生活的创设不仅基于社会成员遵守和尊重他人的财产权，还基于他人归属给自己相关权利并依此行事。早先在奴隶制时期，人们归属给自己拥有、使用、处置其他人（奴隶）的权利，奴隶成为财产权的客体和经济剥削的对象。此权利被视为自然的、神圣的（被神自己所确立）。然而，现在恢复奴隶制和农奴制是不可想象的，不仅因为那些被置于从属地位的人不可能形成相应的被动法律动机，也因为主人不再将其地位、将其拥有奴隶的行为的主动伦理动机视为正当的。以完全相同的方式，现有的国家秩序（所有国家秩序）的基础在于，某些人从属于他人的具有法律意义的命令，以及后者归属给自己发号施令、管理公共事务等权利，并依此行动。

在特定情形中以及在法律生活的特定领域中，权利的实现完全由主动法律动机决定，不存在相关被动法律动机。此类情形主要包括，被动方是幻想的主体（例如，神）或者那些没有法律意识和法律知识的“存在”(例如,动物、婴儿),当然,也没有其他人代表这些义务人行动。以完全相同的方式,在某些情形和领域中,只有被动法律意识和被动动机在起作用。但是一般法律秩序的基础在于,被动和主动法律动机与它们的两类相应行为相对应或协调一致。甚至当义务或权利的主体是那些没有能力主动参与法律生活的“存在”时,通过代理的方式,由他人为了无能力者的利益而做出相关行为,由此实现被动法律行为和主动法律行为的协调。

主动法律意识(以与被动法律意识相同的方式)具有重要的教育意义和动机意义。

在一定程度上,主动法律意识对习惯和癖好的养成所产生的
影响依赖于相关权利的社会特征和内容。然而,在它影响个体和 98
群体的性格形成这个方面,在该意识的不同表现形式中,有一些要
素是共通的,无关它们的特殊内容。

对于那些从其他方面来看比自己地位更高的人,某人的权利意识使某人在此方面与他们处于平等地位(甚至更高的地位)。法律“并不在意人”,它将世界中的“小人”提升到“大人”的高度。结果是,一种对自己的权利所具有的健康且充分的强烈意识,对自己产生重要的教育作用。它使得自己在性格上成为一个“公民”,意识到自己的尊严。它使得个人免于有缺陷的性格和行为,如果没有对自己的尊严和自尊的妥当意识,这些有缺陷的性格和行为就会出现,并伴随着传统上被称为“奴性”“不独立”的精神状态。在某种程度上,这些表达充斥于历史文献。奴隶制不同于其他乍看之下与其类似的现象(家庭或宗族中的依附现象,它们先前是不受限制的,包含了生杀予夺的权利),有其独特性质。奴隶不享有权

利，因此奴隶的心理是特殊的，不同于那些享有完整权利的公民（包括那些从属于罗马家父的绝对无限权力的那些人）。“全体罗马公民”（公民资格，意指完整的法律权利）指的是一种特殊类型的性格和良好养成的行为习惯，“奴性灵魂”之性格（动物的服从性）是其对立面。这些表述从奴隶制时期保留至现今时代，被用来指称具有悲观性格的特殊群体，这显示了，权利意识的缺位对性格教育多么有害，此种意识的形成及发挥作用对于性格的健康发展又是多么重要。

父母和教育者应该密切关注儿童的法律意识的此种强劲、鲜活的形成过程，并注意让他们对法律（而不仅仅是道德）留下深刻印象。此外，让儿童的法律意识得到均衡发展也是很重要的，不仅使他们意识到他人的权利（它们的神圣性，对它们高度尊重），也要以完全相同的方式使他们意识到自己的权利（以及对它们的尊重）。尊重他人的权利、对他人权利的意识的妥当发展，为与他人形成适宜的关系（以及对他人的个体性的适当尊重）提供了坚实基
99 础，这是一种以给予他人其应得为内容的关系。自己的权利的意识形成之后，孩子会得到适宜的人格尊严以及与其相伴的性格特征（坦诚、直率等）。如果教育中“缺少法律”，孩子就失去抵制生活中各种诱惑的坚实的伦理基础和保障。尤其是在对待人格（他人的人格以及自己的人格）方面，如此被自然地抚养长大的孩子会形成一种“奴性心灵”，缺少对他人人格的尊重，有着专横与愚蠢的任性。

从提高职业效率和经济效率的视角来看，形成适宜的主动法律意识（对自己的权利的意识）在教育中也是重要的。它传播了人

的生活所必需的坚定与信念、活力与创造。一个在反复无常的氛围(不论多么慈爱和亲切)中长大的孩子,由于没有明确地指派给他的特定范围的权利(尽管有限和幼稚),这样的孩子不能自信地构想和实施生活规划。尤其在经济领域,他在信心、魄力和创造方面是有缺陷的,他会变得冷漠、随性、拖拉,寄希望于天赐良机或得到他人的帮助、救济、赠与等等。

关于抚养孩子已经说过的东西也适用于民族的教育,以及作为成就该教育的有力手段的法律政策。在群体中,有着特殊的理想性格(追求经济效率,具有活力和创造力)的“公民”类型的生成,依赖于法律的结构和法律政策的取向,特别依赖于合法性原则(the principle of legality)的形成,以及主观权利体系(system of subjective rights)的形成,主观权利是强大的、稳定的,被用来抵制专断的行为(而非系于他人仁慈的裁量)。人们有时认为,一国经济的兴衰取决于某种特别的“保护主义”取向或其他经济政策,但这是十分肤浅和不科学的。经济的兴衰依赖成千上万主体的经济活动的特质,依赖于“所有者”的类型(依赖于他们在勇敢、自信地构想和实施经济计划时的活力、创造力以及才干),经济的兴衰依赖于他们自己而非机遇。对于灌输上述这些性格特征、将法律渗透到所有社会生活领域(包括经济领域)而言,合法性是一个必要条件。

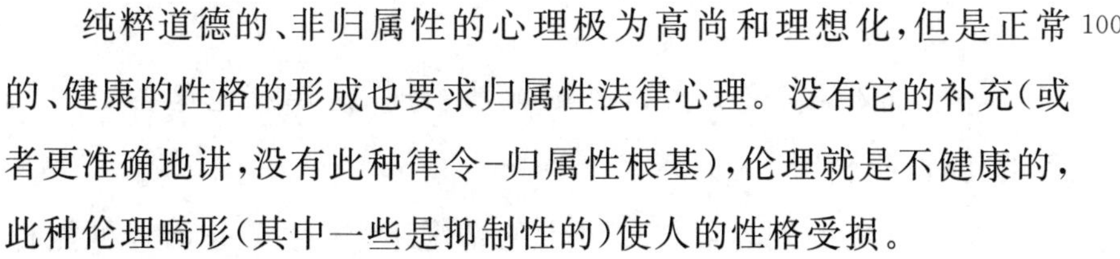

纯粹道德的、非归属性的心理极为高尚和理想化,但是正常 100
的、健康的性格的形成也要求归属性法律心理。没有它的补充(或者更准确地讲,没有此种律令-归属性根基),伦理就是不健康的,此种伦理畸形(其中一些是抑制性的)使人的性格受损。

第十二节　法律要求和道德要求的履行

与法律的归属性质相一致，履行法律义务的冲动的特征在于，向人们施加压力使其为他方（权利人）提供他应得的。然而，义务人的行为自身并不具有重要性，它作为手段和方法而重要，通过它们，权利人得到相应结果。与此相反，道德冲动的特征在于对确定的行为施以直接的压力，它不是满足他人权利的手段。

在道德领域中，律令功能（道德的唯一功能）是独立的，是唯一有决定性意义的。在法律领域中，归属功能是主要的，具有决定性意义，律令功能只有从属性和衍生性意义。从法律的视角来看，至高无上的东西是，将作为权利客体的收益提供给权利人（他的权利作为法律关系的归属性的一面得到满足，归属功能得到实现）。至于律令功能（基于义务人的行为而生效的义务之意识，义务人落实律令客体、履行义务），仅仅作为切实贯彻归属效果的手段（不是唯一可能的手段），它才是重要的。

以上所述解释了法律领域的多种典型现象，以及法律相比于道德的特性（关于“律令”的流行法律理论将“律令”理解为国家或其他共同体发布给公民的命令，从该视角来看，有一些现象是不可思议的）。下面我们谈一下相比于道德，法律的特性中最为重要的几个。

一、当义务被义务人以外的人履行时，法律和道德各自与义务的此种履行情形的关系。

在没有义务人的参与和付出的情况下，法律义务仍有可能得

到履行（如果其他人提供了权利人应得的东西）。例如，侄子欠了 101
债，债权人找到叔叔，叔叔还了债。法律规范的要求由此得到满足，侄子的法律义务得到履行。从心理学的视角来看（不同于投射的视角），此种现象应该被这样构想和阐释，即与它们的归属性质相一致，通过为权利人提供其应得的东西，法律冲动（在义务人、权利人和第三人的心中）被满足了（这与肌体得到适宜的供应从而满足饥渴冲动的方式是一样的），即使做出相关行为的并不是义务主体。由义务人以外的第三方履行义务，当然仅仅能够发生在这样的情形中，其中权利人被提供了欠他的东西（妥当地满足了他的权利），同时并不要求一定由义务人自己做出此行为。许多法律义务（例如，一方配偶欠另一方的法律义务，子女欠父母的法律义务）仅能够由义务人自己来履行，因为**第三方的相关行动不会妥当地满足权利人的权利**。

在道德领域中，义务一般不能通过其他人替我们做我们应该做的而得到履行，尽管因此利益被满足的人完全不在乎是谁做了此行为。道德冲动（作为纯粹律令性冲动）仅能由义务人自己的行为来满足。

二、**法律和道德各自与代理的关系**。

鉴于法律的归属功能具有的决定性意义，如果法律义务能够被第三方主体以义务人的名义履行，并由义务人负责（只要欠权利人的东西由此被提供），这些义务就通过代理（第三方凭借与义务人的特殊法律关系，以他的名义并由他负责）得到履行（同样地妥当满足了权利人的要求），这就如同监护人管理义务人的财产，是可以理解的、顺理成章的。

甚至我们在履行道德义务的时候，我们当然可以从他人那里获得帮助。我们以道德义务的名义帮助邻居的行为并不会由于这样的事实而失去它的道德特征和道德价值，即礼物是通过邮寄或
102 信使送达的，而不是由赠送者自己赠送的。信使仅仅是执行我们的决定的工具（如同我们的手一样），物理上由他人实施的行为在心理上是我们的行为，是我们的决定的产物。技术意义上的代理具有不同的特征，它属于他人的独立行为，是在落实代理人自己的决定，那些行为的法律后果则被归属给本人。故此，如果义务人的代理人（即使义务人对此代理并不知情也不希望如此）以他的名义满足了权利人，义务人就确实（通过代理人）履行了他的义务，完全满足了法律的要求。

除了（义务人的）律令方面的代理以外，还有（权利人的）归属方面的法律代理，在法律上可以以权利人的名义要求和接受相关的履行义务行为，契约方面的或其他形式的行为可以被代理。法律义务和权利（关联于法律的归属性质，这在道德领域中不存在）由此被创设、分配、落实。法律义务和其他法律行为由此可以通过代理人的适宜行为得到执行，而无需当事人自己事实上采取行动。例如，契约可以在两个新生儿之间创设法律义务，此种义务可以被执行。不过，在没有义务人的参与的情况下（即使相关行动可以以义务人的名义做出），道德义务不能被他人履行，在道德领域中，没有代理的存在空间。

三、法律和道德各自与强制履行的关系。

与道德的纯粹律令性质相一致，道德义务的履行只能是自愿的。如果义务人并不意图履行道德律令的标的，而是屈从于物理

强制不得不如此，尽管它导致相同的外部结果，就好像他已经履行了义务一样(例如，他本该自愿地提供的东西被他人强行拿走)，这并不属于律令功能(道德的唯一功能)的实现，此时并不存在履行道德义务这回事。然而在法律上，权利人的需求不论以何种方式得到满足，法律的归属功能就实现了。如果通过暴力手段，正如在法律文化的较低发展阶段中经常发生的那样，权利人(依靠自己及其亲属之类的人)确保义务人(他并不打算自愿地履行义务)向他提供他应得的东西，或者如果权威机关(治安官、警察等)强制性地 103
从义务人那里把权利客体拿走，交给权利人，法律将此视为并确认为自身要求的实现，法律义务得到了履行。但强制履行不是在所有法律领域中都是可能的，只有当欠权利人的东西(他的需求得到妥当满足)能够通过强制履行被提供时，法律的归属性质才允许义务的强制履行。如果特定权利要求义务人自愿完成某事，此时通过强制来获得适宜的外在结果，就不是在提供权利人应得的东西(需求没有得到妥当满足)，例如，父母和上位者要求子女和下属对其服从、尊敬的权利。此外，还要牢记的是，即使在有些法律领域中，自愿的要素并不是法律主张的客体的组成部分，自然法则仍使得相当多的义务在事实上不可能被强制履行。很明显，要求义务人完成特定智力劳动的主张(例如，国家或其他主体对法官的主张，这要求他们依照良知裁判，或者对行政机关、教师、导师的主张，这要求他们妥当地管理、教授和指导)排除了任何强制履行的可能性，因为妥当的智力活动过程不可能被物理强制所唤起。许多针对外在行为(义务人的物理性行为，例如，说出特定的语词，完成有着不同程度复杂性的体力劳动)的主张也是如此。

四、**在义务的履行过程中，法律和道德各自与义务人的意图的关系**。

如果第三方替义务人做出义务要求的行动或者替权利人强制取得权利人所要求的东西，这能够满足法律的要求，因为这时法律的归属功能被满足了，那么下面的情况就更是可理解的、自然的。义务人在完成要求他做的事情的时候，有时对此并没有愿望和意图，他可能心不在焉，只是机械地做动作，或者是无心之举，但如果此行为满足权利人的需求，法律意识就得到满足。

与法律相比，道德（纯粹律令伦理）与义务履行的此种状态的关系是不同的。当义务人既不希望也没有意图执行被要求的事情
104 时，我们就不能说这是实现律令功能（道德的唯一功能）的行为，或者说具有道德性的行为、道德行为，它只是偶然产生和他有意行为一样的结果。

然而，不能认为法律不在乎行为者的思想中是否存在意图，对于违反法律的行为以及导致肯定的法律后果、缔结契约等其他与法律相关的行为，行为者的意图并非不重要。如此看来，依照开化民族的法律，没有预谋或任何过错地偶然引起损害并不会招致惩罚，如果行为者有过错的话，就会招致惩罚。与出于积极意图导致损害相比，不小心引起损害会导致其他不太严厉的后果。在缔结契约和做出其他法律行为的场合，意图被纳入考量范围，尽管它没有被直接表达出来。

五、**法律和道德各自与义务履行的动机的关系**。

法律具有归属性质，满足权利人的需求对法律具有决定性意义，从中可以推测出或引申出法律不关心义务履行的动机这个结论。如果义务人向权利人提供了他应得的东西，从法律的视角来看便是皆大欢喜，即使唤起义务人行为的是与法律不相干的动机（例如，利己主义动机，希望为自己获得某些好处，或害怕利益受损），甚至可能是邪恶的动机（例如，希望败坏权利人的名声）。

至于完成道德所要求的行为的动机，情况则有所不同，原因在于，道德具有纯粹律令性质，对于被获益的动机或其他与道德不相干的动机所引导的行为，道德并没有产生影响或得到实现。道德义务的满足要求存在道德动机。

为了避免误解，需要牢记以下几点。（一）不能认为行为的动机普遍（在法律的所有领域中）与法律无关。在开化民族的刑法中，犯罪行为的动机在认定刑罚时是重要的。在法律的其他领域中（遗嘱法等），行为的动机也被纳入考量。（二）也不能认为，法律仅调整外部行为（肢体动作），能够被纯粹外部行为所满足，对于义 105
务的履行来讲，获得特定的外在效果就足够了，内心世界的现象与此无关。除了已经说过的，还有若干法律（依照法学家对这个词的用法）领域，其中除了外部行为以外，义务人还被要求做出具体的内在行为。监护人、国家官员以及负责照料他人的人有义务（当身处这样的情形时，即任何问题的决策都取决于他们的裁量）秉持善意、小心裁断，权利人（被监护人、国家、委托人）则对此享有一种主张。法律特别地要求出于善意的裁量和决策，而不考虑基于裁量的作为或不作为所导致的收益和损失。即使在此类情形中，法律因其归属功能的实现而得到满足，此满足与唤起义务人谨慎裁量的动机（义务意识或个人利益的意识，得到赞许的愿望，获得奖章或其他奖励）无关，但是权利人的主张所指向的是内在行为，不是

纯粹的外在行为。总体而论，需要清楚地区分以下两个完全不同的问题：其一，要求义务人为权利人做的事情；其二，使被要求的东西得以完成的动机的意义。

前述命题试图厘清的是，道德和法律各自与事务的律令方面（与义务人及其行为）的关系上的差异，而不是在区分内在世界连同内在行为与外部世界连同外部行为的差异。基于前面已经说过的内容，很清楚的是，法律不要求（除了明确的行为动机以外）义务人亲自采取行动，不论通过什么手段（例如，第三方的行为），只要权利人得到他应得的，法律的要求就被满足了。

所有这些命题都是心理学法则（趋向），这些法则来自于法律和道德的具体差异，源于我们所确立的意义上的伦理被区分为律令-归属性伦理和纯粹律令性伦理。它们适用于我们的宽泛意义上的法律，以及我们的意义上的道德。将它们适用于别的现象群（例如，将相关命题适用于法学家意义上的法律），可以揭示它们理论构架上的不充分（“瘸腿”）之处。

106 第十三节　道德义务和法律义务的未履行

为了进一步了解法律和道德各自具有的属性和因果趋向，很有必要研究的是，当法律义务和道德义务被违反时，在违反者及其身边的人的心中被唤起的心理活动过程。

根据所有伦理体验（不论是法律体验还是道德体验）的类属性，对于法律和道德而言，违反义务的特定结果都是一样的，即在特定时刻，人们基于比伦理（法律或道德）冲动更有力的冲动（“诱惑”)做出特定行为，他们的行为违背了“良知的声音”，他们体验到内在冲突，权威性地谴责其行为的、阵发且强烈的伦理冲动，以及相应的内心的不平静和(消极的)痛苦。这些体验凭其力量麻痹或污染了满足“诱惑”所带来的快乐。诱惑冲动得到满足并没有杜绝针对已经做的事情(基于相应的联合)再次出现同样的权威的谴责性的伦理体验，此种体验会进一步导致内心不平静和相应的痛苦(“良知的折磨”)，它们会更尖锐，更恐怖，因为冲动(先前决定行为，现在已被满足)以及因其满足而来的快乐没有了，不再能够“遏制良知的声音”。有时候，已经做的事情、受害人的痛苦等意象深深印刻在记忆中，前述伦理体验的反复出现及其引发的痛苦会折磨犯错者许多年，甚至终其一生。确实，这些表现和活动有时具有极高的强度和韧性，它们引发的痛苦使肌体筋疲力尽、痛不欲生，主体甚至会在绝望中自杀。

鉴于违反义务之后，已经被做的事情能被撤销，后果可被消除(已经被拿走的某物能被归还)，相关伦理体验的反复发作会刺激和唤起反复出现的相关冲动的争斗。此争斗可以在先前胜出的冲动(例如，获益的冲动)的一场新的胜利中结束，或者如果先前胜出的冲动已经被削弱、被击败，此争斗就在“忏悔”中(撤销先前所做的行为)终结。

在违反义务者身边的人心中，相关伦理冲动结合了相关行为 107
的理念，就此而论，个体对义务违反的观念或知识，在那些人的心中也唤起了权威性地谴责违反义务的行为的冲动以及相应的消极情感(不满)。所有这些都反映在有着权威色彩的谴责性言词中，反映在面部表情上等等。通过与此种态度相结合，对违反义务的行为的权威性谴责拓展到违反者的人格上，总体上削减了人们对他的尊重。由于已经做的违反义务的行为可以被纠正，违反者周围的人在心中出现相应的伦理体验后，可以对违反者进行适当告诫，如果他们的私交允许他这样做的话。

与法律体验和道德体验的具体区分相一致，在对违反义务的行为的反应上，也有具体差异。在法律和道德的世界中，对于一般的认知取向（cognitive orientation）而言，此种差异是特别重要的。它们涉及周围的人的内心活动，尤其是那些与义务人相对的人的内心活动，这些人包括法律领域中相关权利的主体或者道德领域中相关行为的收受者。此处，有两个趋向（心理法则）尤其能够代表法律具有的不同于道德的特征。

一、**独立于义务人的意愿来落实权利的渴望**。

由于法律冲动的归属性质，一方必须要做的事情被确认为归属于另一方，被确认为另一方应得的某种东西，不论义务人的良善意志（the good will）是什么以及他做出何种判断，它都应被提供给对方。依此，义务人不得自由决定是否履行义务，如果义务人不想服从义务，对另一方（该方应被提供他应得的东西）来讲，那就是不可容忍、不可接受的肆意妄为。该要求被确认后，权利人便有了要么强迫义务人服从要么使权利独立于义务人被落实的愿望。法律的这个特征以多种形式表现在权利人和其他人的外在行动中，反映在将相关行为标准化的法律的内容中。

108 （一）权利人口头督促、迫使义务人提供其应得的东西，以及以具有权威-律令特征的形式口头或书面通知他们。权利人拥有的是无需乞求的权利，他们要求属于“他们的”东西，对此提出主张。一般意义上的权利，以及权利的特定具体类型，被称为“主张”或“要求”。对此，立法和法律的其他表达形式采用了人们“可以要求……”或“有要求……的权利”（或者拥有消极的“可以禁止……”的权利等）的表述方式，而不说他“对……有权利”或者“有权利获得……”尽管此种表达是非常普遍的，在大多数现代法典中都有体现，但这样的语言扭曲了（或者在所有情形中都未能正确地表达）问题的实质。债权人的权利和债务人的义务的要旨是，债权人享有提供给他应得的东西的权利（这无需任何督促），而不是他有权向债务人提出相关口头督促、后者有义务容忍该种行为。然而，对主要的权利（获得某种东西等）的意识通常被下列意识（辅助的或并行的权利的意识）所补充，即“要求履行的权利”的意识，以及另一方“容忍此种通知的义务”的意识（以及“回应”此要求而非无视它）。

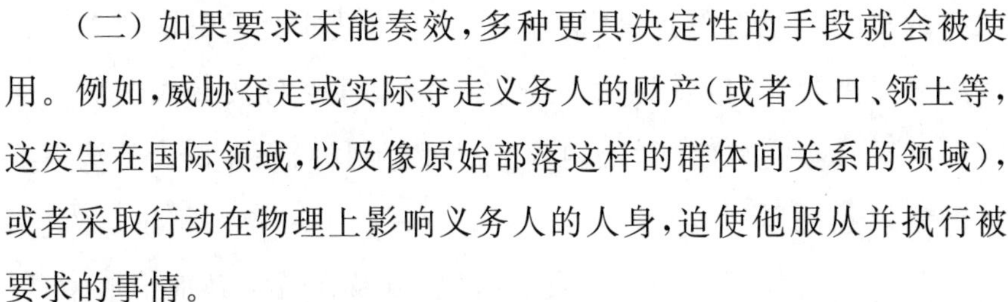

（二）如果要求未能奏效，多种更具决定性的手段就会被使用。例如，威胁夺走或实际夺走义务人的财产（或者人口、领土等，这发生在国际领域，以及像原始部落这样的群体间关系的领域），或者采取行动在物理上影响义务人的人身，迫使他服从并执行被要求的事情。

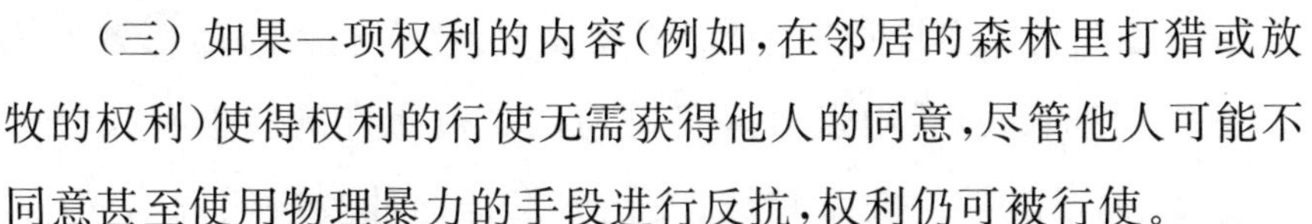

（三）如果一项权利的内容（例如，在邻居的森林里打猎或放牧的权利）使得权利的行使无需获得他人的同意，尽管他人可能不同意甚至使用物理暴力的手段进行反抗，权利仍可被行使。

（四）如果权利人个人的力量不足以实现他的权利，他或许会向他人求助。可能的求助对象有：他身处的社会群体中的伙伴（在部落时代就是他的部落成员，在国际领域就是他的友邦和盟友）、拥有高级权威的机构（在家庭成员和孩子之间的关系中就是部落或家庭权威）、主人的权威，或者国家权威。同时他针对义务人提出诉愿或请求，或者他向义务人提出一个要求（这发生在以义务人的合作为指向的权利之意识的情形中）。

（五）如果这些被求助者依照权利人基于权利的请求提供了帮助，这进一步表明了同样的法律心理的趋向（提供给权利人他应
109 得的东西，而不考虑义务人的良善意志和判断）。在文化发展的较低阶段，在权利的落实途径上，自己来执行法律（通过权利人个人的行动或者他与朋友、亲属等一起做出的行动）扮演重要角色，无需顾忌义务人不愿意满足权利的要求这个因素。在文化发展的较高阶段，国家组织和权威发展起来了，通过自力落实权利的现象逐渐消失了，而被国家权威机关的相关行动取而代之。对于权利人及其盟友被允许从事哪些行为，在初民社会中缺少规制措施，随着法律的标准化程度的提高，法律界定了人们对于实现权利人的权利必须要做什么（以及先后次序）、权利人有权对义务人做什么等等。此种标准化（在法律的内容上）反映了我们正在讨论的法律心理的发展趋向。

甚至在文化发达的社会发展阶段，以及在特定其他情形中，以抵制侵犯权利的企图所需为限（以暴制暴），（权利人自己或者与他有关系的其他人）运用强力落实权利也是被允许的。也有很多生活场域（儿童之间的关系领域、文化欠发达的社会阶段等），其中，通过暴力落实权利的愿望经常事实上被表达在未受规整的、直接的“自助”之中。

有些法律生活领域缺少高级权威，其中没有相应的、凌驾于各

方成员的力量(例如,国家之间的法律主张,新组建的殖民地的成员之间的关系,不论是国际社会还是新建殖民地,其中都还没有明确的组织机构和权威)。在这些生活领域中,如果义务人不愿意满足权利的要求,除了权利人个人或者他与朋友一起采取的适宜的手段以外,一般没有落实权利的手段。

尽管历史具有上述多样性和变动性,相关现象的实质以及它们与法律冲动的归属性质的因果关系总是不变的。不论我们考虑的是,权利人和那些偶然帮助他的人通过未受规整的暴力(或者隐蔽的、其他的)方式来获得他应得的东西,还是考虑受司法规整的、特定国家权威机构的行动,在心理学上解释了每一种情形中的个体力量和社会力量的运作的,都是法律心理的归属特征。

因为道德在本质上是纯粹律令性的,债务人行为选择上的自 110
由在此场域中得到承认,在此处,物理限制和言词刺激(以宣告相关要求或主张的形式)都是非自然的、不适当的。在法律的领域中,与法律的归属特征相对应,权利人关于提供给他欠他的东西(不顾及义务人的态度)的需求与欲望表现为多种形式,这不仅发生在履行期限将至、义务人不愿意履行的时候,也发生在更早的阶段。在债的关系确立时就商定多种方法,来确保欠权利人的东西能够被提供(保证、抵押等),此种做法为法律所独有,是道德所不具备的。

二、**法律的抑制趋向与道德的和平特征**。

与伦理冲动的一般法则相一致,如果对于 A 而言,B 对 A 做出的行动是善的原因(带来增益),B 的行动趋向于在 A 的心中唤起有益性、仁慈性和感激性冲动。如果对于 A 而言,B 对 A 做出的行动是恶的原因（它导致对他人的不利后果，例如，侵犯、侵占），B的行动趋向于在A的心中唤起另一种有着相反特征的冲动（憎恨、怨恨和报复的冲动）。A身边的、在心理上与A连结在一起的那些人也会体验到这些冲动。

在法律上，由于法律的归属性质，义务人的履行行为（即使该行为的内容是提供极为珍贵的物品）不会作为权利人的增益（善、受惠）的原因被体验到，仅作为他没有被剥夺高级权威归属给他的东西（他的收入、他的份额、“他自己的”）而被体验到。义务人如果不履行义务，则被视为剥夺了属于权利人的东西、成为不利（损失）的原因，被视为侵犯、侵占行为。

在道德上，上述两种情形（履行和未履行）都关联着另一种不同的心理状态。既然伦理的此种分支的性质是纯粹律令性的，义务人（履行道德义务）提供某物并不是作为提供给他人其应得的东西（不是作为他人获得“他的”东西）而被体验到，而是被视为对他
111 人的增益（施惠）。未履行也不是作为伤害（不利）的原因被体验到，不被看作侵犯行为。

依照伦理冲动的一般法则，针对义务人履行或未履行义务所产生的反应，在法律和道德上也有不同特征。

在道德上，当他人向我们提供了物质利益或其他服务时，我们会体验到有益性冲动（以及表达相应禀性的趋向，例如，爱、感谢、同情），以及相应的对此冲动的实施（冲动性行动），即表达感谢或者其他的向做好事的人表达好感的行为。当他人的道德义务未被履行的时候，我们也没有“受到损失”或“受到他人侵犯”的意识，自然也谈不上由此种意识所唤起的怨恨或报复的反应了。

在法律上，当义务人履行义务时，并不存在趋向有益性、感谢性反应的根据，但当义务人未履行义务时，会出现怨恨或报复的反应。

依照被构想的恶的严重性并结合其他条件，这些反应有不同强度，从较弱的恼火状态，到较高强度的生气、“暴怒”以及“嗜血渴望”等。它们以多种形式表现在外部行为中，包括口头抗议、表达“不满”、生气、不耐烦（带有相应的表情、语调和手势），或者包括谋杀（报血仇）在内的其他抑制性行动。这些反应可以通过下述方式得到强化：请求他人（朋友、盟友、邻居、亲属等）帮助其报仇，以及相应的与承受痛苦的人相联合的人的行为；求助于一般的、高级权威的代表（在儿童之间的关系情形，求助于父母；在家庭成员或者族群关系情形，求助于家长或族长；在政治领域，求助于国家权威的代表等等），控诉犯错者、要求他受到惩罚。

法律的抑制趋向（如同其督促、强制义务人履行义务的趋向）影响法律的内容，反映在法律对报复和刑罚的规制措施中。随着国家权威和相关组织机构的发展，人们（自己或者与他人一起）以
简易的方式处置犯错者这一做法逐渐被限制，最终被禁止，并被国 112
家的惩罚机制取代。当出现违反法律的情况时，在国家法的规制之外，仍有不那么严厉的憎恨情绪和报复趋向的表现。这包括口头抗议、表达不耐烦、将其孤立，还有像儿童之间存在的那种非正式的法律抑制习俗。更严厉的报复形式（私刑，“自己执行法律”）则被文明社会的法律所禁止，但并非不常见的是，这些禁令事实上归于无效（例如，私刑的情形、即时性地处置偷马贼的情形）。在国际领域，私刑的原则和“自己执行法律”（甚至包括报血仇）现在仍以多种形式流行着。

第十四节　法律的统合趋向

很清楚的是，从本书确立的法律和道德的本质的心理学定义出发，道德规范和义务以及法律规范和义务并不代表任何实际地或客观地存在于主张或否定它们的存在的个体的内心之外的东西，不代表任何与此个体相分离的东西。它们仅仅是那些个体心理状态的反映或投射。存在于，或“无疑地”存在于某些人观念中的义务或规范，在另一些人的观念中可能并不存在(或者有着其他内容)。通过检视作为义务的归属对象的那个人并不能客观地证明义务和规范的存在。义务和规范的存在所依赖的仅仅是那些(构想义务和规范的)个体的意见，而并非客观存在的物质，并且这些意见可能不一致。

在道德上，经常有此种意见差异，它们不是有害的或危险的。作为它的纯粹律令性质的结果，道德心理是一种和平的心理，它既不倾向于运用暴力让他人提供其不愿意提供的东西，也不倾向于对违反义务的他人施以血腥报复，如果那些被他人归属了道德义务的人对此持有不同意见，这既不会导致危险的冲突，也不会产生毁灭性后果。从法律心理着眼，情况就不一样了。由其归属性质所决定，它的特征在于，倾向于通过暴力取得人们应得的东西，当出现违反义务的情形时，倾向于抑制性行动。如果某些人归属给他人以法律义务，归属给自己相应法律权利，但被归属了义务的那些人并不承认此种权利义务的存在(要么一般地否定此种权利义务的存在，要么即便承认此种权利义务，但认为自己与其无关)，基

于此种心理，容易出现危险的纠纷和冲突，可能导致悲剧、暴力和 113
流血事件。

当个体或群体持有的意见和信念出现冲突的时候，摧毁、怨恨和报复（一种危险的“易爆品”）的心理渊源潜藏在法律心理的归属性质之中。毫无疑问，因为人们在彼此权利义务的有无和界限问题上产生的意见分歧，成千上万的人被杀死了，无法计数的人类群体被摧毁和消灭了。

基于社会文化调适（并可依此来解释），与上述意见分歧现象相伴随的是法律在发展和适应上的这样一种趋向，即使得各方的法律意见相统合、一致与协调，法律普遍倾向于确定权利义务在最大可能的程度上得到双方认同的内容，以及（尽可能地）排除或消除分歧。此种趋向（与道德不同）可被简称为统合趋向。它以多种形式、在多个方面表现在法律之中，由此（与前述法律的一般发展和调适活动相伴随）我们有可能确立相应的具体趋向的总体脉络。下面进一步解释其中一些趋向，它们对于把握法律相比于道德的一般特征，以及解释法律生活的现象而言，是最为重要的。

一、**规范的单一模式化趋向**。

为了引导各方意见在具体权利义务上达成一致，或者为已经产生的疑问和分歧发现共同的解决办法（不难为任何一方），首要的条件就是形成和承认统一的一般性规则（单一模式的一般性规范），具体的权利义务能从中演绎出来，已经产生的分歧应依据它来裁断。

实证法是实现此目的的适宜手段。实证法的特征是，它使得关于某人从他人那里应得的东西的意见不再是个人性的（独立的和自主的意见)。它们是他律的意见,被多种客观事实(规范性事实)所界定,例如,我们的父亲和祖父如此行为,某种做法是已经确立的秩序,他人都这么做(习惯法),上级机关如此命令(制定法)。以此为基础,成就了一种规范模式(适用于人群的整齐划一的规范
114 模式),它界定了人们彼此之间的权利义务,并裁断就此产生的疑问和分歧。法律的特征在于,它广泛地趋向于形成和发展一种统合性规范模式,赋予该规范模式以决定性意义,关于权利义务的纠纷可以依此被消除和化解。一个普遍的现象是,现代法学既不了解也不承认任何实证法(习惯法和制定法)以外的法律。道德被界定和描绘得好像它们总是(在本书中所使用的意义上)直觉意义上的,道德和法律的区别被认为是,道德依赖于“内在的信念”,法律则由外部力量所确立,代表着“外在的规范”,该规范独立于个体的信念。

实情并非如此。首先,即使实证法也不是外在的。它代表着内在的、律令-归属性体验,其智识综合体包括了规范性事实的理念,即相应的神或人的命令,我们先祖的相关行动等等。此复合体(而不是存在于外部世界的某种东西)代表了法律的独特性质。其次,需要承认的是,除了实证法以外,还存在着其他类型的法律。正如我们已经展示的,直觉法由并不关联外在权威的律令-归属性体验所构成。再次,道德不仅仅是直觉的,它也可以是实证的。存在着由习惯、先祖的道德观等渊源所证实的习惯性道德,还存在着立法性道德,它的根据是神或人的命令(例如,父母的命令)。如果直觉法和实证道德现象(以及相应的分类)不被了解和承认,那就既不可能有科学的(充分的)法律理论,也不可能有科学的道德理

论。唯一具有科学基础的认知是，实证要素在法律中（基于前述原因）很发达，它在道德中则不够发达，并不具有它在法律中所具有的重要意义。

必须注意的是，实证法的类型和数量要远远多于现代法学所承认的。法律意识的特征是，倾向于一贯的、高度的实证化，以至于可以说它利用所有情形、案例和事实来达到固化明确的和实证的规范模式的目的。

如果缺少适当的、统一的、明确的法律（习惯法或制定法），法律意识便尽力发现或创造其他客观标准和规范模式来确定权利义务，并因此经常将（由私人所搜集的）司法指令集提升到用来解决 115
法律问题的权威性渊源的层次。《东斯拉夫法典》《萨克森明镜》（*Saxon Mirror*）以及德国的其他法律《明镜》《塔木德》（*Talmud*）、成文的决斗法典等等，它们仅仅是由私人搜集的，获得了类似于由立法产生的法典的意义。如果在特殊的环境中（例如，在牌桌上，在大学理事会或学院中，或者在议会中），某些法律问题基于直觉法或其他标准（因为此时没有可用于解决该问题的规范模式）以特殊方式被解决（例如，如果在发牌过程中一张“10”已经曝光了，需要重新发牌），类似情况的反复出现会促成一种实证法模式，法律心理会要求，应遵循相同的问题解决方式，它通过援引先例来论证，在前一个案件中该问题被如此处理，本案“因此”也应当以同样的方式被处理。

二、法律概念在内容和范围上的精确化、确定化趋向。

通过形成统一规范模式而实现的规范统合（以及一般地，法律意见和信念的统合）是重要的，对于将从一般规范中演绎出来的实际的和具体的权利义务予以统一化、一致化,它也是不可或缺的,但仅凭它自身不足以完成这些任务。如果一般规则以及构成它的单个理念和概念在内容和范围上缺少精确性和确定性,便不可能实现一致性,这些理念和概念包括:(一)权利义务的客体、本质、范围等方面的理念;(二)权利义务的行使条件(相关性事实)的理念。如果理念及其表述含糊不清,或者如果它们的意义和范围灵活多变,着眼于法律心理的归属特征,冲突将不可避免。假设这样一条制定法被公布了:"忠实地提供长时间服务的人对被服务者享有要求其提供足够数量的酬金或相应退休金的权利。""长时间""忠实地"等理念在范围上是不确定的,富有弹性。代表法律心理的归属一边的人在解释和适用此规则时,倾向于断定存在一项权利(例如,在服务时间不是特别长,甚至很短的情形,以及服务质量很差
116 的情形),并倾向于扩张他们主张的范围。代表法律心理的律令一边的人则会表现出相反倾向。即便在各方都没有不讲诚信的表现的情况下,此种现象也会发生。从结果上看,这样一条制定法会严重败坏社会道德,雇员和雇主的多种关系将被他们彼此的敌对、争吵、冲突所腐化。律令-归属规则的含义越是不确定、弹性越大,(在其他条件不变的情况下)该规则所导致的冲突的数量就越多,由此而来的损害也就越严重。

不过,此命题与道德无关。道德是纯粹律令性的,因此是和平的,严格和精确的定义对于道德是不必要的,实际上它们反倒会阻碍道德成功地贯彻其社会教育功能。从道德完善的视角看,以下现象是可欲的,即道德原则具有(与个体的能力相匹配的)弹性,有着越来越高的实现程度,容许他人通过例子予以激发和诱导,道德

原则既不会使人自满(不会使人们认为,被要求的东西已经被精确地履行了,不必予以改进),也不会使人们绝望或一般地拒绝履行道德要求(当伦理力量很弱的时候)。道德是一道理想之光,它使得弱者在基本的限制下行走在正确的道路上,它迫使强者不断地进一步完善自身。它并不表述关于有义务去做的事情的精确规定,并不精准地表达什么是(不多也不少)被要求的,而是提供容许最为多样化的(从基本的到最高的)实现程度的指示。

法律和道德在发展趋向和内容的特性上的差异与之前已经确立的内容相一致。法律趋向于内容上的精确化以及理念和概念的范围上的严格性;而在这些方面,道德趋向于灵活性和弹性。

法律的特性在于,寻求精确地界定权利和义务的**客体**,在量上达到数学式的精确程度。很多实证法(包括古罗马法)规定,如果权利人要求多于(尽管只是多一点或者提前一个小时)欠他们的东西(过分请求),这将导致严重的和不利的后果(例如,完全丧失权利)。以完全相同的方式,义务人被禁止(并且以不利后果的惩罚为威胁,例如,加倍履行义务)不适当地否认他人的权利,哪怕只对 117
他人造成很小的损害。这些现象都是用于防止法律上的各方主体产生纠纷和冲突的具体手段,生动地、鲜明地印证了我们关于界定构成法律内容的要素(尤其是客体的界定)的命题。上述刑罚预设了,权利义务的范围能被精确地依照现行法律而界定。

以完全相同的方式,法律表现出一种趋向,预先精确地决定与权利义务相伴随的环境、事实、表现等。与这些相关性事实相关联的是,法律的决疑特征以及它预估所有可能类型的事实组合的特征。

道德至多指出被建议的行为（善待他人、仁慈、帮助有需要的人等）的一般趋向，并不会规定更多的东西，在实际的案件中，关于是否存在义务以及（如果存在的话）义务的履行方式，道德为多样化的个人观点留下很大的自由空间。为所有那些有需要的人提供帮助，哪怕对于那些最为富有的人来讲，也是不可想象的。道德原则仅仅包含一般性指示，在该指示的界限内，帮助他人的条件、特点、程度等内容则依赖于个人的观点，完全未得到界定。

某些道德命令看起来与法律命令很像，因为它们明显预先精确地确定了（有时甚至要求数学式的精确性）义务的存在和客体的先决条件。例如，《新约》中关于不要对抗邪恶的诫命：如果有人打你的右脸，左脸也转过来由他打；如果有人想拿走你的衬衣，你连外衣也要由他拿；如果有人强迫你跑一公里，你就陪他跑两公里。不过，此种表述并不意味着应当依照其字面意思（这在法律领域是适宜的）来理解和履行它们，它们仅仅是用生动的语言表述了一般性行为取向。

道德在内容上的不确定性和弹性表现在这样一些概念中，即德性、道德完善（和天父一样完善）、神圣、性格和行为的道德理想等等。德性所指的是，道德原则的履行层次或程度超出平均水平，
118 完善和圣洁是一种理想，它意味着人们可能达到的最高程度。在法律领域中，要么履行，要么不履行（违反义务），没有履行程度存在的空间。法律义务的客体和条件都是明确的，它的履行基本上没有进一步扩展和延伸的余地。

三、**法律尽力使相关性事实易于被证明。**

为了防止代表法律的归属一边与律令一边的主体之间出现纠

纷和冲突，很重要的事情在于，避免权利义务关联于不能被客观地确证和确立的事实。将不能被证明的事实提升到相关性事实的层次，会使人们对相关权利义务产生疑问和争议。因此，法律趋向于避免此种情况，法律会忽略此种事实，要么简单地将它们排除在法律视野之外，要么代之以其他能够被无争议地确立的事实。某人A被他的母亲M孕育，被他母亲的丈夫H赋予生命，这样一个事实很难确证，但在很多法律领域（继承法、家庭法）中又极为重要，它被法律所忽视，代之以界定合法出生的特殊规则。

除了多种自然事实以外，还有很多心理事实不适于被确证。法律拒绝将心理现象提升到相关性事实的层次的趋向，在多个法律领域中均有表现。然而，为了使问题的实质和现象的因果关联得到正确理解，必须牢记在心的是，问题的关键并不在于区分内在与外在世界，而在于事实能否得到确证。观念是一种自然的（心理学）事实，但它不适于被确证，法律没有将其划归到相关性事实的范围内，而是用替代品将其替换。强烈的应激反应情绪（例如，因为被侮辱而狂怒）是一种心理事实，但它能被确证（凭借争吵或“在激情刺激之下”杀人的情境中的证人），它被刑法提升为相关性事实，依据它可以减轻刑罚。法律的另一个趋向是，使法律上相关的事实在最大可能的程度上具有客观的可信性、无可争辩性。书面文件、公证和证据在法律中扮演的重要角色与法律的归属性质相关联（并被其所解释）。

由于道德的纯粹律令性质，前述趋向和现象与道德完全无关。

特定人群的文化水平越低，下列事项的必要性就越紧迫。这 119
些事项包括，法律在内容上精确地预先确定权利义务的条件，精确界定它们的客体和范围，被提升到相关性事实的层次的事实（的存在或不存在）能够被客观地推证。这是因为，人群的文化水平越低，相关冲突便更为激烈和血腥，他们偏执、虚伪的程度就越大。

四、实际的法律关系和具体的法律关系的统合：法庭的角色。

在绝大多数的实际案件中，法律的形成和调适的前述趋向使得对立各方的法律意见被统合起来，即一方主体归属给另一方的权利或义务与他归属给自己的权利或义务相一致，反之亦然。通过塑造统一的一般法律原则的规范模式，将各方法律意见化约为它们的公约数，精确地界定权利义务的条件与范围，这能够在某些情况下消除当事人之间的法律纠纷，但并非在任何情况下都能如此。在前述各方面，一个法律规定无论被多么出色地调适，以此来协调各方的法律意见，它仍可能会因为关于相关性事实的疑惑和纠纷，以及关于将一般法律原则用于此事实的疑惑和纠纷，而无法实现其预期目的。

除了形成规范的单一实证模式以及使它们的内容与法律心理的归属性与对抗性相匹配以外，具体的权利义务（相应的意见）必须被统合起来，以此来阻止或消除与法律的律令-归属性质相伴随的、有害的和危险的冲突。对于争辩各方来讲，实现此种统合的手段之一是找一个无利害关系的第三方，让他来分析和裁断他们关于他们的义务的争议，即审查系争问题（相关性事实）的状况，陈述他关于一方用来对抗另一方的主张（或者关于各方声称的相互的主张）的意见。此种意见（它必须同样地约束双方当事人）作为第三人（或人群）的法律意见，它用一个单一的裁决拘束了双方当事人，替代了各方当事人的个人的和分殊的法律意见。我们会把此种法律意见的形成过程称为审判，将此种第三方的意见称为法庭判决。顺便插一句，这是法律实证化的一个具体例子，是一种特 120
殊类型的实证法的形成过程。各方当事人通过将法庭的判决作为一种权威性、规范性事实予以援引，为自己归属了明确的权利义务。

从法律的心理学视角来看，前已确立的法庭概念不仅包括由国家法庭（一种特殊的官方制度）进行的案件审查和判决，基于同样的道理，它还包括很多其他的（也与法律的律令-归属性质有着因果关联的）心理学上的类似现象。例如，父亲、母亲、保姆等人物针对儿童之间的争议（它属于我们意义上的法律争议）进行审查和裁断，依此来确定玩具属于谁，糖果怎么分，如何履行他们幼稚的协议；在儿童之中或成人之中，由同伴所组成的法庭负责考察某人的冒犯行为，判决冒犯者道歉；团伙老大针对抢匪之间的争议进行审判和裁断，以确定赃物（或赃物的特定部分）属于谁。

关于诉诸于第三人裁决，以及从属于此种作为实证性、规范性事实的裁决的必要性的意识，是法律心理在多个领域中普遍存在的表现形式，这是一种对法律心理的律令-归属性质的心理学上的自然补充，例示了法律的一般性的统合趋向。

法律科学发现，法律这个现象和法庭连在一起。这表现在相应理念在公众和法学家的心中牢固地结合在一起，以至于“法庭”这个词、这个理念唤起了“法律”之类的理念。确凿的是，这并不是一个新奇的命题。然而，“法庭”这个现象与法律的特殊性质的因果关联的本质在欧陆法学中仍未被确定，在缺少适宜的“法律”概念的前提下它无法被科学地解释。一般来讲，关于法庭的科学的、充分的理论（法庭这一现象，绝非仅仅具有法学家称之为法律的现象领域的那种特征），仅仅在被当作律令-归属性体验而构想和研究的法律的基础上，才能够被获得。

第十五节　法律的社会功能：分配功能

121　与区分法律和道德的特殊属性相伴随的是区分伦理的这两个分支在社会生活中的功能。我们之前已经说过它们在行为动机上的差异。法律，与其律令-归属性质相一致，具有双边动机性行动的特征，即除了被动伦理动机（义务的意识），法律中还有主动伦理动机（被授权或被赋予的意识），由此而来的结果是，个体的行为以及群体的行为得到相应的协调。相比于纯粹律令性动机，被动法律动机（由于相关冲动的归属力量，由于呈现为我们义务客体的东西被归属给另一方的意识）对行为施加了一种更具决定性和稳定性的影响力，它成为一种被极为规律地遵守的一般性规则。更进一步，法律的“资产”不仅包括用来落实法律的刺激-执行动机，也包括：一、为“应得的东西”而奋斗的趋向，此“应得”独立于义务人的判断和意愿（通过使用包括暴力在内的多种手段，要求、索取以及强迫义务人服从）；二、针对违法者的一般性的报复性和抑制性反应的趋向。它们为义务人施加了额外的动机性压力，避免其违反法律的要求。一般来讲，这两类影响了双方当事人的行为、持续落实法律要求的趋向，为前述行为的社会性协调赋予了一种特别稳固和稳定的特征，该特征被法律的统合趋向进一步强化，特别是

被得到广泛接受的规范的实证模式（一致地适用于共同体成员）以及对疑惑和纠纷进行控制的重要性所强化；它还被权利义务的适用条件的精确的、预先确定的特征所强化，被这些权利义务的内容和范围的准确界定所强化。

法律心理的前述发展趋向导致了一种被法律唤起的、稳定和
协调的行为系统（一种被严格地和精确地界定的秩序），个体和群
体应该（以及能够）遵守它，在从事经济之类的计划和事业以及在
组织一般意义上的生活时，人们可以依赖它，依据它进行推算。在
社会公众和法学家心中，“法律”与“秩序”这两个理念总是连结在
一起，“法律与秩序”这个表述很普遍地被用来替换“法律”这个词。
前面所讨论过的东西阐述了此种连结的原因，并解释了，在社会生
活的组织化与标准化问题上，一般意义上的法律伦理的独特（不同 122
于纯粹律令性伦理的）能力与功能。

道德并不会带来行为的协调，这不仅因为它的动机是单边的，而且因为它相对不稳定、不可靠。道德在发挥作用时的特点是，不同个体关于它的性质、趋向和履行程度有很大意见分歧。它不会（依其本性它也不能）创造一种确定的“秩序”，确立一个被精确地预先确定和协调了的社会行为体系，或者提供一个稳固的基础，人们据此可以预见和调适行为，可以构思经济之类的计划和考量。道德唤起了具有下述特征的个人行为以及性格的改善，即它们有时是高度理想化的和杰出的，能够驱使和刺激他人做类似的事情，由此，道德使得人们的社会行为变得更好、更平和。然而，凭借其纯粹律令性质以及其他与其相伴生的典型属性，它无法提供那些社会生活普遍地、绝对地要求的东西，即行为稳固的标准化（以及

社会教育的稳定与持续）。

法律所带来的社会行为精确、确定的标准化与协作，表现在法律具有的使其区别于道德的社会功能上。对于社会生活来讲，其中有两个功能最为重要，分别是分配功能与组织功能。

赋予分离的个体和群体以社会利益的功能（**该功能依赖于社会成员彼此之间的行为**），对应于法律心理的归属功能。在国内（以及国际）经济领域，当在个体之间和群体之间分配肥沃的土地、其他生产资料以及消费品（一般意义上的经济利益）时，法律的这个功能都有明显表现。

法律进行的此种分配的基本类型和主要根据（以及一般意义上的经济和社会生活的基本依据）是财产制度：个体财产制（所谓的私有经济或“资本主义”社会秩序立基其上）或者集体财产制（原始的或集体主义社会秩序立基其上）。

财产是什么？相关社会分配怎样解释？当生产资料和其他经济利益被分配、被用来确保个体或群体的利益时，凭借的是何种力量？在何种场合下需要“确保”他们的利益？我们对财产现象如此熟悉，它通常不会引发任何问题。不动产和多种其他客体就好像
123 通过某种无形的纽带被用来确保特定个体的利益，这被人们天真地认为没有任何难解之处。它既没有唤起人们的好奇心，人们认为也不需要对其进行因果说明。

这也是现代法学的态度，尽管它必须对财产法有特别的关切（关心财产的定义，诸如此类）。正如在法学的其他领域，天真-投射的视角在此处是支配性的，在一般的意义上，该种视角不了解相关的真实现象或因果链条，甚至都没有粗略地看一眼。从此种（投

射)视角出发来界定财产本质的企图从来没有成功过,并且它像其他最为重要和基本的法学问题一样,仍然充满争议。

许多法学家,特别是那些其研究范围囿于民法的法学家,未能把握法律科学的更为一般的问题,将财产视为一种人与物之间的直接(“无形的”)纽带,个体对物的权力(完全地、排他性地支配物)被视为此种纽带的本质。法律能够创造“人与物之间的直接纽带”的方式,以及这些被想象的“纽带”的本质,仍是不确定的。关于个体对物的支配(通常被认为体现了财产法的本质),必须注意的是,即使当“物”不再处于主人的支配之下,而是出现了相反的情况(就像动物园园主在他的熊或老虎的爪下),财产法也绝不考虑该情况,它也没有因此被违反。

“流行的财产理论不让人满意”这个意识最近促使人们试图重新定义财产的本质。一些法学家认为,财产的本质在于针对侵占某物的禁止(“法律秩序”的禁令、国家的禁令等等),特别是针对(除了财产所有人之外的)所有人员不得侵占某物的禁令。该理论(它不像前一段所说的那种理论)认为,财产是一种针对他人的(不是针对物的)关系,该种关系存在于财产所有人与其他所有人员之间,所以财产不是对物的权力,而是对所有其他人员的权力。但是,该理论也不让人满意。一个反对意见是,它有一个奇怪的逻辑推论,即如果任何人制造或(在商店里)购买了一根针或其他物品,其他所有存活于世的人都会因此与购买者处于一种特殊的关系之中,此时出现了针对他们的禁令。一些法学家认为,禁令仅仅针对那些打算侵占他人物品的人,不是针对所有人员。但是,如果没有 124
人想要侵占他人物品,又该如何解释呢?如果接受该观点,那么在

此种情况中，因为没有禁令，似乎完全没有财产这回事。

即使将这些难题放在一边，假设人们相信，针对所有人员或某些人的禁令确实出现了，但该理论仍不能实现其目的。不得侵占某物的禁令(除了一个人以外被发布给所有人员)如何能够成为那个人被授予的处分权、使用权(以及其他类似权利)的渊源，这是完全不可理解的。如果我们禁止所有人员进入一块土地或者禁止所有人员进入森林的某个区域(在那里有鹿或野牛)，但这些动物并不因此成为森林特定区域的所有人的所有物，对于企图依照发布给特定人的禁令来解释财产的企图来讲，这更是如此。

财产的科学理论的起点必定是，财产不是一种外在的、客观世界中的现象。财产既不是人与物之间的纽带，也不是被任何人发布给任何人的禁令的总和。它是一种心理上的冲动-智识现象。它仅仅存在于这样的人的心中，这个人归属给自己或他人以财产权。归属给他人以财产权的人认为，他自己(以及其他人)必须容忍他人针对该物形成的任何关系(他人对它施加的任何影响，对它的任何使用或滥用)，(在未得到他人许可的前提下)他自己不得对该物做出任何行动。关于这些义务的意识以一种律令-归属方式被体验到，财产所有人使用物以及免于干涉的自由，作为财产所有人应得的或欠他的东西而被体验到。某人归属给自己针对某项地产或其他客体的财产权，认为他人必须容忍他依其喜好对该财产进行的任何经济处置，不得予以干预(不得“介入”)。他体验到这些心理活动过程的归属力量，任何他偏爱的财产处置(以及他独自一人免于他人干涉)是他应得的，或者说是他人欠他的，他人必须服从。

相应的律令-归属性体验的冲动力量对那些归属给他们自己和他人以财产权的人的行为构成一种压力，塑造了个体和群体的行为，如果此冲动力量不起作用，这些行为就不会（也不能）存在于社会生活之中。特别是（就财产所有人而言）关于某人的（排他性处置）权利的意识权威性地认可一种相应的对物的关系，以及对物 125
附近的人的关系，这引发了前述动机，在实际的社会生活中，特别明显地塑造了具有财产所有人特征的行为。

在归属给他人以财产权的人的心中，关于他们负有的不得侵占他人之物的义务、必须容忍他人对其物的任何处置的律令-归属意识（此种意识也可以这样来理解，即与前述行为不同的行为会侵犯他人的权利，会剥夺他人被权威性地归属给他的东西，以及他应得的、欠他的东西），在实际社会生活中特别明显地引发了此种动机，唤起了此种行为，它普遍存在于共同体之中，这是一种一般性的关于他人的物的社会关系，以及与它们的所有人的关系（不尊重这些关系只是偶然的、稀少的情况，只出现在少数主体身上：伦理意识不发达或堕落者、盗贼、强盗等）。此种双边的协调性动机以及相关行为缔造了一种社会性活动，经由此种社会性活动，地产、生产资料等物看起来凭借某种的“无形纽带”被用来确保他人的利益（正如它们实际的情况）。

在人与物之间存在特殊纽带的理念（以及与此相应的反映了天真的、不切实际的思辨的理论）并不仅仅源自于理念的联合（此联合基于刚刚指出的那种现象而形成），直接被归属体验所唤起的其他心理活动过程也是其成因。法律冲动的归属性质导致人们将“被拥有”“被归属”“属于特定主体”这些性质投射到多种客体上，

并且因为这些冲动，存在着义务的投射（存在于某些人身上，但属于他人）、权利的投射（属于他们），以及“属于”这个性质的投射（存在于义务和权利上）。义务人被要求做的事情，貌似被权威性地归属给（属于）他人。如果该事项是支付特定款项或者提供其他客体，那么“属于”这个性质也就（基于归属性冲动）被投射到该款项或这些客体上。权利人收受“他们自己的”东西，在履行双方债务时，双方都保留“他们的”东西（对方当事人应该给予他们的东西）。将“属于”这个性质投射到不同客体上的趋向表现得很自然、很强劲，特别是持久地存在于这样一些领域中，其中权利（绝对或相对被保障）的作用范围不限于对抗特定的另一方当事人（相对被保障的权利），其作用范围是无限的，可以对抗其他所有人（绝对被保障

126 的权利）。这解释了为什么一个物被顽固地、持续地认为具有“属于”权利主体这个特点，以及为什么“财产”这个词也被这样使用。一个物所具有的、“属于”它的“主人”这个特征是一种幻象的冲动性投射，精确地讲，这类似于，在冲动的作用下，“开胃”“诱人”“厌恶”“可爱”“丑陋”之类的性质被归属给外在世界的客体和现象。该做法无视相关现象的性质，执迷于天真-投射的视角，致使人们高度确信，在人与物之间存在某种纽带（即使它是“无形的”）。

先前所述展示了，财产并不是一种真实的现象，它不是在空间的某个地方，以（人与物之间、人与人之间的）纽带的形式等待人们发现。它存在于财产所有人的心中，存在于将财产权归属给某人的他人的心中。为了将天真的、不切实际的思辨替换为对真实现象的真正科学的研究和认知，在相关方法（自我观察的方法，以简单的或实验的观察的形式进行的、内外观察相结合的方法）的帮助

下，必须在心理学上研究这些现象。对儿童进行实验，研究他们与财产相关的心理，此心理形成的时间与程度，相关法律冲动的强度，诸如此类，这构成了未来法律的心理学研究的重要的、值得关注的任务之一，前述一般的、简要的考察远没有穷尽它的内涵。

此种研究没有排除从投射视角出发界定财产的可能性（以及对于实践法学的技术目的来讲它的有用性），只要此研究不是从一种天真-投射的视角出发，而是把财产当作某些人负有的、用来确保他人利益的义务，对其进行有意识的、批判性的研究。此种义务的主体是“每一个”人，不论他或许是谁，“每个人”（就是相应的代词所指称的那个东西，被那些使用相关表述的人构想的东西）并不意指地球上的亿万人类。在语法上分析这个句子，“每个人都最了解他自己喜欢什么”（或者在逻辑上分析相应的判断），如果认为主语是散布在整个星球上的无数人民，那无疑是天真的，法学家认为，在财产法上存在无数的义务主体和禁令的适用对象（在绝对权的情形中，义务的主体是每个人，不论他或许是谁），这也同样源自 127
于一个基本的误解。关于义务自身（财产权自身），我们在这里考察一种复杂的义务（一种复杂的权利），它是由两个要素构成的一种组合，以下予以讨论。

一、财产的第一个构成要素是，（“每一个人”负有的）忍耐或容忍财产所有人对物做出的任何类型行为的法律义务（财产所有人对物做出任何他喜好的行为的法律权力）。此义务的客体是容忍财产所有人想要施加于物的任何类型的行为，财产所有人的权利的客体是施加于物的任何行为（他所做出的任何处置），有必要

说明的是，依照特定时空的法律，有些行为或许构成例外。为了弄清楚财产所有人的权利不是一种针对被特别地界定和列举的行动的权利，而是针对所有行动（除了刚才说过的那种例外）的权利（这些行动极为多样，无法计数），财产所有人的权利可以被称为针对某物采取行动的“一般”权利，他人的义务是一种容忍财产所有人对物的行动的“一般”义务（“一般”并不意味着绝对的一般，它承认个别例外的可能性）。

二、财产的第二个构成要素是，每个人都负担的这样一种“一般”义务，它被用来确保财产所有人的利益，禁止他人侵犯其财产，即财产所有人免于侵犯的“一般”权利。此处，该义务的客体是不得对他人财产采取任何行动（正如我们在解释不得做出行动的“一般”义务时说过的，除了个别例外），然而，权利的客体是免于任何类型的外来行动（除了那些个别例外）。

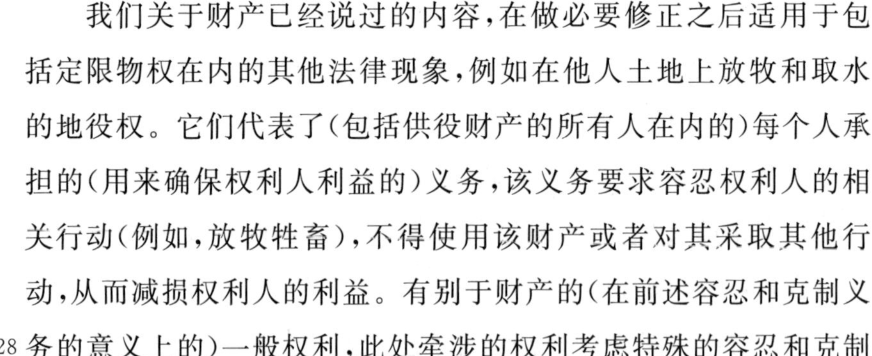

我们关于财产已经说过的内容，在做必要修正之后适用于包括定限物权在内的其他法律现象，例如在他人土地上放牧和取水的地役权。它们代表了（包括供役财产的所有人在内的）每个人承担的（用来确保权利人利益的）义务，该义务要求容忍权利人的相关行动（例如，放牧牲畜），不得使用该财产或者对其采取其他行动，从而减损权利人的利益。有别于财产的（在前述容忍和克制义
128 务的意义上的）一般权利，此处牵涉的权利考虑特殊的容忍和克制义务，即容忍权利人的特定行为。同样的道理也适用于多种垄断权，它们由他人负有的（用来确保法律资产的主体的利益）、在特定行动方面（例如，生产和销售特定商品）不得与权利人相竞争的义务所构成。与这些权利义务相对应的真实现象由相应的、具有归

属性的冲动-智识活动过程所构成，此活动过程发生在将此种权利义务归属给他们自己或者他人的那个人的心中，由此协调了人们的行为。然而，垄断自身、地役权之类的权利，以及它们具有的“属于特定人”的特征，都是冲动性幻象（投射）。不论在人与人之间，还是在人与物之间，都不存在真实的纽带。

除了分配经济利益以外，律令-归属心理还使得公民被赋予了多种精神利益（人格神圣不可侵犯、名誉）和公民自由（言论自由、出版自由、良知自由、集会自由、结社自由等等）。

相比之下，道德因为它纯粹律令的伦理属性，并不赋予人们任何东西，它既不确保任何利益，也不创造任何“属于”这样的特征。它仅仅课与义务，义务的履行被认为独立于义务人的良善意志和裁量。它是人类心理的重要构成要素，对社会生活是必要的，在个体生活中是有价值的。但是，社会性地赋予人们以各种共同体生活的利益（物质利益、多种精神利益和自由等等）是一种需要法律来贯彻的功能，并且只能被法律贯彻。

第十六节　法律的社会功能：组织功能

在被律令-归属心理赋予各类主体的客体中，包含“权威”这种客体，赋予个人以权威是每一种（包括国家组织在内的）社会组织的基础。社会权威的性质，尤其是国家权威的性质，在现代政治科学中引起争论。主流意见认为，国家权威作为（被视为一种独特的人格的）国家的单一意志拥有人们无法抗拒的强制性力量。某些 129
人将国家权威界定为个体统治者的意志，此个体统治者拥有可以任意使用的强制力，有的人则简单将国家权威界定为强力。就他们诉诸于单一意志的存在而言，这些学说有天真-投射（部分地是天真-不切实际）的特点，就他们考虑力量和约束而言，他们是天真-现实的。他们既没有解释也没触及真实的现象。

与一般的社会权威类似，国家权威既不是意志，也不是强力。在一般意义上，它不是任何真实的事物。它是一种冲动性投射，是一种冲动性幻象，它指的是一种归属给特定人的特殊类型的权利。为了便利起见，我们从已知的属于投射视角的东西开始我们的分析，可以说，我们正在讨论的法律关系，由某些人执行他人（那些被赋予权力的人）的特定命令（或者一般来说所有命令）以及容忍他人的特定行动（或者一般来说所有行动）的义务所构成。具有此种内容的义务作为权利被用来确保他人的利益，此种权利的内容有：要求他人服从，针对主体实施相关行动（施加肉体惩罚、指责之类）的法律权力。为了界定国家权威的本质，我们需要区分多种不同类型和种类的法律关系，首先要做的事情是，区分一般权威与特殊权威。

一、一般权威作为一种法律关系，它的构成要素包括：（一）一般的服从义务。服从另一方发布的所有命令，不论其内容是什么，或者除了个别例外，服从所有命令。（二）一般的容忍他人行动的义务。容忍支配者的所有行动（包括可能导致身体损害甚至死亡的肉体惩罚），或者除了特定例外（死刑之类），容忍所有行动。一般权威要么是无限的，要么因特定例外而是有限的。

二、特殊权威被限定在特定行为领域，它对应的是特殊（某些人的）义务和（他人的）权利。依此，学术团体、立法机关、会议的主席的权威是特殊权威，它们仅仅涉及这样的行动和安排，即它们仅仅关乎服从处理特定问题的适当秩序（例如，并不涉及团体成员的私人家庭生活）。大学、学校、教会或军队中上级对下级的权威也是特殊权威。

权威还可以被区分为另外两种类型：一、辅助性或社会性权 130
威；二、支配性权威。

一、**辅助性或社会性权威关联于这样一种法律义务，它关切民众的福利或者特定社会群体**（家庭、宗族、部落等）**的一般福利**。这些权威将依照此种义务被落实，它是履行这些义务的手段。

二、**支配性权威被支配者或主人为了他的个人目的和（物质的或其他类型的）利益而享有**。此种权威通常与相关主体提供服务的义务相关联，义务人为主人提供所有类型的服务（一般服务义务）或者提供特定类型的服务（特殊服务义务）。

就第一类权威而言，权威主体扮演一种对其他主体或社会群体（在此社会群体中，他被赋予权威，以此使得他可以贯彻一般福利）的从属或辅助角色。就第二类权威而言，情况正相反，权威主体是目的，从属于权威的人是手段，后者扮演着一种从属或辅助角色。第二种权威包括主人对奴隶的权威、地主对农奴的权威、主人对仆人的权威、雇主对他雇佣的工人和销售员的权威。

当代法学认为，奴隶制的实质是，奴隶是如同动物一样的物，并非法律关系的主体。这是一种错误的观点。奴隶（特别地）是对他们的主人负有的一般的容忍和服从义务（也负有其他的特定义务：服务、尽责、忠诚）的主体。主人是支配性权威的主体，他能够为了任何个人目的而行使相关权利，例如，为了他的经济利益或者让自己和客人开心。在文化发展水平较低的社会阶段，主人的权威性权利是无限的，甚至包括生杀予夺的权利，但是后来限制出现了，主人实施死刑的权利被废除了。

支配性权威类似于主人对仆人的权威或者店主对职员的权威，它不是一般权威，而是特殊权威。

辅助性权威包括监护人对被监护人的权威，护士、保姆、学校教员、育婴堂对被托付给他们照顾的人的权威。监护人或教员的权威性权利的存在目的是，他可以照料被监护人或被教育的人，他
131 的权利具有相应的内容，如果监护人或教员为了其个人利益来行使命令或管理被监护人的人身和财产的权利，这被法律所禁止。

家庭权威（父亲的权威、母亲的权威、丈夫的权威）具有为了特定社会群体及其一般福利而存在这个辅助性特征。现代法学不了解家庭权威的性质，父亲的权威通常被界定为他对婚生子女的权威，以及对其他具有同等地位的孩子（养子等）的权威，丈夫的权威的界定与此类似。然而，此种定义既没有澄清也没有准确地触及事物的任何实质内容。如果法学想要拥有作为权利的具体类型的、得到精确界定的权威的一般概念，那么它的定义本该至少指明，与有待解释和界定的这个概念最接近的事物类别，其本该仅仅具有这样一个缺陷（然而从逻辑的角度看，这一种极为严重的缺陷），即它们没有指明此“种”的区别性属性（种差）。然而，在现代法学中没有这样的概念，从科学的角度看，“权威”“支配”这样的语词在现代法学文献中是不确定的、流变的，不论在范围上还是在内容上都是如此。

在各色人等的权威（被法律心理归属给他们的权威）的基础

上，真实的现象是法律性的冲动-智识体验：一、它表现为某些人的律令-归属意识，在其中，他们应得到他人（奴隶、仆人、儿童、家族中的小辈、臣民等等）的服从，他人应容忍其以祈使语气做出的指示以及他施加的其他影响、训诫和其他惩罚等等。二、它表现为他人的律令意识，依此意识，他们必须服从他们的主人、父母或族长，忍受（无怨言地忍受）来自于后者的祈使性指示和他们施加的其他影响，这些被视为具有高等约束力的行动，被视为某种授予给主人、父母等有着高等权威的人的东西。

这些冲动唤起了相应的得到协调的（个体和群体的）行动，即一些人发布命令、引导公共事务、惩罚违法者，另一些人无怨言地容忍这些行动，无疑义地贯彻前者的指示。当下位者不愿意服从的时候，强迫反抗者服从、惩罚不服从行为等趋向（法律的特征），132
出现在归属给他们自己以权威（要求他人遵从的权利等）的那些人的心中，以及出现在那些在心理学意义上与他们连结在一起的他人的心中。就存在着从属于此权威的他人（其他家庭成员、奴隶、仆人等）而言，这些人的权力被君主、族长、家长、国王之类的主体所掌控，独立于（或者替代了）他们自己的权力，权威者以此来制服反抗者和不愿意服从的臣民的反抗活动。把“要求自己遵从并执行其命令”的权利归属给特定人（即使这个人是个骗子或者虚弱的老人）的人越多，支配者、权威的享有者所拥有的集体力量就越大，他的命令也就越有力度。

为了澄清社会组织以及相应的个体和群体行为的本质，特别是国家的本质，需要将下述内容铭记在心。在家庭中，尤其是在由多个家庭组成的、由族长控制的部落群体中，更别说在国家组织

中，通常不止有一个权力，而是有多个权力，或许存在着许多权力以及被赋予权力的主体，对臣民下达命令的权利被归属给两个、三个或更多的人。在家庭中，孩子被归属了遵从下列主体的义务：一，保姆、管家等；二，母亲；三，父亲；四，甚至还包括生活在家庭中的哥哥、阿姨和祖母。

在部落群体中，除了这些家庭权威，还有部落权威，例如，族长的权威。在军事领域，对士兵行使权威的权利属于一系列（这个系列有时非常长）人，例如，多种低阶军官、上校、将军、总司令、君主。

如果拥有权威的那些人发布了不同的（或许彼此矛盾的）命令，要求人们都予以执行，那么赋予不止一个主体对臣属者行使权威的权利这一做法，依照法律的归属性质和对抗性质，会在一定程度上导致激烈的（甚至可能流血的）冲突。典型的情况是，法律意识趋向于调整相关的冲突和实际的体验（服从义务的意识与要求他人遵从的权利），在个案中（特别是当多个上位者的命令发生矛盾时），实际的服从义务被确认为仅仅指向发布命令的那些人中的
133 一个人，而不是两个或更多的人。以完全相同的方式，发布这些命令的那些人的法律意识通常清除了这样一种理念，即他人的实质上不同的命令同时得到人们遵守。这样一来，冲突就被消除了。

某些权力主体的权力（在家庭、部落或国家中）一般具有优先发布命令的权利的特点。也就是说，相应的法律信念和法律意见具有这样的内容，某些人下命令的权利依赖于他人没有下达不同的命令，如果多个命令出现冲突，只有后者的命令具有约束力。依此，我们可以区分两类权威：一、优先性权威；二、从属性权威。相比于其他家庭成员对孩子的权威，父母对孩子的权威是优先性权威。丈夫对妻子的权威(当此权威来自于法律时)优先于妻子的父母对她的权威。

在许多领域中,对同一个臣属者的多个权威被分配给不同主体,他们中一部分人不仅被归属了针对他人的高级权威,还被归属了针对其他权威主体的权威,以及被归属了这样的主张,即这些从属于他们的权威主体应妥当照顾托付给他们的臣属者的利益,或者妥当照管托付给他们的事务。例如,父母和保姆对孩子的权威之间的关系,工厂主和工头对工人的权威之间的关系,君主和首相的权威与从属于他们的权威的权威的关系,直接从属于君主或总司令的权威的权威与从属于这些从属性权威的权威之间的关系。此种权威之间的关系可以被称为等级式权威关系,其中需要把等级式从属性权威(低级权威)与等级式支配性权威(高级权威)区分开。如果在一般社会权威之上不再有更高的层级(该权威主体就一般福利做决断时,仅需要考虑臣属者或者特定社会群体,而无需顾及任何高级权威主体),它可以被称为**最高社会权威**。

通过一个最高社会权威而得到统合的人类社会可以被称为独立的社会群体。这些社会群体不仅通过相应的律令-归属意识,也通过彼此团结以及忠于群体的义务的意识,被统合、凝聚到一起。此群体的任何一个成员(即使是群体首脑或其他最高权威主体)串通敌人损害群体的利益,都被视为最为严重的罪行(叛变)。所有 134
外人都被归属了这样的义务,他们需要容忍该群体的最高权威的实施活动,完全不得干预群体的内部事务,不得侵害该群体或者它的成员。

基于律令-归属信念以及相应的得到协调的行为,人类被分为不同团体。如其实际的样貌，它们是孤立的、紧密凝聚的单一团体。权威的等级分配以发布一般指令的最高权威为首，由一系列等级式从属性权威执行这些指令，这唤起了关于具有单一导控权力的复杂机制的理念，或者“具有单一意志”的、配有一套贯彻此意志的“器官”的复杂有机体的理念。我们实际上拥有的则是一种特殊的复合体，它由冲动-智识体验以及被律令-归属冲动唤起和维持的个体和群体行为所构成。

对于科学地研究社会组织这个现象而言(此研究了解真实的事实和因果关系)，尤其是对于创立一门真正科学的政治科学而言，从理念的连结着手进行推理是不够的，相关的冲动-智识活动过程以及它们的因果属性必须通过经验观察方法(简单的或实验的自我观察以及内外观察相结合的方法)而被检验。

当人们考虑被具有前述内容的律令-归属信念所凝聚和组织起来的独立社会群体的时候，构造充分的科学的理论(以及建构一种真正科学的政治科学)的规则，要求我们仔细区分社会群体的两个亚类或亚种。一、特定独立社会群体由被亲属纽带(也被前述法律信念)所统合的人构成(也一直如此被构成)，该纽带表现为相应的具有财产性质(以食物、继承等为内容的权利义务)的法律关系(彼此权利义务的意识)以及具有人身性质的法律关系。这包括狭义的家庭群体(它是人数相对较少的、被父母的权威和婚姻所统合的人的群体)以及部落群体(它处于首领、族长或者元老会议的权威之下，由众多相关联的家庭所构成)，这些群体先于国家组织而形成，具有独立群体的特点，不从属于任何别的权威。二、其他独
135 立社会群体是不具有血缘关系的人的联合，他们没有被归属亲属

法律关系,我们将这样的群体称为国家。

这两类群体的心理学背景和社会结构的差异很大,因此构建一种特殊的充分理论来补充社会组织的一般理论,既是可能的也是适宜的。

流行观点认为,拥有确定的疆域是国家的本质要素。传统上人们认为,国家包含三个要素:疆域、人口和权威。必须特别强调的是,从心理学理论的视角看,具有任何重要意义的既不是确定的疆域也不是定居的人口,国家组织由前述类型的冲动-智识现象加上相应得到协调的行为所构成。甚至是游牧社会群体或者之前定居但后来在国王的领导下迁入其他疆域的群体,也都属于"国家"范畴,如果它们具备前述其他属性的话。

国家中最高权力属于(也就是说被投射给,被国家的法律心理归属给)多种"存在"。在神权国家中,它属于神,在此种国家中,政府事实上被神甫或者特定神的其他代理人所管理,他们是等级式从属性权威主体。在世俗国家中,它属于特定人(例如,君主)或者集体机构(例如,最高会议或者议会)。

在国家中,除了最高权威以外,还有等级式从属于它的一系列权威,它们彼此关联,部分作为等级式从属权威,部分作为非等级式从属的、优先性的权威(请比较司法权威和行政权威的关系,以及具有不同管辖权的法庭之间的关系)。

在现代政治科学中流行的观点是,国家的权威只有一个,它总是属于作为具体的人的国家。君主、首相等主体被认为仅仅是单一权威的"器官"(仅仅是国家具有的单一强力的"意志"的"器官"),他们自己的意志对公民或者对彼此都没有权威。规整单一权力的多种“器官”的关系的法律规范被认为是客观的法律规范，它没有赋予任何人以任何权利。这些命题与前面讨论的学说完全矛盾，即关于属于神、君主等主体的至高权威的学说，关于属于其他多种人的一系列其他权威（下命令的权利等）的学说，这些权威
136 相互之间存在着权威性权利与臣属的义务，这就如同最高主体与从属性权威主体之间的那种情况。

此种基本的、引人注目的不和谐之所以能够存在，其根源在于，现代政治科学和一般意义上的法学在这样一些事项上犯了错，即与它们已经建构的理论相对应的真实现象被发现的场域和性质，以及获得它们的真正的、真实的知识的科学方法。由此带来的结果是，它们不切实际地阐释了并不存在的事物，不了解什么是实际存在的东西，未能研究与心理现象相关的领域中的事实。

如果相关的真实现象得到研究（如果内省地分析了相关律令-归属性体验以及相应权利的投射），就无法想象，这样的理论居然否认被国家中的一系列人所拥有的无数权威性权利。

通过研究启动国家机器（唤起、指引相应的被协调的行为，即口头的和书面的律令被某些人发布，被他人执行等等）的真实律令-归属心理，很容易就可以展示，关于国家的法律心理毫无疑问地将权威性权利（它们在内容上并不一致）赋予国家中的一系列人，不仅包括君主、大臣、州长之类的主体，甚至还包括区、市或乡村的警察，以完全相同的方式，这些人归属给他们自己相应的权利，在他们的权利的相应意识的影响下而行动，无法容忍他人不服从（与他们的权利相对应的）他们的命令。这同一批人归属给他们自己服从他们的上级（这些人作为上级拥有相应的权威，在等级序列里处

于更高位置)的义务(例如,警察对区所长、法院执行官、警察局长、州长之类主体的服从义务),依照他人对其发布命令的权利的意识而行动。

政治科学专业的学生坚定地信赖他们熟悉的公式,认为它们是不可改变的真理。对于上面说过的内容,他们或许反驳道,这是大众心理的实际状态,它之所以如此,因为大众是天真的、未受教育的,他们不熟悉宪法科学,不了解相应的权利仅仅属于作为具体主体的、有着单一意志的国家这一事实。然而,真正天真的是这样一种想法,即认为法律和权利存在于某种独立于人的心灵的场域中,认为无需把握它们的智识的、情感的内容,无需了解相关投射 137
活动过程、相应冲动的动机性行动,就能够科学地分析它们。

第十七节　国家与法律的关系:官方法的概念

国家权威是社会-辅助性权威,它不是像现代的政治科学家们错误地理解的那样,是一种依靠强力、能够做它喜欢的事情的“意志”。它是一种一般权利,被特定人自己和其他人归属给特定人,该特定人依据它下达命令、调整国民的行动,依此来执行照管一般福利的义务。

国家权威(相关权利义务的主体)为一般福利提供的最重要服务是服务于法律,尤其是(很明显地),就公民的权利与一般的法律而言,它是辅助性权威。国家组织作为一种法律意义上的律令-归属心理的现象,它通常依照稳定、安全地落实法律规范体系的归属功能的需要而运作，该法律规范体系赋予个体和群体以特定人身利益和物质利益。

由于法律心理的归属性质，它的特点是趋向于满足相对于义务人的一方的需求（如果有必要便使用强力来实现此目的），当法律被违反的时候，则趋向于实施报应。因此高级权威便有了存在的必要性，它拥有的控制力量足以满足权利主体的需求，并最终惩罚违法者。通过社会-辅助性权威的法律心理的运作，这样的强力被创造出来，被用来服务于法律。那些从属性权威的法律心理的动机性行动，使得此权威主体可能运用相应的集体力量。它们有权利（并且依照它们负有的社会服务义务）利用此种强力来捍卫法律、对抗不正义。国家共同体的成员（公民）被授予这样的权利，即让那些有权威的人运用法律赋予他们的权威来保卫公民的权利、抵制不正义。被用来提供服务的集体力量站在法律这一边，反对违法者，这极为有力地确保了法律的归属功能会被正确地、坚定不
138 移地落实，国家权威的此种执行法律的功能同时包括了惩罚违法者的权利和义务。

法律的归属性质使得下述事项成为必要：法庭的存在；法律事务被无偏私地审查，相关权利义务被权威性地确立。此种要求由国家权威来满足，它以一种高度发达的、适宜的形式来满足此要求。它为公民提供的（正如它必须要做的）不仅是捍卫他们的权利的力量，还有被法律所规整和标准化了的“依照法律的正义”，即无偏私地调查、权威地裁决相关问题。这并不要求双方当事人都赞成进行司法审查，只要一方提出要求就足够了。在法庭中，最高权威主体（国君或者被赋予相应的特殊权利义务的特殊的人或机构）

审查完事实问题之后，随之而来的是（为了执行）约束当事人或者压制当事人（例如，惩罚违法者）。

这反过来进一步促使人们正确地、坚定不移地落实法律的归属功能。以下两种义务结合在一起，一种是依照法律公正对待公民的义务，另一种是国家权威保卫公民的义务，国家履行此义务使他们免受他人（罔顾先前被确立的规矩而实施）的任意限制和压制，使他们避免来自于那些会自己去执行法律的（之前受到伤害的）人的伤害等等。公民们享有免受其他公民的暴力的权利。那些可以适用于他们的限制和压制，只能在有法律规定的情况下，（通常）只有在相关问题经过司法审查之后，由那些代表国家权威的适格人员来实施。

从社会和平和秩序的角度看，极为重要和有价值的是，确保每一个公民都有一个由人身不受侵犯、自由和其他法律保障的权利所构成的领域。它的有益后果不仅被追求和平的、不想违反法律的公民所享有，也被罪犯所享有。罪犯被惩罚的仅仅是法律所规定的具体行为，并且此惩罚需要依照法庭在经过无偏颇的案件调查之后所发布的命令。在此种惩罚之外，他们免受其他暴力。与此同时，他们其他的没有被法律规定的惩罚所影响的权利得到权威的保护。如果由被害人、他们的朋友或者黑社会来处理这个罪犯，则是不恰当、不合适的。

最后，权威组织也有助于更好地满足以下需求，即形成一致 139
的、得到精确界定的法律模式，以及落实（如前所述）关联于法律的归属性质的统合趋向。此需求的满足以及一般意义上法律的进步被国家权威的立法功能所推动，它创造了实证的法律标准（对于相关领域和问题而言，之前尚不存在这样的标准），界定了实证法的适用领域和适用方法。

国家权威关于法律所具有的前述辅助性或服务性功能和义务，没有（也不能）延伸到公民的法律心理所存在和运作的所有领域。动用法庭和执行权威的机制意味着在某种程度上大量耗费社会资源，它不适于处理不具有社会重要性或者不要求官方干预的细微法律问题。在法律心理运作的特定领域中（私密生活、人们彼此享有的多种基于爱的权利义务等），权威的代表所采取的官方干涉和粗暴的限制手段是不适当的、不被许可的。当科学的、艺术的以及其他口头和书面批评（以及一般来说颂扬他人的功绩、性格和行为）被法律心理所规整的时候（法律心理阐述了此时谁应得到什么），并未严重冒犯他人名誉的行为构不成诽谤，可由人们自由做出，官方的规制或者其他官方干涉是不被许可的。

随着国家权威和组织的形成，国家中的法律出现进一步分化，由此法律可被分为两种类型：一、被国家权威的代表依照它们服务于社会的义务所适用和维持的法律；二、在国家中并不具有此种意义的法律。我们将前一类法律称之为官方法，后一类法律则被称为非官方法。

前已表明，官方法并不仅仅是在国家中享有特殊地位的法，它同时也更适于满足法律的归属性质的要求。在这种意义上，它是一种比非官方法更高级的法。

在国家之间的法律关系（“国际法”）的领域（国际法界定了作为独立的社会组织的国家彼此之间的权利义务），并不存在法律的上述两种类型的区分，不存在具有至高优越地位的官方法。在此领域中，不存在超越国家的权威，不存在各国共同的立法权（此种立法权能够发布法律约束它们，依照重要性和文化特征等标准来 140
区分相关法律，以及界定何种法律在何种情形中具有决定意义）。此处也没有执行性权威（此权威能够赋予法律以至高力量来对抗不正义，阻止国家行使诉诸于暴力的权利，阻止它自己执行法律，通过流血战争来裁断纠纷等等）。由此，国际法缺少前面指出的官方法所具有的重大优越性，它是一种低于官方法的法律。

第十八节　法学的本质和社会功能

法律的归属性质使得这样的事项具有社会必要性，即不考虑个人多样化的主观法律观点，确立一种一致地适用于所有人的法律规范。这些规范的内容必须被尽可能精确地界定，这些规范自己必须有助于实现统合法律关系这个目标。一类特殊的人（学术性的法学家）致力于实现这些目标，他们科学的、实践的活动被称为法学。

法学是非常古老的学科，甚至在科学（理论）知识和研究出现和发展之前的文化发展阶段，它就伴随着法律生活而存在和发展。当现代学者思考法学的起源及其出现时间的时候，他们会想到古罗马法学。然而实际上，法学在更早的时期便已经存在和繁荣发展了，例如，古代东方国家（亚述和埃及）以及立基于兼具宗教性和惯例性法律的古希伯来。

目前，法学在欧洲科学中占据一个特别的、优越的地位，它是一种明显过度生长的知识门类，不论在一般意义上与科学的进化相比较，还是在特殊意义上相比于道德科学，情况都是如此。大学中有专门院系致力于完善法律知识，然而它们通常没有道德科学的教授职位。从科学的角度看，此种异常情况应该被校正。然而，从法律的特殊性质的角度来看，作为一个历史现象，法律科学和道德科学在地位上的此种差异，以及一种特殊的科学和学术性职业在法律领域中普遍较早地得到广泛发展，是要求得到科学说明的独特现象。

141 更明显的以及更强烈地需要得到说明的是法学的智识劳动的独特性质、方法和取向，尽管学术性法学家们自己（他们的注意力被他们的思考习惯所麻痹）通常并没有发现什么东西是异常的或需要说明的。

因果性地说明这些现象，以及更一般地因果性地说明法学的性质、社会功能、内容以及研究方法，它自身的具体分类，以及它与道德科学的区别，必须从法律特殊的律令-归属性质，以及与其相伴随的“统合”这个社会需要和趋向入手。即充分地发展这样一种妥当的法律命题（legal propositions），它独立于多样性的个体意见，对所有人一体适用，最大程度上精确地界定理念和概念的内容和范围。如我们已经看到的，与此种必要性相对应，明确的法律习俗形成了，法律普遍实证化了。对于满足同样的需求以及与法律的归属性质相伴随的社会需求而言，官方法是更高的、更加完整和完善的形式。

然而，实证法作为先于国家的权威和组织的形成而存在的法律（现在它仅仅存在于国际领域），即便与官方法相连结（通过扩充立法），也无法满足下述需求：法律关系在这样一种完满的形式中被统合起来，即所有可能的法律问题都被精确、确定地预见到和预先决定了，进入法律命题结构中的理念和概念具有如此精确界定的边界，以至于排除了所有关于它们在无限多样的案件和实际生活中的适用范围的疑问。大量问题无法被直接预见到，它们会激发争论，这总是无法避免的事情。制定法总是包含很多借用自日常语言的语词，它们对应于没有被精确界定内容的理念。模糊、矛盾和其他（会引起争论、冲突、恣意行动的）缺陷，弱者、依附者必然屈从于他们所依赖的那些人的分殊的意见，以及其他附属于未得到充分统合的法律关系的社会邪恶，这些都是不可避免的。法学因此是一种智识活动过程和技术，被用于引导实证的（尤其是官方的）法在统合的方向上发展。作为这样一种特殊的活动过程和技术，它的本质和意义在于塑造关于实证法的法律意见，来产出一套体系化的命题，这套命题会（以一种比法律自身更完整和完善的形 142
式）满足统合法律关系的需求，使得它们具有客观的明确性和无可争辩性。

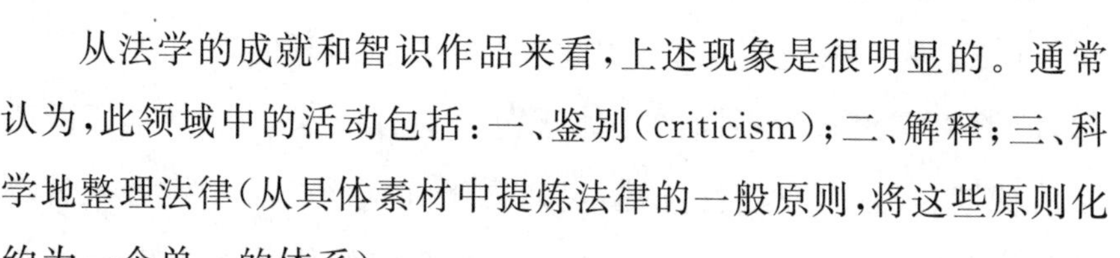

从法学的成就和智识作品来看，上述现象是很明显的。通常认为，此领域中的活动包括：一、鉴别（criticism）；二、解释；三、科学地整理法律（从具体素材中提炼法律的一般原则，将这些原则化约为一个单一的体系）。

一、法律科学中的“鉴别”通常意味着确定通过立法产生的规范的真正文本这一活动。法律的心理学理论在原则上将法律规范与立法表述以及其他规范性事实区分开来，从法律的心理学理论的角度看，“鉴别”（无可辩驳、不容置疑地）被用来确认实证法的规范性事实的存在和内容，此规范性事实是客观的材料和模式，被用来提炼关于法律问题的实证的、他律的决定。

“鉴别”的主要目标之一是统合规范性事实。实证法的发展自身致力于在最大程度上统合规范性事实。具体的立法，特别是晚近的立法，想要预测人们关于“何种规范性事实在何种情况下具有决定性意义”所可能产生的疑惑，并确立这方面的决断规则。法学的功能是填补相关漏洞，发现那些在制定法中未被解决的问题的解决办法（在一般意义上，扩充和完善那些实证-官方法的相应统合趋向已经引发的东西）。

二、法学作品的另一个着眼点是“解释”，“解释”的目的通常被界定为说明法律规范的意义。为了有意识地保持一种对解释的科学态度，反思法学著述关于解释通常所阐述的内容，以下考量必须被铭记在心。

（一）现代法学未能区分法律规范和立法性表述（规范性事实），因此试图把实际上是规范性事实的东西（包括立法性表述）当作法律规范来解释。

（二）从一种规范性事实中，不论凭其自身还是与其他因素一起，能够演绎出多种不同的法律规范。这样一来，基于“盗窃者应
143 受某种刑罚”这个立法性陈述，可以做下述演绎：其一，所有人员都不得侵犯财产所有人，财产所有人对于相应的他人的不作为享有权利。其二，已经从事盗窃行为的人必须容忍相关刑罚，拥有惩罚权威的主体有施加刑罚的权利。其三，法官对国家负有判处窃贼相应刑罚的义务。其四，公诉人有义务指控盗窃者，使其受到惩罚。其五，警察必须进行侦查、逮捕窃贼。

（三）法学家称之为“解释”的东西不仅包括了“阐明表达在立

法性法律制定活动(legislative enactment)中的思想"意义上的解释,也包括了无法计数的其他智识活动过程,它们被用来形成特殊的法律判断或者(从投射的视角来看)规范,以此来满足统合规范和法律关系的需要,即尽可能完整地构造一套单一的法律概念体系,精确地界定相关概念的内容和范围。至少,这代表了传统法学作品以及它们过去使用的撰写方法(或习惯)的一般趋向。

三、法学的活动过程或者活动领域通常被称为狭义的法律科学研究,它使得法律的内容变为一个科学的体系。此处,需要区分两种法学研究活动。

(一)一般化:基于法律的特殊概念和命题,创造更为抽象、更为一般的概念和命题,并将它们纳入一个体系性秩序。

(二)从这些抽象的概念和命题中演绎出额外的命题,凭借它们为多种既没有直接被制定法规定,也没有被规范性事实一般地预先决定的多种问题提供答案。

所有这些过程(创造更高的、更一般的概念和命题的逻辑运作,以及演绎出具体的、特殊的命题和结论的逻辑运作)都意味着统合,它们被用于科学地、权威地预先决定可能的疑问和分歧,消除任意性。

四、如果对于任何问题,这些基于(规范的)实证模式、制定法或者其他规范性事实的法学运算都未能提供客观的答案,统合的最后手段是运用所谓的类比。类比("通过类比的解释",尽管它不是解释)是对那些没有被制定法或者其他规范性事实所预见到,并 144
且不可能通过法学累积的一般法律原则得到解决的法律问题所做的解答,解答方式是适用涵射了在性质上最接近待决案件的案件的制定法或者一般原则。类比是法学的意涵以及法律的一般统合趋向的最典型特征之一，它标示了一种独立于多样化的个人意见来发现客观的决定的渴望。

总体而论，以上所述不仅代表了法学（法学家对法律的塑造）的“理论”的一般命题，也代表了实证法在实践中适用于实际发生的个案的一般命题（这里所说的“实践”，具体来讲，就是法庭中的实践、行政法庭的实践以及国际法的实践）。“理论”的主要关怀并不是具体当事人的具体权利义务，而是一般范畴（为未来不确定的、无法计数的具体问题做出或准备做出决定），“实践”处理的是具体案件和具体当事人，仅仅在对于解决个别问题不可缺少的意义上，它才会考虑探究更为一般的问题。在科学已经决定了相关更为一般的问题的意义上，“实践”的任务更为轻松和简单，它不过是将实际案件涵射于相关一般命题之下，以此演绎性地推论出所需的具体决定。

然而，如果认为法学的社会意义不过是使实践工作更为便利和简单，这将是一个严重的错误。在法学中还有一些别的无法估量的、更重要和有价值的东西。在关于以下权利义务的具体法律问题领域中，即私人之间的财产权利义务、私人与财政部之间的财产权利义务，或者其他多种对立双方之间的权利义务（权威的代表或执行机关与个体公民之间的权利义务），具有一定重要性的经济、政治以及其他利益有时受到影响，当出现怀疑和纷争的时候，具有一定严重性的冲突（国际领域中的战争）为人们带来威胁。在各方地位不对等（例如，弱国与强国的关系，公民等主体和权威之间的关系，工人、仆人等主体与雇主、主人的关系）的情况中，在出现分歧的时候，其中一方的主体必须屈服。由于此时弱者的利益为了满足强者的利益而被压制，此结果是一种社会性的恶。就相关问题进入法庭或者有待权威决定而言，相关利益可以对权威的 145
决定施加压力和影响，此时有可能出现不同观点。在这样的案件中，法学领域中的著述可以阻止和清除这些社会性的恶。法学通过权威性的、科学的、无偏颇的、客观的作品（它无关个体或者它们的经济、政治或其他利益和愿望）所形成的法律命题体系，将多样的个人意见和冲突、偏颇的解释以及践踏弱者利益的肆意行动的范围最大程度地予以限缩。这是教义法学（dogmatic jurisprudence）的崇高使命，也是其正当性所在。

在道德性（纯粹律令）伦理的领域中，社会生活不需要法学在法律领域中所完成的这种工作。一般来讲，道德并不需要统合，不需要精确地、一致地确立起来的规范模式。依此，道德科学的出现相对晚近（主要受到哲学思想觉醒的影响），具有一种完全不同于法学的特征。它甚至在某种程度上表现出与法学直接对立的趋向。例如，与法律科学趋向于精确地确立理念的范围不同，道德有着相反的趋向（归属给术语以不确定的、有时甚至是极富弹性的意义）。谋杀、通奸、盗窃之类的术语，它们在日常语言中表示相对确定的类型的现象（在法学作品中，它们有着绝对精确的、更为狭窄的意义），但在道德学家那里表现得极富弹性。例如，一个人如果为其仆人提供恶劣的食宿或者不在乎他们的健康，那他便是一个杀人犯；甚至让他人发脾气、抚育儿童不当也是如此（精神谋杀）；思想或外貌足以构成通奸；一个人不论使用任何手段，只要牺牲邻人的利益获得好处，他就是一个抢劫犯。为了避免规范冲突，道德学家并没有采取划分规范适用领域的方式，而是扩张具体规范的含义，由此使得多种规范的运作领域被混在一起，并在相当程度上彼此协调。

法学中概念的范围被精确地固定下来，法学因此类似于数学。它的思考遵循严格的演绎逻辑方法，它的命题能够被结论性地证明。然而相比于其他科学，道德科学有着最为不精确的、含糊的特征，与数学和法学形成鲜明的对比。

146 第十九节　法学意义上的法律的本质

我们已经构造的法律的类别以及类别概念是被用来认知和解释真实的现象，并不是用来定义法学家们惯常称之为法律的东西。然而，通过把这同一种类别概念与在逻辑上和因果上与其紧密相关的理论相连结，以及与此类别的进一步分类（直觉法和实证法；官方法和非官方法）相连结，我们就能够确定，当该术语被法学家用在“法学意义上的法律”这样的表述中时，法律指的是什么。当法学家寻找他们的法概念的定义时，他们已经尝试并仍在试图解决这个问题（但未获成功）。[①]

为了解决这个问题，以及同时为了解释法学术语的独特性质，我们必须区分不同的法律领域。一、国际关系。此处，统合性的法律模式是相关实证法（主要在国际法律惯例和条约中被发现）。与法学的一般社会功能相一致，法学塑造此种（实证的）法律，用来拓

① 参见第一节。

展和完善此种统合，但仅仅在相关规范性事实中被发现的法律命题体系才被法学承认为有约束力的国际法体系（简称“国际法”）。任何在内容上不同于实证命题以及总体上不是基于相关规范性事实的个人意见，都被国际法科学认为缺少法学意义、与法律（也就是说，通过它的科学研究所形成的法律模式）不相干，因而予以忽略或拒绝。如果任何国家因为与它自己的法律（直觉法）信念相悖，而不愿意承认和遵守国际法所确立的规则，法学家会说，国际关系的这个参与者的观点，以及它拒绝承认该规则的做法，与国际法相矛盾，没有法学意义。二、**内国法**（Intra-state Law）。前已述及，我们的意义上的实证法分为两种类型：（一）实证法，以及（二）官方法，官方法在冲突的情形中具有决定性意义，总体而论具有超过其他法律的多种好处（特别是它展现了法律体系的一种更高程度的统合以及客观的确定性）。此处，与法学的性质和社会功能相一致，法学被用于统合官方法。只有被法学所塑造的法律体系才被法学家、立法者、法官或其他国家权力的代表承认为法律。他们 147
拒绝这样一种理念，即义务和法律意义要么系于公民持有的（我们意义上的）直觉法观点，要么系于那些依赖于习惯的（我们意义上的）实证法命题，这些习惯流行于具体的社会领域，但是与单一的、官方的规范模式无关。这样看来，不论是国家的法官，还是有学问的法学家，都不会把下述“权利义务”视为权利义务：体育领域中的权利（包括获胜者得到他赢得的东西的权利）；当与更年轻的人同席的时候，贵宾坐在桌子上首的权利；基于舞蹈的习惯，女士和舞伴彼此享有的权利；依照允诺，年幼的孩子把一定数量的坚果作为他已经收到的玩具的报酬给予另一个同龄孩子的义务（我们所说

的意义上的法律)。对于上述这些例子,法官、检察官以及法学家会一致认为,“未成年人的契约没有法律意义,并不引发权利和义务”,餐桌上的位置安排,游戏、舞蹈之类的规则与法律全不相干,所有这些都是与法律无关的领域,只是一种非义务性的社会习惯、民俗、社交礼仪等。依此,法学家所使用的术语意义上的法律指的是**国家中的官方实证法、未经限定的实证国际法**。

如现代法律科学所做的那样,从规范的概念开始思考,我们可以说,法学家所说的法律规范是**实证的**律令-归属性**规范**(**它们在国际领域是未经限定的,在内国领域它们具有官方属性**)。

澄清法学意义上的法律的性质,对于法学、对于国家中的以及国际法领域中的法律实践,是重要的和有价值的。这能够避免这样一种奇怪的异常现象,即现代法学和法律实践不了解他们所考虑的东西的性质,不了解他们的研究和活动的领域的边界(以及与邻近领域的关系),不了解判断某事情是否属于此领域的标准,由此而来的结果是,他们不能有意识地、可靠地解决源自于具体案件的相关问题。将特定现象称为法律、将其他现象称为非法律的传统和习惯,远非可靠的指引,当涉及国际法或国内法的问题时,情况更是如此。对于这些问题还没有形成稳固的术语使用习惯,这类似于在法律的新兴现象和问题领域中会出现的情形。

缺少更高的概念这一事实为我们正在考虑的这个学科带来灾
148 难性后果,即它所有其他的概念(绝对的和相对的从属性概念)都包含一个未知的、不可靠的“量”(quantity)。我们在文中已经确立的概念能够使法学克服此缺陷以及与该缺陷相伴生的其他缺点。国际法的科学与实践,以及内国法的科学与实践,能够把我们正在树立的两个不同的亚类和两个不同的法的一般理论的从属性概念挑选出来，分别作为它们的最高的和核心的类别以及类别概念。具体来讲，因为国际法是一种关于未经限定的实证法的相应分支的科学，内国法的法学是一种官方(不仅仅是实证的)法的科学。所以，对于前者，最高的概念和科学地构造所有进一步概念的基础是(我们的意义上的)实证法这个类别概念，对于后者，则是官方实证法这个概念。

第二十节　法学意义上的法律与法律的科学理论

前述关于法学意义上的法律的性质的命题特别地关联于教义法学和相应实践。教义法学是一种实践性学科，它依照存在于特定时间的国际实证法以及特定国家的官方法，研究和确定义务性行为，必须仔细地将其与理论科学相区分。法律理论研究每一种法律所共有的一般性质以及具体属性和趋向，不论它们在何时何地被遵守，这种法律科学作为一种特殊类型的心理现象，它与实际的和具体的内容、地点、时间都无关。

现代学者在构筑此种科学时，选择法学意义上的法律作为他们的研究对象，这是不科学的(尽管他们没有界定他们用来建构其理论的东西)，即使此种法律的性质被澄清了，情况也是如此。或者说，如果法学意义上的法律的性质被澄清了，我们就会清楚地看到，相关现象群不适于用来建构任何科学理论。

前文已经展示了，[①]为了构筑一种科学理论、获得关于现象的
149 妥当知识、树立对现象的适宜的因果说明，我们需要阐明充分理论立基其上的类别。也就是说，阐明这样一种命题，其中被断言的东西（以其为基础）对于一种完全的类别、而不是仅仅对它的某些部分（在这些情形中，此理论“跳脱”了）而言是真实的，同时具体地对于给定类别而言、而不是对于任何更为一般的类别（在此情形中，此理论“瘸腿”了）而言是真实的。

法学意义上的法律（法学家通常用法律一词所指称的那些现象，即实证国际法加上官方的实证国内法）不仅是一种不适于用来构筑充分理论的类别，它甚至在一般意义上也构不成一种类别（也就是说，在其内部的东西是同质的，不同于其外的所有东西）。它是一种异质的、兼容并蓄（eclectic）的现象群，是一个更宽广类别（一般的律令-归属性体验意义上的法律）中的多种要素的总和。已经被证明的是，在他们的专业术语中，专家们易于将性质上并不相似的异质现象群统合在一个一般术语之下，因为在他们特殊的实践领域中，这些现象趋向于唤起相同行为。此种依循专业实践的语词用法引出了一种法概念，它对应于专业法学家持有的法概念。凭借它不可能构筑关于相关兼容并蓄的现象群的科学理论，正如不可能依照厨师的语词用法构筑关于“绿叶菜”“蔬菜”“野味”等现象的科学理论。实际上，概括构成法学意义上的法律的所有要素的特征的每一样东西，不可避免地同时也概括了很多与此现象群中的东西同质但又不存在于其中的东西的特征。就未经限定

① 参见第四节。

的实证法是一个国际关系领域中的事务而言，它被包括在此现象群中，而当考虑到其他类别和领域的关系的时候，它又位于此现象群之外。在这些“其他领域”中，法学家不再愿意将“法律”这个名称给予那些并不享有官方承认和保护的东西，尽管他们在国际关系领域将其称为法律。由此而来的结果是，所有关于所有法学意义上的法律的真实（免受“跳脱”之恶的折磨）理论命题必不可免地承受“瘸腿”之恶，因为它们没有指涉一个适当的和充分的类别，而是仅仅指涉它的一部分（这类似于“老年人需要食物”这样的命题）。

因此，“法学意义上的法律”（国际实证法和官方法）的共同要素是它们的律令-归属性质，以及那些逻辑上或因果上与该性质相关联的东西。“法学法”的这两个构成部分的共同之处是，它们都具有实证性这个特征（依托客观的规范性事实以及与规范性事实相关联的东西）。但是，相关命题，特别是指涉法学意义上的法律 150
的命题，必定是“瘸腿”的理论，它们是误导性的表达，仅仅涵盖了它们本应指涉的东西的一部分。实际上，它们代表的并不是任何法学意义上的法律专有的东西，而是关于更为广阔的现象群（我们的意义上的所有法律或者所有实证法）的真理。

前面对作为律令-归属性体验的法律的理论所做的阐释已经显示了，只有法律的归属性质特别地概括了人类伦理的这个分支的特征，对于认知和说明相关现象、断定它们的因果关系以及一般地构造科学的和充分的理论而言，与此性质相应的类别概念是一种有益的基础。然而，如果它们被特别地用于指涉法学意义上的法律，所有（过去、现在和将来的）相关命题都将是不科学的和畸形

(“瘸腿”)的理论。如果它们被用于指涉我们的意义上的所有实证法，它们的特征将不再那么荒诞不经，但是这也会导致它们严重恶化，这是因为，它们有着更为广阔的适用空间(以及相应的更大的科学价值)，它们在现实中不仅关联于实证法，也关联于直觉法，并且即使它们特别地关联于实证法(一个比法学意义上的法律更广阔的现象领域)，它们仍会是畸形(“瘸腿”)的理论。

该具体属性不同于那些存在于兼容并蓄的“法学意义上的法律”的边界之外的属性，它是官方法的独特属性，相应的命题因此而免于“瘸腿”的缺陷，但是(当它被用来指涉法学意义上的法律时)会不可避免地被另一个“跳脱”的科学缺陷所困扰。这是因为，“权威的官方承认以及与其相关联的东西”仅仅概括了一部分法学意义上的法律的特征，它没有概括国际法的特征。

故此，现代法律理论家既不了解也不怀疑他们惯常称之为法的现象群的真正性质，认为所有别的东西(风俗、道德、宗教等)都不是法。当力图建构一种法学意义上的法律的理论时，他们发现他们自己处在一个可悲的境地，即为了躲避使他们的命题“瘸腿”的斯库拉(Scylla)海妖，他们必不可免地要忍受卡律布狄斯(Charybdis)这个大怪兽带来的苦痛(这是一个使他们的命题“跳脱”的缺陷)。反之亦然。我们可以**先验地**(a priori)断定(无需专门去检验法学家关于他们的意义上的法律迄今已经成功地发现和
151 确立的东西)，他们已经做的所有事情都是徒劳的，他们的理论即使不是彻底错误的，他们的理论(以及所有可能的同类理论)也必定被两个科学缺陷之一所困扰。它们要么“瘸腿”，要么“跳脱”。

当代的法学事实上主要是官方法的法学，它基于研究和适用

官方法而形成并从中得到滋养。在绝大多数法学家的工作和理念中，国际法即使没有被遮蔽，没有被全然视而不见，也没有扮演重要角色。依此，他们关于法律、法律规范、义务、权利等概念的通行理念和意见，对应的是官方法的性质。国家和权威的标准化的理念，司法和行政权的有组织的防卫的理念，有组织的限制的理念等等，与法律的理念坚定地连接在一起。因此，在他们的意见和理念中，典型的和主要的缺陷就是"跳脱"缺陷。如果我们考虑到，国际法具有的不同性质以及被错误地归属给一般意义上的法律的前述属性，在法律的某些情形中并不存在，那么此种法学的所有相关命题都会崩解。

在构筑法律的科学理论时，首要的、基础性的任务是构造相应的概念，即法律的概念。"寻找他们的法概念的定义"的法学家在法律理论领域中坚守他们的术语，把相应的问题理解为，寻找法律这个东西（也就是说，他们习惯上称之为法律的东西）的一般的、区分性的属性。但实际上没有、也不可能有这样的属性。所以完全自然的是，现代法学的法概念的定义呈现的是一种仍在被寻找中的客体，尽管大量的劳力和才智已经被花费在它上面了。

我们关于"瘸腿"和"跳脱"的斯库拉和卡律布狄斯已经说过的东西，适用于所有可以想象的界定法学意义上的法律的企图（也就是说，为相关的兼容并蓄的现象群的客体寻找一般的、区分性的属性）：一、在国内的生活领域中，有助于将法律与法学家意义上的非法律相区分的定义（符合作为不同于实证法的官方法的特征的定义）必不可免地受到"跳脱"缺陷的困扰，因为它们并不符合国际法的性质，在国际法中既没有高级权威，也不具备官方法的"被权威

实施”这个特征。二、符合国际法的性质的定义(那将是未经限定
152 的实证法的定义)必不可免地被“瘸腿”缺陷所困扰,相应的属性也是很多与法学意义上的法律无关的东西的特征,这使得该定义不可能把法律与国内法律生活领域中的法学意义上的非法律区分开。

第四章　法律规范 153

第二十一节　法律的要素

关于复杂客体或现象的性质的知识预设了它们的内容的知识，即它们的构成要素的知识。依此，当界定作为包括了法律和道德的一般类别的伦理现象的性质时，我们指出了这些现象的一般要素：一、伦理冲动；二、理念，它包括（一）义务的客体的理念，（二）义务的主体的理念，（三）相关性事实的理念，（四）规范性事实的理念。那么当通过把伦理现象分为两种类型来构造道德和法律的概念时，我们指出了对这两个类别的体验在要素上的具体差异，以及法律和道德在冲动和智识内容上的具体差异。一、法律和道德的基本区别体现在相应的冲动的区别，道德冲动具有纯粹律令性特征，法律冲动则具有律令-归属性特征。二、与法律和道德的区分相对应的智识内容上的差异。当考虑法律心理的时候，它的智识内容更为复杂，具有双重特征，与义务的主体的理念一道，存在着权利的主体的理念，与义务的客体的理念一起，还有权利的客体的理念。

目前（不论在法律科学还是道德科学中）缺少关于伦理现象的一般要素以及道德现象和法律现象各自的特殊要素的理论。只要

人们完全缺少关于下述事项的知识，即关于作为一种特殊类型的心理现象的冲动的存在的知识，关于它们的属性的知识，以及关于它们可以被发现和理解的方法的知识，这样的理论就不可能出现。

然而，在法律科学中有某种东西在一定程度上契合于、类似于法律要素的学说，即“客观意义上的法律”的学说（它关涉法律规范以及它们的要素，即假定和处理）以及“主观意义上的法律”的学说（它关涉法律关系以及它们的要素，即权利与义务、权利义务的主体和客体）。

154 我们的学说与流行的学说的主要差别是，文中已提出的关于法律现象的学说触及法律现象的真实要素，流行的学说则开始于一种投射的观点，所以它认为有待发现的法律现象的要素弥散在体验到法律现象的人以外的世界的空间中，而不是存在于它们实际上所存在的地方，即存在于体验到法律现象以及相应投射的人的意识中。

然而，关于道德的要素，还没有任何类型的成熟的理论，所以在此方面，道德科学落后于法学。此种现象的形成与这样的事实有关，即与法律的律令-归属性质以及与其紧密相关的统合趋向相一致，法学倾向于进行清楚和精确的区分和界定，也因此倾向于把复杂实体分解为被清楚地区分和界定的要素。此种倾向对于道德学家是陌生的，并且既然理念的无限弹性在道德中是适当的，那么理念和判断上的模糊和无限制的宽泛便是习以为常的、典型的。

第二十二节　法律规范的本质与功能

客观意义上的法律(客观法)通常被界定为法律规范的整体或总和。规整特定类型关系的法律规范的总和被称为法律制度(例如,婚姻制度、财产制度、家长权制度)。关于一个广泛的关系领域的制度的整体,包含了特定国家的全部(官方)法律或者(实证的)国际法的制度的整体被称为相应法律的体系(例如,民法体系,刑法体系,俄罗斯法律体系,国际法律体系)。

在一般的行为规则[例如,技术规则、卫生规则、投机规则、权宜规则(rules of expediency)]的意义上,"规范"这个概念和表述不仅仅存在于法律科学和道德科学中,在多种科学中都可以被发现。人们通常认为,所有行为规则都是权宜规则,依此作为行为规则的规范的定义有时被这样来扩充,即指明它们受某种目的的制约或者追求某种明确的目标。

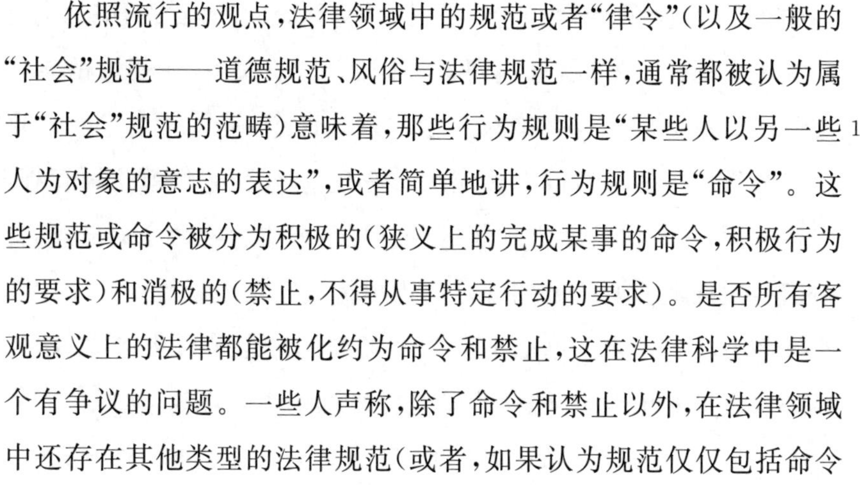

依照流行的观点,法律领域中的规范或者"律令"(以及一般的"社会"规范——道德规范、风俗与法律规范一样,通常都被认为属于"社会"规范的范畴)意味着,那些行为规则是"某些人以另一些 155
人为对象的意志的表达",或者简单地讲,行为规则是"命令"。这些规范或命令被分为积极的(狭义上的完成某事的命令,积极行为的要求)和消极的(禁止,不得从事特定行动的要求)。是否所有客观意义上的法律都能被化约为命令和禁止,这在法律科学中是一个有争议的问题。一些人声称,除了命令和禁止以外,在法律领域中还存在其他类型的法律规范(或者,如果认为规范仅仅包括命令

和禁止的话，还存在其他类型的法律命题)，还有否定性的(negative)、定义性的(解释性的)以及许可性的规范。

法律规范的现有学说依赖于严重的误解，此误解主要源自于人们未能将规范和实证法的规范性事实区分开。精确地讲，因为规范性事实被混同于规范，在现代法律科学中没有规范性事实这个概念。在被制定的实证法中，事实上存在着多种命令、禁止以及上面说过的其他此类表达，但是这些都不是法律规范。它们仅仅是规范性事实，通过它们，人的相应法律意见以及相关的投射(包括规范)得以被界定，它们是后者的指涉对象。

法学家很容易就可以知道，这些事实与规范在根本上不同，它们是完全异质的现象，即使他们既不了解直觉法(总体上在直觉法中，既没有权威发布的命令，也没有任何类型的规范性事实)，也不了解多种其他类型的实证法(在这些实证法中，构成规范性事实的不是命令之类的东西，而是与命令完全不同的事实)。一方面，他们只需要将注意力转移到这样的要点上，即命令、禁止等是特殊类型的行动(人类的行为)，它们是君主的行动，立法机关的成员的行动等等。他们会发现，这些现象一闪而过，消失了，在相应的语词被说出后(在口头立法、绝对君主的口头命令、国民大会口头制定法律的领域中等等)，或者相应的文件被签署后，它们就不再存在。另一方面，尽管法学家们未能区分开规范的概念与命令的概念，但他们会发现他们所研究的规范呈现出持续存在或者历经一个很长时期而存在的特点。已故的立法者的立法命令是过去的事件，已经进入历史的记载里，法学家却这样来谈论相关规范，就好像它们
156 实际上仍存在一样。确定无疑的是，当立法采用了书面形式，相关

行动仍可以以相应文件的形式被追溯，但是法学家并不会如此天真，以至于把这些文件（带着墨迹的几页纸或者纸上的墨迹）当作法律规范，文件与字符仅仅（以象征性符号的形式）证明了君主或其他立法者过去的行动。

我们已经指出了，在法律生活（特别是法学）中，基于一份立法宣告（单独考虑或者与其他宣告一起来考虑），大量的法律判断可以被表达出来，大量的有着最为多样内容的法律规范可以被断定。这样看来，从一份为特定犯罪规定惩罚的立法宣告（它被错误地认为是一个命令法庭依此惩罚罪犯的规范）中，可以为罪犯、执行机构、警察、预审官、州检察官等主体演绎出各式各样的有约束力的规范和义务。反过来，可以把两个或更多的立法宣告视为一个整体，从中演绎出一个单一的规范。有时候，一系列立法宣告描述了某种契约的形式要件或者列举了为了使特定人获得针对另一个人的特定权利而必须出现的其他事实（相关性事实）。如果所有在立法性法典的诸多段落中被陈述的要件都得到满足，结果便是，形成了一项针对相应人的行为的规范。如果一个制定法注明，某先前的规定或者它的其他段落也可以适用于其他情形或者其他类型的人（或者注明相反的情况），这便是一个规范性事实。如果制定法中没说这些段落不能被如此扩展适用话，基于该规范性事实可以否定大量的、可以基于其他段落而被主张的规范的存在，此时，该规范性事实是缩减规范数量的基础；或者在相反的情况中，基于该规范性事实可以产生大量新规范。

在制定法领域中，规范性事实不仅是这样一种事实，即该事实创造了肯定性的规范（在人们心中唤起了相应的法律判断和投

射)，它也是这样一种事实，即该事实从相关人等的心中清除规范(使相应的法律判断和投射归于无效)。关于废除奴隶、农奴、债务监禁、折磨、肉刑、死刑等事项的立法宣告，是一种规范性事实，它是作为事实的、极为重要的立法行为，它从法律中根除先前存在的大量法律信念、意见以及相应的投射(规范)。

157 关于规范的流行学说未能区分被立法性制定的法律和规范，在该种学说中，废止性或否定性规范是不独立的、不重要的。其中至少有两个严重的误解。实际上，律令性和否定性“规范”(以及具体来讲，废止性的制定法)同样是规范性事实，全然不是规范。并且，作为规范性事实，否定性(以及具体来讲，废止性)立法宣告是具有独立意义的(有时是最为重要的)行为，它会使法律发生根本性变革(在民族的心灵中引发关于原则问题的革命)，终结先前界定社会秩序的一整套法律信念。

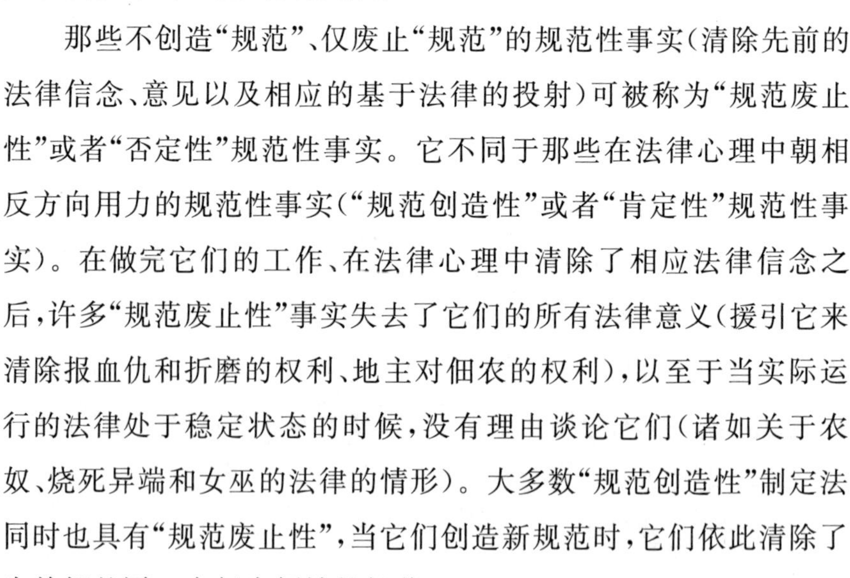

那些不创造“规范”、仅废止“规范”的规范性事实(清除先前的法律信念、意见以及相应的基于法律的投射)可被称为“规范废止性”或者“否定性”规范性事实。它不同于那些在法律心理中朝相反方向用力的规范性事实(“规范创造性”或者“肯定性”规范性事实)。在做完它们的工作、在法律心理中清除了相应法律信念之后，许多“规范废止性”事实失去了它们的所有法律意义(援引它来清除报血仇和折磨的权利、地主对佃农的权利)，以至于当实际运行的法律处于稳定状态的时候，没有理由谈论它们(诸如关于农奴、烧死异端和女巫的法律的情形)。大多数“规范创造性”制定法同时也具有“规范废止性”，当它们创造新规范时，它们依此清除了先前规整同一个行为领域的规范。

除了“规范创造性”和“规范废止性”事实，作为进一步的分类，我们可以区分出“规范修正性”事实，即改变法律的事实。然而既然改变要么是增添或创造，要么是清除或合并，所有规范性事实都可以被化约为两种类型，即肯定的和否定的，可以以此作为规范性事实的最简化的要素。现在被人们错误地认为属于规范的不同种类（命令性、禁止性、否定性、废止性、解释性规范等等）的所有现象，都可被归结为这两种规范性事实。但是必须牢记在心的是，命令性、禁止性以及解释性宣告事实上既不存在于直觉法中，也不存在于实证法的其他类别中（在后者那里，规范性事实是完全不同的，在关于实证法以及它的不同类型的学说中，我们会详细地了解到此类多样化的规范性事实）。甚至是现代法学也一致承认存在着习惯法，尽管它不包含命令、概念定义和废止性宣称。在习惯法中，规范性事实是他人的行动（我们祖先的行为，即“我们父亲这么做了”之类），而不是律令性、解释性、废止性以及类似的任何人的宣告。 158

只有了解法律规范（以及道德规范、审美规范等）的相关冲动及其特点，以及特别地知晓它们产生特殊类型的幻象（冲动性投射）的能力，才可能了解和正确界定法律规范（以及道德规范、审美规范等）的性质和具体属性。与所有别的规范类似，法律规范是冲动性幻象。基于伦理冲动独特的权威-神秘特征，以及它们（在它们的内在压力的性质上）与我们被命令和禁止唤起的冲动的类似性，这样一种理念（基于相应的体验）浮现了，即特定更高的“命令”和“禁止”出现了，对人们和其他“存在”（包括神灵）施加压力。在现实中，我们仅仅有律令-智识性活动过程。基于相应的天真-投射视角，哲学家、道德学家和法学家将规范称为命令和禁止，依照这些混乱的理念寻找或设计(以及虚妄地建构)实体。法学家们在制定法中成功发现了他们认为是律令-归属性体验的适宜实体的东西,它关联于君主之类的主体的命令。在习惯法中没有此种实体,但是它的缺席被据称存在着的“公意”的构想无害化了。心理学意义上的意志与命令的混淆,为法学家们提供了他们正在寻找的、必不可少的律令(天真-建构式理论)。

把法律理解为命令和禁止(除此之外无他)的流行学说与法律心理的独特性质相矛盾。权利(此学说的代表人物在法学的每一个理论环节所谈论的那种权利)因此代表一种“机械降神”(deus ex machina)。从他们的视角来看,这是一种无法解释的、完全不应该存在的东西。困惑在于,发布给某些人的命令如何创造出有利于他人的权利?但是此种对命令(强者对弱者的意志的表达)理论的反驳还不够致命,拒绝符合此种理论的框架的不仅有权利,义务也是如此。为了保住性命,落在强盗手中的旅行者能够履行更强力的强盗的命令,交出他的钱包,但是或许甚至强盗自己也不会声称存在如此做的义务。

法律和道德都与这样的命令和禁止没有共同之处。

159
第二十三节　法律规范的要素与类型

依照法律规范是无条件地要求做或不做某事(不得谋杀他人)的命令,还是仅仅有条件的、在出现了特定可能的条件的情形中要求做某事(在谋杀的情形中惩罚罪犯)的命令,法律规范被分为无条件的规范[绝对的(categorical)规范]和有条件的规范[假定的

(hypothetical)规范]。在有条件的规范中可以区分出两个要素：指明条件的假定的部分(或称条件),以及包含命令自身的处置的部分(处理)。假定可以采取从句的形式,开始于“如果”,但是相同的意思可以通过多种其他方式来表达。例如,“做某事的他”“已经做某事的他”,或者“因为做某种行为”(其中的假定是,如果一个人做了某种行为),“有罪的人要受到某种惩罚”(处理);雇主(意思是如果一个人雇佣他人)受到拘束。

绝对规范仅包含处理要素。近来被广泛接受的是,所有法律规范都是具有假定性质的有条件的命令,绝对规范的存在在总体上被否定了。

欲想正确地构思关于规范的假定和处理的学说,并解决绝对规范是否存在这个问题,相应的理论必须立基于科学的心理学,特别是要用关于伦理体验和它们的投射的研究取代为了实现特定目的、发布给他者的命令的理念。如此一来,解决此问题会变得很容易且毋庸置疑,绝对的法律和道德规范确实存在,事实上它们经常被人们体验到。

自我观察和内外观察相结合的方法在各方面都支持此种解决方案。极为常见的现象是,直觉法的规范和体验具有一种绝对的性质。在我们关于邻人的行为中,我们被无数直觉法(以及道德)信念所引导,它们无条件地(不仅在特殊条件出现的时候)拒斥特定的侵犯行为,规定了其他行为。许多实证法规范也拥有一种毋庸置疑的绝对性质。为了支持“所有法律规范都是有条件的”这个命题,人们指出,即使是不得谋杀他人的禁令也是有条件的,例如,允许死刑、在战争中杀人之类的做法的法律。然而这是一种误解。

160 在那些正常成长、没有从事刽子手之类的职业的人的心中，关于谋杀的规范具有绝对的性质。实证法允许死刑、战争中杀人之类的行为，不过意味着存在着一般原则的例外，并不意味着禁止杀人的规范具有假定的性质。然而，有很多规范不仅作为有着绝对形式的规则（类似于关于谋杀的规则）被人们体验到，也对应于法律的一般原则，在文明世界中这些原则有着不从属于任何例外、绝对原则的性质。关于不允许下述情形出现的规范便是如此，即折磨、刑讯、残酷的死刑（钉在十字架上、把融化的金属注入喉咙、车裂、“死亡轮”等）、强奸、伪造、奴役、买卖人口等等。不论有着何种“利益”或“目的”，这些以及类似的对人格和他人权利的侵犯都被文明社会的法律拒之门外。因此，把假定视为所有法律体验和规范的特征，远非真实。

依照法律体验的律令-归属性质，法律规范的处理不是“命令”，而是律令-归属命题。既有的关于法律规范的分析和要素的学说，因此应该通过区分这些规范的处理中的两种要素而得到扩充：一、律令；二、归属。基于本书前面的论述，很清楚的是，法律判断和规范的处理的相应性质反映在双重的律令-归属这一表达方式中，它同时指明了（通过两个相应的命题或者其他方式）一方的义务和另一方的权利，它们能够以缩略的形式表述（缩略-归属、缩略-律令以及双重-缩略形式）。在法律处理的律令和归属要素中，还要做进一步的区分。

一、主体的定义：（一）被归属了资产的主体的理念（权利的主体），以及（二）向另一方承担义务的主体的理念（义务的主体）。既然从投射的视角来看，规范对那些它们赋予资产和课与义务的人呈现为更高的处理或安排，所以从意识-投射的视角来看，相应的“存在”可被称为规范的主动接收者(active addressees)和被动接收者(passive addressees)。

在法律的心理学理论的意义上，规范的接收者是那些成对的“存在”，律令-归属性的标准化过程发生在他们(那些被要求某物的主体和那些被归属某物的主体)之间。基于前面已经讨论过的内容，很清楚的是，能够成为法律规范的被动和主动的接收者的
“存在”不仅仅包括官员，也包括普通人，还有其他所有可能类型的 161
“存在”，例如，神灵、死者、动物。这将在下面的阐释中得到证实。规范的接收者可以是确定的个体，即具体的主体(我、你、约翰、彼得、乔治一世、圣彼得堡市，或者国际关系中的俄罗斯)，也可以是类别(被分成类别界定的主体)，例如，儿童、父母、地主、房客，或者(在国际法中的)一般意义上的国家。

依此，规范可以被分成：(一)个别的或具体的规范；(二)一般的或抽象的规范。声称所有规范都是“抽象律令”会与事实相悖。通过自我观察，人们可以了解关于“我”“你”“同事 A”等主体的规范(规范的投射)。甚至在制定法的领域中，我们在它的所有方面都会碰到个别规范。例如，在税收立法中，“归属”的接收者是特定国家的“国库”；君主(基于所谓的王室年俸)得到供养的权利、其他特别地被指定的个体得到特定退休金的权利、得到一定数量的服务报酬的权利，经常通过特殊的立法行为得以确立，相应的实证法规范具有个别化的性质。

在实证法的历史中，很常见的是，先有关于特定内容的个别规范，其后出现关于该内容的一般规范。在大多数现代国家中，法人

基于一般的制定法被创造出来，并不需要针对每一个公司的特别的制定法。然而，先前当此种商业单位形式处于形成阶段时，它是被特别的制定法所规定的。以完全相同的方式，作者享有的排他性地出版其作品的权利（所谓的著作权）一开始是由零散的制定法授予个别作者的。相应的规范是个别规范。

基于单个国家之间的公约或惯例的国际法规范，也同样是个别规范。

一般的、抽象的规范的被动或主动的接收者可以是确定类型的人，也可以是“所有人”，即“每一个人，不论他是谁”。这样看来，授予某人以财产权的规范，具有下述**被动的**接收者：“每一个人”“所有其他人”，或者“权利人以外的所有人”（也就是说，被构想为这个表述所指示的那个东西）。要求不得从事折磨、刑讯、强奸之类行为的规范具有主动的接收者（“归属”要素的接收者），依照此规范，“每一个人，不论他是谁”“所有人”都享有免受这些邪恶行径

162 侵犯的权利。反之，规定儿童必须服从父母的规范（父母享有得到儿童服从的权利），或者规定债务人在特定情形中必须支付利息、违约金（债权人有权利收受这些利息、违约金）的规范，其接收者仅是特定类型的人，即儿童-父母、债务人-债权人。

一般规范依照其接收者可被分为：（一）发布给所有人的规范（绝对规范）；（二）发布给特定类型主体的规范（相对规范）。绝对规范又可以分为：（一）律令性或被动性绝对规范，其律令要素的接收者是每一个人，不论他是谁；（二）归属性或主动性绝对规范，其归属要素的接收者是每一个人，不论他是谁；（三）双边绝对规范（狭义上的绝对），其律令要素的接收者（义务人）以及归属要素的

接收者（权利人）是“所有人”或者“每一个人”，前述要求不得从事邪恶行为的规范就是一种双边绝对规范。

二、客体的定义。这是指要求律令要素的接收者做出的行为的理念（一般意义上的“提供”的理念），以及一般意义上的“收受”的理念，“收受”被权威性地归属给了规范处理中的归属要素的接收者。

我们已经指出了，“律令”要素的所有客体（所有要求义务人做出的行为）可以被化约为下述更为简单的要素：（一）作为；（二）不作为；（三）容忍。“归属”要素的所有客体（所有一般意义上的“收受”）可以被化约为下述更为简单的要素：（一）狭义上的积极收受；（二）不容忍特定行为或者不受特定行为干涉的自由，例如，“不可剥夺”（inviolability）“安全保障”（safe-guardings）；（三）被义务人容忍的行为（积极自由、行动的自由）。

依照客体的定义，可以区分出三类规范：（一）积极-归属性规范，或者称之为给予性规范，其客体是作为-收受；（二）消极-归属性规范，或者称之为防卫性规范，其客体是不作为-免受；（三）授予权力的规范，或者称之为赋予权威的规范，其客体是容忍-作为。

未清楚地意识到这三类规范之间的差异或许是古罗马法学家
区分制定法的三种功能的基础，即区分了命令、禁止和许可。这被 163
反映在那些现代法学家的观点中，尽管在他们的观点中流行着命令理论，他们仍然声称存在着所谓的许可性规范。这后一个术语，以及将许可性规范和命令性规范相对比，是不充分的。我们称为“授予权力”或“赋予权威”的规范同样是命令性的（如其他规范那样），但是它们的律令性要素的特殊性质是，它们课与了容忍权利人的特定行为的义务。

在当代法学关于规范要素的学说中，仅仅了解并承认实证法的当代法学，对本应给与特殊关注的其他要素（一般地讲，是实证法的其他要素，具体而言，是实证规范的其他要素）视而不见，即相应的规范性事实的理念。相应的规范性事实的理念可以被称为“实证基础”(the positive basis)或者“实证依据”(the positive referral)。如此看来，在实证的法律规范中，我们可以区分出三个构成部分：一、实证基础或实证依据；二、假定；三、处理。例如，基于某年的制定法（实证基础），在某条件下（假定），应做出某种行为（处理）。

正如已经论述过的，实证的法律判断和相应的规范经常不是从任何单一事实中推论出来，而是从诸多规范性事实的总和中推论出来，一个实证规范的实证依据经常指出了若干规范性事实。例如，基于《刑法典》第5、15、20条以及结合《刑事程序规则》第50段（一种复合的实证依据），在某情况中（假定），存在某种命令（处理）。实证“基础”或实证“依据”因此既可以是简单的，也可以是复合的。

复合的实证“基础”或“依据”所涉及的规范性事实可以关联于一个单一的规范性事实的范畴（例如，制定法的范畴或者习惯的范畴），或者关联于制定法、习惯的多种范畴（例如，一个规范性事实关联于制定法，其他规范性事实关联于习惯：“基于某商业交往习惯并结合《商法典》的某段以及《商事程序法》的某规则……”）。复合的实证“依据”因此可以被分为同质的和混合的。

依照是否存在实证“基础”，可以把规范分为直觉的和实证的。依照实证“依据”中涉及的事实的不同范畴，实证规范可以被进一步分为若干类型：制定法的规范、习惯的规范、基于先例的规范、基于契约的规范等等。

基于我们关于复合“基础”或“依据”已经指出的内容，很清楚的是，实证规范不仅可以是制定的、习惯的……也可以是复合的， 164
即制定-习惯性规范、习惯-契约性规范等等。

由于未能区分规范和规范性事实，当代法学既不了解此种复合性规范，也基本上不了解作为实证规范的一种特殊要素的实证基础或依据。从法律的心理学理论的视角来看，那些属于实证规范或者规范性事实的构成部分的东西（从现代法律科学的视角看）被认为是规范自身。

通过把关于法律规范的要素的已有讨论汇总到一起，我们可以将它们的内容的框架确立如下：一、实证“基础”或“依据”；二、假定（在假定性规范中）；三、处理，它包含律令要素和归属要素。律令要素是指：（一）律令的接收者（义务人）；（二）律令的客体（义务客体，即“作为”“不作为”“容忍”这些相关行为的客体）。归属要素是指：（一）接收者（权利人）；（二）客体（被接收的东西，即“收受”“免受”和“作为”）。

对于法律分析（在心理上把复合体分解为简单的要素）、综合（在心理上把简单的要素构思成复合体）以及妥当解释和阐释法律规范的意义而言，这是一个完整的框架和指南，同时它也是规范分类的基础。

此框架经过一定简化后可以适用于道德科学。具体来讲，需要从中移除处理中的归属要素。在此框架的帮助下，道德科学的研究者能够实质性地推进他们的科学研究，能够把他们关于道德规范的含糊、混乱的理念和判断替换为清晰、准确的知识和分析。

第五章　法律关系

第二十四节　法律关系、义务和权利的现代理论的一般特征

165　伦理体验(道德体验和法律体验)伴随着独特的、貌似真实的从属条件以及多种“存在”所负有的义务的投射。基于已经分析过的伦理冲动的独特性质,可以解释这些冲动性幻象。依照道德现象和法律现象的具体区分,相关的冲动性幻象在法律中有一种性质,在道德中则有另一种性质。在道德中,义务表现为单边约束的状态。然而在法律中,它表现为双边拘束的状态,某些人为了确保他人的利益而承担义务,指向他人的义务就是他人的权利。

在不太发达的文化的语言中,这些投射尽管表现为双边约束,却有一个单一的名称,该名称对应于现代的“义务”(债)这个表达。在更为发达的文化的语言中,特别是在罗马法(它在当代法律科学的演化中扮演决定性角色)的渊源中,可以发现依其被考察的视角的不同,这些投射有三个不同的名称。在指称双边约束时(就它们没有被特别地基于义务人或者权利人的视角来考察,而是从一个中立的视角被考察而言),罗马法使用 juris nexus 和 juris vinculum 这样的表达来表明当事人之间的双边约束,即法律关系。就基于

主动的义务归属的视角考察（从与义务人相对的当事人的视角来考察）它们而言，我们有了 jus 和 jura 这样的表达，即权利、法律能力、法律主张。现代法学依循相应的术语，并认为，因为出现这三种不同的名称（义务、权利、法律关系），所以存在三种不同的客体。现代法学不了解它们唤起的冲动和幻象，一点都不了解义务、法律 166
关系和权利的冲动-投射性质。因此，它把存在着三种不同的实体视为理所当然，进而分别检视法律关系、权利和义务，塑造出三种不同的学说。

法律关系的学说在现代科学中有一种双重的、摇摆的特点。一方面，权利和义务作为法律关系的要素被区分开，它们被认为是不同的现象，对于权利和义务的不同组合（例如，债权人的权利和债务人的义务），法学家们总是称之为法律关系。另一方面，法律关系被等同于被法律规整的生活关系（例如，婚姻关系）。

从科学的视角来看，即使基于法学家们在他们工作的其他部分中了解和承认的素材，此学说也不堪一击（无需从法律的心理学理论的视角来批评它）。

一、此学说基于这样的前提，即法律的标准化（“权利和义务的确立”）必然预设了在通过权利和义务彼此关联的人之间存在着特殊的生活关系。换句话说，法律的标准化（权利和义务）像一枚邮票一样，被贴在已经存在于具体的人之间的真实的基底（生活关系）上。这个预设是错误的。在人们之间确立权利和义务绝不意味着我们必然预设在人们之间存在任何生活关系。正是所谓的绝对权利（例如，生命权、身体完整权、名誉权、著作权）的性质（其中的义务人是所有人）拒斥此种流行的法律关系理论立基其上的这个前提,很奇怪的是,这居然没有被熟知这些法律关系的法学家们注意到。此外,还存在着其中的权利人是所有人的法律关系。

甚至在相对法律关系的领域中(那些仅仅存在于两个人之间的法律关系或者存在于特定主体之间的法律关系),通过更仔细的检视可以展示,“他们之间必定存在着生活关系”这个预设的谬误之处。遗嘱继承领域中的多种法律关系(共同继承人之间、继承人和受遗赠人之间彼此的权利义务)并没有预设在这些人之间存在着类似的生活关系,而是仅仅预设了第三人书写了一份有效的遗嘱并且他死亡了或者发生了实证法规定的其他事件。一般来讲,这些发生的事件与遗嘱指定的这些人之间的生活关系没有什么共
167 同点,经常出现的情况是,这些人并不知道彼此的存在。在 T(遗嘱人)的遗嘱中,T 课予被指定为他的继承人的 A 以义务,要求他支付 1 000 卢布给 B。A 和 B 彼此没有“生活”关系,他们没有见过面。A 甚至都不知道在大洋彼岸还有一个 B,B 也不知道 A 的存在。然而在 T 死后获得继承权的 A 与 B 形成一种特殊的法律关系,即使他不知道 T 指示他支付 1 000 卢布,他成为 B 的债务人,B 成为他的债权人。在他们之间出现一种法律关系,尽管在他们之间完全没有任何生活关系。在此种情形中,没有法学家会探究是否在 A 与 B 之间曾经存在或现在存在任何生活关系,当存在一份有效的 T 的遗嘱时,所有法学家都会承认,出现了一个具有拘束性的债(在继承人与受遗赠人之间的拘束性法律关系)。同样的道理也适用于其他相对法律关系,在这些法律关系中,第三人的处置或其他中立的事件,而非他们之间任何的生活接触,是他们作为特定人形成关系的先决条件(相应的投射的条件,以及彼此义务

的归属的条件，即对那些人享有权利的条件）。

在法律史上有许多关于婚姻的权利义务的例子，这些权利义务出现在两个异性之间，在这些相互的权利义务出现之前、当时或之后，他们彼此没有任何生活关系。确实，现代的婚姻预设了婚姻双方彼此熟知以及婚姻双方的合意。但在婚姻法的历史发展过程中，曾经有一个时期，在未经当事人同意，甚至当事人彼此不了解的情况下，婚姻便被缔结了，那个时候他们通过家长之间缔结契约的方式而结合在一起。有时仅仅在婚姻权利义务已经出现之后，丈夫和妻子才知道他们结婚了，才彼此熟悉，才进入（或不进入）生活关系。

二、除了作为被客观法规整的生活关系的法律关系的概念和学说以外，在法律科学中，法律事实的概念和学说也扮演着重要角色，顺便提一句，它可以说是法学的一般概念中最为幸运的、不那么脆弱的概念之一。被人们广泛接受的观点是，法律事实构成法律规范的适用条件（唤起了法律规范的适用），或者说它构成形成、改变和终止法律关系（或者权利义务）的条件。如果将这个定义与 168
前述法律关系的定义相比较，我们不得不注意到，它没有提供区分法律事实与法律关系的标准。在传统的基本法律概念体系中，这是一个严重的科学缺陷。它迄今仍没有被科学注意到，这仅仅是因为法律关系的传统定义看起来在术语上不同于法律事实的定义。

“生活关系”这个表达明显指涉某种持续性状态，“事实”这个词则清楚地表达了一种瞬间的事件，它不具有持续性特征。法学家们认为，在“被法律规整的生活关系”（法律关系）与构成法律规范适用条件的事实(形成权利和义务的事实,即法律事实)之间,明显有实质性差别。然而,在现实中并不存在该区别,就此区别的理念被通常的表述所唤起而言,它是一个错误的理念。

毫无疑问地,持续性状态(有时持续一个非常长的时期)也可以成为法律事实。在古罗马法中,“不间断地婚内同居一年”是婚姻中关键的法律事实,与其相伴随,出现了相应的婚姻权利义务等等。占有某物满十年或者债务人在十年内未被他人主张权利,这在特定民法典中是一种十分重要的法律事实,因为它会改变相应法律关系,使得占有人获得对物的财产权,使得债务人的义务被搁置。“古老训诫”(在特定民法中,需持续一百年以上)更是生动地显示了这样一种理念的不正确性,即从“持续存在”这个角度来看,“法律事实”和“生活关系”这些概念应在理论上被区分开。

法律事实和法律关系的习惯定义唤起了(或者可以唤起)这样一种理念,即一个法律事实不同于一个人对一个人(或者一个人对一个物)的**生活关系**,它必定是一种附属性事件,有别于生活关联,即人际**关系**或人与物的关系。实际上并不存在此种差别,就这样一种区别的理念被通常的表述所唤起而言,它是一种错误的理念。

法律事实的前述例子显示了,它们可以具体地体现为特殊关系,要么是人与人的关系(婚内同居满一年,基于一份时间不可考的契约收取税赋,或者很长时间内都未向拖欠债务的债务人主张
169 权利等等),要么是人与物的关系(占有某物超过一定时限)。

下述做法是可能的吗?即从流行理论中辨识出一种标准,依此区分法律关系和法律事实,将法律关系界定为“被规整”的生活

关系，法律事实则被界定为“法律规范适用的条件”（“产生”法律关系的、权利义务形成的先决条件）。

再说一次，答案必定是，就此实质性区别的理念被这些表达所唤起而言，它是一种错误的理念。“法律规整生活关系”这个表达或许能够唤起这样的理念，即法律有可能直接影响“生活关系”。法律是某种强力的、无所不在的主体，它在街头、家庭等场所中确立某种规矩，隔离那些打架斗殴的人，逮捕和惩罚罪犯等等。实际上，客观法与生活现象的此种关系（与生活事实和生活关系的关系）不过意味着法学家称之为“确立权利义务”的东西。它构成了“生活关系的规整”。依此，“法律规整生活关系”这个表述只不过指出了一种生活现象，即“客观法把此生活现象与权利义务关联起来”。它精确地指明了，作为这样一种事实的法律事实这个概念意味着什么，即它构成了权利义务形成或者法律规范适用的条件，“基于客观法产生权利义务”等等。这样一来，我们能够随意地把“时效婚”（婚内同居一年）或者占有某物超出制定法规定的时限这一情况称为“被法律规整的生活关系”“被法律关联了法律效果的事实”或者“产生权利和义务的事实”。

那么很明显的是，流行理论混淆了概念，并试图依此（并不成功地）界定法律关系的概念和法律事实的概念。

三、流行理论认为其试图进行的区分是完美的，并在此区分的基础上继续论述，由此导致更多的逻辑上畸形的思想产品。法律事实的本质被认为是，它们构成了法律关系的形成和存在的条件。它们“生产”或“唤起”法律关系等等。法律事实在逻辑上先于法律关系，它应该为了使法律关系形成而出现。然而，既然流行的定义把法律关系和法律事实相等同，这从逻辑上讲就是胡说八道：
170 A的出现预设了A的出现；A必须先于它的形成而存在；为了产生A，产生A的A必须存在。例如，基于古罗马法，“时效婚”无疑是一种被法律规整的生活关系：从流行观点来看，这是一种法律关系；但是“时效婚”也同样地、无疑地是一个法律事实（换句话说，“时效婚”作为它自身形成的先决条件，必须先于“时效婚”而形成）。

前述考量足以展示，流行的法律关系理论完全站不住脚。但是将法律关系视为权利和义务的结合，同样站不住脚。由于现代权利义务理论已经被证明具有天真-现实的特征，有着其他基本的谬误，这也是一种天真-现实的观点。

义务的学说的状况与此相似，法学家、道德学家、哲学家经常讨论义务，但却小心翼翼地绕开“义务是什么”这个问题。故此，关于这些研究者如何理解他们正在讨论的东西的性质，他们的研究没有提供任何（哪怕是模糊的）理念。唯一清楚的事情是，他们基于天真-投射的视角，把义务视为某种真实的东西，认为可以在义务的投射所指向的场所中发现它们。至于他们如何理解这些被认为存在着的实体的性质，则不甚清楚。

哲学家和道德学家的观察的要旨是，一个义务预设了存在一个指向一个理性“存在”的命令（一个更高的命令），或者预设了出现“两个意志”，其中一个要求某事，另一个则已经或正在服从前者。有些人（主要是道德学家）把义务等同于相应的命令；有些人把义务等同于来自于至高意志或至高命令的压力或“限制”；有些人把它等同于命令所指向的那个人的不自由状态（受约束的状态或者“被规范约束的状态”）；有些人把它等同于被此命令所约束的那个意志；最后，有些人把义务等同于命令所规定的行为（在哲学和伦理学上，有很多人混淆了义务和作为义务的客体的行为）。

法学家关于义务性质的观察具有同样的一般性内容，进一步预设了发布命令的意志一方的更强力量（强迫他人服从的权威等等），或者与此相伴随，他还威胁人们，不履行他的命令会招致某种恶。依此，在法学家的观察中，有时与义务相等同的“限制”被赋予 171
了来自于此种威胁的生理或心理限制的特征。有时义务（包括道德义务）的性质被视为心理限制（社会意见的反馈以及与其相关联的不利后果），人们认为，对于法律义务而言，生理上的或机械性的限制也是其本质特征。当义务被等同于受到这些限制措施影响的那个人的状态的时候（不是等同于限制自身），法律义务的特征经常被概括为，因为出现了生理限制或者为了避免威胁的运用而来的特定行为的“必然性”。也有法学家把义务等同于命令所指向的那个人的意志。最后，有些法学家把义务等同于相应的行动或行为。

逐个批评前述关于义务性质的学说所需要的篇幅超过了与它们的价值相匹配的篇幅。就它们都关联于规范的命令理论而言，我们关于该理论已经说过的内容也适用于它们。此外，它们都没有意识到义务的投射性质，都认同一种未经反思的信念，认为在被归属了义务的那个“存在”身上，能够发现某种真实的东西。当发现被归属的义务并没有对应什么真实的东西之后，他们的解决办法是，把其他实体（它们与义务没什么共同点）当作他们正在寻找的东西。这是一种天真-现实的理论，混淆了义务（冲动性投射）和完全不同于义务的现象。此种根本性误解很自然地导致哲学家、道德学家和法学家未能将义务区别于其他一些彼此不同的东西：一、命令；二、心理或生理限制；三、某人受到命令、威胁之类的东西的影响的状态；四、这些主体的意志；五、他们的行动。

在法律科学中，义务的性质问题通常被默默地略过，权利（法律主张、法律能力）的性质问题则被人们带着极大热情予以检视，此问题连同客观法的性质问题被认为是法律科学中最有趣、最重要和最困难的问题。关于此主题有大量文献，它们在某些方面极为敏锐和深刻。尽管如此，问题仍有争议，仍未被解决。已有的界定权利本质的尝试通常被归结为两类：意志理论与利益理论。

172 然而，意志与利益都是不同于法律权利的本质的现象。这很容易就能从现代法学的素材和概念中得到证明，无需援引法律的心理学理论的命题。

一、如果权利人的“利益”消失了，或者运用相应权利的“意志”不再存在，或者甚至出现了一个终止这些权利的利益（或者终止权利的存在的意愿，一个强烈的意愿），权利（例如，财产权，儿童对父母的权利，丈夫对妻子的权利）就不再存在了吗？每一个法学家都会立刻给予否定的答案。存在着其主体并不能予以处置的权利，他甚至不能终止它们，不论他对此的愿望有多强烈，利益有多大。还存在一些权利，只有出现例外情形才能使主体摆脱它们（例如，仅当离婚的具体根据出现的时候，他才可以摆脱婚姻中的权利），否则的话，在终止这些权利（在任何意义上都不行使权利）上没有利益可言。甚至当对于终止权利享有利益的主体能够自由地处置权利的时候，此种终止通常要求主体完成多种行动，有时需要符合复杂的、繁冗的形式要求（例如，准备一份正式的文件或记录)。简言之,从法律的视角看,无疑的是,我们的权利能够(也经常)继续存在,这无关我们的意志和我们的利益,在任何情况下也不会因我们对权利的内容没有利益或缺少行使意愿而受到影响。

二、在成为权利人上的利益或者得到特定法律权利的意志是获得权利的实质性先决条件吗?并非如此。有无数情形依其性质体现和证明了,有可能在没有相应的利益或意志的情况下获得权利,或者尽管存在着相应的意志和利益,满足我们的利益的权利是通过自然力量的运作(它与我们的意志和利益都无关)而形成的。土地的所有人对地上的多种产物获得财产权,即使它们的出现违背他的利益和愿望(包括对植物和动物有害或者对人有危险的植物,例如,有毒的蘑菇和浆果、寄生虫、杂草、毒麦)。他对于落在地上的、腐烂的或者被飓风刮断的树枝享有财产权,也对灌木丛享有财产权,尽管他不仅对它们的出现不享有利益,甚至希望它们尽快消失。基于同样的、承认对某人土地上的猎物的财产权的法律,对于闯入他的林子或花园的野兔和其他野生动物,土地所有人获得 173
了财产权,尽管这些或许是他极为不愿意拥有的财产权客体。火山或者海洋的活动导致的土地添附(岛屿的出现,河流冲积导致土地的增加等等)成为该土地的所有人的财产客体,尽管取得此财产权对于他来讲是极为不可欲的(例如,出于纳税的考虑)。也有这样的情况,其中一方主体是因为另一方法律主体遇到的事件而取得权利,此种权利取得不仅独立于前者的意志和利益,也独立于后者的意志和利益。继承权以及对保证金、退休金、保险金的权利是因为他人的死亡而被取得的。特别有启发和有意义的是,有一些

完全违背意志论或利益论的法律，它们（类似于古罗马法）规定了强制继承制度，依此死者的权利和义务被整体打包转给继承人，不顾及他们的利益和意志，由于继承权不能被放弃，取得继承权对他们或许意味着无法避免的灭顶之灾。还有一些法律（并不包含如此严格的条款，允许继承权被放弃）规定，继承权的复合体（伴随着义务）有时由于主体的漫不经心（没有遵守特定形式的要求），在违背主体的意志和愿望的情况下而被取得。此外，权利还经常因为他人在未考虑我们的意志和利益的情况下所做的安排而被我们取得。我已经看到了，依照特定法律（特别是历史上早期的法律），丈夫或妻子的权利被整体打包转移给那些不愿意取得它们或者对其没有利益的主体，由此而来的结果是，取得这些权利不仅可能使人哭鼻子，甚至会导致人自杀。在前述遗产的例子（那个遗赠给大洋彼岸的某人以某物的例子）中，受遗赠人对此权利的取得独立于他的意志和愿望。如果一个既不了解俄语、也不想学希腊语的美国人，被他人遗赠了一本用俄语写的希腊语手册或者一双旧拖鞋，他会获得对此种遗产的权利，尽管他缺少对此权利的利益，甚至他完全不知道这件事。确实，即使通常通过取得权利的那个人的相应的“意志表达”而被取得的权利，也经常通过我们的代理人，独立于
174 我们的知识和意志被我们得到。通常我们自愿地授予他人在法律事务上代理我们的权威，但是强制性代理或许被施加到我们身上，或许可以在违反一个败家子的意志的情况下，为他设置一个监督官员，在没有与他讨论他对于获得某权利是否愿意、是否有利益的情况下，来为他取得该权利。

权利既不依赖意志也不依赖利益，此种现象的出现及其可能

性的证据(或者说权利违背权利人的利益和意志的证据)可以不断地被找到,但前面的讨论已经彻底证立了这样一个命题,即这两种理论(意志论与利益论)认为,构成权利的本质的东西不仅没有构成权利的本质,甚至也不总是与权利相伴随(这两种理论因此“跳脱”了)。不仅存在着权利人不想要的、没有利益的权利(该权利因此同时缺少“意志”和“利益”),而且一种特殊的被他人或“公意”所“承认”的意志或者“被客观法保护的某种利益”,在没有任何关于它们的法律权利存在的条件下,也可以存在。依照某种承认奴隶制的官方法,一般来讲奴隶是一种没有权利的“存在”。如果某人支持意志论或者赞同客观法保护的利益的理论,那么奴隶看起来就会有很多权利。奴隶不被杀死或毒死的利益,不被打断手脚的利益,不被拦路抢劫的利益,不被他人任意地阻止在路上驾车或在马路上行走的利益,他对于路边卖给他食物的商人在收到价款后实际交付购买物上具有的利益或愿望,确定无疑的是,所有这些利益都受到“客观法的保护”。抢劫、盗窃之类的犯罪被法律所禁止,如果强盗侵犯了奴隶,他将受到控告。客观法赋予奴隶不受阻碍地进入邻近城市的意志以支配力,保护他保有为了赶路准备的物资的利益或者得到他在路上买到的东西的利益,然而如果一个法学家基于意志论或者利益论得出结论说,“我们考虑一个奴隶的权利”,这个结论尽管是基于权利本质的理论而得出的,那也将是异端邪说。理由是这样的,此处我们考虑的部分是主人的权利,部分是国家的权利:国家享有一个主张,即在它的疆域内不应有抢劫(所有人都不得从事此行为);主人也享有一个主张,即他的奴隶不被殴打、其肉体不受侵害,精确地讲,这正如他可以要求人们不应

该折磨或者杀死他的马或者狗。

在相当程度上，儿童的利益或意志因为多种属于他们的父母
175 的权利而得到保护，反过来，父母的多种利益被法律规范所保障，基于此种利益，他们得到相应的权利，这些权利不是为了他们而是为了他们的孩子而设置的。客观法通过保护属于城市的权利或者属于乡村的权利，保障了城市居民和乡村社会的成员的多种利益。

意志理论和利益理论由此被驳倒了。除了权利的本质和它们的定义问题，下述命题也被人们认为是无可争辩的：一、所有权利都是为了满足被赋予权利的那些人的利益（保障具体的人的利益）而确立；二、权利的含义和意义在于为人们提供好处（满足拥有权利的那些人的利益和需求）。这些命题完全不同于权利概念的定义。它们中的每一个都是站不住脚的。我们已经讨论过辅助的、社会性的权威的权利。这些权利清楚、生动地展现了耶林及其学派关于权利的“目的”的立场的不妥当之处。这些权利（例如，监护人对被监护人的权威，教师或教育机构的领导对下位者的权威）无论如何都不是以监护人的利益以及此类权利的其他主体的利益为目的，而是为了义务人的利益。以完全相同的方式，多种属于代理人、经理、销售员以及其他公私机构成员的权利只是实现他们的服务功能的手段，并不是以拥有这些权利的那些人的利益为目的。这样看来，很清楚的是，权利与利益的关系的流行观点至少是“跳脱”的学说。

甚至关于这样的权利（常见的财产权、对金钱的主张等等），如果认为相应的律令-归属信念的形成是为了任何主体的利益，那也

是极为天真和肤浅的。与道德类似，法律被人们潜意识地发展出来，被用来充分地、社会性地适应社会的福利和繁荣以及人类的精神和文化教育。权利（例如，财产权、订立契约权、继承权）的社会意义并不体现在任何财产所有人、债权人或继承人的钱包上，而是体现在国民经济和国民文化上，体现在研究（国民经济和国民文化包含的庞大、复杂的活动所涉及的）个体法律制度的功能上。

前述内容并没有包含定义主观意义上的权利的性质的所有理论。“指明国家提供的限制或防御”经常被界定为权利的一个重要属性。由于这些定义只是说，在权利没有被满足的情形中，权利人 176
有一个要求对不履行义务的人采取强制措施的权利（为他提供保护），此种定义实际上援引了仍有待界定的未知数“X”，因而把这个定义方案搞砸了。

关于权利本质的所有此类观点都源自于研究者未能看到权利的冲动-投射性质。它依赖于这样一种预设，即在权利被归属的主体中有某种真实的东西。该理论具有天真-投射性质。在该理论中，权利没有与真实的、实际出现的东西（相应的愿望、利益、事实上被偏爱的地位）区分开，就此而论，该理论具有天真-现实的特征。就它们没有指涉任何真实的东西而言，该理论具有天真-建构的特征。关于权利的现代著述也包含天真-虚无学说，它否定多种权利的存在，因为相关实体没有被发现，也不能被表述。在宪法领域中，多位政治科学家否定了不同类型的权利的存在，宣称相关规范仅仅是客观的，没有产生权利，因为被归属了这些权利的那些人身上不存在相关个人利益。

第二十五节　法律关系的本质

关于法律义务、法律关系和权利的已有说法是有缺陷的，这证实了前述关于义务、法律关系和权利的投射性质的学说。

如果大众和科学家们通常具有的这样一种信念是有根据的，即道德和法律义务作为某种真实的东西而存在，它们以某种心理性的东西的形式或者其他形式（某些特殊的事实条件、地位、关系之类）出现在义务主体身上，那就无法理解，为什么大量学者为了发现相应的这些东西的性质所进行的经年累月的劳作、思索和研究完全是徒劳无功的，尤其是关于权利的性质的研究，此领域的哲学家和法学家们尽管对此研究有着特别的热忱和活力，但仍无结果。

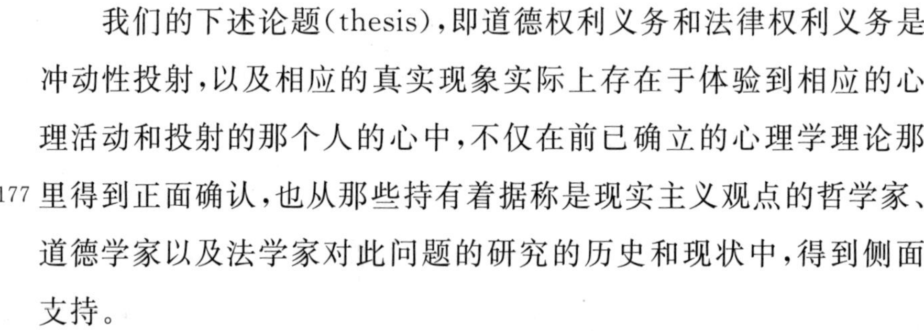

我们的下述论题（thesis），即道德权利义务和法律权利义务是冲动性投射，以及相应的真实现象实际上存在于体验到相应的心理活动和投射的那个人的心中，不仅在前已确立的心理学理论那
177 里得到正面确认，也从那些持有着据称是现实主义观点的哲学家、道德学家以及法学家对此问题的研究的历史和现状中，得到侧面支持。

以上论述所确立的法律义务-权利-关系学说，在投射（其基础是律令-归属性冲动）的意义上，把法律义务、权利和关系解释成某些人为了他人而负担义务，这大大简化了法律理论以及一般意义上的法学。原本关于法律关系、法律义务与法律权利的三个不同的理论，以及相应的三套问题和定义，被单一学说所替换，思考和记忆的工作量被缩减了三分之二。此外，此种一次性地界定了法律关系、义务和权利的性质的单一概念也标明了法律义务和道德义务的种差，与为区分它们的具体特性所做的因果的、心理学上的说明一起，确立了一种科学的义务分类。

不能忘记的是，对事物的分类需要有助于对现象的充分的、科学的认知和说明，而不是被用来匹配专家们使用的特殊的命名方式。此处所确立的法律义务-权利-关系的概念包含远远超过法学家填入这些词汇中的东西。它还包括直觉法律关系以及实证法律关系，这些法律关系在国家的框架中缺少官方意义。我们的法律关系的概念涉及法律的两种分类：一、直觉法和实证法；二、官方法和非官方法。基于此种概念来确定法学意义上的法律关系、权利和义务的性质并不存在困难。法学意义上的法律关系-义务-权利并非只有一种类型，它包括：一、国际法领域的实证法律关系-义务-权利，它们基于相关的规范性事实（通过对它的援引）得到确认；二、国内法律生活中官方的实证关系-义务-权利。对于国际法科学以及国内法科学而言，存在着两类不同的法律关系-权利-义务概念。

现代法学体系把一种关于法律关系的要素和它们产生和终止的学说与法律关系的一般学说连接在一起。

通常被区分出来的法律关系的要素包括：一、权利；二、义务（正如我们已经说过的，它和权利都被视为实体）；三、权利和义务的主体；四、权利的客体。

此种分类暴露了流行学说逻辑上的不一致。它把一般的法律 178
关系等同于（被客观法之类的东西规整的）生活关系，这是自相矛盾的。基于此种法律关系的概念（作为生活关系的法律关系），它本该在法律关系中发现的不是权利和义务，而是难以计数、种类繁多的“生活”要素，例如，邻里关系、纠纷、口角、贸易关系、师生关系、主仆关系。然而事实却是，在用生活关系界定貌似具有一种合适的实体（对应于法学普遍的天真-现实趋向）的法律关系的性质之后，生活关系消失了，法律关系转变为这样一种额外出现的要素的组合，即权利和义务、权利和义务的主体、权利的客体。此外，流行学说在外部世界中找到多种实体，貌似适于作为权利义务以及它们的要素的背景。在大多数系统论述中，关于法律关系主体与客体，以及那些与法律关系的产生和消灭相关的东西的学说，并不是用于阐释法律关系，而是用来阐释权利。一开始被界定为双边现象的法律关系，由此被当作单边的，义务和义务人消失了。一般意义上的义务的性质被默默地忽略掉。这些著述里面关于法律关系的段落所阐述的学说都是在讨论权利、权利主体、权利客体，以及法律关系的产生和消灭，或者权利的取得和丧失方式。

在现代关于法律关系的学说中，法律关系的“归属”方面（权利人这一方面）单边地得到凸显，义务这一方面则或多或少地被淡化和忽略。该理论在整体上因此具有单向度的特点。即便那些阐述法律关系的主体和客体的学说所考虑的主体主要（如果不是全部）是权利的主体，而非权利义务的主体，它所考虑的客体也主要（如果不是全部）是权利的客体，而非权利义务的客体。义务的客体的概念以及相应的学说之前完全不存在，本文前面所建议的对权利的客体和义务的客体的区分是创新性的。客观意义上的法律（法律规范）的现代理论则有另一种相反的缺点，法律的归属功能被它忽视了，法律规范被它化约为命令和禁止。

由于关于客观意义上的法律的学说，以及关于主观意义上的
法律(法律关系-权利-义务)的学说在不同意义上都具有单边特 179
征，法律的现代学说在整体上是不协调的、自相矛盾的。它关于客观意义上的法律的内容是这样的，只有律令性这一侧(义务、义务人等)能被进一步讨论。但实际情况却相反，在后来的发展中，不仅权利出现了(如同“机械降神”)，而且其文本内容主要或者仅仅考虑它们(权利)，律令这一侧淡化了，消失了。

我们必须克服此种缺陷，理论体系的各部分必须都被考虑到，需要通过下述改进使理论协调一致。对于客观法的理论而言，除了律令这一侧，还同样要考虑和发展归属这一侧；对于主观法理论而言，除了归属这一侧，还同样要考虑律令这一侧。

除此以外，与现代理论对规范的分析(它仅仅把规范分解成两个要素:假定和处理)一样，通常它对法律关系的分析(将法律关系分解为构成要素)也是不完整的。除了法律关系中的主体和客体，其他要素(正如下文将要说到的，目前它们未得到关注)能够以及应当被发现和确认。

在道德哲学和伦理学中，义务的分析仍不发达，或者更准确地说，完全不存在此种研究。因此我们需要做的不是纠正已有研究的缺失，而是创造一种义务要素的学说。

第二十六节　法律关系的主体与道德义务的主体

法律科学将给定法律关系的主体界定为那些作为义务人和权

利人参与到该法律关系中的人。法律科学将权利的主体界定为能够作为义务人和权利人参与法律关系的人，不论他们在特定时间内是否是任何权利或义务的主体。作为权利人或义务人参与法律关系的能力被称为法律能力，法学家通常将其界定为拥有权利的能力（这与他们的权利学说普遍具有的单边取向相一致）。法学家的该做法需要被纠正，我们需要区分主动法律能力（拥有权利的能力）和被动法律能力（承担法律义务的能力）。

现代主体学说的基本预设是这样一个命题，即法律是为了人而创造的，仅规整人与人之间的关系。因此，只有人才是权利的主
180 体。人们有时也会提到，此种“真理”并不总是被人们所了解，并不总是那么明显。权利曾经也被归属给多种其他类型的“存在”（神、亡者之灵、动物，甚至是无生命的物），但很清楚的是，这是无知、蒙昧和迷信的产物，需要被权利主体的现代的、“启蒙”的理论所矫正。

现代法学认为，人的法律能力始于出生，终于死亡。该能力属于所有人，但依照传统理论，这只是现代法律的产物，它不承认奴隶制。在奴隶制时期，只有自由民才有法律能力，奴隶没有法律能力。他们是物件或客体，而非主体或法律意义上的人。我们已经证明该命题是错的，奴隶制（主人的权力）的本质是，奴隶是一般意义上的对主人的服从、忍受义务的主体。但也要承认，如果官方法认可社会制度、非官方法、直觉法甚至是实证法（习惯法等）归属给奴隶在家庭生活和商务活动中的多种权利，那么依照官方法，奴隶在不同程度上缺少主动法律能力，即拥有权利的能力。

人的法律能力可以是完整的，也可以被限制，因此不适用于特

定权利。依赖于阶级、性别、宗教信仰以及是否是特定国家的公民,人的法律能力会在不同程度上受到限制,一个人或许没有法律能力得到特定职位、取得对土地的财产权等等。当法庭对犯罪的人施加刑罚时,罪犯的法律能力也受到严重程度不一的限制。

在法律能力中,我们需要区分出法律行为的能力,即为自己的行为(签订契约等)赋予法律意义的能力。依照官方法,儿童和精神病人具有法律能力,但没有从事法律行为的能力。

这些命题和概念得到人们的普遍承认。关于人作为主体的学说是法学中少数几个一般理论的组成部分,这些一般理论并非“争议性问题”的组合,在其中所有要素都相安无事。然而,关于人的学说的现代科学遇到严重困难,这是因为这样一个事实,即官方法将多种权利和义务(财产权、要求偿付债务的权利等)不仅归属给个人,也归属给社会制度、协会、国家、财政部、县、市、教堂、修道院、大学、商业公司、医院、救济院、图书馆等等。这样一来,某块土 181
地的财产权可以属于财政部,属于某市,属于救济院,或者属于农业协会。当市、财政部、公司通过代理人签订契约(借贷、租赁契约等)时,依照该契约,这些“主体”承担多种义务,获得多种权利,被称为“债权人”和“债务人”,当契约被违反时,他们成为诉讼中的“原告”或“被告”。这些“人”的权利和义务明显不同于作为其组成部分的个人的权利和义务。欠公司的东西并不是欠它的个体成员的,公司所拥有的东西也并非被其个体成员所拥有。公司对其拥有财产权的那个物并不属于其成员,反之亦然。

上述这些主体被称为法人,以此与作为权利主体的个人相区分,后者被称为生理(自然)人。

传统上，法人被分为：一、社团法人(corporations)，或者称为“集合人”(universitates personarum)，中世纪法学家称之为“联合人”(collegia personalia)。它通常被定义为能够拥有法律权利的人的联合，或者由其成员所构成的法人，包括多种协会、公司之类。二、财团法人(institutions)，或者称为“集合财产”(universitates bonorum)，中世纪法学家称之为“联合物”(collegia realia)。它通常被界定为有着确定和有用的目的的财产复合体或者独立的财产，或者其组成部分包含了财产复合体的法人(救济院、产业联合会、财产联合的基础是被承认的独立拥有法律权利的能力等等)。人们也承认一些临时的或具有混合形式的法人。所谓的法人是否是实际的人(主体)，这样的主体在现实中是否存在，(如果它存在的话)，“什么人”或者“什么东西”拥有此种权利能力(或者说是此种权利的主体)，以及这些主体的实际性质是什么，这些问题已经在科学研究中引发广泛争议，催生大量相关著述。为了解决这些问题，人们提出大量不同类型的理论，它们有时是极为复杂的，很难被理解和交流。详细地批判它们，指出针对它们的所有(或者即使那些最为重要的)反对意见，这需要花费大量篇幅，是不必要的。基于法律的传统理念和学说，我们可以这样说，关于法人的性质，被多种现有理论所呈现出来的东西完全没有揭示法人的存在的实
182 质。依照现有的官方法，只要遵守了特定的手续，由特定权威为了法人的存在准备好并确认了特定文件，那就够了。无需做进一步讨论，仅凭这一点即可表明，关于法人的存在的那一系列理论都是完全无用的。具体来讲，法人的存在一方面并不以事先存在这样一种个人为条件，即法人成立后的利益归属于他，或者给定财团法

人出现的后果是满足了他的某种利益，另一方面也不以某种现存的财产作为条件。社会有机体的存在也不是法人存在的先决条件。当一份文件被拟定出来或者大臣附上他的签名时，并没有任何有机体诞生，除了在纸上，没有"存在"显现出来，但与此同时，一个法律人格出现了，它从文件被适当的人签署那一刻起便独立获得权利。

毫无疑问，现代法律科学处于一种无法逃脱的悲剧境地。一方面，没有主体的权利和义务是不可想象的，另一方面，为大量权利义务搜寻适宜的主体都是徒劳的，尽管大量劳力、无数杰出法学家的才智都被花费在它上面。这意味着，此等搜寻犯了方向上的错误，错误地理解了被搜寻的客体的存在场所。

关于现代法学的主体学说的第一部分（自然人的学说），一切看起来都很协调，并没有出现争议或疑惑。然而，情况之所以如此，仅仅是因为多种与其相矛盾、对其构成反驳的情形被遗漏掉了。正是这个学说，即自然人是活着的人，他从出生开始一直到死亡都拥有权利能力，与这样一个事实相矛盾，即由于死者也能拥有权利、承担义务，死亡并不必然终止人的法律能力。传统上，法学认为，自然人的存在开始于出生，终于死亡，基于此种传统，民事法律针对"共同死亡"（死于同一场灾难中的人）以及"下落不明"发展出相应的学说。针对前一种情况的学说具有这样的效果，即如果若干人在一场船难、战争或其他类似的灾难中死亡，人们无法知晓他们中谁先死（这个问题对于认定相关的权利和义务非常重要），他们会被（罗马法以及许多现代制定法）视为同时死亡，因此他们彼此之间并不存在继承关系。但是如果他们是有着长幼关系的亲

属(父与子、爷与孙),法律则认为成人晚辈比长辈晚死,未成年晚
183 辈比长辈早死。关于另一种情形的学说,当一个人下落不明,官方法规定了他被视为仍然活着的期间(仍享有针对其农场的财产权,他仍被视为相关契约的债权人和债务人等等),超过此期间后,他被视为死亡,他的权利和义务因此被让渡给其继承人。

乍看之下,这些命题与人们关于自然人的通常观念以及"死亡终止人格"这个命题相一致。如果法律在这些情形中规定,法律意义上的人格(独立的权利能力)仍持续存在,这是基于"活着"的假定。然而,假定他仍然活着,并不会使死者复生,此种法律的意思并不是关于"已经是什么"或"是什么"的(正确的或不正确的)断言,而是在规范行为以及设定权利和义务。"假定活着"并没有断言任何东西,它指出,义务应以下落不明者的名义得到履行,不论他究竟是活着还是已经死去,也不论其他人对此怎么看。使用其财产来支付债务,行使他的权利,例如,欠他的债要以"给他"的名义支付给那个代管其事务的人。"活着"的假定仅仅延长了法律能力的存在时间和产生效果的时间,延长了拥有权利的时间,延长了人格存在的时间,而不管那个人或许在很久以前就已经死了。如果那个人在很久以前就已经死了,关于"下落不明"和在一场灾难中"共同死亡"的学说明显反驳了将自然人界定为实际上活着的人的学说,以及人格和法律能力终于死亡的学说。

一些现代法律(它们没有考虑非官方法以及人类文化早期的官方法)延续了死者的人格和法律能力的存在时间,直至他的继承人取得遗产为止。无论如何,处于被继承人死亡与死者的继承人取得遗产(出现了新的权利义务主体)之间的这个阶段,给法学理

论带来不小的混乱和麻烦，此时谁是权利义务的主体？有大量文献试图回答此问题，但想要从中找到让人满意（让现代法学满意）的解答则是不可能的。这导致有些学者（包括那些认为法人是真实的主体、是社会有机体之类的学者）承认，此时出现了无主体的权利，他们有时也用这样的说辞来自我安慰，即该现象是一种暂时存在的状况。

另一个命题（取得权利的能力开始于诞生那一刻）也同样站不
住脚。从下述关于尚未出生的孩童的命题的角度来看，这是很明 184
显的。传统学说认为，人只有在出生那一刻才获得法律能力和法律人格，但与此同时它还承认，尚未出生的孩童也享有多种权利（包括继承权），某个监护人或其他类似的负责人可以被指定来代替他行使这些权利，他可以作为尚未出生的孩童的代理人提起诉讼。有时该学说实际上是在简单明了地说，未出生的孩童“拥有特定私法和公法上的权利”。当它承认这一点的时候，该关于法律能力开始时间的学说就与它在一开始说过的东西相矛盾，该不一致有时被“保留的权利”的含糊表述所掩盖，有时则是坦率的、公开的。

如果现代法学并不囿于罗马法和当代法律关于主体的命题，而是打开眼界，拓展其研究素材，转向人类文化其他发展阶段的法律，它就会明白，甚至是被孕育都不是将人类确认为权利义务主体的先决条件。在特定文化发展阶段的法律中（特别是在比较发达、成熟的部落社会的法律中），人们订立契约、获得权利（包括财产权）、承担义务，不仅是为了生者、以生者的名义，也为了他们的所有后代、以他们的后代的名义：“以他们的子子孙孙为名”等等。

然而，实际的情况却是，关于自然人的现有学说把自相矛盾的、自我解构的命题组合在一起。此种学说除了被这些麻烦、难题和不一致所困扰以外，在其他传统上与主体理论无关的问题和领域中，它也有着明显不充分之处。在财产法中，关于其他所谓的绝对权利，传统学说在主体上犯的错误导致出现了数量极为庞大的主体，购买一个别针或者一支铅笔，都会在地球上所有人和所有国家中引发一场革命，因为，“所有人”都受到该别针的主人的拘束，依照法学的想象，所有人都成为禁止（干涉）的对象，所有人都必须考虑相关的意志，所有人都进入一种指涉这个别针的“生活关系”等等。这些主体的超乎寻常的数量给人以很不舒适的观感，当然也有论者从多方着手试图消除这些主体，但这些努力与在仅需要一个主体的情形中发现或创造主体的企图一样，是任意的，并不成功。

为了成功地构筑一种主体学说，解决法人的性质或者更为具
185 体的“待继承遗产”的性质之类的难题，我们必须从一个简单的命题开始，即法律现象和它们的要素都是精神现象，而非物质世界的现象。为了寻找和研究这些现象，不应该去搜寻外部世界，而是要检视当归属给自己或他人以权利和义务时那些体验到具体的心理活动过程的人的内心。此时，个体的心中，并仅仅是他的心中，才是法律现象出现的场所。现代法学关于主体的全部学说都依赖于这样一种虚假的预设，即必须在不同于相关客体被发现的场所的某处寻找相关客体。

本书之前举了一个逻辑学家（语法学家）的例子，他需要确定以下三种判断（陈述）的主体（主语）：“仆人在接待室里”“宙斯是奥林匹斯诸神之王”“国库有大量财产”。他跟着仆人走入接待室(一种天真-现实的解决办法)来找到第一个陈述中的主体,他宣称并不相信存在着第二类陈述中的主体(一种“天真-虚无”的解决办法),他提出一种荒诞的理论来解释第三个判断的主体,即与第三个判断的主体相对应的是某种超机体(super-organic)的“存在”(一种天真-建构的解决办法)。这些就是我们在现代法律科学中能够看到的主体学说的图景。

当他们把权利义务归属给“财政部”以及其他所谓的“法人”和“自然人”,当他们体验到相应的法律判断(“财政部有某某权利”之类),法学家实际上已经使得相关主体“近在咫尺”,可以说这些主体就在他们心里,在那里,把握这些主体的性质是非常容易的事情。在“财政部拥有一项权利”这样的法律体验中,被归属了权利的那个主体是这个判断的逻辑主语。这就是被想到的那个主体,逻辑谓词“拥有一项权利”指向它;它就是与“财政部”这个词相对应的那个理念的客体(内容)。毫无疑问,这是真实的、合乎逻辑的以及法律意义上的主体。它就在“财政部拥有一项权利”这个判断中被发现。同样的方法可以用于寻找这样一些体验的逻辑意义上的和法律意义上的主体,即“宙斯有权利得到神和人的服从”“已故者有权利使人们对他的记忆不受冒犯”“圣乔治对某块土地享有财产权”等等。这要求法学家在研究法律、进行法律分析的时候必须步入心理活动的场域,关注那些体验到法律现象、归属权利义务的个体的内心。然而法学家对此并不理解。由于未能认识到这一点,他们在外部世界或者空中的某处搜寻主体,这些都不是适当的 186
搜寻场所。自然的、不可避免的结果是,在前述的那些天真-逻辑

或天真-语法的分析中，出现严重不一致，谓词的搜寻也接着在接待室或奥林匹斯山上的云朵中开展。

现代法律科学关于主体的学说在下述意义上是天真-现实的，即在财产法和其他绝对权利中，生活在地球上的所有人都被当作义务主体，以及法人被当作实际存在的实体来对待。现代法律科学也是天真-虚无的，因为它未能在外部世界中发现任何看起来是适宜的、真实的东西，它便宣称不可能发现这些主体，拒绝相信在外部世界中存在着难以计数的权利主体，这些主体毫无疑问地确实存在着或者之前就已经存在。这样一来，现代法律科学否认了（实际地或潜在地）存在着无法归在“活着的人”“自然人”“人类组织”或者“法人”名下的所有各类主体，但这些主体（特别是在包括中世纪在内的人类文化发展早期）在法律心理和官方法中扮演重要角色。这些主体包括：无形的精神、死者、神灵、圣人、魔鬼、动物、无生命的物等等。对中世纪以圣人之类主体的名义写作的文献的错误解读（修道院、教堂等被用来替换这些主体），拒绝相信神灵、死者的灵魂、魔鬼、石头能够作为主体（尽管存在着相应的历史证据），以及采取这样一种态度，即这些现象是天真的误解，以上这些都揭示了一种关于法律本质的基本的认知错误。与对待这些主体的天真-虚无态度相联结的还有现代科学中的其他误解，它们部分反映了现代科学的这样一种极为普遍和核心的特征，即法律仅涉及人的行为，仅调整人与人之间的关系。

知晓并考虑到那些被天真-虚无进路所否认的法律主体类型为我们提供了极佳素材，使我们能够确认，在已有的关于法律及其要素的学说中哪些是正确的，哪些是错误的。在我们对一般意义

上的法律理论的批判反思中，以及对规范、法律关系、权利、义务以及权利主体的学说的反思中，我仅仅使用那些被当代法学所了解并承认的素材。

了解并注意到法律史上这样一个无可置疑的事实，即依照古
希伯来法，耶和华是多种法律义务和权利的主体，这自身就足以驳 187
倒关于一般意义上的法律及其组成部分的极端的“现实”和“实践”理论。鉴于耶和华对以色列人及其所有后代都负有法律义务，耶林认为得到强制力的保障是法律的普遍特征（或者更为一般的，将生理或心理限制视为法律的一般特征的理论），这是多么天真！耶林及其追随者将一般意义上的规范理解为发布给弱者的具有强制力的“意志”（以及更一般地，将规范理解为命令与禁止的流行学说），这也显然与耶和华作为多种规范的适用对象这一事实相悖。流行学说认为，义务是由命令和对不服从的威胁所导致的不自由状态，把该学说与以色列人归属给耶和华的法律义务之类的东西相对比，同样可以发现该学说与事实相悖。

依照中世纪和其他地方的法律，石头、马车、动物之类的主体成为法庭的审判和施加刑罚的对象，这对于多种一般法律理论（基于公意、普遍信仰、普遍承认的法律理论）是极具教益的，这些理论事实上将参与公意、普遍信念、普遍承认的资格归属给石头之类的东西。但是，这些主体对其他理论则是难以逾越的障碍，这些理论包括生理或心理限制的理论、自由的理论、利益的保护和限制的理论，以及现有的将规范视为一个意志发布给另一个意志的指示的理论、义务和权利的理论。

但是，中世纪法和其他原始法中的主体（例如，魔鬼、妖精、被

杀死的动物的灵魂）对法律和道德理论特别具有教益。它们不仅摧毁了现代法学的全部构造，同时也指出了，它作为一门关于人类心灵的具体现象的科学必须踏上的那条阳光大道。此外，它们清楚地、建设性地指出了法律理论的多种问题的正确解决办法。正是魔鬼依照出售灵魂的契约所负担的义务告诉那些正在此种义务的性质问题上耗费心思的人，它们所具有的投射性质，在所有情形中，它们都证明了这样一个事实，真实的现象并不存在于它们看起来存在的地方，而仅仅存在于归属该义务的那个人的心中。如果魔鬼们自己或者被杀死的熊、大象的精神存在于有着迷信观念的
188 人的心中，而不是在空中的某处，很清楚的是，此类主体的义务也不能在体验到相关心理活动的那个人的心灵之外被发现，权利、关于履行约定的法律规范也是如此。

从本书所确立的法律的心理学理论的视角来看，上述主体学说具有实质上不同的特征和内容。

一、在法律科学的其他领域中，相关现象在其中被发现和研究的场所，从外部世界转移到体验到法律活动、将权利义务归属给多种“存在”的那个人的心中。研究主体的适宜方法因此是自我观察以及内外观察相结合的方法。

二、相关的研究和学说试图掌握法律意识的事实状态，摆脱任意的误解，试图忠实地表述什么东西作为主体理念出现在那里，以及它的形态是什么。“财政部”作为权利的主体，不能被这样来解释，即它意味着权利的主体是国家，这是一种违背现实的任意解释。通过自我观察和内外观察相结合的方式，我们很容易就知道，当我们归属给财政部针对我们或其他人的权利时，我们所考虑的

理念完全不同于“国家”这个词所对应的理念。“国家”这个理念通常包含着疆土和民族，在“财政部”这个理念中则没有任何此类东西，“财政部”的理念类似于钱匣之类的东西。其他类型的所谓的“法人”(例如，修道院、教堂)如果被理解成人的联合、社会有机体之类的东西，那它们的性质便在另一种意义上被误解了。在现实中，相关理念的内容与此不同，“修道院”的理念包含了建筑之类的观念，当一个修道院被个体所知晓时，情况更是如此。

在多种法律领域中，通过运用科学-心理学研究方法(内外观察相结合的方法，以及对书面文献的研究)，我们可以揭示多种多样的、异质的、作为主体的“存在”(多种主体理念)。这样一来，在一个人死后、其继承人取得遗产之前的权利义务的主体依照某种法律可以是死去的被继承人，依照另一种法律也可以是尚未被取得的这份遗产。在摆脱了误解和虚妄的思辨之后，就应该采取这样的说法。然而，对于处于被继承人死亡和遗产被取得之间的这个时段的那类资产，当代法律意识的态度则经常是，将权利义务既不是归属给死者，也不是归属给该遗产，而是归属给一个性质上不 189
明确的主体，该主体近似于代词“某人”所对应的那种主体。“特定权利(例如，对已经被发现的某物的财产权)属于‘某人’”这一含糊的意识是一种很常见的现象，它在法律生活中有很大影响。

对于在外部世界中对应着主体理念的那些东西的性质，法律理论并没有科学地予以研究。在一种关于“人”(persons)的学说中描述“社会有机体”的性质，(即使超机体的“存在”已经被发现了)这是不一致的。同样地，在一种关于“自然人”的学说中讨论现实的人(man)的构造与心理，也是不适当的。

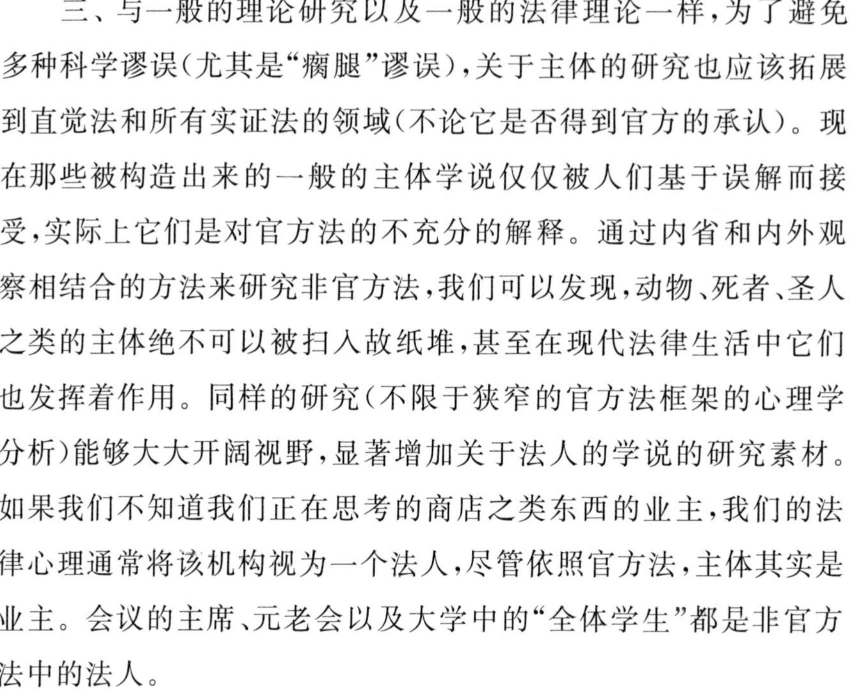

三、与一般的理论研究以及一般的法律理论一样，为了避免多种科学谬误（尤其是“瘸腿”谬误），关于主体的研究也应该拓展到直觉法和所有实证法的领域（不论它是否得到官方的承认）。现在那些被构造出来的一般的主体学说仅仅被人们基于误解而接受，实际上它们是对官方法的不充分的解释。通过内省和内外观察相结合的方法来研究非官方法，我们可以发现，动物、死者、圣人之类的主体绝不可以被扫入故纸堆，甚至在现代法律生活中它们也发挥着作用。同样的研究（不限于狭窄的官方法框架的心理学分析）能够大大开阔视野，显著增加关于法人的学说的研究素材。如果我们不知道我们正在思考的商店之类东西的业主，我们的法律心理通常将该机构视为一个法人，尽管依照官方法，主体其实是业主。会议的主席、元老会以及大学中的“全体学生”都是非官方法中的法人。

四、关于谁或者什么能够成为法律关系、义务和权利的主体，心理学理论认为，主体理念对应于所有可能的、一个人或者个人的特征的理念。只要法律冲动和其他理念（客体理念之类）与它们相结合，这些理念的客体就是权利的主体。这些客体可能包括那些实际上不是活的但被视为有生命的东西（例如，石头、植物）：动物、动物的魂魄、人（包括他们的胚胎以及他们死后的精神）、人类社
190 会、社会制度、多种神灵以及其他无形的精神。哪些东西能够成为主体，这依赖于文化发展阶段、宗教信条以及特定人的个性、他的年龄等等。例如，玩偶在儿童法中是权利主体，但在成人法中并不是权利主体。

需要特别强调的是，**不仅实际存在的个人是权利义务主体**，**由**

个人组成的类别和种群也是权利义务主体，尽管此种类别既不存在于外部世界，也未指示现在存在的真实的客体的联合。它纯粹是理想性的“量”(ideal quantities)，它也包括未来的和其他被想象出来的客体，只要它们具备特定属性。如此看来，在“父母有权利惩罚孩子，孩子有义务忍受父母的惩罚”这样的法律关系中，权利义务的主体不是个体而是类别(“父母”这个类别以及“孩子”这个类别)。

法律关系、权利和义务必须依此被分为个体(特殊)法律关系和类别(一般)法律关系。然而，在法律关系的一般概念的意义上或者特定类型的法律关系的一般理念的意义上的“抽象法律关系”一定不能与上述意义上的一般(类别)关系相混淆。尽管流行的学说依其性质认为，那些非人(例如，“存在”的类别或种群)之间的“法律关系”完全是不可想象的，但这样的关系事实上不仅是可以想象的，而且可以被我们通过自我观察所体验到。这进一步显现了流行的法律理论和法律理念的不妥当之处。

在那些作为权利义务主体、在法律心理中活动着的无数类别中，特别需要关注的是代词“全部人”“每一个人”“所有人，不论他是谁”所指称的东西。现代法学已经知道了绝对权与它们的关系，却没有能力将其解释清楚。这些绝对权包括财产权、生命权、身体完整权、名誉权等等。它们就是这样一种权利，即与它们相对应的义务主体是类别(“所有人”或“每一个人”)。既然存在着绝对权，我们也要承认，还存在着绝对义务，与这些义务相对应的权利主体是“所有人”“每一个人以及所有人”这样的类别。此种义务要求我不得侵犯生命或名誉，不论生命或名誉是谁的。

道德科学在义务主体上并没有遇到特别的疑惑或困难。像法学家针对法人所形成的那种学说或争议，在道德科学中并不存在。
191 但这不是因为道德科学在此方面比法学更先进，并不是因为它已经成功地搞清楚了实际的相关事态。相反，道德科学在很多领域也是滞后的，它与法学一样是一个尚不成熟的学科。它仍没有确切地知道存在着的问题，没有注意到与它相关联的现存的事实和问题。这在以下现象中表现得很明显，即哲学家和道德学家在进行关于道德和道德义务的推理时，他们研究的出发点是某种自明(self-evident)的东西，他们在着手研究时的预设是，所有道德可以并且实际上仅仅被"发布"给一个"理性的、自由的"意志，义务人必然是一个具有此种意志的人。此种预设与道德的性质完全不一致，与实际的道德生活中的现象相悖。如果哲学家和道德学家在从事道德研究时不是从那些看似合理的东西出发，而是用心对道德生活中的事实进行心理学研究，他们会很容易看到，道德义务的主体包括国家、共同体、市、县、大学、社团等等。一系列义务被归属给这些主体，例如，关怀穷人，开展教育，对服务人员、工人持有一种公正和仁慈的态度。换句话说，即使道德科学对义务主体有着像法学那样的理解，"道德意义上的人"(moral persons)也本该成为一个问题。同样的问题也应该存在于美学研究中，关于优雅行为的规则，也类似地可被拓展适用于国家之类的主体的行为。但是，审美科学的发展是落后的，这不仅因为它没有审美主体的学说，也因为它甚至没有审美规范和审美规范性体验的学说，仍然仅仅基于对美的知觉来解释愉悦。

国家和其他的所谓的法人既是道德义务和审美准则的主体，

也是法律义务的主体。通过运用自我观察和内外观察相结合的方法，这一事实很容易被确认并得到（会带来好处的）研究。这一事实不论对伦理学和美学，还是对法律科学，都是富有教益的。注意到该事实会拓宽法律主体理论的视野，揭示多种特别地适用于法律的学说的愚昧和不妥当之处。从道德和审美的视角来看，“法人”这个词是不妥当的，表达了一种错误的理念。

道德义务（以及审美要求）的主体甚至可以是（以及事实上是）动物、死者的精神、神灵等，并同时包括了个体和类别（包括“每一个人”）。

在一般意义上，前述关于权利主体的阐述也同样适用于道德 192
主体（道德义务的主体）以及审美主体。它们的根本区别在于，在法律中存在成对的主体，在道德和审美中则只有单方主体。

第二十七节　道德权利义务的客体与法律权利义务的客体

依照流行的观点，权利的客体是指由主观权利所提供的（或者得到主观权利保障的）被支配的客体或者实现利益所需的客体。

习惯上人们依照权利的不同类型，将不同类型客体区分开。物件被确认为财产权的客体以及他物权的客体。基于罗马法学发展起来的流行的客体学说包含的基本上是关于物以及物的不同类型的学说，例如，可移动的物、不可移动的物，简单的物、复杂的物。依照流行的观点，契约以及其他类型的债所创造的权利的客体是债务人的行为、债务人的积极的和消极的（不作为）行为。家庭中的权利(具体来讲就是夫权和父母的权威)的客体是从属一方的人格。继承权的客体是被继承人死后留下的财产。人们同样普遍认为,当被考察的权利是生命权、身体完整权、名誉权以及类似的所谓的人格权时,权利的客体就是权利人的人格。

在权利的客体问题上,传统的、流行的理论是一种多元理论,它认为存在多种权利客体,与其相对,权利客体的一元论认为,权利的客体是某种单一的、同质的东西。有一些一元论的主张者认为,只有物才能成为权利的客体,另一些则认为权利的客体是行为(包括不作为)。但也有人认为,权利的客体是人(因为法律授予他们对其他人的支配权),或者(与权利人相对的)他人的"意志",或者自然的力量和人的力量。一元论在学术研究中扮演的角色是不重要的。它们只有很少的支持者,甚至在支持者的书中,一元论的作用也主要是装点门面以及引导思考,在介绍完它们之后,作者便转而去讨论关于多种权利的多元客体的通常观点,从中归纳出多少有些宽泛、混杂的客体集合。

正如当代法学的其他学说那样,流行的客体学说的主要缺陷
193 在于,它在适宜的场所之外搜寻客体。在道德科学中,并不存在与法学的客体学说相对应的那种学说。

构筑一种适当的客体理论,对于法律科学和道德科学都极为重要,这可以使义务、权利和规范等得到正确的理解。这样一种理论以及对客体进行正确的分类必须基于前面阐述过的方法论原则,需要研究那些体验到道德和法律心理活动、形成相应的投射的那个人心中的东西,需要运用自我观察之类的研究方法,清除之前关于利益之类的东西的理论所带来的任意的解释和论断。由此,可以构建出义务客体的一般框架，即同样适用于法律科学和道德科学的单一框架，还可以以此为基础，依照法律的归属性质，形成权利客体的补充性学说。

伦理冲动有别于饥饿、恐惧、生气等特殊冲动，它是一种没有特殊反应的抽象冲动，其运作结果有助于激发这样的行为，即其理念与给定伦理冲动相关联而被体验到的那种行为。依此，伦理体验的实质性智识要素是行动的理念，即给定伦理冲动通过运作所激发(或抑制)的那种行动的理念。我们无法想象，人们可以体验到缺少给定主体必须去做的行为的理念的义务，因为如果没什么是必须要做的，就意味着完全不受约束。换句话说，谓词“义务”的相应的必备智识要素被认为是欠他人的行为，我们称之为义务的客体。落实相关理念，实际完成相关行为，就是履行义务。与道德冲动和法律冲动的抽象性质相一致，义务的客体可以是所有可能的行为类别，包括任何可以想象的、外在的或内在的行为。例如，在法律领域中，义务的客体可以是纯粹内在的行为，在道德领域中，义务的客体也可以是纯粹外在的行为。在法律和道德这两个领域中，义务的客体不仅包括我们认为是合理的、对他人或社会有益的行为，以及增进幸福的行为(正如各路哲学家、道德学家和法学家错误地认为的那样)，也包括非理性的、有害的行为。

前文已经说过，所有可能的行为类别可以被化约为三个范畴：积极行为、不作为和容忍。罗马法学家在很久以前就已经知道了行为的此种三分法，他们区分了作为、不作为以及承受，将它们作为三种可能的义务性行为。近来有一种两分法比较流行，它仅区 194
分了积极行为与消极行为(不作为)。此种分类的根据是，规定了

"容忍某事被做出"的规范实质上指出了，抵制他人做这件事是被禁止的。因此，"容忍"通常都不会被提出来作为义务性行为的一种特殊范畴。

将容忍化约为不得对抗，这是一种不科学的研究方法所导致的结果，那些论者基于实践考量的视角(一个东西在实践结果上等同于另一个东西)任意地误解了事实。然而，心理学方法要求我们研究的是，在一个人自己或他人的心中，实际上被发现的东西是什么。

无可争辩的是，从心理学的视角来看，容忍某事的义务与不作为的义务(包括不得抵制的义务)是不同的现象，它们各自客体的理念的内容是完全不同的。有时候，会出现这样的情况，在某领域中意识到一种容忍义务，但其中通常并没有一种对抗的想法或者来自于该义务的不作为的想法，相应理念的联合完全被从中排除掉了。这是这样一种情况，其中人们意识到耐心地容忍的义务，对疾病、毁灭、与我们近在咫尺的死亡以及其他由一个全知全能的上帝散播的不幸毫无怨言(驯服地忍耐)。在此种情况(与上帝的关系的领域)中，"对抗"和"不作为"的理念通常根本不会出现，它们被全能的理念预先阻止和消除了。此时需要忍受的不是临近的行为或事件(所以避免或阻止它们的理念是被允许的)，而是已经发生的事件。顺从地容忍临近一个人的死亡或者上帝散播的其他不幸的义务，排除了"对抗"或"阻止"这样的想法，这不仅因为另一方是全能的神，也因为相关事件已经发生了。在这类事件开始之前(例如，在一个被敬爱的人死亡之前)，忍受上帝散播的不幸这个义务的意识，并没有排除向医生等人求助，尽管这意味着人们试图阻

止有威胁的事件发生。

依照行为的三分法（作为、不作为和容忍），道德义务和法律义务也可以被分为三类，即“作为”义务、“不作为”义务，以及“容忍”义务。

道德义务和法律义务的客体可以是由这三种不同类型行为（作为、不作为和容忍）所构成的，有着不同复杂程度的联合行动、系列行动和行动系统。抚养孩子、治理国家之类的义务代表了这
样一种义务，该类义务指向由多种作为、不作为和容忍所构成的复 195
杂行动系统，系统中的这套行为通过一般的理念和术语而得到统合，例如“抚养孩子”“治理国家”。由此看来，单一的或要素性的客体（可以被分别构想的积极行为、消极行为和容忍）和相关单一义务，需要区别于复杂的客体和复杂义务。

多种法律义务和道德义务的履行，即相关客体的现实化，通常预设了由义务人完成多种其他积极行为、消极行为或容忍，或者同时完成这些行为，以此作为实现义务要求的效果的手段或者必要条件。履行付给另一个人一笔欠他的款子这样的法律义务或者履行为另一个人提供经济帮助的道德义务，预设了义务人获得相应的款项，义务人没有为了满足自己的需要和喜好而花掉它，义务人容忍失去这笔款子等等。当火车经过时，扳道员履行他的义务，预设了他不能睡觉和喝醉，他需要出现在他履行义务的那个地点，他要容忍坏天气和寒冷等等。起源于义务履行的特定条件的意识，作为、不作为或容忍的理念（它们对于履行该义务具有实质意义）出现了（通过理念的联合或者推论），伦理冲动拓展适用在它们身上，以至于它们转而成为义务的客体。这样的客体，以及相应的义

务、规范和一般意义上的道德体验和法律体验，其特点可以被概括为“辅助”的或者“衍生”的，有别于那些原初的(primary)或基础的客体，以及相应的义务、规范和一般意义上的法律体验和道德体验。

所有原初客体(不仅指积极行为，还包括不作为和容忍)都可能伴随着辅助性客体，不论原初客体的性质是什么，这些辅助性客体也可被分为不同类型(积极行为、不作为和容忍)。上一段中的例子显示了，当原初客体是某种积极行为时，它的辅助性客体可以是积极行为、不作为或容忍。当原始客体是不作为和容忍时，它们的辅助性客体也可能是这三类行为。如此看来，当某人负有义务容忍父亲的惩罚，负有义务容忍被关到监狱里，负有义务容忍他人执行死刑判决时，相应的辅助性客体可以是多种积极行为(出现在自己父亲面前，承认自己从事了犯罪行为，回到自己的国家，出现
196 在警察或检察官面前等等)，多种不作为(不得隐瞒真相、弄虚作假、逃跑或者对抗)，以及多种容忍(容忍被逮捕，容忍被拘留，容忍被检查，容忍检察官的言论等等)。

辅助性客体主要出现在原初客体被实现之前的那个阶段。不得对抗(作为一种履行容忍义务的辅助客体)通常发生在履行容忍义务之前，出现在另一个人(他缺少足够排除对抗的理念的力量)试图给我们带来特定恶的那个时候。不对抗作为一种客体，可以辅助容忍监禁义务的履行，辅助容忍他人执行死刑判决的义务的履行，它先于义务要求的原初效果而出现。然而，辅助性客体也可能出现在原初客体被实现的那个时候，例如，某人为了遵守监禁的判决而不逃跑。辅助性客体还可能出现在原初客体被实现之后的

一段时间，这样看来，履行交付给他人某物的义务的辅助性客体可以是这样的行为，即事后不得将该物拿走。假设依照契约的要求，一个人需要从属于他人的权威、成为俘虏和人质，这个人在履行了契约要求的“手续”后，马上跑掉了，如果说他已经履行了契约要求的义务，这并不合适，因为他违反了相应的辅助性义务。这样看来，对于辅助性客体和相应的义务和规范，需要把它们分成“先前”(precedent)、“当下”(concurrent)和“之后”(subsequent)三类。希伯来人经常违背他们负有的容忍耶和华的行为的义务，因为他们在耶和华做出这些行为期间和之后进行抱怨，他们主要通过这种方式违反了该义务。

上面提出的那些概念，以及将客体、义务、规范区分为原初的和辅助的，研究道德和法律心理中的相应现象，它们在多个方面都对道德科学和法律科学有价值。

为了正确地解释实证道德(例如，基督教的道德)和实证法的渊源，以及为了基于正确的原则构筑相应的学说，我们需要持续关注这样的事实，即理念的相应联合经常引发了辅助性的客体和义务(替代或等同于原初的客体和义务)，它们将会在道德理念和法律理念的书面和口头交流中被提出来。

在基督教的道德体系中，依照正确的理解，容忍的义务是最为重要的义务。但是《新约》对它们(像对其他义务一样)的描绘和说明经常是通过指出多种辅助性客体来完成的。由于那些解释它们的人关于道德(及其要素)缺少一种适宜的、能够支持他们的所作
所为的理论，结果就是误解的产生，此种误解可能是极为严重的，197
根本上扭曲了《新约》包含的道德哲学的意义。例如，“登山宝训”

提到了不要对抗邪恶，以及把另一边脸也交给他人去打（《马太福音》，第 5 章第 39 节），解释者便从中推演出一个冷漠的道德体系，即不得与邪恶做斗争，不得抵制它。“登山宝训”包含了两个命题，从中明显可以看到两类义务。第一类义务是关于不得抵抗的消极义务，第二类义务是关于提供另一边脸的积极义务。但很明显的是，如果人们考虑到这两个命题的逻辑关联，以及我们关于原初的和辅助的客体与义务（尤其是关于容忍义务领域中的辅助性客体）已经说过的东西，那么“登山宝训”在这里表达的就是单一的道德理念，描述了单一的道德义务。它既不是不作为的义务，也不是从事积极行动的义务，而是一种容忍义务，即愿意容忍落在我们身上的侮辱等邪恶。为了描述此种义务（以及一般意义上的相应道德理念），这两类辅助性的客体和义务需要被指出来。同样明显的是，当考虑到“登山宝训”的前述言词与其之前的言词（先前关于“以眼还眼、以牙还牙”的同态复仇原则，不得报血仇的戒条等等）的逻辑关联，还存在与容忍义务相关联的第三类辅助性的客体和义务，具体来讲，就是不得报仇。只有基于此解释，“登山宝训”中那种对比性的表述才是可理解的、合乎逻辑的，即“但我要告诉你们”之类。同样的道理也适用于“登山宝训”后面关于衬衫和外套的命题，它们也明显不是独立的积极作为义务，而是对作为原初义务的不作为义务的进一步阐释。孤立地考虑不得抵抗的诫命，把相应的不作为义务作为一种独立的一般性义务，这将会导致一种完全不同的道德学说，该道德学说对邪恶持有一种冷漠的、惰性的态度。此种学说已经被某些人提出来，因为他们错误地理解了“登山宝训”。与此不同的另一种解释并没有排除我们应该为了扬善抑恶而斗争，对此，基督和他的信徒们以最为崇高的形式予以践行。在此种斗争中，并且凭借此种斗争，高尚的容忍义务（容忍不幸、迫害和羞辱，心甘情愿地忍耐，不带有恶意和利己的反应）得以实现，这些正是导师自己（the Teacher Himself）在他的那些伟大事例中所显现出来的东西。

通过指出辅助性义务来表达和阐述道德义务，这在《新约》和 198
道德哲学的其他书面渊源中很常见。即使在法律（包括现代制定法和法典）中也不少见，尽管法律的流行趋向是精确地表述其内容（此种趋向是道德所缺少的）。

除了肢体运动和其他行为的理念之外，（我们的意义上的）客体理念（在道德和法律领域中）也包括更为精确地界定了对于妥当履行义务具有必要性的东西的理念（模态的理念或者补充性客体的理念，以及它们的模态词或者客体补语）。它们包括：一、时间的理念。这是指行动必须被完成的时间，例如，不加耽搁地予以援助，在某日期支付钱款。二、地点的理念。例如，将一个客体带到某地。三、义务性行为的属性的理念。这是指履行方式和履行顺序，品质和数量等。例如，合理注意、自愿地、热忱地、逐步地、必要地。四、物以及其他应该被提供给权利人的利益的理念。义务人对其不得采取行动，或者对于它被他人所使用这件事，义务人应该予以容忍。五、义务性行动的接收者的理念，这是指人或者特定“存在”的理念，为了满足他们的利益，义务人需要从事特定作为、不作为或容忍。例如，某物应该被提供给的那些人，义务人被要求不得侵犯的那些人，或者其行为必须被容忍的那些人。

在法律上，行动的接收者通常指权利人（权利的主体），换句话

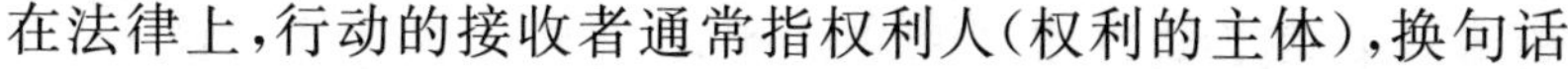

说，义务的接收者的理念与权利主体的理念相一致，或者被其所吸收，因此不会被单独体验到。在理论上，接收者和权利人有时被等同起来。然而，这样做会混淆那些应该被严格区分的概念。从心理学的视角来看，义务性（道德或法律）行动的接收者的理念，一个法律主张的主体的理念，它们扮演实质上不同的角色，在伦理体验的构造中占据不同位置。“接收者”与权利“主体”这两个术语在法律体验中并不总是一致，如果一个父亲雇佣一个保姆照顾他的孩子，或者与城市中的公寓或寄宿点的所有人订立合同，让他们为他的孩子供应食宿，相应的法律体验同时包含了儿童作为义务性行动（提供食物或者其他关怀）的接收者的理念，以及作为此种主张的主体的其他契约参与者（父亲）的理念。有些义务和主张的接收

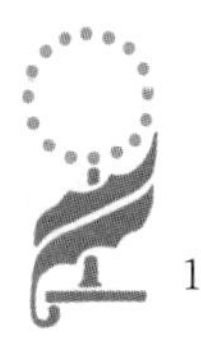

199 者是个体主体，但它们却被归属给国家。在宗教法中，多种针对人的主张属于神灵，这些主张包括：他们与邻人的关系应符合特定规范模式，他们应完成特定行动来满足邻人的利益，他们不得侵犯邻人的生命、名誉和财产。在法律上义务人自己可以是义务的接收者，在从属性的、社会性的权威（例如，监护人的权威、父母的权威、国家的权威）的行动中，拥有相关权威的主体有权利要求那些服从他们的人实施这些命令，尽管他们发布这些命令不是为了他们自己，而恰恰是为了那些服从他们的权威的人。有时这会被具体地指出来，例如，当火车通过时，行人被禁止登上站台，以免他们遇到生命危险。

在当代道德科学中，尽管它对于行动的接收者完全缺少相应的科学的概念和学说，它对于道德体验的其他要素也是如此，但接收者的理念仍扮演重要角色。不论通常被接受的道德义务（以及

德性)的分类,还是其自身立基于一种义务(以及德性)的分类的科学系统,接收者的理念都是其基础。现代道德哲学区分了两类道德义务:一、指向自己的义务(个人义务和“个人”德性);二、指向邻人和他人的义务(“社会”义务和社会德性)。在更早的时候,流行学说把义务分为三类,与此相应确立起三套学说:一、对上帝的义务;二、对自己的义务;三、对邻人的义务。此种三分法仍然流行在基督教伦理学中,流行在相应的权威著述以及教理问答中。

这些分类和学说体系明显基于接收者对道德议题进行的区分,它们都经不住批判性检验。基于下述理由,它们都需要被否定。

一、首先,必须承认的是,现在正在受到反思的、构成了此种分类和体系的基础的命题(所有道德义务都预设了特定的接收者,它们都是指向某人的义务)是不妥当的。真实的情况与此相反,有很多义务(以及一般意义上的道德体验)并没有任何类型的接收者。那些传统上被归类为“对自己的义务”(所谓的个人义务)的义务大都如此,例如,举止适度、自我拥有、勇气、明智、谦虚的义务(和德性)。如果使用了适当的研究方法(自我观察等),很容易得 200
出这样的结论,相关的义务被体验到时,通常并不带有任何接收者的理念。我们必须谦虚、举止适度,这是因为本该如此,不是为了(或者说关联于)任何人,通常没有什么“自己”或任何“其他人”的理念作为此义务的接收者,尽管有时(当相关的义务是带有接收者的义务时)这个理念会出现。但即便是很多传统上被归类为“对他人的义务”,也是没有接收者的。通过自我观察很容易展示,传统上被确立为指向他人的、归类在“诚实”名下的那些义务实际上通

常并没有接收者。“人们应当讲真话”“人们不得撒谎”不是为了其他人，而是本该如此。然而有时候，不得撒谎作为指向他人的义务被人们体验到，体验到它的人有了这样一种“他人”的理念，即特定谎言会损害这个人，认为自己对这个人或者说为了这个人不得撒谎。但是在这种情形中，不得撒谎通常并不是作为诚实义务的独立客体，而是不得害人的义务衍生的、辅助性的客体。同样的道理也适用于其他多种义务，道德学家为了将它们归在传统的分类和体系的名下，任意地为这些义务设计接收者。总体上可以说，现代道德科学所提出的传统义务分类、阐释体系以及相应的对多种义务和德性的解释和误解，实质上是对真正的道德的扭曲和摧毁。

二、如果我们把前面指出的那些误解放在一边，仔细考虑那些实际上存在着相关行动的个人接收者的道德体验和义务，那么我们也会发现，传统的义务分类以及相应的学说的预设是错误的。许多道德体验和义务确实有着相关行动的个体接收者，但它们为接收者带来的并不是善，而是恶，例如，死亡、羞辱。相关的接收者以及相应的义务和一般意义上的伦理体验可以被称为“有害的”，以此区别于善的接收者以及相应的义务和一般的伦理体验，后者
201 可被称为“有益的”。我们无需进一步查找资料就可以证明，确实存在有害的义务和规范（它们与道德学家的传统分类不相容）。前面我们在讨论《新约》时已经看到了，“登山宝训”中提出了忍受恶的命题，该命题与之前关于复仇的诫命相对立，接着它提出了进一步的、爱一个人的敌人的命题，这与先前的关于憎恨仇敌的命题相对立。（《马太福音》，第 5 章第 38、43 节）

在国家之间、部落之间以及个人之间的意义上憎恨敌人的义

务(以所有可能的方式伤害他们、迫害他们以及毫无怜悯地消灭他们),构成了处于特定发展阶段的所有民族的道德的基础,或者至少是其中极为重要的要素。从这些义务和德性(勇敢、诡计、不宽恕,甚至是一般意义上的残忍)以及那些与其关联的原则的视角来看,在处于这些发展阶段的社会中,做出这些行为和具备这些特征的人在伦理上值得赞颂。相反类型的行为和性格特征(例如,彬彬有礼、宽恕敌人、易于与敌人妥协、不好斗、不勇敢)则被认为是恶。圣经可被视为一种相对发达的文化的编年史,但即使在圣经中,与敌人妥协、饶过他们的性命也被认为是极为严重的犯罪(参见《圣经》中"扫罗"的故事)。甚至柏拉图(被公认为古代文化最发达的国家中最伟大的哲学家和理念论者)也认为,在他理想的乌托邦中,公民护卫者应该具有恶狗一般的德性。在他看来,"野蛮人"(所有希腊的那些小小的城邦之外的人)是天然的敌人,既不能放纵也不能饶恕。一个人如果不好战、不勇敢,意味着要被从他的理想国中驱逐出去。那些勇敢地打击敌人的人则会在活着的时候和死后赢得最大的报偿和荣誉。教育也需要依此来开展,要给儿童看那些集体屠杀、战争之类的图画。甚至对于现在的那些所谓的文明国家(更不用说狭义上的野蛮人和原始人了),尽管它们没有接受基督的教导,但在对待其他民族、宗教的成员时,相似的道德原则也并非不可理解。将报复的要素从他们事实上持有的道德观念中清除出去,仍然是留待未来完成的任务。一般来讲,一个社会的文化发展水平越低,"有益"型义务的重要性就越小,它们的接收者的范围也就越小;一个社会文化发展水平越低,"有害"型义务的重要性就越大,它们的接收者的范围也就越大。

流行学说将道德等同于利他主义，等同于促进普遍幸福之类
202 的行为，它们阐述和强调了这样一种事实，即道德的性质实质上是未知的，具体个人的实践观点和推理被用来替代对现象的客观的心理学研究。与前文我们已经确立的东西相一致，传统的基于接收者的义务分类必须被放弃，需要用下述分类代替它。一、无接收者的义务（中性的义务或者说客观的义务）。二、有接收者的义务，它又可被分为：（一）“有害”的义务；（二）“有益”的义务。只有对于其中第二种类型的第二个子类型而言，流行分类才可能是正确的，因为它只是试图对“有益”型义务进行正确分类。然而，这也不能被接受。将“有益”型义务分为对己的（所谓的个人义务）与对他人的（所谓的社会义务），是“瘸腿”的分类，它仅包含“有益”型义务的多个类型中的一部分。更为古老的三分法或许是更好的分类方式（尽管它也远远不能让人满意），至少它没忘记上帝也是道德义务的接收者。

除了流行道德科学所了解和考虑到的道德义务的接收者以外，还存在很多其他类型的接收者。例如，前面在阐述关于道德义务和法律义务的主体的学说时已经指出了，存在着各类被假定的“存在”，以及所有被想象出来的一般意义上的“存在”，包括死者的精神、动物、被法学家称之为法人的那种“存在”。通过自我观察和内外观察相结合的方式，很容易发现它们的丰富例证，此处无需赘述。

关于基于接收者的理念区分道德义务（以及一般的道德体验）的做法，前面已经论证的东西稍作修改便同样适用于法律义务以及一般的法律体验。法律义务也可以被分为，中性的或客观的义

务（无接收者的义务）、“有益”型义务，以及“有害”型义务。在法律领域中，义务的接收者也不仅包括人，还包括动物、死者的精神、神灵、法人等。法学家（特别是刑法学家）的传统观点认为，法律仅保护人的利益，因此它关于禁止虐待动物、破坏陵寝、亵渎神明的命题并不是为了动物、死者或者上帝，而是为了人，为了避免引起其他人不愉快的感觉。该观点从特定个人的实践的视角出发提出，是对事实任意的、方法论上不可接受的误解。

之前所述提出了义务客体及其构成要素的理论框架，它共通 203
地适用于道德体验和法律体验。它能够为我们对道德现象的分析、解释和其他研究提供指引，就法律现象的律令一面而言，也是如此。

在法律领域中，需要依照法律的归属性质扩充该客体理念框架。前已指出，依照法律冲动的归属性质，法律体验包含了欠权利人的积极效果的理念（“收受”，一般意义上的增加），以及（或者代之以）要求义务人做出的行动的理念（义务客体的理念）。提供给权利人这些“收受”（权利客体的实现）在法律中扮演决定性角色，义务人履行义务所要求的行为（义务客体的实现）仅仅是前者的实现手段。所以，不论通过何种方式，哪怕义务人自己并未采取相关行动，如果相应的“收受”被提供给权利人，法律心理也将其视为对权利所要求的东西的适宜履行，法律心理便从中得到满足。前已表明，与此完全相同，积极的“收受”（作为相关权利客体的狭义的收受，即积极收受）对应着积极行为（狭义的、作为义务客体的行为）；对相关行动的不容忍（“不可剥夺”或者“安全保障”）作为权利的客体对应着消极行为（不作为）；被义务人容忍的相关行为，或者说行动自由，它作为权利的客体对应着容忍。因此可以说，存在着三类权利以及三类义务和规范，这三种类别分别是：积极-归属、消极-归属和授权（empowerings）；或者分别称之为狭义的法律主张、法律保卫和法律授权。关于一般的义务客体的理念的其他方面，将我们已经论证的东西稍作修正即可适用于权利客体的理念。

在此处，我们也能够并必须区分原初客体和辅助的、衍生的客体，区分原初权利和辅助性权利。如此看来，承担多种行为的能力（这些行为是相应惩罚的实现手段或者预备阶段，例如，对罪犯的逮捕行为或者其他能够实现施加在他身上的权力的方法）以及多种消极主张（这些主张的对象是，被惩罚的那个人不得做出阻止惩罚权实现的行为），它们作为辅助性权利，对应着作为原初权利的
204 惩罚权。如果一个人的财产被他人占有（例如，如果该财产被发现在他人的厂房里），财产所有人可以要求对方交还此物，或者要求对方允许他将该封闭的空间打开，以便取回此物，这些主张对应着财产所有人的原初权利（使用其财产的能力和一般地用该财产做其喜好的事情的能力）。

此外，对于权利的客体，我们必须区分（正如在义务客体的理念的情形中）模态理念或者说补充性理念：一、相关收受的时间；二、相关收受的地点；三、相关收受的属性、品质、顺序；四、物质或客体理念；五、接收者的理念。例如，某父亲有这样一个权利，某物（客体的理念）必须在特定时间（时间）、特定地点（地点）被提供给他的儿子（接收者）。例子中的时间、地点等理念都是权利客体的模态或者扩充。

义务客体与相关权利客体的联合便是法律关系的客体的理念。

对于义务客体和相应的权利客体，我们所建议的三分法（作为-收受、不作为-免受，以及容忍-作为）以及它们相应的模态是法律关系客体的三种类型的框架。

此种框架与模态的概念和分类的结合，包含了法律现象的相关要素的一份一般的理论列表和分类，对于法律现象、权利、义务以及法律规范而言，它为正确和清楚地解释、分析（以及综合）它们提供了指引。然而这并不意味着，给定法律体验完整地表达了与作为-收受两分的框架相一致、以成对理念的形态出现的法律关系的客体，那仅出现在特定法律体验和法律表述中。通常来讲，客体理念和相应的动词表述有着更为简短、简明的特点。

关于一般的法律体验的表述的形式，前已表明，除了完整的和充分的形式，还有三个缩略形式。它们分别是：缩略-归属（它仅指出权利的主体和客体）；缩略-律令（它仅指出义务的主体和客体）；双重缩略，或者说中性的表述（它仅是无人称地指出什么是适宜的，例如，赔偿损害）。依此，在客体理念的领域中，我们可以区分出四种体验和表述的形式：完整的（充分的），以及三种缩略的。

除了这些以外，还有其他缩略形式。存在着复合的权利，它们 205
由法律授权和法律主张所构成，通过指出权利人对其享有权利的那个行动，它以缩略的形式表达出来，就好像它仅仅涉及授权。因此更多的权利由两个要素构成。一、做出特定宣称的法律权力，他人则必须容忍这样的行动。例如，以祈使语气向他人说话或者在议会中提出一个问题。二、一个主张。其内容是，在这种或那种意义上被表达出来的东西。如果被表达出来的是一个问题，那就要求得到履行、考虑、答复；如果被表达出来的是要求或申请，它要求得到的就是考虑、满足或拒绝。这就是政治生活中大量法律关系的典型构成方式。复合型法律关系的一种典型表达方式是，指出一个人有权利做出特定宣称或者发布某项指令。例如，君主或总统拥有宣战的权利，做出某种处置的权利，召集和解散议会的权利，指挥军队的权利，赦免罪犯的权利等等；投票的权利，对立法投赞成票或反对票的该权利，行政权，提起诉愿或上诉的权利，诉讼当事人做出特定宣称的权利等等。在这些情形中，存在两种缩略形式的结合：一、缩略-归属形式；二、仅指出相应的法律权力而没指出法律主张。

包括财产权在内的很多类型的法律关系，都由做某事的法律权力（例如，使用财产或者一般地依自己的喜好使用它，他人负有容忍此使用的义务）与他人不得做相应行为（不得使用此财产）的消极主张所组成。这些法律关系的典型表达形式是这样的，指出法律权力的缩略-归属形式，此外在财产使用之前加上“排他的”字样，提示对他人的消极主张。

在金钱性义务的表达上，（很自然的是）民族语言以特别缩略和简化的形式来表达客体符号，例如，并不是指出 A 必须付给 B 一定数额的钱以及 B 有权利收受这些钱，它简单地说，“A 欠 B 一定数额的钱”，或者“B 对一定数额的钱有权利”。在多种其他的、以取得某客体为内容的积极法律主张的情形中，经常只是指出客体（完整的客体理念的一种模态）而不是完整地展示权利的客体（A 对某指示、退休金、生活费、公屋中的一个公寓等有权利）。

206 与义务客体领域的情形一样，在法律表达中，常被提到的是辅助的、衍生的客体（和权利），而不是原初的客体（和权利）。积极的和消极的法律主张经常以一种不精确的、不完整的形式被表达出来，即归属给权利人提出要求或者禁止某事的权利。

在客体的这些缩略的、不精确的表达情形中，我们的任务是，依照前面确立的理论框架界定和展现它们完整的和适宜的形式。

第二十八节　法律事实与道德相关性事实

与法律关系的学说相关联的，或者通常来讲，与权利学说相关联的，是关于法律事实的学说。它表明了权利或法律关系并不是不可改变的，如果客观法将相关的引起法律关系和权利的能力赋予某种事实，或者客观法将某种事实规定为法律关系和权利的产生条件，那么这些事实就可以导致法律关系和权利的产生、变化和终止。这些事实被称为法律相关性事实，或者说法律事实，它们在法律关系领域所引起的变化，被称为它们的法律后果。法律事实被分为两类：法律行为（legal actions）；狭义的法律事实，或者称为法律事件。

法律行为通常被定义为引起法律后果的意志之表示，或者被定义为，被人的意志有意识地引起的法律事实。这些定义依赖于对这样一种预设的心理学误解，即总是存在某种意志，它构成心理学上被决定的肢体运动或者内在运动的基础。在本书第一章中，我们已经很清楚地表明了，行动通常直接被冲动所唤起，仅仅在特定情形中才间接关联于意志。法律事件包含所有其他类型的、引起法律后果的事实，例如，死亡、出生、经过特定时间。

法律行为被分为：一、积极行为（狭义的行为）与消极行为（不作为),第三类行为(容忍)则没有被注意到;二、参与法律关系的当事人的行为,以及权威的行为,例如,法庭的判决或者行政指示;三、被许可的行为与不被许可的行为。

未被许可、被禁止的行为是与法律的要求(“命令”)相违背的作为或不作为,因此为违法者带来某种不利的法律后果,例如,补
207 偿其造成的损害的义务或者承受刑罚。一概地将它们等同于违法行为是不正确的,因为许多这样的违反行为(例如,违反不完全的法律或者说无制裁的规范)并不会导致任何法律后果。

法律交易(legal transactions)作为一种特别重要的被允许的行为的类型得到特别关注。它们通常被界定为确立、终止和改变权利的意志之表达。

交易可被分为单边的和双边的(契约)。单边交易指表现了一方的意志之表达的交易,例如一份遗嘱或者接受遗产。双边交易(契约)指同时表现了双方(或多方)的意志之表达的交易,它预设了意志的联合或者说一致,例如雇佣、买卖或借贷契约。

法律交易(主要指契约)在法律中非常重要,有大量学术作品研究它。然而这些作品主要(如果不是完全)涉及民法这一个法律领域,而没有触及公法(宪法或国际法)。由此而来的结果是,“法律交易”这个词通常被用来指涉相关民事法律行为,不过实质上与其相似的行为在其他法律领域中也有其位置,并扮演重要角色。由于忽略了这一点,法学家从已有作品中借用了相关的理念、术语和命题,那对于完成、建构一般法律理论的使命和内容来讲是不充分的。这应该被纠正,尤其是,除了(作为民法的特殊的概念和术语的)“交易”这个概念和术语,还应该引入一种更为一般的概念

和术语，来囊括所有法律领域中的相应行为。适合实现此目的的术语是“法律上的行为”(legal acts)，从这个词的角度看，交易构成了法律上的行为的一种特殊类型(民法中法律上的行为)。

此外，这些作品实质上有缺陷，因为它们并不是基于反映了法律(律令-归属)心理的性质的、在此领域是实质性的东西，而是使用了不适当的替代物，这些替代物并不契合契约以及一般的法律上的行为(“意志”“意志联合”“意志表达”的理念)的性质。

契约和其他交易(一般的法律上的行为)创造了对另一个人的束缚(保证了为他人而负担的义务)，或者包含了对已经存在的这样一种他人的义务的管理和处置，该义务被确保为了特定个人(作为他的财产)而履行，以上这些能够基于法律的归属性质得到解释，这展现了它的特性。在道德领域，义务既没有也不能被契约所创立，或者被任何交易所处置。

契约和单边的法律上的行为并不是像传统理论认为的那样是 208
意志的表达或者多个意志一致的表达，它们表达的是法律的律令-归属的特殊体验。

在不同情形中，法律心理的诸多活动以符号化方式被表达出来。首先，在各方主体之间(在他们心中以及一般地在法律心理之中)创造义务和权利的契约的性质，通过前面已经说过的符号性行为被表达出来。[①] 一方伸出他的手或者其他东西给另一方，另一方握住它，由此符号化地确定了一方为了另一方而负担的义务(确立了指向他人的义务，也就是他人的权利)。此处所发生的、被符

① 参见第七节。

号化的东西完全不同于意志体验、意志的一致或者意志的联合。意志是一种纯粹主动的心理活动，与意志主体的特定未来行动的理念一起，指向具体行动理念在未来的实现。然而，此时在各方主体心中，实际出现了一方受到的来自另一方的束缚，该束缚被符号化了，以此成为一方为另一方负担义务的实际的和最终的保证。法律心理的相应活动伴随着相应的投射以及它们的符号化表达。在义务人这一边，义务人意识到自己受到的法律束缚（归属给他人），在权利人这一侧，权利人意识到，他在法律上取得了一种他人为他负担义务的保证。有一种理论认为，在这些情形中，多个意志达成一致或者合为一个，从这样一种理论的视角来看，必须强调的是，与法律的律令侧和归属侧的不同定位相对应，法律心理的相关活动有不同内容，通过完成相应的不同符号性行动，这些活动的不同内容被表现出来。当订立契约的时候，各方的口头或书面宣称像这些符号性行动一样，传达相同的意思，就是说，一方被束缚，现在担负某种义务，而另一方被授予了做某事、要求某事之类的权利。有时这些义务的履行时间是未来，义务人宣称他将会或不会做某事，这些宣称意味的，不是他正在表达一种在未来完成相应行动的意志，而是他现在让自己承担了相应的义务。此外，在一个契约被缔结之前，或者在缔结的时候，以及缔结之后，或许存在真正
209 的意志之表达，存在一种“确定的意志”（实际地、精确地贯彻相关义务和完成相关行动）。但是这既不是契约所要求的，也不是与契约相关的。一方面，有时候当一个契约缔结时，呈现了甚至公开表达了这样一种意图，即在遇到困难的时候，或者更为简单地，在不情愿的时候（有时这比履行契约或许对另一方更为有利，因为不履

行契约意味着损害赔偿的权利之类的东西)可以不履行此契约。但契约的法律拘束力并没有因此而减少。另一方面,未来为了谈话中的另一方做某事的意志之表达,并不代表承担了做这个事情的义务,它没有法律意义。当然,契约可以通过先前的意志决定而被缔结,例如,缔结特定契约的意志,让自己承担特定义务的意志。但是,与其他活动一样,它可能并不是(经常不是)一种意志活动,而是一种冲动性活动(尽管对于契约而言,此种冲动性活动可能是不重要的、不相关的)。同样真实的是,缔结契约的意志之表达(让自己承担义务,在未来做出相关行动)无论如何都不意味着,一个人现在就承担了一个义务,该种意志之表达没有义务性意义。

既然依照法律的归属性质,某些人的义务看起来属于另一些人,(如果不存在特定的阻碍)后者能够将这些义务作为自己的财产来处置它们。因此,(不同于道德)在法律上可能存在多种以管理和处置已经存在的权利义务为内容的契约(以及单边行为),在这个过程中可能有也可能没有义务人的参与。这些契约可被称为狭义的权利处置型契约,它不同于权利创设型契约。

因此债权人(权利人)能够免除债务(如果他没有遇到严重的阻碍),以此解除义务人受到的束缚。解除债务的契约的性质通过相关符号性行动被表达出来,例如,财产所有人将债款、文件或其他符号性地代表了免除债务的客体送回给义务人,或者采取其他显示权利人终止持有该债务的意愿的行动。在权利创设型契约中,存在着并表现出来一种法律义务已经被创设、债务已经被确保的意识,而在权利处置型契约中,存在着并表现出来法律解除(终止束缚)以及终止一种实际上属于权利人的债务的状态的意识。210

正如权利创设型契约，在权利处置型契约中所发生的事情，并不是表达关于未来的意志，而是现在对债务的处置。

当事人可以通过契约对他们之间的法律关系做出如下改变：减少债务（部分解除），增加债务（增加一个新的负担），用其他东西代替债务的一个客体（解除关于后者的债务，代之以关于前者的债务）等等。这种契约部分具有权利创设型契约的特征，部分具有“解除”型契约的特征。

债权人作为财产所有人，如果没有面临特别严重的阻碍，可以将债权转移给第三人。相关的符号性表达是，将体现此债务的文件或者其他客体转移给第三人。这样的契约可以被称为转让契约。在证券市场中，存在着将他人的义务作为交易对象的现象。纸币符号性地体现了财政部负有的支付相应数量黄金的义务，或者一般地说，支付相应数量的有价值的货币的义务。当这些纸币从一个人手中转移到另一个人的手中，这意味着对财政部的义务的占有从某些人那里转移到另一些人那里。

与转移其他绝对权（例如，著作权）一样，将属于一个人的财产权转移给另一个人（财产权的转移），同样包含了转移他人为了我们而承担的义务，具体来讲，相应的“所有人和每一个人”对我们负担的义务被转移了。将财产权或其他绝对权转让给他人的人，如同第三人一般，也对被转让者负有相同的义务。他因此负有不得侵犯被转让的财产的义务，容忍取得该财产的那个人对该财产的使用等等。

财产权包含对财产的所有可能类型享用的权利，以及一般地包含一套在不同情况中不同的私权，也就是说，多种相关的私人的法律权力和法律主张，在相关情形中被归属给财产所有人。其他类型的权利也是如此。与此相对应的是这样一种现象，那些拥有范围更广的权利的人，可以将其中的某些法律权力和法律主张交给第三人。财产所有人可以将对其财产的特定享用之权授予他人，一般权威的主体（从属者对其负有一般的服从义务的那个主体）可以将对从属者的特定权威授予其他人。

通过运用自我观察和内外观察相结合的方法，可以很容易看到，不同类型的转让契约所表达的不是意志，而是一种法律意识 211
的活动，该法律意识对应着这样一种法律上的“改变”的性质，即主体意图使该法律改变产生某种实际效果，并且由主体来完成此改变。

以上所述也适用于单边法律交易，以及一般意义上的单边权利处置性行为。在不同的法律领域中，两方参与者并不是都被要求去确立一种法律关系，确保一方为另一方负担义务，通过放弃权利解除他人的义务，以及对权利义务进行其他处置。一方做出相关的处置行为就足矣，例如，宣布放弃某项权利。许多对权利的处置是通过契约完成的，私法领域中私人之间的权利处置尤其如此，然而对于国家权威的代理人与从属者的关系，只需要国家权威的代理人的单方处置。课与公民为了财政部、国家或者共同体而缴税的义务和其他义务，解除公民的缴税义务和其他义务，逾期欠款的附加评估，赦免权的行使（解除忍受刑罚之义务）等等，都通过得到授权的国家权威的代理人的单边指示而实现。

除了已经特别做出的纠正以外，关于法律关系的出现、改变和终止以及关于法律事实的流行学说，还需要被改造得更具一般性和原则性。它（流行学说）将法律事实的意义归属给相关的客观事件（归属给自然现象、人的行为、契约等等）。然而，从科学心理学的视角来看，由于法律关系自身（权利和义务）是冲动性幻象或者投射，这些事实并没有什么作用。它们并不客观地存在，至多可以说，相关事实唤起了相应的冲动性幻象或投射，它们看起来像是人们将权利义务归属给自己或他人的原因（条件）。但是即使这个效果也不能被外部世界的事件所唤起，能够（以及实际上）唤起它的不是那些事实，而是“相关事件已经发生了”这个理念。潜在的因果关系也必须在这种意义上得到理解和界定。如果违反法律、引起他人损失这个一般理念在给定主体心中与补偿他人的损失的理
212 念相关联，或者与相应的律令-归属冲动的理念相关联，那么依据一般的连结法则，出现在这个主体心中的“B 已经实际上损害了A”这个具体理念，唤起了相应的律令-归属冲动（“B 赔偿此损害”的理念）。依照人类心理的一般法则，以及依照法律心理的特殊法则，即使引起损失的事实仅仅是假想的事实（它在现实中并不存在），它也会唤起赔偿损失的理念。另一方面，尽管损害实际上已经被造成了，但包括相关主体在内的任何人都不知道这个损害，那就不会出现“归属给 A 要求赔偿此损失的权利”的体验。上述道理也完全适用于包括契约在内的所有其他法律事实。在宗教法中，人与神灵缔结了多种契约，包括基本契约（界定了部落或民族与它们的神灵千百年间的关系、它们的政治生活以及其他生活领域的制度），个人与神灵的私人契约（个人供奉神灵，作为回报，神灵为其提供特定服务），这些契约具有的意义，无论如何都不依赖于相关神灵是否实际上参与了这些契约。在法律生活中，重要的、

具有决定意义的不是这样的事实，即这样的契约实际上被缔结了，而是人们相信事实上缔结了这样的契约。通过占卜人们相信，神灵实际上参与了契约、享有要求人们履行契约的权利，或者千百年以前，神灵与人进行了协商，并与民族的代表缔结了契约。如果一个历史学家或法学家仅仅因为他们自己并不相信神灵参与了契约和其他法律交易的缔结过程，便否认相关法律的存在和发展历程，那是很天真的。以完全相同的方式，关于法律事实及其在法律生活中的意义的流行学说在原则上是错误的，因为它将外部世界的真实事件视为相关事实，将那并不存在于、也不可能存在于法律生活中的意义归属给这些事实。

当代科学研究在此处与在法律科学的其他领域中一样，并不是在适宜的领域展开的，如果我们想要得到关于现象的实际知识，阐明它们的因果关联，在该领域进行的科学研究必须被转译成其他体验到法律现象的心理活动。我们考虑的法律事实是法律体验的智识要素之一，它不能被理解为外在的、客观的事实，而应被理解为作为相关理念的内容或客体的心理事件，在这种意义上，法律事实这个概念需要被修正，需要被替换为其他概念。

在法律关系以及对它的分析中，上述意义上的法律事实具有 213
两种形式，扮演双重角色。

一、它们可以呈现为未来的可能性，作为相关法律关系、权利和义务出现的先决条件。有时候，人们的法律意识认为，义务、权利之类的东西的存在或出现依赖于相关事件。然而有时候，它又认为，义务（权利）作为一个有条件的义务（权利），甚至是现在就出现了。如果在皇帝莅临的时候，A 必须将其宾馆的一个房间提供给 B,该权利义务的存在被认为先于此条件的成就,它是有条件的权利义务。经由此种方式,这证明了法律关系、义务和权利的(并非客观存在的)投射性质,因为真实的客体和现象不可能是有条件的,它们要么存在、要么不存在。

二、它们可以实际呈现为已经(或正在)发生。此时,它们是归属义务和权利的心理起点,就此特征而言,可将其称为法律关系、义务和权利的事实基础。被认为是真实存在的"导致他人损失",是主张对已有损失进行赔偿的事实基础。

在实证法中,权利和义务的投射可以有额外的基础(立法指令、法律习惯等规范性事实),它们可以被称为相关的实证的义务、权利和法律关系的"实证基础"。例如,基于某制定法(实证基础),当 B 完成了某行为时(事实基础),A 必须为了 B 做某事。

直觉的法律关系、权利和义务独立于任何规范性事实或实证基础而存在。

尽管本书所确立的意义上的法律关系、义务和权利的规范性事实和实证基础的概念和学说对于当代的法律关系和权利的学说都是陌生的,法律心理中的相应现象仍以这样的形式反映在当代法学中,即"客观法和秩序""客观法的规范""制定法"等(等同于法律事实)是创设权利的要素。这明显是一种误解,制定法和其他规
214 范性事实与法律关系、权利和义务之间的实际关系是这样的,规范性事实的理念唤起了相应的法律体验以及该法律体验的投射、权利的归属等。

此外,流行观点开始于这样一个假定,即存在着一个成文的或习俗的基础以及相应的法律事实,这是所有权利"出现"的先决条

件，权利通过这两个要素的互动而产生，缺少任何一个，权利都不可能存在。就制定法而言，这个预设（上述两个要素的结合是权利出现的实质性条件）与现代法学仅仅考虑实证法这个做法有密切关系，但即使从现代法学所考虑的那种法律的视角来看，这个预设也是不妥当的。对于“不容忍”这样的权利的存在而言，并没有特殊的事实基础构成其条件，没有特别的法律事实“生产”这样一种权利。前面已经展示了，[①]除了有条件的或者说假定的法律规范，（即使在官方的实证法中）还存在无条件的规范，它充分证明了，存在着并不预设出现了任何类型的法律事实的权利（的归属）。

在当代道德科学中，并没有与法学的法律事实学说相对应的学说。在界定道德的性质的时候，我们已经指明了，与法律领域中的法律事实的理念相对应的事实性条件的理念是道德体验的构成要素。道德上的相关性事实或者说道德事实的概念与术语以及它们的理念依此得以形成。这里需要补充的是，下述两种关系具有相同特征，即义务意识的相关理念与道德义务的投射之间的关系，以及法律意识的法律事实的理念与法律义务和权利的投射之间的关系。一般来讲，我们关于法律事实已经阐述的东西，在为了适应道德的纯粹律令性质做一定修改之后，同样适用于道德事实。在实证道德领域中，除了道德相关性事实，还存在道德规范性事实，它是道德义务的事实基础，例如，《新约》所阐述的内容。

① 参见第二十二节。

第二十九节 对法律现象和道德现象的要素的总结

现代法学很在意的问题是，法律现象的某些要素能否在脱离其他要素的情况下而存在，以及法律现象的不同要素形成的先后
215 次序。隐藏在关于这些论点的争议之下的观点源自于对法律及其要素（以及研究后者的适宜方法）的性质的误解，如果清除了这些误解，它们就会自动消失。法律规范、义务和权利并不是独立的、分离的现象，它们无法脱离其他要素而存在，或者在历史上先于其他要素而出现，或者一般地独立存在。它们是真实的法律体验的同时出现的反映或者说投射（冲动-智识活动的反映或者说投射）。尽管对于科学地理解一般意义上的法律及其要素而言，此种冲动-智识活动是唯一能够为此提供帮助的知识，当代法律科学对它却既不了解也未做研究。从法律的心理学理论的视角来看，所谓的“没有义务和权利的法律关系”的学说、“无权利的义务”的学说等，类似于关于它们的先后次序的争议，都明显是误解的结果。人们之所以在不同情形中未能发现法律规范，或者未能发现与权利相对应的义务，以及未能找到特定权利和义务的主体，这在相当程度上是因为人们未能从心理学的角度理解相关现象，缺少研究它们的心理学方法。

法律的心理学理论不应研究现代法学的这些学说以及与其相似的学说，它必须研究另一类理论问题。首先，关于法律现象的要素的学说必须被修正。我们必须发展出关于法律体验的冲动和智

识要素的学说,以此来替代(现在被误认为是法律现象的真实要素的)法律规范的学说以及法律关系的学说。用它来阐释主体理念、客体理念以及它们的要素;阐释相关行动的理念(提供和收受的行动的理念以及它们的模态,即时间、地点、接收者等);阐释法律的相关性事实和规范性事实的理念。关于法律规范和法律关系的学说应该成为这样一种一般法律理论的一个具体分支,即有力强调了法律规范和法律关系作为法律幻象或者说法律投射的特点的法律理论。我们必须逐一分析法律体验的真实要素,必须依照法律的律令-归属性质来阐明,法律冲动是如何作为投射被反映在以下被假定存在的两个东西上面,即一方面是约束某些人、授权另一些人的权威性命令,另一方面是相关的被约束或被授权的状态,一方主体被确保为了另一方主体(作为另一方主体的资产)承担的义务(法律关系)。主体理念在投射中扮演的角色是,它们的内容在规 216
范中呈现为法律律令和权利的接收者的理念,在法律关系中呈现为义务人的理念(义务主体)以及被授权的人的理念(权利主体)。以完全相同的方式,作为投射的客体理念以如下方式被反映出来:在规范中,相应的提供和收受以及它们的模态呈现为更高的命令和授权的客体,在法律关系中,它们呈现为权利义务的客体。规范与法律关系之间以及它们各自的要素之间彼此完全对应,完全是并行的。这两条平行线必须被理解为第三条线的(投射)反映,即那条真实要素之"线",真实的法律体验之"线",相应的冲动和理念之"线"。

依照前面所阐述的东西,很清楚的是,当代法律科学(它不了解也不研究真实的法律现象及其冲动-智识结构,把投射的幻象及

其要素接受为真实的）在解释这些幻象（规范、法律关系以及它们的要素）时，未能揭示规范的性质和要素与法律关系的性质和要素之间的平行或对应关系。相应的关于规范及其要素的学说与关于法律关系及其要素的学说似乎在谈论两类不同的、不相似的东西。此种不和谐主要由于当代法律科学将规范误解为命令（这是一种关于规范的要素的有缺陷的学说），它缺少关于权利义务客体的适宜学说。如果这些以及其他缺陷都被清除掉，关于“客观法”（规范）及其要素的学说，与关于“主观法”（法律关系）及其要素的学说，将会充分地彼此对应，在内容上紧密并行。如果继续保持现有的这种（将客观法和主观法相分离的）表述（尽管其内容不精确），从实质上看，其结果将是重复同样的东西。

关于法律现象的要素的现实主义心理学学说的内容，会通过创造和充分阐释关于这些要素的理论而得到拓宽和丰富，该种理论研究那些在相应的现象领域发挥作用的关于性质和趋向的法则，这些法则阐释和说明了这些现象。这样看来关于客体理念的这个学说不应被限定在确立该理念的主要类型（三类提供-收受以及时间、地点等模态理念）上，它应该进一步包含下述内容：基于法律的具体的归属性质，以及与其相关联的法律的一般的归属性质
217 和趋向，确立客体理念的独特属性；明确它们与道德领域的相应理念的区别；揭示相应的历史发展趋向等等。除了直接与法律的归属性质相关的、法律的客体理念的具体属性以外，一系列其他的特殊属性及趋向也能够得到确定。在法律中，一个人被要求去做的东西，是被用来提供给他人的，或者说应该送到他人那里，然而在道德领域中，要求主体做的东西就是一种对他的要求而已，并不是

用来确保他人的利益，不是应该提供给他人的。此种状况必须与义务客体选择上的特殊的适应性(adaptive)趋向相结合，该趋向不同于道德中的操作性(operative)趋向。换句话说，不适合(或者说不太适合)给他人的东西或者不能够给他人的东西需要被排除在法律领域之外。此趋向与法律主要把外在行动作为义务客体这样一个事实相关联，对于科学研究来讲，这是一个特别重要和值得关注的主题。

法律的一般统合趋向，以及它的律令-归属属性和“两造相对”性质(adversary nature)，必须通过这样一种方式予以展现，即在塑造和选择客体理念时尽可能做到精确地界定。

因此，很容易先验地预见和揭示，补充性的模态理念在法律中会得到充分发展，它更为精确地界定和具体化了要求义务人做的事情，相对而言，这些理念在道德中的发展不够充分，仅具有较低重要性。法律的此种趋向在多种模态理念(时间的理念、物的理念)中有不同表现形式，应该将它们区分开予以具体研究。相关研究和它们的结果(例如，从下述具体法律规则的视角出发所做的说明，即关于界定时间的法律规则，关于从哪一天开始计算期间、如何计算期间的法律规则)在这些领域有重要价值，有助于形成一种对法律的有意识的态度。在每一种文化发展水平较低的社会阶段中，都存在不精确性，它可能带来严重的危险。随着文明的进步，它的严重性越来越低，人们要求精确性的趋向随之弱化，这可以通过演绎得到确立以及在事实上得到确证。这以不同形式表现在法律的多个领域，要求我们对其进行相应的具有特殊的历史-理论特点的研究等等。

218 在相关性事实的理念的领域中，除了存在前述法律的（直接与其律令-归属性质相伴随的）具体特征（例如，存在着契约和其他法律交易），还有其他特征与法律的归属性质紧密关联。这些趋向表现为不同形式，存在于多种相关性事实（包括契约和犯罪）的理念中，需要将它们区分开予以具体研究。它们在文化发展的多个阶段依次以不同强度、不同形式发挥作用，所以也有必要研究相应的历史发展趋向。在契约和其他法律上的行为的领域中，法律的统合趋向的具体表现（法律趋向于选择易于证明和确证的法律事实，赋予它们特殊的可验证性和无可置疑性）在较低的文化发展阶段要比较高的文化发展阶段更为明显。在较低的文化发展阶段，法律的目标是制作依赖于大量见证人和其他程式的契约，以便于它们可以免受怀疑，免于争议，从而得到证明。就契约自身以及它们的内容而言，仅仅被说出的言词、被表达出的符号才被承认是相关的事实，契约各方的实际意图（真实的想法之类）则消失在缔约背景中，因其更难被证明而被忽略。随着文化的进步，契约法的内容在这两方面都改变了，它越来越多地依赖人的诚实与和平禀性。在“违反法律”的领域中，类似的理论和历史-理论命题作为法律相关性事实也被确立起来。

关于规范性事实的理念，除了前述伴随法律的归属性质的法律的具体特征以外，还存在类似的使相应事实得到精确界定和证明的趋向。该趋向（在道德中不存在）严格限定了这些事实的不同类型能够具有决定性意义的领域。

关于架构一种从理论科学的视角来看具有适宜性的法律要素的理论，我们已经论证的东西在做必要修正之后也可以适用于道德体验的理论。在此处，我们也不能从投射（规范和义务）开始，而要从道德体验的真实现象着手。我们要从律令性冲动和律令性理念（主体和客体理念，道德事实和道德规范性事实的理念）着手，不能仅仅满足于确立相应的概念和范畴，还要发展相应的理论，研究相应的历史发展趋向等等。

在上述这些方向上正确地架构和成功地发展关于道德现象和 219
法律现象的要素的学说，预设了这些学说将指涉适宜的和充分的现象类别，即一定存在着一种对伦理现象的相应分类，以及存在着相应的被形成的法律和道德的类别和类别概念。另一方面，关于法律现象和道德现象的要素的学说证明了，就此形成的分类的正确性和丰富性。

从科学理论的视角来看，在现有的法律要素的学说中有一个基本错误（还有其他缺陷），即个别命题并没有关联于适当的类别，而是指向错误的地方。充分的类别无论如何都不是被当代法学所挑选出来的东西（法学意义上的法律），而是人类伦理的律令-归属分支意义上的法律，这是一个涵盖范围远超前者的类别。反映在历史上形成的学说中的法律的特征，涵盖了律令-归属伦理的完整范围，并不仅仅是那些包含在法学家所使用的意义上的“法律”词汇中的东西。甚至在那些并不具有官方意义的实证法领域中，以及在直觉法领域中，主张也对应于义务，这些领域中存在着两方主体。契约无论（像流行学说所认为的那样）是意志的联合，还是（像我们试图展示的那样）在心理学上有着不同的内涵，相关的现象在所有情形中都代表了律令-归属伦理的全部领域的特征，而不仅仅是法学家所说的法律的特征。契约基于或多或少的诚信被缔结和执行，甚至在抢匪团伙分赃的时候也是如此。某物应否被认为是一个财产权的客体，并不仅仅关乎被官方的实证法具体认定的财产，也关乎未得到官方承认的实证法所认定的财产，以及同样关乎直觉法认定的财产。例如，儿童之间关于玩具的财产权，或者被一个有信誉的卖方（该卖方接受了买方的价款，他以及他人将对物的占有转移给购买者，但由于未能遵守特定程式，依照官方法，卖方仍被认为是该物的所有人）所归属的财产权。这样看来，现代法学的问题以及所有相应的理论命题，就其被现代法学具体地关联于法学意义上的法律而言，都承受着“瘸腿”之恶的折磨，从理论科学的视角来看都是畸形的、丑陋的。尽管此种“瘸腿”现象在大多数
220 领域中都有明显表现，当代法学家并没有注意到，甚至从未想到此种“瘸腿”现象，这只有从根深蒂固的传统和习俗的角度才能得到解释。

关于法律的其他要素的特定学说，由于它们仅（尽管不成功地）适用于国内的官方法，它们免受“瘸腿”之恶，但正因为法学意义上的法律的性质，它们必然会“跳脱”，例如，国际法中的权利不可能被解释为被法律程序所保护的利益。

我们已经展示了，关于法律要素的学说并不仅仅对应于法学意义上的法律。相应的分析在道德领域中同样可以确保我们正确地从事这样两种活动：确立道德的类别和概念；由此而来的对一般意义上的伦理现象进行分类。除此之外，进一步对表现在法律和道德中的趋向进行理论的和历史-理论的研究，会证明此种分类作为获得更为科学的知识的工具所具有的价值和生产力。

第六章　法律的类型

第三十节　直觉法与实证法

若想完全把握现象的属，关键在于彻底地了解它的种和亚种。221
从理论的视角来看，最重要的法律分类就是我们之前基于作为律令-归属性体验的法律的概念所进行的那种分类：一、直觉法与实证法；二、官方法与非官方法。

将法律分为直觉法和实证法，与本书确立的涵盖范围广阔的法律概念有密切关系，该法律概念所包含的东西远远超过法学家用“法律”这个词所表达的东西，它包含独立于任何权威性规范性事实的理念（例如，制定法、习俗）的律令-归属性体验。法律的此种分类以及相应的种概念是现代法学完全无法理解的。现代法学依赖于法学术语以及相应的“法律”一词的狭窄意义，它想不到对现象进行其他被科学容许的分类的可能性，尽管它很熟悉我们这里称之为直觉法的那种现象，但也不会承认它们是法律。

即使对于构造有着科学内容和科学意义的“实证法”的科学概念而言，现代法学也同样缺少科学的、合乎逻辑的基础。因为这预设着，存在一个更为一般的法概念，这个属被分为两个种：实证的与非实证的。

尽管如此，“实证法”这个表述对于现代法学并不陌生，它在多种著述语境中不断地被使用，就好像相应的类别和种概念已经存在似的。这种现象有其特殊的历史缘由，在所谓的历史法学派的学说出现并在19世纪初被广泛接受以前，古代、中世纪和近代的哲学家和法学家相信，除了那些起源于立法或习俗的法律（它的内
222 容在不同国家和不同历史时期各不相同）以外，还存在一种永恒不变的法律，它适用于所有国家和时代，其本性是理性的、公正的。古代的哲学家和法学家认为，这种法律被自然自身所确立，它被某些哲学理论予以人格化并被赋予了神化理性，它被称为自然的法或者自然法。尽管后来的哲学家和法学家将该种法律的确立归因于上帝（在中世纪），归因于多种形而上学“存在”和力量（理性、客观意志之类），或者把它从人性、事物和关系的性质之类的东西中演绎出来，自然法这个术语仍被沿用。由人所确立的、历史地变化着的不完美的法律则获得了“实证法”这个名字。在17、18世纪，自然法学说与实证-教义法学一道发展和繁荣起来。在这一时期，出现了一种特殊的科学，它致力于以“法哲学”或“自然法”之名来阐发自然法原则，推动该种科学发展的主力是哲学家，其发展的立足点主要是哲学。与此过程相伴随，出现了伟大的著述，人们甚至还编纂了具体的自然法法典。在19世纪初年，此种学说受到主要由萨维尼（Savigny）和普赫塔（Puchta）引领的历史法学派的致命打击。该学派不仅否认存在着永恒不变的、适合所有时代和人群的自然法，还否认实证法在起源上的任意性与偶然性，它认为实证法（类似于语言、风俗等）由民族精神所产生，并体现了民族精神，其形成是逐渐的、不知不觉的，独立于任何人的专断意志。历史法

学派的学说很快获得普遍承认，它取代了自然法学派，所以从那以后，如果有人相信存在着实证法之外的法律，这个人会被认为犯了一个应被扫入历史故纸堆的错误。直到19世纪末，法律科学的任务都被认为是仅仅研究和处理实证法。

“实证法”起初只是法律的类型之一，新的“历史”法学则拒绝承认该法律种类之外的法律，尽管如此，由于历史传统的影响力，“实证法”这个表述现在仍被使用。然而，在此语境中，“实证”是附加在“法”这个词之上的多余词汇。它所标示的不是法律中的一种与另一种的对比，而是新的学说与一种之前承认自然法的存在的学说的对比。故此，就“实证”这个词适用于法律而言，经常需要做进一步补充说明，即它（实证法）指实际上唯一存在的法律，或者具 223
有一种真实存在和必然性的法律，在历史上出现和变化着的法律等等。

然而，在19世纪最后十几年以及20世纪初年的著述中，又有人开始承认自然法的存在，本来之前它已经明显被人们最终地、决定性地从科学思想领域中清除了。有人甚至开始讨论“自然法的复兴”。这些著述的作者们试图通过具体的研究以及立基其上的一般考量来激发和确立这样一种理念，即基于法律的心理学研究以及它的激励性和文化教育性作用，我们有可能并且有必要来创建一门特殊的法律政策科学，特别是民法中的民事政策科学，用它们来获得可欲的、理性的法律和立法的原则。[1] 人们进而认为，在一定程度上，早期的自然法学说曾经发挥的便是某种法律政策的

① 参见 17 BOSTON UNIVERSITY LAW REVIEW 793 *et seqq*.

作用，它指出了改善法律的发展道路和方式，在这种意义上，可以认为在民事政策中出现了自然法的复兴。支持这种意义上的“自然法的复兴”的论证被阐明了新方法及其广阔应用前景的法律政策的具体研究结果所强化，它明显削弱了这样一种先前被人们视为公理的信念，即法律科学的任务仅仅是研究和产出“实证”法。法律政策的理念一开始还被人们质疑，它被认为重复了自然法的错误，但它逐渐在法学领域中得到认同，“自然法”这个术语被用于表述那些有待确立的理性的、可欲的以及“正确的”法律，其明显的后果是，人们又开始承认存在着两种法律（实证法和自然法）。然而，我们不可能赞同这样一种自然法概念或者相信它应被用来反对实证法。被科学或任何人缔造的可欲的、理性的法律理念以及相应的立法-政治方面的建议和要求并不是法律，它们仅仅是法律制定活动的规划。此种理念的客体（被认为是理性、合理的法律规则）不能以自然之名被确立为特殊的法律种类，因为这样做的话就违背了分类原则，违反了构造类别概念的规则。类别概念所包括（并且应当包括）的并非实际存在的相应客体和现象的总和，而是所有那些被认为是可欲的（包括那些可能存在于未来的）客体或现
224 象，只要它们具有或者被认为具有相应的类别属性。因此，一种得到正确构造和理解的法律的概念也应该包括那些未来可能存在的法律、可欲的法律等等。依照“它存在，或者它并不存在、它仅仅是可能的或者可欲的”这个标准，把法律分为两个种或者两个亚类，与把狗分为“存在着的狗”和“未来的或理想的狗”两个品种一样，都是不合适的。法律的概念不仅是关于未来可能的以及被认为是可欲的法律（该法律可以是并且确实是理性的和正确的）的命题，

它也关乎无数的关于现存法律的命题，从此种观点来看，重新把法律分为实证的（现存的）法律与自然的（正确的或适宜的）法律在逻辑上是荒谬的。

相比于将法律分为实证法和自然法，依照相关律令-归属性体验是否包含对规范性事实的援引，将法律分为实证的与直觉的这两种类型，则具有实质上不同的特征。这不是在对比可欲的或理想的法律之类的东西与现存的法律。相比于已经存在的实证法，直觉法的内容能够是并且甚至就是极为不合理和野蛮的，它可能更为滞后，更缺少理性，将已经以法律之名存在的心理现象类别依照它们的心理结构区分为两个种类，完全符合一般的现象分类原则。

构造直觉法的概念关乎每一个在有效的科学方法（内省的方法与内外观察相结合的方法）的帮助下都能够被表述、观察和研究的现象。因此它并没有遇到关于是否存在潜在实体的科学质疑和争议，例如，关于自然法是否存在的争议。人们对直觉法可能的质疑是：一、是否有科学上的理由在也包括这些（毫无疑问地存在着的）现象的法律的名头下构造一种一般的现象类别和类别概念；二、在此种宽广类别的边界内，依照上述标准区分出来的两个种或亚类的区别是什么，或者我们称之为直觉法的东西正确地指涉的应该是道德，法律的概念应该被限定在相关实证体验上。这些问题不仅对于法律科学，对于道德科学也都是极为严肃的、非常重要的。我们所建议的该种分类所牵连的这些问题的答案，以及它的科学必然性的证据，在我先前的阐述中都可以找到。我已经展示了，所有关于法律及其要素的（除了关于实证法和规范性事实的特 225
殊命题以外的）重要命题，也与直觉法相关，如果将其仅仅关联于

我们的意义上的实证法，这些命题将具有残缺的和“瘸腿”的特征。

第三十一节　直觉法

如前所述，这本书关于法律所确立的下述一般命题也适用于直觉法：将法律的性质视为律令-归属性体验的学说（它将法律区别于作为纯粹律令体验的道德）；关于与该性质（律令-归属性质）相关联的其他特征和趋向的学说，关于相应体验的激励和教育作用的学说；法律的要素的学说——相关的冲动和理念（客体理念和主体理念）的学说，以及相关性事实的学说；相应的投射的学说——规范、法律关系、义务和权利的学说。关于直觉法的特殊学说的任务是进一步检视直觉法相比于实证法的特殊性。前面已经确立了，直觉法与实证法的基本差异（种差）在于它们的智识内容，在直觉法的内容中缺少规范性事实的理念，直觉法相比于实证法所特有的多种其他特征，均附随于该特征。

一、因为实证法的内容被外在事实的观念所界定，这些事实能够被许多人知晓并对他们具有权威性，实证法能够为或大或小的人群提供一个统一的规则模式，尽管这些人在性格、成长经历等方面有差异。直觉法的特征则因人而异，它的内容被每一个人的个人状况和生活环境所界定。例如，性格、成长经历、教育、社会地位、职业、个人的社会交往和关系网。当然，很多个体（例如，同一个家庭中的孩子）或者或大或小的群体的直觉法心理得以形成的特定条件和因素是共同的，这个事实能够使得并且事实上使得他们的直觉法有着一定程度的一致性。因此，我们能够谈论特定家庭的直觉法、特定圈子的直觉法、特定社会(例如,现代社会)的直觉法,或者社会中的特定阶级的直觉法。在大的人际圈子或人群 226
的直觉法中,特定直觉法问题有着某种相似的解决办法,其他直觉法问题则有着不那么共通的解决办法。对这些共性(以及区别)予以研究是法律的心理学研究的一个有趣的问题。然而在原则上,直觉法在内容上仍是个体化的(individual)、因人而异的,它并非千篇一律的法律,有多少个体,就有多少种直觉法。为了避免"个体化"这个表述所可能引发的误解,需要强调的是,每一种法律(甚至包括实证法)在心理学的意义上都是个体性的,这正如每一种心理体验都是一种个体心灵的现象,我们这里所说的"个体化",考虑的是相关的个体体验的内容。

二、直觉法在内容上具有多样化、个体化的特点,它同时因为这样的事实有别于实证法,即它的指令无拘束地与特定情形的具体的、个体化的环境(特定生活情境)保持一致,对于它们,没有实证法领域中所存在的那种限制,即被相关信条、固定的习俗之类预先规定的规范模式所限制,该种限制为案件的一般类型预先做出了决定,此种决定忽略了在每一种实际的具体情形中存在的大量的个体的特殊性,对这些情形它们无法预见,也不能体现。

三、直觉法不同于实证法的另一个特征是它无拘束的变动性和灵活性。准确来讲,因为实证法的实证特征,即它的内容因为规范性事实(过去的事实,有时甚至是极为遥远的过去的事实)而来的固定性,实证法在发展上容易滞后,容易落后于现今的文化生活和经济生活。这个特点在习惯法上表现得尤为明显,习惯法的依据是传统和我们祖先的习俗,在它繁茂发展的时期,它看起来有着

“与它的年龄成比例的神圣性”，但即使是立法也难免在某种程度上滞后于持续地、不间断地发展着的人类生活。制定法的发展或许会出现与此相反的弊病（实证法被超前制定，对于它所保护的有益行为，国民心理尚未充分准备好，必要的经济条件尚未具备，或者实证法的内容可能被个体愚蠢地或基于无知而决定，或者被个体或群体出于牟利或邪恶的动机和考量所决定）。直觉法以一种与此不同的规范模式发展，以上这些现象（它们的出现是因为实证
227 法的内容依赖规范性事实）与直觉法无关。直觉法逐渐地、对称地发展，既不会固化和僵化，也不依赖任何人的主观恣意。

然而，这并不意味着直觉法在内容上必然比实证法更好，或者它是一种比实证法更加完美的或更为理想的法律。相反，可能出现（也经常会出现）的现象是，直觉法的内容要比相关实证法的内容更差。首先，正如之前已经指出的，取决于不同个体的成长环境，每一个个体的直觉法在内容上都独一无二，各不相同。由此而形成的直觉法在内容上可能让人不满意，甚至可能极为邪恶。因为家庭中糟糕的法律教育，[①]它的发展可能呈现某种病态特征。此外，直觉法通过不同（或大或小的）人际圈成员彼此的心理交融（psychic communion）而形成，这些人际圈的共同利益相对立，直觉法因此趋向于单边地偏好各自关联的人际圈的利益，对其他人群则持有偏见。通常来讲，在这个方面，立法在内容上要好于国家中许多群体和阶级的直觉法。进而，既然“国家”包含着在文化上（特别是在伦理文化上）相比于社会中引领和指引立法的等级更为

① 参见第八节。

落后的等级，这使得立法在多个领域中呈现出比涉及这些要素的直觉法更加开明和文明的特征。依照特定时间和特定国家的法律，在名誉权、免于肉体惩罚的权利等方面，公民被认为是平等的，但在很多直觉法领域中，共同体不同成员的个人权利仍存在极大不平等。依照在家庭事务中普遍存在的直觉法，在名誉和尊严方面主人的地位经常完全不同于仆人的地位，管家的地位也不同于其他低级仆人的地位。制定法可以确立一种进步的婚姻法，但是社会中特定阶层的直觉法则赋予丈夫殴打和折磨妻子的权利，否认妻子控诉丈夫的权利。在道德领域中，人们会发现在伦理的直觉要素与实证要素之间存在更大差异，为了了解这一点，人们仅需将实证的天主教或佛教的道德内容与天主教或佛教先前的和现在的直觉道德内容做一下比较即可。

四、相比于实证法，直觉法在内容上更少、更简单，在直觉法的结构中也缺少规范性事实的理念，与这两个特征相伴随的是直 228
觉法的另一个特征，即直觉法命题有更大的适用范围以及更强的适用性。在实证法中，行为规则的约束力被认为依赖于和基于权威性、规范性事实，它仅仅适用于相关事实出现之后的时间段。此种约束力的存在和运作因此被限定在：（一）相应的权威性命令被公布之后、被废除之前；（二）相关事实具有权威意义的地域（一个国家、一个城市，甚至一个家庭的疆域）；（三）权威性规范性事实所关联的那些人（它对其有意义的那些人）。这些（与规范性事实的理念相伴随的）限定以及它们在实证法意识领域中的决定性意义在直觉法意识中是不存在的，直觉法的适用范围是无限的，有着无限制的适用性。

与上述差别相伴随的是实证法投射与直觉法投射的差别。从天真的投射视角来看，实证法规范看起来是这样一种高级的法律，它存在于并支配着特定疆域，在特定时段内持续发挥作用；直觉法规范看起来则是这样一种高级的法律，它存在于所有疆域，支配着所有疆域，关涉所有人，只要这些体验所包含的主体理念或相关性事实的理念在这些方面没有特殊限定。在实证法中，义务和权利看起来是暂时的、地方性的，但是在直觉法中，它们看起来是普遍的，它们总是存在，在所有地方都存在。

既然直觉法的相关冲动与此等特定行为的理念紧密关联，或者与此等相关性事实的理念相关联，与任何人的命令以及地方的和暂时的习惯无关，直觉法规范看起来自身便是真实的和有效的，它不同于实证法规范，后者的意义是有条件的。因此，在法律心理中，直觉法规范有着更高的地位或者说位阶。它们作为这样一种更高的标准具有重要意义，即它被用于肯定实证法，或者在实证法内容与直觉法不一致时对其予以否定。与此相伴随的是直觉法在鼓舞情绪上具有更强的能力，它有时甚至可以促成激情或狂热的情绪。一般来讲，在其他条件不变的情况下，相比于实证法领域中的法律冲动，直觉法领域中的法律冲动的此种情绪活力（强度）明显是更强的。如果情况如此的话，义务（他人的权利）意识（被动法律动机）、权利的主动意识（主动法律动机）以及相应的辅助性活动
229 的动机作用一般来讲在直觉法中必定要比在实证法中更强。当然，实际上还存在另一种关系，即实证法相比于直觉法可能有更高的权威、更大的活力以及对行为更大的压力，在那些对传统和祖先的习俗极为尊重的人的心里，习惯法便是如此。在实证法（主要是

官方实证法)中,多种不具有伦理特征的、附带的动机(审慎计算、对刑罚的恐惧等)经常强化或替代具体的法律动机,这使得相应行为在某种程度上被实现。

通过在内省的和内外观察相结合的方法的帮助下研究自己的和他人的行为,在此行为被法律动机所界定的范围内,我们很容易得出这样的结论,即直觉法作为个体行为和社会现象的一个构成要素,事实上扮演着极为重要的、关键性的角色。在爱的领域、朋友关系、亲属关系以及同事关系中,我们与邻人的关系的许多领域和要素(特别是那些我们在家族或家庭生活中的亲密关系)并不受实证法规整,如果说它们受到法律心理的调整(被"他人欠我们、我们欠他人"之类的心理所调整),在此过程中发挥作用的只有直觉法。在很多相关的行为问题被实证法所预见和决定的生活领域中(例如,租一个房间、雇佣一个仆人,或者去商店买东西),人们事实上通常不是被民法或者刑法在这些方面规定的东西所指引(大多数人对此通常并不了解),而是被他们的直觉法和他们的直觉法良知的趋向所指引。换句话说,相应的"法律秩序"以及推动相应社会生活领域的力量的源泉不是实证法,而是直觉法。只有在出现冲突、违法之类的异常情形时,才涉及实证法的适用。只有在特定领域中,主要在那些涉及法院和行政机关的官方关系中,实证法才扮演唯一的和决定性的角色。

通过运用自我观察和内外观察相结合的方法来研究直觉法与行为的多种问题之间的关系,我们能够看到,在这种或那种意义上被实证法所解决的特定问题,在直觉法中却没有得到反映。在相关领域中的此种或那种事实行为(符合或不符合制定法的相关规

230 定)的观察或理念,在我们心中并未唤起谴责、拒斥或鼓励之类的直觉法反应。对于这样一些活动所关联的问题,即依照法律来编制国家预算的指示、遗产保存方面的明确安排或者在特定学校中教授某门课程,如果我们试图用我们的直觉法良知来引导我们的行为,我们的努力将完全失败。我们不会得到任何答案,换句话说,相应的直觉法体验完全没有显现在我们心中。这里涉及一些有趣的问题,这些问题从直觉法的特征和意义以及理解一般法律生活的视角来看是很重要的:直觉法的标准化适用于何种行为领域?何种行为领域是直觉法(不同于实证法)不应管辖的?这就是直觉法适用的行为领域问题以及它与实证法的关系问题。

法律的心理学研究主张如下命题:直觉法的标准化适用于这样一些人际关系,在其中一方给他人带来某种善或恶,或者在主体之间分配善和恶。人类心理很典型地趋向于在此方向上发挥作用,为这样一些问题给出明确的直觉法决定,即给他人带来善或恶的问题,或者从他人那里收受某种好处、体验到他人带来的恶的问题。对于另一类问题和人际关系,直觉法良知则不涉及,即程序(那或许是理性的和必要的)和技术方法,以及行为的安排(从权宜、政策或者教育方法的视角来看,那或许是适宜的或必要的,但与一般意义上的善恶分配无关)。直觉法良知不关心国家预算编制的安排和形式,却在意相应负担的分配(例如,一般意义上的税负,或者为不同阶级确定税率),在个体之间分派某种税或者义务(例如,在社群中不同房主之间),或者在不同阶级、不同地域或不同民族之间分配具体利益(例如,在不同民族的民族学校之间平等或不平等地分配资源)。这些都是直觉法所涉及的事务。

直觉的继承法并不涉及传唤继承人的程序以及保护遗产的程序，但是通常会为这样一些问题给出答案，即谁有资格继承，为了使得相关人等免受侵害，如何在多个继承人之间妥当分配遗产。

公共服务方面的直觉法并不涉及服务人选的指定、相应人选 231
需满足的年龄条件或者其他限制条件方面的正式安排，它也不界定服务的年限。但是如果一个不太有能力的候选人因为他提供了赞助而得到偏爱，被委任从事某种服务或者得到晋升，或者如果服务的负担和报酬的分配基于损害某些人而惠及另一些人的个人动机，或者如果某人承受了一个无根据的斥责或者(撤职之类)其他纪律惩戒，对这些现象，直觉法意识则通过谴责予以反映，有时候带有强烈的法律愤慨。

在实证法中，情况则与此不同。在这里，实际的或可能的标准化领域更为宽广，它的内容(以及相关义务和主张的内容)更为多样。实证法的内容通过规范性事实被界定，这些规范性事实(包括习惯法和立法性法律制定活动)是这样一种事实，即它们能够触及任何行为的任何领域，而不考虑它们与善恶分配的关系或者人们对此种关系的意识。这是相比于直觉法实证法所附带的重要好处之一，也是为什么对于社会来讲实证法与直觉法同样有用、同样必要的理由之一。仅仅基于直觉法，通常的社会生活无法维系，不可能成功开展，这不仅仅是因为，如果那样的话，将不会有法律关系的适宜统合，以及缺少社会和平或稳定的秩序，也是因为本来应该由法律规制发挥关键作用的许多行为领域，都将因为直觉法不能为这些行为提供规制而失去法律的规制。

然而，也有一些法律标准化论题，凭其性质排斥了实证的标准化，被其排斥的如果不是所有实证的标准化的话，至少是对应于问题实质的实证的标准化。在那些权利义务必须保持开放性和易于改变性并适应于实际的、具体的环境的场合，如果我们想要得到适宜结果的话，就需要进行直觉法的标准化。在文学评论、艺术评论和其他评论的领域中（一般来讲，在赞扬和谴责的分配上，它们在社会生活中扮演重要角色），直觉法在发挥作用，它建议什么应该给谁、一个人应该得到什么，在此领域中不存在任何种类的（甚至是非官方的）实证的标准化。如果不让直觉法来决定特定个人应否得到奖励，以及如果他应该得到的话，得到多大奖励，那么给予有功绩（为国家或者社会做出突出贡献）的人更多物质奖励，就不可能被理性地标准化。某人在测验中应该得到的分数，是一个检测者的直觉法良知的事务，它不可能被实证法合理地预先决定。
232 特别重要的是，在多种生活领域中（在家庭、学校中，或者在罪犯中），惩罚应该与罪的严重程度相匹配，只有凭借直觉法（而不是实证法）才能获得此种结果，对此事务，实证法要么完全不能介入，需要将其交给直觉法来决定，要么仅仅在直觉法开放性运作的范围内确立某种框架（例如，规定某种刑罚的下限和上限）。在统合趋向的强大压力下，原始法为犯罪行为确立了惩罚，它被实证地预先确定下来，与实际罪责的严重程度无关。文化先进国家的刑罚仅仅确定了刑罚的边界，让直觉法来最终确定刑罚的精确内容。甚至在那些处于较低文化发展阶段的社会中，也不存在关于奖励的实证的规范模式，在其中大行其道的是直觉法。

既然法律的统合趋向的压力逐渐变弱，随着人类心理的高尚化和社会化，我们能够推论出这样一个命题，即法律发展的趋向在于,随着时间的推移,实证法移交给直觉法的生活领域必定持续增加。

从直觉法和实证法的关系的视角来看,法律生活明显可以被分成三个领域:一、只有实证法存在和运作的领域;二、只有直觉法存在和运作的领域;三、直觉法和实证法同时存在和运作的领域。最后一个领域极为重要和广阔,在此领域中,这两种竞争性的法律的关系引发了多种问题。

首先,关于它们在内容方面的关系,可以得出几个命题。

一、在并行的和共存的直觉法和实证法之间,它们内容的基础和一般取向(必不可免地)有着一致性。这种现象以及相应的直觉法意识和实证法意识的彼此支持和相互强化,构成了实际的法律秩序和相应的社会秩序(政治秩序、经济秩序等)的基础。此种关系的因果必然性一方面根源于这样一种事实,即直觉法和实证法的发展在它们的一般的和基本的特征上被相同社会活动过程的作用相似地界定,它们依照相同法则而运作。另一方面,实证法和直觉法不可避免地一致认为它们的主要基础在于这样一种事实,即它们在一般的和基本的特征上的一致性是一种先于它们的共存
和运作的条件,当它们的差异超出一定限度,实证法必不可免地会 233
崩溃,在遇到抵制的情形中,此种崩溃会以社会革命的形式表现出来。

二、另一方面,由事物的性质所决定,事物之间必不可免地有细节上的差异,在实证法和直觉法之间,不仅能够存在也确实存在差异。任何国家的实证法与并行的直觉法都不会(也不可能会)在内容的各个方面和要素上完全相同。此断言(它同时表明了这些

不可避免的差异的不同类型)的根据在于:

(一)既然直觉法有着因社会组成部分(不同的阶级和个人)的不同而变化的内容,就不可能有在内容上与所有这些社会组成部分的直觉法相一致的实证法。实证法如果满足了某些人的直觉法要求,便不可能再满足另一些人的直觉法要求。大众在教育、民族、宗教、阶级利益等方面的构成越是多样化(以及一般地,社会的不同组成部分的直觉法心理出现分歧和差异的范围越大),实证法与社会的不同组成部分的直觉法的不一致和冲突就越大、越多。此种差异可被称为实证法和直觉法的阶级冲突和个人冲突。

(二)既然直觉法在历史上持续地、逐渐地形成并改变它的内容,而实证法的发展(由其本性所决定)比较迟缓,它倾向于以不同方式偏离这种持续的和逐渐的发展模式,那么实证法在其多个方面必定滞后于直觉法的发展。在其他条件不变的情况下,直觉法和实证法在发展过程中实际出现的(在一定范围内不可避免的)不协调越大、越多,直觉法和实证法之间的冲突便更为经常、更加严重;习惯法和其他法律越是缺少流变性、灵活性,旨在协调制定法与直觉法的立法机制的失调程度就越严重。这些冲突可被称为历史的或演化的冲突。

(三)既然实证法(与它的本质和统合功能相一致)在它能够适应具体环境的程度上确实并且必定不同于直觉法(这尤其表现在,实证法必须为客体和相关事实确立明确的界限,精确地界定它的范围和内容,忽略那些不容易被确证的事实),这意味着(即使并不存在前述多样化和冲突的领域),在决定实际的、具体的案件时,
234 实证法和直觉法必定不会一致。以制定法为依据的官方法庭的裁

判(即使制定法在内容上完全合理和出色)在一定范围内必定使得当事人和公众心中出现基于直觉法的反对意见。实证法越是在统合趋向的压力下发展(越是为了使相关事实得到精确的界定和具有可证明性而牺牲掉问题的实质),在其他条件不变的情况下,在实际的决策领域中这些不一致和冲突就越是丰富和鲜明(这在特定范围内是不可避免的)。这些是实证法和直觉法的“决疑性”(casuistical)冲突,它源自于生活的具体事实。

直觉法和实证法的内容因此有着较高的或者较低的一致性(或不一致性),在不同历史时期和不同国家中,它们事实上具有的一致性(或不一致性)关系在较高或较低这两极之间摇摆。在特定时间内,二者内容的一致性越高,在其他条件不变的情况下,法律在特定国家的一般功用便越大、能被更正确地发挥,法律更能够得到人们的普遍遵守,(尤其是)人们也会给实证法的存在以更大的尊重和认同,对已有社会秩序更加满意,该秩序便越加稳固,反之亦然。

直觉法和实证法在内容上存在差异,这引发了解决二者在具体情形中可能出现的冲突这个问题。如果当事人关于他们彼此的权利义务的直觉法意见在内容上一致,双方都依照他们的直觉法良知的指令而行动(不论他们是否知道实证法会为此提供一个不同的解决方案),直觉法便在此范围内发挥了作用。如果直觉法和实证法的不一致的解决办法不是在实证法中,而是在第三方的直觉法中(通过诉诸依照良知之类的仲裁)被找到,此时起作用的也是直觉法。在其他条件不变的情况下,随着文化的进步,直觉法在其中发挥决定作用的领域也会不断拓展。

就问题从一开始被依照实证法考虑和决定而言，或者如果当事人之间的分歧导致人们诉诸实证法予以解决，该法律由此便具有了控制作用。然而甚至在此时，直觉法无论如何也不会缺少实际意义，它对实证法的解释和适用施加了压力，以确保相关决定符合（或者至少尽可能更少地偏离）直觉法良知的指令。实证法的实践体现了一种合力，其发展方向在一定程度上被做出相关决定的
235 各方的直觉法施加的压力所界定。甚至对于实证法的科学模式（对于精深的法学），直觉法也施加了同样的压力，以同样的方式界定了下述趋向：法的渊源的解释、类比方法的适用、一般化的方向、从一般原则中导出具体命题。这反过来反映在法庭中（以及其他方面）实证法的实践方向上。

直觉法对实证法的演进和适用的此种影响在一定程度上有助于预见、消除和缓和实证法和直觉法的冲突。在直觉法所发挥的此类作用中，更为重要的是，直觉法为了使立法、习惯法的形成以及一般意义上的实证法的形成与其自身保持一致，对它们施加了心理压力。制定法、作为习惯法的规范性事实的人们的群体法律活动以及下述有待研究的其他规范性事实，在相当程度上都不过是个体或群体的直觉法的产物和表现。它们后来作为他人的实证法体验的决定性因素，在他人心中获得一种独立的意义。就此而论，直觉法是实证法的创造者。然而，为了避免误解，需要注意的是，并不是所有法律、习惯或者一般意义上的实证法的规范性事实都是直觉法的产物和表现，不是所有实证法都源自于直觉法。我们已经指出了，直觉法有着有限的存在和运作范围（善恶的分配），关于程序、技术安排之类的问题，就它们被法律所决定而言，仅仅

与实证法有关。在此领域中，实证法并非（也不可能是）直觉法的产物。甚至在与直觉法有关的领域中，在特定情形中，规范性事实和相关实证法仍有可能独立于直觉法而产生。这样，立法性的法律制定可以基于与立法者自己的直觉法良知相矛盾的利益考量之类的东西，但这不影响相应实证法的诞生。

在实证法刚诞生的时候，因为它的规范事实依赖于直觉法，实证法和直觉法是协调一致的，随着实证法的内容愈加固定，而直觉法仍旧不受拘束地发展，实证法与直觉法的关系开始越来越不协 236
调。当此种不协调出现了并变得很明显的时候，直觉法便强烈地表现出废除与其相矛盾的实证法（代之以另一个在内容与它一致的实证法）的心理压力，在弱化、消除或者相应地改变相关习惯法，或者通过立法改变它的内容方面，此种压力表现得尤为明显。在直觉法的影响下，这样的理念出现并扩散开来，即废除一条具体的制定法并代之以另一条，修正相关法典，或者通过立法性的法律制定活动替换非制定法。改革的要求出现了，并变得越来越坚决，人们开始搜寻和积攒支持改革的论证。除此以外，当人们（不论在何种情况下）编纂制定法时候，直觉法都在推动人们消除之前与直觉法矛盾的实证法命题，代之以那些与直觉法相一致的命题。随着直觉法和实证法的不一致越来越明显、越来越强烈，在实证法中，有无数局部的、细节上的（在某种程度上重要的）废除和修正活动。尽管直觉法的压力在逐渐增强，如果此种对实证法的废弃和革新的进程因那些与现有法律相关联的利益代表的抵制而被阻止，并且此时牵涉一些关于法律和社会秩序的重要的和实质性的问题，那么直觉法的压力便会进一步增加。当直觉法的压力被抵制时，

此种压力获得逐渐增强的冲动性力量，可以在越来越多的个体心中达到热情和狂热的程度，这导致他们粗暴地憎恨现有秩序及其代言人。最终此种压力会唤起一种社会爆发、一场革命。这样一种事实通常会促成和加速革命的爆发，即那些利用现有法律秩序从中得到实质性好处（例如，美国内战前一些人从奴隶制中获得好处，法国大革命前部分人从封建特权中获得好处），或者在没有他们的直觉法良知的许可以及缺少他们在此问题上行为的神圣性和正义性的信念的情况下，基于某种别的诱因和考量维持它（甚至尽管他们的直觉法良知的指令反对此种做法）的人，不可避免地在伦理上败坏和腐朽了。社会上层以及国家机器在伦理上的腐朽变得严重起来，无原则地妥协的滥用出现和扩散开来，此时也明显缺少依照信念和热情而行动的高尚的和杰出的人。

对于社会革命这个现象的流行解释是，它们被没有被现有法律承认并被其践踏的阶级利益所唤起。如果先前的力量对比关系
237 被打破，新兴阶级获得优势，这些被认为将唤起暴力革命。然而，历史事实与此相悖。千百年来，奴隶、农奴和多种下层阶级在少数奴隶主和庄园主的统治和支配之下处于不利社会地位，只要人们相信现有法律的神圣性和正义性，只要现有实证法与直觉法相一致，大部分人处于不利社会地位这一事实便不会引起革命。该种解释还与这样一种事实相矛盾，即那些参与国内革命斗争的人之所以分成两个对立阵营，不是因为他们不同的利益取向，而是因为其他社会心理法则的影响，年龄、智力、性情等因素在其中也扮演重要角色。由此而来的结果是，在开展斗争的两个阵营中，都有大量的、依照利益理论本该属于对立阵营的人员。从心理学的视角

来看，利益理论并非立基于对人类心理和行为动机的研究、了解和理解，“利益”心理自身并不是一种能够驱迫大量人员去牺牲他们的幸福、他们的事业以及他们的生命的东西。利益理论为了将所有事情都化约为利己主义和物质计算，必须同时以一种（假设的）与人们实际心理相对立的心理要素的形式引入“机械降神”，该做法同样是未经解释和未被认知的。此处有待心理学澄清的行为的性质是这样的，应该在伦理思想的现象和法则中寻获对该行为的说明，应该研究的是道德或法律心理。然而，道德心理是一种和平的心理，既不倾向于也没有能力凭借强力来实现它的要求，只有法律心理才有诉诸强力的趋向。

在法国大革命期间，人和公民的权利话语反复出现，在美国内战期间，所有人的自由权和对他们的劳动成果的权利也不断被人们主张。在这些权利的支持下，人们开始批判他们憎恶的、与其对立的事物的秩序，并就此开展斗争。

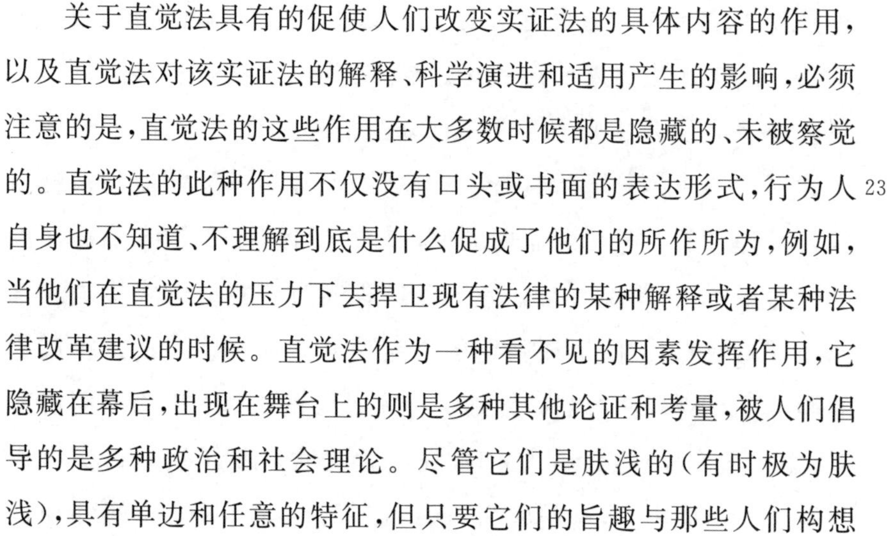

关于直觉法具有的促使人们改变实证法的具体内容的作用，以及直觉法对该实证法的解释、科学演进和适用产生的影响，必须注意的是，直觉法的这些作用在大多数时候都是隐藏的、未被察觉的。直觉法的此种作用不仅没有口头或书面的表达形式，行为人 238
自身也不知道、不理解到底是什么促成了他们的所作所为，例如，当他们在直觉法的压力下去捍卫现有法律的某种解释或者某种法律改革建议的时候。直觉法作为一种看不见的因素发挥作用，它隐藏在幕后，出现在舞台上的则是多种其他论证和考量，被人们倡导的是多种政治和社会理论。尽管它们是肤浅的（有时极为肤浅），具有单边和任意的特征，但只要它们的旨趣与那些人们构想

的、扎根于人们内心的直觉法要求相一致，这些论证、学说以及理论看起来便极有说服力和可信度，因此能够散布和流行开来。有时它们赢得了通常在宗教领域中才存在的那种信任和尊敬。它们力量的根源并不在于它们的智识内容，而在于它们冲动性的直觉法基底。

除了直觉法对实证法的发展产生影响以外，也有相反的作用过程，实证法也会影响直觉法的发展。个体的直觉法在儿童时代、家庭中、学校中，以及在后来的生活中发展起来，在相当程度上，它的发展不仅受到周围的人的直觉法观念的影响，不仅受到父母和其他人的激励，也受到源自于实证法（包括法律习惯和制定法，以及一般意义上的现有的实证法的社会秩序）的建议的作用的影响，如果实证法在该社会环境中受到尊敬，很少被质疑和批评，情况更是如此。实证法以之前介绍过的方式从直觉法中衍生出来，直觉法唤起了具有规范性事实意义的行动，此种规范性事实随后以一种独立于唤起它们的直觉法的方式发挥作用。与此类似，直觉法从实证法中衍生出来的过程是这样的，先是存在一种被实证法的规范性事实所建议的法律体验（并且它从根源上依赖于这些事实），这些法律体验随后具有了独立性，作为独立于相应规范性事实及其理念的直觉法而显现出来，如果它们经常被重复、获得了冲动性力量的话，情况更是如此。此过程通过在相应的客体理念和律令–归属冲动之间形成稳定的决定性联结而发生。在此种过程的影响下，那些特别地、持续地关注实证法的人（例如，有学问的专家、法官和律师）的直觉法心理，随之而来很容易单边地再次形成和发展出具体内容，这是因为，这些专家持续予以研究、解释和适

用的实证法，换句话说，他们经常体验到的以至于在他们心中留下 239
了相应的决定性痕迹的实证法，在相当程度上成为他们的直觉法，排斥和摧毁了他们先前的直觉法的多种要素。这样一来，他们的直觉法意识在相当程度上变为一种复合体，它不同于非专业人士的直觉法意识，这有时会造成他们彼此产生误解和争议。实证法也以同样的方式影响了共同体的其他成员的直觉法意识，但这种影响的程度更弱，更不明显。

对于国家而言，实证法除了有其直接价值，一种理性的、有效率的实证法还是直觉的、律令-归属伦理的有价值的学校，有时实证法甚至会影响到纯粹的律令伦理，正如我们已经指出的，道德和法律相互影响。与此相反，非理性的、邪恶的实证法（例如，依照宗教、种族、民族等标准，承认和鼓励对部分人群实施邪恶的行为、对待和指控的法律）则腐化和摧毁了直觉法（以及道德）意识。如果实证法的内容在某种程度上滞后，只要它具有足够的权威，受到人们尊重，它便会阻碍直觉法发展。先进的实证法，特别是领先于社会的特定组成部分（例如，人群中文化水平较低的阶层）的直觉法发展的制定法和其他实证法，会推动他们的直觉法发展。

实证法在何种程度上能够依照它的内容修正直觉法，这在相当程度上依赖于实证法内容的品质，依赖于它在多大程度上回应了社会生活的要求及其发展趋势。依此，滞后的实证法在拖延直觉法发展上的影响要小于先进的、进步的实证法对直觉法发展的推动作用。后一类实证法对直觉法的重塑作用有时是极为迅速和彻底的，会促成国民直觉法心理的根本变革。在亚历山大二世时期，俄罗斯废除了农奴制，这是一场在君主领导的有文化的先进人士的直觉法的影响下所实现的伟大法律变革，毫无疑问，它远远领先于绝大多数人的直觉法发展。在《解放宣言》被发布的时候，这部分人（大多数地主和农民）的直觉法便是“主人和奴隶”的法律。
240 地主归属给他们自己相应的针对农奴的权利，后者归属给自己相应的针对主人的义务，以及归属给主人以权利，一般来说，此种归属不仅仅基于实证法的规定，也是基于（独立于实证法的）良知，这样做符合他们的直觉法观点。很多人甚至无法想象，还可以有别的可被接受的法律（一种自由的法律）。此种立法改革在这方面导致一场极为迅速和彻底的革命。一些农民（主要是那些上岁数的农民）将先前的农奴制法律的直觉法心理保存了几十年，直至离开人世，他们不愿意了解和承认这场变革，他们向他们的前主人表示，他们认为，未来忠实、切实地继续提供服务是他们的神圣义务。但是大多数人（尤其是年轻人）迅速地从他们先前的奴性和直觉法意识中彻底解放出来，被灌输了与其对立的直觉法信念，在一年前人们还绝对无法想象因为国民心中的相关直觉法革命所产生的这场颠覆式变革，或者更不用说人们无法想象在解放宣言公布之后所发生的变革。在其他国家的历史中，受实证法内容上意义深远的和进步性的类似改革的影响（例如，通过立法授予和实施政治权利所产生的影响），在国民的直觉法心理中也出现了相似的革命（巨大的以及在某种程度上迅速的革命）。西欧国家将文化水平更高的罗马法继受为实证法（相比于它们的国家法，罗马法是先进的法律），这也伴随着相应的改变直觉法意识的过程，此种继受自身被施加在直觉法上的此种影响所促成和推动。尤其是，那个时代社会中文化水平最高的群体（他们非常熟悉罗马法的内容）热情地

将罗马法的很多内容作为法律真理接受下来。这些真理因此成为他们的直觉法，他们之前的直觉法观点则被认为是野蛮的，该种野蛮的直觉法的产生根源在于，他们之前对真正的法律一无所知，不了解真正的法律说理。

第三十二节　正义

人们将正义视为最为崇高的指路灯。在面对生活中的灾难和苦痛时，人们因为心怀正义，仍能保持平和并有所慰藉。但什么是正义呢？它在哪里，以何种形式存在呢？它的原则要求什么？正义的根基是什么？

长久以来，正义的性质和原则问题吸引了有思想的人的关注
和兴趣。在古代、中世纪以及近代的哲学讨论中，上述那些问题表 241
现得很明显。道德学家将这些问题视为他们的研究对象，在他们的著述中，总是包含了处理正义学说的章节，正义被视为最重要的道德德性之一，他们试图阐明正义的本质并确立正义的单一原则。与此同时，法律科学也意识到正义与法律密切相关，研究一般法律理论的专家通常试图界定正义的性质以及它与法律的区别和关联。具体的法律科学同样也考虑这类问题，例如，民法（尤其是罗马法，正义或者说衡平在罗马法的渊源中扮演重要角色）和刑法。

尽管前述科学研究致力于探究这些问题历时已久，正义的性质问题仍未被解决，仍有争议。

人们普遍认为，正义意味着平等，意味着一种关涉他人的平等关系。一些人将正义实质上视为平等原则与多种其他原则的结合，包括仁善原则、自由原则等。在道德哲学中并不少见的现象是，正义仅仅被理解为同情，被界定为同情的一种特殊形式，或者被界定为同情的一种特殊运用形式(例如，平等地同情他人)，或者被界定为同情与明智之类的其他要素的结合。有些人认为，正义必须与真理相一致。在有些人那里，权宜经常被理解为正义的一个实质要素，或者他们干脆用权宜来界定正义。

本书阐述的关于一般意义上的法律以及其中的直觉法的学说，包含了解决正义的性质问题所需的所有前提。实际上，**正义不过就是我们所说的意义上的直觉法**。

正义作为一种真实的现象，是一种心理现象，通过自我观察和内外观察相结合的方法，我们能够获得对它的知识。通过使用这些方法，我们很容易就可以断定，我们在处理正义的性质问题时，所考虑的并不是对任何人的同情的体验(有益性情绪)，或者关于社会性的权宜的判断，或者任何投机性的判断和计算。我们必须处理的是对原则的规范性体验，这是一种伦理体验(在这个概念前面已经被确立的意义上)。此时，伦理冲动具有支配意义。相应的行为之所以被视为正当，与任何目的或计算无关，并不是基于该行
242 为对于实现某种具体目的的有用性。如果在我们看来他人的行为对第三人明显不正义，该行为的理念或意识便会唤起我们相应的伦理谴责或愤慨。如果我们自己也去做类似行为，我们的良知便会受到折磨。此外，当我们从将伦理体验分为两种类型[把伦理体验分为纯粹的律令(道德)以及律令-归属(法律)]的视角出发来观察和分析正义体验，我们很容易会得出结论说，这些体验都关乎伦理体验的第二种类型，此时出现并发挥作用的是律令-归属性冲

动,相应的意识是应该从他人那里得到什么、欠他人什么的意识,而不是单边的、纯粹律令性的义务的意识。从前面已经确立的理论的视角来看,像道德学家那样把正义仅仅关联于道德,以及像法学家那样将正义和法律对立起来,都是不正确的。通过把正义从道德中转移到法律中,便可以消除这些误解。最终,如果将法律分为两种类型(实证的和直觉的)并使用相应的概念,基于此种视角来研究正义的体验,不难总结说,我们此时关心的不是实证法现象,而是直觉法现象,不是关于依照制定法之类的东西应该做什么的判断,而是依照我们无关任何外在权威的独立信念来判断,从“良知”的角度看,什么是欠他人的。从作为一种更高尺度和标准的正义的视角,可以评判制定法和法律习惯自身,如果它们符合正义的要求,便得到肯定评价,如果它们违背了正义的要求,剥夺了他人本应得到的东西,则应被谴责(或者甚至被愤慨地唾弃)为不公正的。

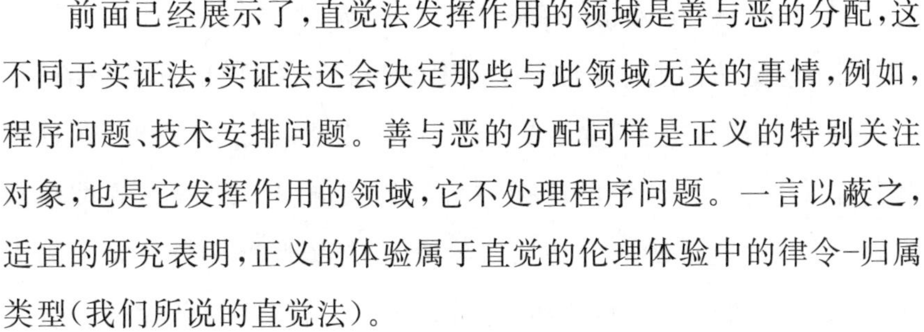

前面已经展示了,直觉法发挥作用的领域是善与恶的分配,这不同于实证法,实证法还会决定那些与此领域无关的事情,例如,程序问题、技术安排问题。善与恶的分配同样是正义的特别关注对象,也是它发挥作用的领域,它不处理程序问题。一言以蔽之,适宜的研究表明,正义的体验属于直觉的伦理体验中的律令-归属类型(我们所说的直觉法)。

正如在伦理体验中经常出现的情形,老套和天真的观点依赖于被冲动性投射唤起的幻觉,它把正义领域中那些幻象视为真实的,用“正义”这个词来指称那些明显存在着的和不可改变的相关规范或者该类规范的总和(这些规范基于高级的权威界定了谁应

243 当从谁那里得到什么)。此种现象通过这样的表述被展现出来，例如，“正义的要求或禁止”“正义的原则”“根据正义”“依照崇高的正义原则，那是应当应分的”。也就是说，从投射的视角来看，正义意味着直觉法规范。由于在正义体验中存在规范的投射，所以存在以保障他人利益为指向的相应的义务的投射(“一项正义的义务”“依照正义他受到拘束、负有义务”)，或者说存在以权利为内容的法律关系的投射(“基于正义他对……有权利，他可以做出主张”)。在此种(投射)观点看来，需要区分客观意义上的正义(直觉法规范)与主观意义上的正义(相应的法律关系、义务、能力以法律主张)。

作为冲动的投射作用的进一步产物，进入到正义体验的结构中的是，一种特殊的性质被归属给相应的行为(“符合我们的直觉法的行为”)。与判断者的直觉法要求相矛盾或不一致的行为，则被他归属了(投射了)相反的、不正义的属性(“不正义的行为”)。此外，“公正”或“不公正”的品性甚至被投射到那些符合或违反正义要求(直觉法的要求)的人或者其他“存在”(例如，有神性的“存在”)身上，例如，一个“公正的人”“上帝是公正的”。此外，在直觉法规范中，“正义”这个词也指称行为的相应属性或者人的性格特点，这是一种值得赞许的特点(“美德”)，是依照前一种意义上的正义要求去行动的倾向和欲望(也就是说，与直觉法规范保持一致)。行为和性格与此相反的属性(趋向于违背前一种意义上的正义要求的罪恶)则被称为“不正义”。

作为指称值得赞许的行为和性格的品性(功绩和美德)，以及与此相反的、需要谴责的行为和性格的性质，“公正”和“不公正”这种表达自然地主要被适用于这样一种情形，其中相关主体（行为的主体或者性格的主体）的行为基于自由选择而做出，而不是迫于必然性、强制性或者他人的权威性要求等因素的压力，当行为是因为这些压力而做出时，便不会有值得赞扬的性质，也谈不上体现了什么功绩，做出该行为算不上一种美德。依此，正义、不正义之类的表述主要被适用于这样一种情形，在此类情形中，人们考虑的是这样一类人的性格和行为，即相对于处于较低的和从属性（依附性）
地位的人而言那些处于更高的和支配性地位的人，相反的情形则 244
不适用此类表述。因此，人们将正义归属给相对于人而言有着“善的分配者”这一更高地位的神灵，但在相反的情形中，人们就不会使用正义之类的表述，人们不会将正义归属给那些依附于神灵、对他们不具有支配能力的“存在”（那些不能赋予他们任何好处或者剥夺他们任何东西的“存在”）。正义之类的表述被归属给下列主体：与服从立法的人相关联的立法者；与臣民相关联的君主；与奴隶或仆人相关联的主人；与从属者相关联的权威；与接受其裁判的人相关联的法官；与孩子相关联的父母；与被评论者相关联的评论者；与被测试者相关联的测试者等等。而对于这些主体所关涉的那些人，正义之类的表述就不适用了。然而很明显的是，在某个方面一些人与他人有着支配-从属关系，而在其他行为领域，他们的地位或许会互换，那样的话，我们就可以谈论后者相对于前者的公正或不公正关系。在测验中，依照被测试者的成绩给予他们一个依照良知他们应得的分数，此时我们考虑的是测试者的正义而不是被测试者的正义，但是如果在测验之后，被测试者审视测试者的行为，看看测试者究竟是承认了他的美德或正义，提供给他应得的

份额，还是拒绝承认这一点，这时二者的关系就反过来了，那些先前的“当事人”现在成了“法官”，因此公正或不公正之语词可被用在他们身上。

正义是法律，它是“法律”的类型之一，因此与正义相对应的真实现象是法律意义上的律令-归属性体验，相应的规范是法律意义上的律令-归属规范。所以我们之前关于下述对象已经阐述过的内容也都适用于正义，这些对象有：一般意义上的法律；法律冲动；进入法律体验的结构中的多种理念；法律投射、规范、法律关系、义务、权利，以及它们的要素；法律相比于道德的独特属性。正义体验在结构上不同于纯粹律令性体验（之前已经确立的伦理体验的分类意义上的道德体验），正义体验包括了归属性（而不是纯粹律令性）冲动（双边的主体和客体理念，关于某物应该由谁提供给谁的理念，关于义务人被要求提供什么的理念，关于他方被授权收受何种东西的理念）。因为相关的正义的冲动和意识所具有的归属性质，正义意识对行为所施加的压力比纯粹律令性道德意识更强。

进一步讲，因为正义是直觉法，之前的所有论述，特别是关于
245 直觉法以及它与实证法的关系的论述，也适用于正义。由于正义不依赖规范性事实、制定法之类的东西，正义在内容上变化多端，它在不同类型的人和个体身上体现为不同内容，正义因此比实证法更能适应具体环境。正义的发展是逐渐的、不知不觉的，不像实证法的发展那样复杂。从天真-投射的视角来看，因为正义独立于地方性的法律和习惯，正义的规范看起来是外在的、不变的，具有普适意义。正义与相关实证法的不一致和（阶级的和个体的）冲突却是不可避免的。从特定社会中某些阶级和个人的视角来

看，实证法和具体判决的多种要素不可避免地表现得不公正。正义意识对实证法的解释、适用以及科学制定施加了压力，这看起来同样是实证法的（和平地或通过革命）创造、废弃和改变的一个动因。

第三十三节　先前的自然法

前述关于一般意义上的法律以及直觉法的学说包括这样一些前提，可以基于它们为（在先前的法律哲学理论意义上的）自然法是什么以及它是否真的存在做出决断。

通过运用心理学方法研究那些阐发自然法规范的著述的内容可知，它们提出的那些命题不过是作者心中的直觉法活动过程的反映和表达，这些作者阐述了他们的直觉法信念以及相应投射的内容。它们流行的外在表现形式是单边-归属性的，它们所涉及的与其说是自然法义务，还不如说是自然法权利，包括人的权利、公民的权利、丈夫的权利、父亲的权利等等，这些权利为人所固有，被自然自身所确立。这些作者的论述基于天真投射的观点，他们对他们所考虑的东西的存在领域和性质的理解存在谬误，在该谬误的影响下，被当作真实的东西予以接受的不是相关的心理活动过程，而是它们的投射，这些投射被这些作者认为存在于一个他们内心之外的世界中。在直觉法投射的智识结构中缺少规范性事实的理念，与直觉法投射的该特征相一致，这些自然法论著的作者归属 246
给自然法规范以独立于特定地域的、永恒的、不变的、普遍存在的价值，他们谈论着独立于任何国家承认的、人的普遍的和内在的权

利。律令-归属性冲动所具有的高贵的神秘权威的特征解释了自然法学说的这样一种趋向，即它把相应的命令和许可归属给更高的“存在”（自然、神灵之类的“存在”）。最终，以上关于正义的性质已经被断定的内容，解释了这样一个事实，即“真正的正义”“符合更高的正义原则”之类的性质被归属给这些规范、义务和权利。

然而，自然法学说还包含多种其他要素。这些要素有：一、多种权宜的考量，尤其是从这些作者认为他们应该实现的目的和解决的问题的视角来看，关于现有制定法和制度的让人不满意之处的立法政策考量。例如，从成功地根除犯罪、矫正犯罪或者将折磨作为在犯罪调查中发现真相的手段的不适当性的视角来看，关于此种或那种刑罚的权宜。二、非法律类型的规范性判断，尤其是道德判断或审美判断。

在不同的自然法学说中，以“自然法”之名，以及以依据法律哲学家的共同意见或他们已经获得特殊权威的祖先的意见的（关于规范性事实的）其他命题之名，被提出的多种命题（中世纪哲学从《新约》或《旧约》中援引的多种法律命题），从我们的分类的视角来看，本应被用来指涉实证法。在自然法学说的历史中，我们会看到法律的统合趋向在发挥作用。

尽管自然法学说持有关于法律的天真投射的观点，无视法律的真实性质，以自然法之名混淆了异质的问题以及具有其他科学上的缺点，自然法学说是先前思想家提出并热情拥护的直觉法陈述，这些思想家参与形成法律政策的命题，发挥着推动法律和立法进步的有用功能，在这种意义上它成为法律政策科学（现在甚至不存在这种法律政策科学)的替代品。在法学中于19世纪上半叶发生的革命,除了实证法之外否认存在任何其他法律,除了历史和教 247
义研究以外,否认任何其他研究方法,这些都代表倒退运动,是两个严重的错误,我们需要通过发展法律的心理学理论(包含直觉法和实证法)以及通过基于相应的心理学资料创立法律政策科学予以纠正。

第三十四节　所谓的"法的渊源"

依照我们已经论述过的内容,作为真实现象的实证法意味着律令-归属性体验,该体验包含作为义务根据的规范性事实的理念。相比于当代法学将"法律"或"实证法"体验予以适用的领域,此法律概念有着更为广大的指涉范围。它包含很多通常被用来指涉多种不同于法律的东西(风俗、宗教之类),以及很多在当代一般现象分类中找不到位置的、被人们忽视的东西。

前述宽广意义上的实证法具有所有一般意义上的法律的属性以及使其区别于直觉法的特殊属性。它包含很多种类,这些不同种类可以依照给定实证法体验所依据的规范性事实的类别被区分开。在法律科学中已经有源自于古罗马法学家的关于实证法的种类的学说,但它被所谓的"法的渊源"这个古怪的词汇遮蔽了。

什么是法的渊源?人们普遍赞同关于法的渊源的这样一个否定性命题,即技术意义上的法的渊源必须区别于法律的认知渊源,必须将其区别于历史文献,包括私法作者的著述以及其他我们可以从中获得关于任何曾经存在的或现在存在的法律的知识的资料。关于法的渊源的本质的正面定义，则有很多观点：“创造法律的形式”“法律出现的基础”“构成客观意义上的法律的基础的要素”“法律规范的义务力量的准据”或者“表达法律的不同形式”。

所有这些学说都经不起科学的批评，都是站不住脚的，甚至从初级逻辑的视角来看，它们惊人地不正常。如果动物学家将狗、猫之类的东西称为“动物的渊源”，并开始争辩“动物的渊源”这一关系的含义，以及该渊源是创造动物的形式，还是证明它们存在的形
248 式，抑或是它们的动物性质的标识，这类似于导致法的渊源理论出现的现代法学家的思维模式。

猫、狗之类的东西并非动物的渊源，它们不是创造动物的形式。它们在一般意义上也不是不同于动物、以一种无法言说的方式神秘地关联于动物的事物。它们就是动物。它们自身是动物，是动物的不同种类。以完全相同的方式，所谓的“法的渊源”（习惯法、制定法等）就是法律自身，就是实证法的不同种类。将它们称为“法的渊源”并构想它们与法律的关系，那是十分古怪的。现有学说的名称（“法的渊源”）必须被抛弃掉，应代之以“实证法和它的不同种类的学说”这个表述。

法的渊源学说的另一个（更为严重的）缺陷是，它未能区分以下两类事物：一、实证法和它的不同种类；二、其理念进入到相关实证法的智识结构中的事实（规范性事实）。基于先前的论述，很清楚的是，在实证法中必须区分开三种不同事物：一、规范性事实，包括人的相应行为、立法者的制定法律活动等；二、与这些事实相伴随的律令-归属性体验（作为一种真实现象的实证法自身）；三、相应的规

范(由这些体验所产生的冲动性幻象)。然而,传统学说既不了解也未能区分这些不同范畴,对于其中最主要的范畴(真实的实证法自身、习惯法、制定法等),它未能看到它们,也没有对它们进行研究。它把冲动性幻象(规范)当作真实的实证法,混淆了这些规范与立法者的命令或其他相关事实。

若想建构关于实证法不同种类的适宜学说,我们必须注意到,不能把(那些其理念进入实证法体验内容中的)立法者的命令和其他事实等同于实证法自身,它们甚至与实证法并没有因果关联,事实上,在它们之间并非必然存在伴生关系。

首先,在实证法中具有义务的基础以及行为的决定因素的意义的,并非(立法者的命令之类的)相关客观事实,而是它们作为现在的和过去的事件的理念。依此,如果作为一种真实事件的相关事实(例如,某些君主或神灵的命令或者祖先的习俗)的理念出现了,那么对于相应实证法的存在和运作而言,这些事实是否真的存 249
在则是不重要的。不仅被人们认为存在着的命令实际上可以并没有被做出,而且它们被认为的那个发布者自身也可以仅仅存在于传说或神话中;祖先们也可以对归诸于他们的习俗全然无知,以一种与此完全不同的方式行动。在特定的文化发展阶段,在文字形成和发展之前或(在特定时期)之后,实证法在相当程度上被多种传说和神话性规范性事实所界定,这不仅体现在宗教法或神法中,在世俗法中也是如此。与此相反,如果相关事实实际上已经发生了(例如,某制定法已经被颁布且尚未被废除),但是人们对此既没有相应的知识,也没形成相应的理念(例如,该制定法被人们遗忘了),那么相应的实证法并未(也不可能)存在和发挥作用。在特定

文化发展阶段，在文字形成之前（甚至是之后），在印刷术被发明和普及之前，立法性指示和其他规范性事实被人遗忘，这确实是导致相关实证法消亡的因素之一。类似地，当人们依据口耳相传的传统和记忆来确认规范性事实时，关于规范性事实的理念的内容随着时间的推移而变化，立法或行政指令的内容、祖先的习惯的意义和特征以及实证法的内容也依此而变，尽管过去的事实自身并未改变。因此在实证法及其种类的理论中，规范性事实或者“实证法的渊源”必定意味着的，并非外在的客观事件之类的东西，而是相应理念的内容（那些被人们认为存在着的事实，不论它们实际上是否存在）。

但是对于出现在想象、祖先的习俗以及其他（与那些能够一般地扮演权威-规范性角色的东西的范畴相关联的）事实中的立法性命令，绝不意味着一定有某种实证法与其相对应。当研究实证法及其具体种类的时候，必须牢记在心的是，是否有实证法与这些事实相对应，这依赖于相关的个体或群体的心理状况，包括他们的心理习性、他们的习惯和性情、他们的信念（包括他们的直觉法信念和他们的道德、宗教信念）等等。相关事实的知觉和理念（例如，以制定法的适宜形式被公布的事实或者祖先的习俗）有时在他们心
250 中唤起一种实证法反应，该反应又唤起相应的实证法，但在别的时候它们或许并不会唤起相应的实证法体验（甚至看起来软弱无力）。这样，仅仅在特定文化发展阶段，代表国家权威的立法性指示才获得了在个体和群体中唤醒相应实证法体验的能力。人类的心灵对立法性指示做出法律反应的能力是文化的产物，在文化发展水平较低的阶段，还没有此种产物。如果有人发布一个命令，并

对不履行命令的人进行了威胁，此结果或许是可怕的，他人或许出于惧怕的理由服从它，但这与法律没有什么共性。此时并不存在伴有相应行为动机（它们还没出现）的伦理上的律令-归属性体验，因此此时尚无真正的法律。此外，现有的产生制定法体验的能力和习性一开始是很弱的，如果该制定法想要获得唤起相应的实证法的机会，还需要具备多种条件。例如，通过这样的直觉法来强化制定法，该直觉法在内容上与其一致或者在取向上与其类似，或者发布该制定法的部落首领有着特殊的人格魅力。只是渐渐地，支持制定法的心理能力和习性才得到充分发展，强大到足以使立法机关相对可靠地、成功地治理群体的行为。然而，甚至是在群体接受制定法的心理能力和习性已经被强化到一个相对稳定的程度之后，也只有在特定界限内，在妥当采取了特定预防措施前提下，并且如果制定法确实能够唤起法律心理的相应内容，或者它变得足够强大、能够成功地运作的话，立法者才能够成为局面的掌控者，并发布制定法指令。所以，在文化发展水平较低阶段（但也没低到普遍地缺少接受制定法的能力的程度），习俗的权威极为强大，一个敢于谴责这些习俗的立法者，如果他想确立任何直接地、明确地违背这些习俗的东西，只会使自身受到质疑。需要留意的是，在实证法心理的特定发展阶段，出现了“制定法以伪装成习惯法的形式偷偷发挥作用”这一现象，该现象乍看是怪异的，但从心理学的视角来看完全是可理解的。为了实施制定法，使其在立法层面获得成功，一部制定法被欺骗性地解释为这样的规定，即它的内容并非今人新创，而是仅仅表达了某种目前被人们遗忘的我们祖先的习俗之类的东西。此外，如果特定的宗教信念（或者一般意义上的宗

教)已经被人们普遍信奉,制定法必须符合它,如若不然制定法将
251 以惨败收场。在所有时空内,立法者必须顾及直觉法,以确保制定法不会因为与直觉法相冲突而被击溃。社会-辅助性权威(国家)负有利用立法权威促进普遍福利(而非满足个人利益)的义务,一部制定法如果与该义务有着明显的、严重的冲突,或者明显地不道德、不融贯和荒谬,也将无法完成将相应的实证法引入社会生活的任务。在文化发展的过程中,接受制定法的心理能力逐渐地形成,除了这个一般的规律以外,历史也提供了很多例证,在这些例证中,对于多种具体的立法类型或者关于某个立法者颁布的不同制定法,相关的适宜的心理学反应只是逐渐地形成和壮大。例如,对于那些原本独立自主的小社会群体,在形成涵盖该群体的法律上层建筑的过程中,新的高层次群体的立法一开始是极为软弱的。它仅仅可以处理特定问题,并或许很容易一事无成。只有逐渐地,它才获得力量、重要性以及相对宽广的作用范围。在革命之后,或者推翻一个王朝之后,或者从君主制改为共和制之后,或者从共和制改为君主制之后,也会出现同样的现象。一部已经起作用的制定法(在未被人们遗忘的情况下)也会因为多种心理原因而失去其规范性权威。经常出现的情况是,尽管制定法没有在任何意义上被废除,但因为直觉法潜在的、逐渐增强的颠覆作用,制定法不再能够唤起相应的法律体验。在历史中有无数的例子显示了,因为更为温和的、人道的直觉法的影响,残酷的刑法不再起作用,因此被人们修改。某制定法在金钱单位价值较高的时候确定了特定赔偿比率,如果金钱的单位价值逐渐地、严重地降低了,该制定法也就不再能够起作用。除了直觉法以外,制定法也经常因为一些破

坏性因素失去其规范性力量，例如，它开始变得不道德，以及从权宜的观点来看，在环境改变后它变得明显不合时宜，或者它与新的宗教观念相悖，或者（在宗教激情消退之后）它看起来源自于过分的宗教狂热，或者它的出现由警察的无端猜测所促成，或者它的出现是干预制定法不应该管的事情的欲望所促成的。

关于制定法我们已经论述过的东西（这里说的是本节所论述的东西，并非下一节关于制定法我们将要论述的东西），在做必要修正之后，也适用于所有类型的规范性事实。它们都同样具有相对的和有条件的性质，都依赖于心理学因素和环境，它们有时能（有时则不能）在生活中唤起相应的实证法体验。在法律心理的场 252
域中，既没有也不可能有这样一类事实，即它独立于其他条件，仅凭其自身的性质便可成功地发挥规范作用。因此在实证法及其种类的理论中，规范性事实所指的不是有着确定范畴、具有确定的客观属性的事实（例如，以适当形式被颁布的制定法、特定类型的习俗以及法庭的实践），而仅仅是实际上具有规范性作用的、唤起相应的实证法体验的事实。这样，尽管制定法被公布时依循了所有相关规则，拥有所有当代科学要求和鼓吹的、制定法为了获得效力所需具备的特征，从法律的心理学的视角来看，制定法**自身**并不是实证法，甚至都不是规范性事实。它们能够是规范性事实，但实际上它们通常有时是规范性事实，有时不是规范性事实。

何种事实能够成为规范性事实呢？依照该种事实应出现何种相应的实证法？有一种观点认为，法律是规范的总和，规范则是一种命令，是（共同体的意志、公意等）意志的表达，该观点认为相关意志能够通过如下方式被表达出来：一、使用语词（以制定法的形式宣称共同体的意志或者被接受为共同体的意志或公意的立法机关的意志）；二、当社会意志被表达在习惯法中的时候，间接地、默会地使用“表达性行为”（即一般来讲预设了存在着相应的意志的行为）。因此，存在两种法的渊源（制定法和习惯法）。然而，此种学说以及一般意义上的规范的命令学说通常是不合乎逻辑的，因为关于法的渊源，人们通常承认，还有第三种法的渊源（法庭的实践），习惯法理论也通常独立于规范的命令理论而形成，在逻辑上与其并不一致。

从将法律理解为律令-归属性体验的心理学理论的视角来看，能够在实证法中成为规范性事实的事实的范围非常宽广，实际存在的法律的种类要比流行学说所承认的和认为的多得多。除了（在流行观点的意义上）的立法性命令、法律习俗和法庭实践以外，所有类型的事实都能够成为规范性事实，因为个体或群体的法律心理能够并且倾向于从中导出特定的一般行为规则或具体行为指
253 令，这样就赋予了这些事实以律令-归属性力量。此外，必须记住的是，依照法律具有的一般的统合趋向的特征，法律心理竭力利用所有可能的场合和资源来获得绝对稳固的运作模式，该运作模式无可争辩地预先决定了人们彼此的权利和义务。

下面几节我们将讨论关于制定法、普通法以及法庭实践的流行学说，并对它们进行纠正。我们将在先前论述过的一般原则的指引下，揭示法律的其他种类及其性质，这些法律要么是当代法学所不了解的，要么没有被其承认为“法的渊源”。

第三十五节　制定法

依照流行的定义，制定法（或曰立法性法律规范）是被国家所确立的规范或者说表达国家意志（或者国家权威的机关的意志）的命令。人们要么假定、要么特别地指明，这些命令应该被放在一起，以特定国家的法律所规定的形式来颁布。某些权威反对将此种形式纳入到制定法的定义之中。其理由是，如果相关的形式未能被遵守，那就没有国家的行为，没有国家意志的表达，只有个人行为，表达的只是发布此命令的那个人的私人意志。

从法律的科学理论的视角来看，制定法的流行学说的主要缺点如下。

一、流行学说把制定法等同于相关的规范性事实，并且未能区分开制定法的规范与制定法（立法者的命令）。依照前面已经确立的一般原则，我们若想对制定法进行适宜的研究、确立一种适宜的理论，就必须严格区分以下三者：（一）作为规范性事实的制定法和特定个人的指令；（二）现实-心理学意义上的制定法（关于这些规范性事实的律令体验）；（三）相应的投射或幻象（制定法规范、权利、义务等）。

二、流行学说将制定法的概念和学说限定在国家的制定法上，并且无视大量现象的实质差别或者将它们排除在制定法的概念之外，但对于建构一种充分的理论而言这些现象本应被统合在一个类别之中。这些现象包括与下列现象相关联的法律意义上的律令-归属性体验：神灵的命令；教会和权威的指令；国家出现之前 254

先辈的指令、元老会的指令;在家庭生活中主人、父亲、母亲的命令;奴隶主的命令;财产、工厂、贸易机构的拥有者的命令;私人企业的董事、经理或其他权威的指令;股份公司以及其他私人协会的全体会议的指令;追求非物质目标的社团(例如,学会、政党、犯罪组织)的指令。

甚至就流行学说作为一种不考虑一般意义上的制定法、仅仅考虑制定法的规范性事实(并且仅考虑国家的制定法的规范性事实)的实质上狭窄的学说而言,它也是站不住脚的。

首先,流行的制定法概念背后的预设(制定法的存在以相关命令必须以立法的形式被统合在一起为前提)完全不可信。有很多被当代法学所承认的制定法并不符合此种预设,从流行的制定法概念的视角出发,那它们就应该被认为缺少制定法的效力。从流行学说的观点来看,为了使基于宪法、采用宪法规定的形式颁布的制定法被承认为制定法,宪法自身必须是一部有效的制定法,换言之,宪法也必须以成为制定法所需的适宜的形式被颁布。如果人们真的相信这一点,那看起来很多国家的宪法都不是、也不可能被承认为制定法,因为这些宪法的起源与制定法是相反的。这一点特别明显地体现在那些在革命和政变之后确立的宪法上。甚至某些有着和平起源的宪法在被编纂和颁布时也没有遵守被规定的形式,原因很简单,在该宪法公布之前,还没有任何被确立的公布制定法所需满足的形式,甚至还完全没有制定法,宪法第一次宣告了该国的存在,确立了此后公布制定法需要遵守的形式。例如,殖民地大会或者其代表通过制定宪法建立一个国家,或者多个单一国家的代表或它们的人民通过制定一部宪法将它们合并成一个国家。

这样，基于流行的制定法概念，界定了之后的制定法的公布形 255
式的宪法自身不能被承认为实际的制定法，之后的所有以此为基础并依照这些规则公布的制定法也都无法满足流行的制定法概念的要求，在逻辑上必须被确认为“非制定法”。

如果此种回溯性地确证在多个国家中那些界定了公布其他制定法时需要遵守的形式的制定法的法律起源的做法被进一步拓展运用，被拓展到立法史更为古远的阶段，随之而来的将是制定法的集体灭绝。另一方面，如果我们将注意力转移到立法史的开端，转移到(任何类型的)第一部制定法，那么，既然在立法开始以前并没有一种被确立的公布制定法的形式，从流行学说的观点来看，相关制定法不可能是制定法。当流行观点以被确立的形式或宪法的形式将公布标准纳入制定法的概念之中，它预设了此种形式是被制定法所界定的，在这种意义上，此种制定法定义是一种同义反复(制定法 X 是被国家机关依照界定发布制定法 X 的方式的制定法 X 所发布的规定)。但是除了制定法以外，流行学说还知道其他“法的渊源”(习惯法)，并且为了避免该种不妥当的结论(如果坚持立法需要遵循被确立的形式，第一部制定法必然是非法的)，流行学说非常可能求助于习惯法。它会这样说：因为存在着一种公布制定法的习惯法形式，缺少界定发布制定法的形式的制定法并不会损害什么。但对此种观点的质疑是：立法的习惯法形式如何可能先于立法的原则而存在呢？

除了这样一个事实以外，即在未遵守(或间接违反)被确立的方式的前提下被公布的制定法确实存在着并运作着，还必须顾及

另一个我们之前提过的、同样明确无疑的事实，即有时以适宜形式发布的指示因为没有唤醒相应的义务之类意识，并没有发挥作用，所以它们对于法律生活全无意义，或者它们尽管未被废除，但随着时间的流逝，它们失去了制定法的力量和意义。

在所有情形中，若想妥当地构造一种制定法概念，我们就不应该赋予“以适宜方式公布”以决定性意义，而是应该把制定法的概念和学说的重心转移到法律心理的场域中。

对于制定法的产生而言，关键的因素不是“以被确立的方式公
256 布”，而是出现了相应的律令-归属性体验(此种公布活动将在法律心理中表现为一种规范性事实)。

甚至在官方的制定法领域中，隐藏在传统制定法概念中的命题(制定法是表达**国家**意志的命令，或者说制定法是表达**国家**机关的意志、**国家**权威的意志之类的命令)也是错的，必须予以拒绝。基于之前的论述，很明显的是，包括宪法在内的很多制定法可以并且确实是被其他人发布的，而不是被国家或国家权威的机关发布的。起源于革命的宪法是被革命的选民大会发布的，宣告该国存在的宪法也如此，它们并不代表流行观点的意义上的国家的行为或国家权威的机关的行为。篡权者的命令后来或者(至少在部分人群心中)一下子获得了制定法的力量，这在法律史上有不少例子。甚至在新近被一国合并的领土内，一个普遍的现象是，制定法不是被现在的国家的立法者所颁布，而是被该领土原本属于的那个国家的权威的代表所颁布，这与制定法的流行概念相矛盾，因为我们已经看到了，公布相关规定的机构不该是任何别的国家的机构，而仅仅是现在的其法律正在被考虑的那个国家的机构。有必

要再强调一次，制定法的概念和学说的重心应该转移到法律心理学领域，关键不在于制定法来自于哪里（某个国家或它的机关，或者任何别的东西），而在于这样一个事实，即在特定国家中，相应的活动获得了规范性事实的力量，唤起了相应的律令-归属性体验。

制定法的流行概念的前述错误是因为它的方法论有缺陷，它混淆了理论（theoretical）的观点（关于“是什么”或“发生了什么”的观点）和实践-教义（practical-dogmatic）的观点（关于未来官方法应该把什么东西规定为具有拘束力并应该得到遵守的观点）。一旦出现了一种明确的、被确立的国家的指示，它的宪法界定了制定法应该由谁、以何种形式公布，指明了如果相关规则未得到遵守，制定法律的活动将被视为无效，法学家便能够揭示相应的规则，被揭示的这些规则是关于应该如何的规则（依照特定国家的法律，什么东西应该具有拘束力、应该被遵守）。然而，此等命题绝不应该与这样一种理论性的概念和真理相混淆，即面向未来规定的、有拘 257
束力的规则并不总是能得到遵守，在规定形成以前，也不可能有遵守该规定的行为。流行的制定法理念正是通过混淆这两种实质上不同的观点而产生的，在一般意义上，当代制定法学说的内容与其说代表了实际的关于制定法的学说，还不如说是对当代宪法的规范内容的一种实践-教义阐释。以同样的方式，关于制定法的法律效力、它们的生效时间、它们在被废除以前的效力的通常陈述，不过是陈述了那些被当代立法作为应当应分的东西所规定下来的东西，然而相应的命题却被当成了理论真理。从理论的观点来看，我们并不能想当然地断言，以适宜形式被颁布和公布的指令可以成功地发挥作用，以及它们总是从一个确定的时间点开始便发挥作

用并一直成功运作，直到它们被废除为止。我们应该抛弃这些命题以及与其类似的理论上不正确的命题，着手研究新公布的制定法发挥作用或未发挥作用的心理学条件，研究新公布的制定法起初软弱的、不确定的运作状态的心理学条件，研究它们的作用逐渐增强（它们在国民心中变得强大起来）的心理学条件，以及研究制定法在尚未在任何意义上被废除的情况下变得衰落、不再起作用的条件和不同过程，这些都是未来关于作为一种独特类型的心理现象的制定法的学说需要研究的问题。

还有别的理由支持我们质疑把制定法视为命令的观点的有效性。首先，必须注意的是，在法律心理中，服从制定法的义务绝不仅仅适用于作为立法性指示的发布对象的人或人群，而是也适用于包括发布命令的人自身在内的多种其他类型的人，这样看来，与其他人一样，君主（甚至是绝对的君主）也无可否认地被他发布的制定法所拘束，直到该制定法被撤销为止。甚至还有这样的制定法，其意义和作用主要在于（如果不是仅仅在于）为发布该制定法的君主创设特定义务。把制定法解释为一个单一的至高意志针对其他人的命令，这明显不妥当。

从关于作为律令-归属性体验的法律的理论的视角来看，不难理解下述现象。法律的一般意义上的权威性和拘束性特征的渊源，以及具体意义上的多种实证法的渊源，不是在任何外在事件中
258 （特别不是在任何人的命令中）被发现，而是在伦理冲动中被发现，伦理冲动可以关联多种理念，包括极为多样的规范性事实的理念。这些规范性事实的理念甚至可以包括一个人自己的言辞或其他行动，这表现在个人的行动与先例性的法律相关联的情形中，依照该

种法律，某人如果在一个场合中以特定模式做出行动，他就被认为有义务在同一类型的另一个场合中做出同样的行动。

就制定法是对他人的指令、对他人具有义务性而言，这些指令能够（正如我们已经看到的）被那些既没有被授予也没有假装拥有权威性权利（发布命令和禁止的权利）的人所发布。在一般意义上，多种立法性的法律制定活动，尤其是当（在公民大会、地方议会、国会、职能部门中）集体地制定法律时，经常绝对地不涉及命令这一主观性要素，此时人们考虑的不是命令，而是为自己和他人形成和确定未来需要遵守的特定行为规则。我们还要看到的是（这对于理解制定法的本质是非常重要的），依照法律意识的律令-归属性质，制定法普遍具有双重的律令-归属意义，立法不仅仅考虑为某些人确立义务，还考虑确保他人的相应主张，赋予后者以权利。在一般意义上，立法性的制定法律并非律令性的指示，而是律令-归属性的指示，这反映在它的表现方式中，它表现为有着两方接收者的指令的完整的和充分的形式，以及与完整形式有着相同意义的三个缩略形式，其中包括单边-归属形式，此时它仅仅发布给那些被授予权利的人，指明了归属给他们的权利。

依照前面论述过的内容，制定法的特征不应该被概括为命令，而应被概括为关于这样的事项的指令或指示，即未来什么东西应该或不应该被承认为某些人的义务以及他人的权利。或者更简单地说，制定法的特征在于，它是关于未来的权利的指示。

制定法的最终定义要求我们考虑：一、不同于（意思表示一致的）契约的单边指示。二、（被认为是真实的）自然的或超自然的“存在”的指令，不论它们实际上是否存在或者发生的事情是否实际上是别的完全不同于法律指令的东西,例如,一种技术建议、审美规则或道德训诫。

基于上述考量,一、我们能够将制定法律界定为律令-归属性体验,该体验包含将某人的单边法律指示援引为规范性事实的内
259 容;二、就制定法是规范性事实而言(换句话说,就相关理念对任何人的法律心理施加相应的影响,唤起、消除或改变了律令-归属性体验而言),我们能够将制定法界定为某人的单边法律指示。如此被确立的制定法的类别概念(包含的现象比流行的制定法学说多得多)随着视角的不同而变化,它可以被分为不同的种类和亚种。其中最重要的区分是,依照制定法在国家中是否具有官方意义,将制定法分为官方的制定法和非官方的制定法。官方意义可以(并且实际上)不仅被国家权威颁布的制定法所拥有,也被其他主体颁布的制定法所拥有,例如,教会的制定法律活动(就相关行为得到国家的官方承认而言),被国家承认的多种私人协会(例如,证券公司、俱乐部、学会)的规则和其他指令。

关于官方的制定法,前面已经解释过,这个词的指称范围包括在特定国家中或者在一般意义上并不享有权威性权利的人的指令。同样的道理也适用于其他类型的制定法。甚至在宗族、教会以及其他社会组织中,篡权者或其他在特定社会领域中没有被赋予权威性权利的人的指令,也可以获得制定法的力量。然而,一般来讲,在常规的和正常的法律生活中,制定法由那些被赋予了(在相关人的心中)对他人的权威(一般权威或特殊权威,社会-辅助性权威或支配性权威,高级权威或低级权威,或者至高权威)的人或机构所发布。这些口头或书面的指令凭借相应的权威性权利以及

在该种权利的界限内，作为在相关社会领域中有约束力的指令被发布和确认。与前已确立的制定法的此种一般的和广泛包容的概念相一致，所有具有下述后果的下达指示的权利（该权利是中等的和有限的，例如保姆对孩子的权利，被授予权威的奴隶对其他奴隶的权利）或许可以被称为广义上的立法性权利或立法性权威，此种后果表现为，他人受到束缚，需要遵守该指示，就像遵守规范性事实一样。与将权威划分成（前已区分的）不同种类相一致，相应的立法以及制定法的种类可以被区分开。如此看来，立法可以被分为：一、一般立法（除了某些特别被指明的例外以外，可以处理任何人际关系的立法）；二、特殊立法（仅能够处理特定范围的人际关系的立法）。家长的立法性权威，部落首领的立法性权威，以及拥有 260
最高国家权威的人的立法性权威，都是一般立法性权威，相应的立法都是一般立法。教会的首领（例如，教皇）的立法性权威，或者国家教育部长的立法性权威，都是特殊立法性权威，相应的立法性指示、指令和通告都是特殊立法。就它们保持在为相应权威的立法活动设定的界限之内而言，相应的指令一般能够发挥作用并具有制定法的力量。

立法可以被进一步分为辅助性和支配性的。辅助性立法（例如，家长或部落首领对其成员的立法性权威，或者君主对臣民的立法性权威）所代表的立法权利伴随着权威对臣民或社会群体的一种义务（运用该权利来为社会群体及其成员谋福利），行使此种权利是履行该义务的手段并限于该义务所需的范围之内。支配性立法权威的例子有主人对奴隶或农奴的立法权威、私人企业主对其雇员的立法权威、君主对被征服的民族或者狭义上有别于自由民的国家奴隶的立法权威，该种立法权威是一种可以被自由行使的权利，并不是用来服务于奴隶之类的主体，也没有附带为了臣民的福利行使此权利的义务，该立法权威完全可以为了从臣民那里获得财产或其他好处而被行使。

当诸多权威之间存在等级关系时，立法权威和立法就有了相应的等级关系。此时，我们能够区分那些在等级序列中处于较低的和从属性地位的立法权威、那些处于较高的和支配地位的立法权威以及那些最高的立法权威。在部落和家庭生活中，立法权威的等级序列相对较短，不同权威之间呈现为等级式从属关系，其中有着一个由首领担任的最高立法权威。在规模庞大、体系驳杂的国家或其他组织（例如，天主教会）中，立法权威的等级序列比较长。最高立法权威以及那些通常在权威等级序列中处于较高地位的立法权威的作用范围也拓展到所有较低的权威身上，后者在前者的指示的范围内，必须服从更高的制定法以及更高权威的指令，特别是通过对下面发布相应指示的方式来贯彻上级权威所做的规定。在此种意义上，等级序列中较低地位的立法权威可以被称为相对于上级权威的执行性权威，所有高级立法权威可以被称为相
261 对于最高立法权威的执行性权威。最高立法权威相对于任何其他主体都不是执行性权威，而是体现了独立的立法性权威，从这个视角来看，它可以被称为狭义的立法性权威。更高的制定法可以废除所有低级的制定法，但反过来就不行了。低位序制定法仅在它们符合了高位序制定法规定（或者至少不能与其相矛盾）的前提下才拥有规范性力量。

相比于其他类型的规范性事实和实证法，立法和制定法的一

个独特性质是，一个人或特定一群人能够任意地在他人心中唤起被他人视为可欲的法律理念，以及立法和制定法消除或废除现有的法律，在他人的生活和法律心理中引起多种其他变化。此外，立法能够在一个被任意选定的时间、通过一次活动来突然地引起这样的变化。立法和制定法的此种独特性质伴随着多种其他特征，特别是那些它们相比于其他类型的规范性事实和实证法而具有的优点和缺点。一方面，通过运用理性、启蒙以及创新，立法是一种出色的、有力的工具，可用来理性地控制法律的发展进程，改进它的技术形式，使其适于满足统合法律关系的一般需要。另一方面，当它没有运用理性的时候，它或许成为一种恶，在一定程度上、在多个方面对国家有害。鉴于前述立法属性，创立和发展一种理性的制定法律的科学（法律政策科学）来指引立法者，对于人类的精神和物质福祉及其进步而言极为重要。

在制定法中，存在着规范性行动与低级权威对高级权威所做的指导的等级式隶属相结合这一现象，这是制定法相比于其他实证法的典型特征。凭借此种独特属性，制定法不仅是用来直接创造法律的工具，还可被用来管理多种可以产生法律的下级机构（或它的全部系统）。这反过来使得制定法具有相比于其他类型实证法的另一个特性。这个特性就是，与生产法律的“实验室”的多样性、等级式从属、分化和具体化的现象相对应的，是相应的法律产品的范畴和类型的多样化，它们运作的内容和范围以明确和典型的方式彼此关联。高层级的立法（例如，宪法）可以确立的不过是一般的指令，该类指令预设了，其他的从属性立法确立了更为具体 262
的、特殊的规则，如果缺少它们，一般性指令有时甚至无法被实施。

在制定法的体系中，制定法的层级越低，它们的内容就愈加特殊和具体，它们在疆域上或人际关系上发挥作用的范围就更为狭窄，它们的社会意义就更小，更缺少重要性。

第三十六节　习惯法

习惯法通常被界定为事实上被遵守的法律（尽管它并不是被制定法所确立），它体现了对特定行为规则的持续的和一致的遵守。然而，关于习惯法的性质，法学家们的观点并不一致，当他们指明习惯法的结构和它出现的条件时，他们的相关阐述有着比上述习惯法定义对此问题提供的答案更高的精确性。一些法学家倾向于历史学派的领袖（萨维尼和普赫塔）所奠定的所谓的唯心主义理论，依照该种观点，习惯法的出现所需的全部条件就在于，存在着相应的国民的法律信念，人们事实上遵守规范这一现象与习惯法的实质无关，只是它的不可避免的结果和伴生物，是知晓它的存在的手段。另一些法学家持有所谓的唯物主义理论，与唯心主义相反，他们认为习惯法的本质和基础就在于被持续遵守的一致行为（事实上的习惯），相关的法律信念并不是习惯法的本质。第三种观点是一种折中观点，它认为，习惯法的出现要求具备两个同等重要的条件：一、人们持续地遵守特定规则；二、那些遵守该规则的人相信（“一般的信念”），此种遵守是一种法律义务。那些把习惯法的概念与将法律视为命令（或律令）的一般理论结合在一起的人，则在“公意”或“公意的表达”中，找到了习惯法的本质。

这些学说并没有揭示习惯法的真实性质，都要被抛弃掉。特

定行为规则持续地、一致地得到遵守，以及人们在遵守它时有着“它具有法律拘束力”的意识，此种现象并不意味着存在着一种特殊类型的实证法（习惯法）。在不存在习惯法、由其他种类的实证法（例如，制定法或“法庭实践”法）发挥作用的场合，也存在此种现象。当直觉法在许多个人心中有着一致内容并成功运作时，也会出现此类现象。所有类型的法律都可以唤起人们（基于对法律的义务性力量的意识而做出）相应的一致行为，当这样一种法律持续 263
发挥作用时，就会有人们持续地、一致地遵守它的现象。

作为一种特殊类型的实证法，习惯仅仅存在于这样一种情形中，即律令-归属性体验（与其相伴随的是，作为一种规范性事实的其他人的相关群体行为的理念）出现在某人心中。此种体验的内容是：我（或者我们、他、他们）对某事有权利或者对某事负有义务，因为之前它总是被人们遵守，因为我们的先辈这样做了，因为这是一种“古代习俗”。

人们对此类法律体验的倾向，即倾向于将他人（主要是我们祖先）先前的行为提升为“法律”，提升为对自己和对他人而言的一种规范性事实，是更为原始的人类心理的典型特征，也是文化发展水平较低的人们的心理的典型特征，他们极为在意尊重祖先及其习俗，古代传统和习俗被视为神圣不可冒犯，不遵守它则是邪恶的和可耻的。如果想在科学心理学的意义上认知相关法律现象，很重要的是，需要关注古代生活的相关事实素材，或者一般地关注人类社会文化发展的较低阶段，研究那些仍然依照他们祖先的习俗来生活的部落的相关心理。

然而，在特定领域中，习惯法的规范性事实并不是祖先的行为、古人的行为或者古代的习俗，而是当代的相关群体行为，即在特定时间内“这件事就是被这样做的”“所有人都这么做”“这是被普遍接受的习俗”之类的事实。此种习惯法甚至也出现在祖先和古人得到尊敬的领域之外。在社会礼仪规则（依照习俗拜访的义务和其他有礼貌的行为）中，在多种体育运动规则中，有时甚至在商业活动中，可以观察到相关现象。商业活动中的此种现象会进入到官方法的领域中，主要进入到商法中。在商法领域中，基于“这就是商贸活动的做法”等事实，多种未被商事制定法所规整的主张被人们做出并得到满足。

依此，我们必须区分两类习惯法：一、祖先的习惯、古代传统以及古人的法律；二、当代习惯的法律，通常被遵守的法律（“被普遍接受”的法律）。前一种习惯法可以被简称为“古代”习惯法，后一种习惯法可以被简称为“现代”习惯法。在前一种习惯法的心理中，在其他条件不变的情况下，习惯法的威信或权威（冲动性力量）更强，给定习俗越古老，它的地位就越高（“越古老便越神圣”）。
264 在后一种习惯法心理中，在其他条件不变的情况下，习惯法越被人们普遍接受，在相关领域中具体法律行为看起来越能得到一致遵守。

在这两种习惯法中，规范性事实通常都是他人（祖先或今人）的群体**法律**行为。也就是说，相关的作为、不作为或容忍的性质在于，满足他人被承认的权利，履行被归属给他们自己的与权利相对应的义务，而不是在实施纯粹道德的或审美的规则。然而，习惯法的观点还有另一种表现形式，即基于援引祖先的特定群体行为做出主张，尽管相关行为并未普遍（或者在大多数情况中）具有法律行为的特征。我们还需要记住的是，在习惯法中，正如在其他实证法中的情况，对规范性事实具有决定意义的是被人们认为已经存在的东西，而不是实际上存在的东西。故此，“古代”习惯法可以这样来展现和运作，即它依据一个被宣称的祖先的习俗（尽管实际上祖先并不是这么做的，要么当时完全没有此种习俗，要么相关习俗不具有法律习俗的特征，而是纯粹道德或审美习俗，或者是技术性的规则）。前面已经介绍过这样一种现象，即人们在倡导新法时，经常假装在重新确立先前存在过、但现在被遗忘或扭曲的习俗。一般来讲，人们对习惯法的看法（opinions）依赖于传说的或一般不可靠的关于古代、古人的习俗的理念，在“越古老便越神圣”观念的影响下，在人们对习惯法的看法的展现和传播中出现此种（伪装）现象，是很容易、很自然的。对于那些因为年轻、缺少经验或者其他原因而不熟悉祖先或当代习俗（例如，那些界定决斗双方的权利和义务的习惯法）的人而言，他人传递的相关信息极为重要，包括老人或者关于特定领域（例如，决斗）的专家传递的信息，依此，人们对习惯法的看法出现和发挥作用的基础不是对真实的习俗的遵守，而是关于它们的二手或三手（有时不可靠的）信息。习惯法的历史揭示了，不论是过去还是现在，此类信息传递过程在习惯法中都扮演举足轻重的角色。

习惯法因此可以被界定为这样一种律令-归属性体验，该种体验把相应的他人的群体行为作为规范性事实。基于此定义，也基于之前关于一般的法律以及实证法所有已经论述过的内容，很清
楚的是，习惯法是一种个人心理现象，可以借助自我观察以及内外 265
观察相结合的方法予以研究。

必须强调的是,我们提出的习惯法的概念包括了所有带着前述类型的规范性事实的理念的律令-归属性体验,也包括这样一些法律,这些法律在国家中没有官方意义,没有被当代法学归入一般的法律类别,而是将其与法律对立起来,简单地称其为"风俗"、惯习性规则。例如,依照社会中的习俗,宾客有权利获得餐桌上一个符合其身份的位置以及其他殷勤款待。依此,前述宽广意义上的习惯法可以被分为两类,官方的和非官方的。从我们所倡导的习惯法的一般定义及其分类的视角来看,我们同时也得到了另一个问题(在实践-教义的法学理论中被使用的法学意义上的习惯法是什么?)的答案,该种习惯法是一个开放性的概念群,它包括我们所说的意义上的内国领域的官方习惯法,以及不具有国际法性质的(我们所说的意义上的)习惯法。传统的习惯法学说忽略了法学意义上的"习惯法"这个概念群的开放内容,这个学说的所有理论命题因此(除了其他缺陷以外)必不可免地有着"跳脱"或"瘸腿"的缺陷,甚至同时具有这两个缺陷。

除此以外,习惯法的流行学说的一个实质性的缺陷是,它既不研究也不了解真正的、真实的习惯法现象,它所了解的习惯法并非相应的个体心理的现象及其内容,而是有时在那些体验到具体心理活动过程的人的理念中成为规范性事实的群体现象。

在法学的历史学派出现之前,关于习惯法与制定法的关系,人们普遍认为,习惯法不是法律的一种独立存在的类型或"渊源"。法律的基本的、唯一独立存在的类型是制定法,法学家从立法者对习俗发挥的作用的明确肯定或者默示承认中导出习俗的义务性力量。普赫塔伟大的、划时代的功绩在于,他拒绝此种学说,论证了习惯法独立于制定法而存在。现在的流行观点是，习惯法和制定法的关系并非是前者从属于和依赖于后者，而是一种协作关系，二者拥有同等力量，彼此独立地存在和发挥作用。

这两种学说都是不可接受的。实际上，制定法和习惯法在不 266
同社会发展阶段、不同生活领域中有不同关系，任何断言在二者之间存在着单一的、确定的关系的理论都是“跳脱”的理论。在特定领域中（主要在古代习俗普遍被尊崇为某种神圣的不容冒犯的东西的领域和时期中），习惯法和制定法的关系并不是平等协作关系，制定法从属于习惯法，立法毫无疑问地必须符合习惯法，如果违反了祖先的神圣习俗，它将完全失去规范性力量。在其他场合（主要是这样的场合，其中制定法具有较高权威，法律的合法性由宪法之类的机制来确保，人们对常规和古人的尊崇程度很低或者完全不尊崇），制定法和习惯法的关系则反过来了。此时也不存在制定法与习惯法的协作关系，习惯法从属于制定法。在当代社会中，习惯法的官方力量通常被制定法所界定，当（在刑法中）制定法规定只能适用制定法时，便不可适用习惯法。另一方面，当制定法允许或要求适用习惯法时，适用习惯法要以制定法为基础、通过援引相关制定法来完成，并限定在制定法确立的范围内。在欧陆法中，主要在商法和民法中允许适用习惯法，即使习惯法被允许适用，习惯法的适用也被限定在一定范围内，只有当对于某个或某类问题立法没有提供相应解决办法，或者缺少具体的制定法规定时，才可以依照习惯法予以解决。在其他法律领域，特别是在刑法领域，则不允许适用习惯法。尽管实际的官方法律生活在某些具体方面可能与上述内容不一致，总体来讲，这就是官方法律生活的实

际运作状况。

除了习惯法和制定法之间的这两种关系以外，必须要承认的是，二者之间还可能存在一种介于这两种关系之间的、暂时的关系，这也正是被流行观点提升到普遍真理高度的那种关系（习惯法与制定法是平等协作关系）。

我们需要区分开两类问题，即关于习惯法和制定法事实上的关系的理论问题（theoretical problem），以及关于二者的可欲的或适宜的关系的实践问题（practical problem），相关研究文献却不幸地混淆了这两类问题（它们在处理一般法律原理的其他论题时也存在此种混淆）。因为实践问题关乎法律的政策和教义，习惯法和制定法平等协作的学说作为“理论”（theory）是错误的（因为它并
267 不符合现实）。同样地，从实践原则的角度看，它作为一种指引法庭裁判的规则也是不被允许的。它会削弱制定法的力量，降低它们的社会和文化价值，它与法律的统合任务（确立明确、稳固的法律秩序）相冲突，为肆意妄为和法律无政府主义张目。如果习惯法对特定行为领域的规整不同于制定法，它允许那些被制定法禁止的行为（例如，体罚学徒、用实物支付工人工资、与侮辱自己的人决斗），作为自然的逻辑推论，制定法和习惯法的平等协作学说就会认为，法官可以自由选择依据制定法还是习惯法来判决，这样一来判决结论就完全依赖于法官的任意选择、喜好之类的东西。由于流行学说否认法律的二元化，它认为，被制定法所否认的习惯法（依照该种学说）变成“非法律”（not-law）的“纯粹风俗”，它没有注意到，此种二元化是它的观点（制定法与习惯法的平等协作关系）的逻辑结果。换句话说，流行学说有内在矛盾，一方面它宣称制定

法和习惯法是平等的，另一方面，当二者不一致时又完全偏向制定法。

相比于制定法，历史法学派颂扬赞美习惯法，在历史学派的学说的影响下，习惯法被归属了制定法不具备的多种高贵的品质和好处，它看起来直接地、更好地表达了自然的观点和需要，在改变自身上还有着突出的灵活性和适应性，然而制定法“在被制定那一刻便凝固了”，滞后于生活的持续变化。习惯法有着显著的生产力和创造力，当有需要的时候，它可以将人们的行为予以妥当地标准化，它还可以填补制定法的漏洞（制定法出现漏洞的原因是，制定法出台的时候无法预见变动不居的人类生活的所有问题）。但耶林指出，构成习惯法的优点那个属性同时也是它的根本缺点。习惯法依赖于道德和风俗，由此而来的结果是，它的含义模糊不清，很难被辨识和证明。它的存在与否，依赖于证人的观点和法官的判断。

这些命题，不论是支持者对习惯法的颂扬，还是耶林对它的贬低，都同样未能反映习惯法的实际性质，这是因为它们都混淆了习惯法和其他现象。这些命题所表达的内容更接近直觉法的性质，直觉法在现实中有着突出的灵活性和易变性，代表了法律观念逐渐的、持续的发展和变化，因为它源自于个体的观点，它没有明确的、统一的规范模式。在真正的习惯法存在过的地方，或者现在它 268
以一种发达的形式存在着的地方，它是行为的统一的群体规范模式，有时会明确到规定行为的最小细节，其内容以最大的精确性被固定下来，独立于任何个人的道德观点和直觉法观点。必须要承认的是，习惯法的特征并非是弹性和变动性，不是对新观点和需求

的适应性，而是它的停滞性和不变性，它的宗旨是遵从过去的做法，有时是遵从极为遥远的过去的做法，而不是适应现在的情况，它有一种保持常规和古代传统、不予以改变的趋向。它是一种最为迟缓和保守的法律，在“古代”习惯法这个习惯法的主要种类以及习惯法的“越古老便越神圣”的品位上，此种特征表现得最为明显。即使“现代”习惯法也被常规行为模式所界定，此行为模式有时有着古代的起源，尽管因为它并没有明确依据古人的做法，它究竟起源于何处是未知的。制定法是面向未来发布的，规定了从此以后什么应当是法律，习惯法则不然，由其性质所决定，习惯法向后看，具有回溯性特征，不可避免地遵从或多或少遥远的过去的做法。

由于习惯法的上述特点，它的很多内容对于遵守者来讲是无法理解的。那些使其具有可理解的重要性的条件已经消失很久了，完全从人们的记忆中被抹去，以至于现代人们并不了解相应的行为、形式、仪式的含义和意义。习惯法的独特心理性质却在于，这种现象（人们不了解习惯法的含义和意义）并不妨碍人们遵守它。此外，当人们的习惯法心理强大繁茂，人们对习惯的尊重具有支配性地位时，人们对习惯法的遵守便更为精确且始终如一。遥远的祖先们知道相关行动的意义，他们能够依照环境的变化在多个方面偏离习惯，他们的后人尽管继承了同样的习惯，但不了解它的意义，一点都不敢偏离习惯。由于他们不知道习惯中什么是重要的以及为何相应行为是必要的，他们便给习惯中的所有细节都归属了同样的重要性和神圣性。

由于习惯法心理的保守力量，此种法律对于重建那些没有文字记载保留下来的古代生活图景而言，是考古意义上的、史前的材料，具有较高的科学研究价值（在一定意义上，习惯性道德、习惯性审美等也是如此）。如此看来，以达成交易的礼物作为契约最终缔结的标志的习惯，以结拜兄弟作为友谊契约缔结的标志的习惯，反映了古人通过血缘来确证法律行为（这对于古人缔结友谊契约来讲是重要的、严肃的事情），以及反映了古人关于人的精神的性质 269
的原始唯物主义观点。在当代多种家庭法领域的习惯中，仍有很多保留自古代和社会早期发展阶段的习惯。例如，通过与自己的男性亲属和朋友一起强暴妻子来缔结婚姻；买一个妻子；不是由婚姻双方，而是由他们的领主来为他们选定配偶（以及缔结婚姻）。这些以及与其相似的现象生动展现了，“习惯法是比制定法更好的实证法”这一学说绝非真实。

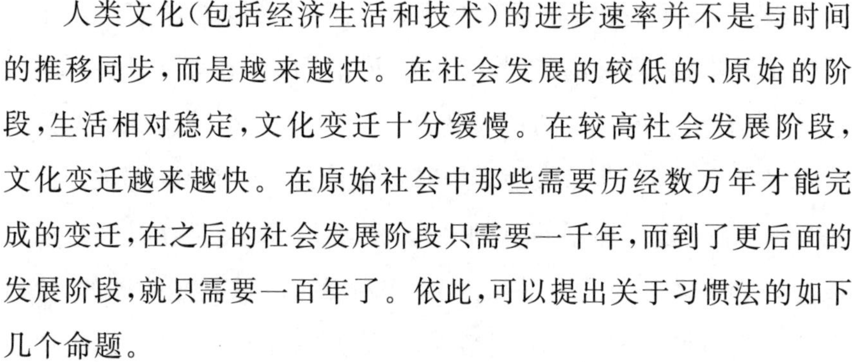

人类文化（包括经济生活和技术）的进步速率并不是与时间的推移同步，而是越来越快。在社会发展的较低的、原始的阶段，生活相对稳定，文化变迁十分缓慢。在较高社会发展阶段，文化变迁越来越快。在原始社会中那些需要历经数万年才能完成的变迁，在之后的社会发展阶段只需要一千年，而到了更后面的发展阶段，就只需要一百年了。依此，可以提出关于习惯法的如下几个命题。

一、因为在人类文明发展的较低阶段，精神和经济生活具有相对稳定性，从生活、文化及其进步的视角来看，习惯法的迟缓、过时的特征、它发展的缓慢速率、它的相对不变性并不是严重的缺陷。文化的发展水平越低，习惯法的迟钝性这个弊端表现得就越不明显。需要承认的是，在较低文化发展阶段，习惯法的保守属性有益于国民生活，它有助于人们无意识地得到的那些代际积聚和传递的有价值的集体经验，预先阻止人们偏离那些人们通过几个世纪的经验累积而获得的(无意识的、规范性的)社会智慧。当人们的生活保持相对不变的时候，先前几代人演化出的智慧对后人来讲仍然是适宜的、有价值的。

二、社会的文化发展阶段越高，习惯法的保守性就越来越成为社会生活、社会文化以及社会进步的一个消极因素。生活中的
270 需求和环境的变化越迅速，习惯法就越难以跟上社会发展的步伐，它就越滞后于生活，先前的规范性智慧就更为迅速地不再适应于社会发展，它对社会发展不再是适宜的，变成社会发展的障碍，扭曲和迟滞国民精神和国民经济的发展。

三、在较低文化发展阶段，习惯法以及一般意义上的祖先的习惯(包括道德、技术和其他类型的习惯)为社会生活和个人生活提供了基本的、理性的指引，有重要价值。由于在那些社会发展阶段，个体有意识的思考的产物既无力又无用，这些习惯在那些阶段有极高社会价值，获得极高声望和极大荣耀，所有革新都被人们坚决反对，都被视为邪恶的、可耻的。依此，习惯法拥有很大的动机性的和文化教育上的力量和价值，相对而言立法则是无力的，价值很小。当习惯法规则发展迟缓时，当它总是不合时宜、不适应生活的新状况时，当在经济生活中遵从它们的结果(而不是理由)经常变得越来越糟时，局面必然大为不同，习惯的声望和动机性力量衰落了、被摧毁了，人们开始越来越尊重制定法。

四、在所谓的习惯法的“创造力”上(从统合的必要性的视角来看，国民心理具有的形成习惯规则体系的倾向和能力充分地发

展起来），我们可以看到同样的历史法则或发展趋向。在较低文化发展阶段，人们的生活和观念有大体相同的意旨和普遍的一致性（这是因为此时的人们趋向于尊重古代习俗、忠实地遵从古人的做法），这使得习惯法模式比较容易形成并发展壮大。在文明的较高发展阶段，人们的生活变化迅速，形式多样，人口流动性增加，个人观念和阶级观念都出现分化，遵从常规的倾向弱化和消失了，此时习惯法的发展如果不是不可能的话，也是很困难的。无论如何，在需要实证法的标准化、但尚未实现实证法的标准化的领域中，习惯法模式就不会充分、迅速和有成效地发展起来。对于立法者而言，提供对通常的社会生活而言必不可少的实证法，并通过颁布制定法的方式充分地完善它、界定它，是他的义务，立法者未能履行此种义务将有损于社会和文化。

在比较习惯法和制定法的性质时，还有一些需要被考虑的因素。习惯法是这样一种工具，不平等、种族特权、阶级特权、奴隶
制、农奴制、女性无权利等制度现象凭借它得以形成和维系。一方 271
面，当法律通过人群中掌握权力、能够把行为模式施加到（更弱的、依附性的）他人身上的阶级的活动而形成的时候，人们很自然地会形成以牺牲弱者为代价来迎合强者的习惯。另一方面，习惯法的保守性以及传统所具有的惯性共同维系了相应的阶级以及其他特权和偏见，它们有时会顽固地阻碍对于社会发展是必要的、更为自由和平等的法律的出现，特别是它们有时会与在内容上与其有着根本差别的直觉法产生严重冲突，以至于导致社会灾难甚至社会解体。

第三十七节 “法庭实践”法与相关的实证法类型

法庭实践法(The law of court practice)。法庭实践通常被界定为特定法律领域的法庭普遍、持久、一致地适用特定法律规范。法庭实践经常被认为是一种特殊的“法的渊源”(一种特殊的实证法),与习惯法和制定法处在同一层次上。另一些论者尽管不否认法庭实践是一种法的渊源,但将其归类为习惯法,认为它是一种特殊类型的习惯法。还有一些人全然否认法庭实践是一种法的渊源,他们指出,一般来讲,法庭的功能不是创造法律,而是应用已有法律。

这些学说与当代的关于习惯法和制定法的学说一样,都基于一种误解,它们未能区分开法律和规范性事实。法庭实践不是一种特殊且独立的法律的种类或习惯法的种类,它不是法律,而是一种与此完全不同的现象,它是一系列人类行为,或者一套行为。相关行为(法官或法庭的判决)可以是(通常是)法律的外在表现,它们被法官的法律意见所唤起。它们能够体现并且实际上也体现了不同种类的法律,例如,体现了制定法(直接或间接解释了制定法,适用相关法律),体现了习惯法或直觉法(如果他们依照良知或正义决定具体问题)。它们甚至可能没有体现法律,而是体现了非法
272 (严重地、系统地违反法律),例如,如果为了取悦权威或者出于其他理由[此时正义的实施(administration of justice)不是通过通常的方式,而是依赖于行政权威],法庭的判决不是依照良知的要求

做出，它拒绝承认那些在法官心中被认为有着充分根据的权利。此种偶尔出现的现象让人失望，骇人听闻，对于国家和社会都有害。由此看来，确实存在这样的情形，其中法庭实践不仅不是法律，其自身甚至不能被用来证明某种被特别指出的实证法之存在和效力。

然而，法庭实践毫无疑问地有时在人心中获得了规范性事实的意义，也就是说，法律体验的表达以及法律义务和权利的归属是依据“法庭实践就是如此”这样的事实（类似的问题“总是”被法庭或者某个高级法庭以这种方式来裁判）来完成的。

援引先前的法庭实践这一做法在当代英国法律生活中扮演特别重要的角色，在英国法律生活中，有很多范围广大的领域未被官方法所规整，在这些领域中，实证法依据一系列相应的法庭裁判而存在。在欧陆国家中，此类现象的重要程度很低，甚至可以被忽略。但甚至在欧陆国家，此种援引法庭实践的现象也仍然存在。在法律历史上，可以轻而易举地找到大量关于此种实证法现象的扩张的例子，因此，对于通过把特定法庭实践作为一种规范性事实而得到的此种律令-归属性（法律）体验，我们可以以及应当将其承认为实证法的一种特殊类型（法庭实践法）。

当问题以上述方式被阐述和解决之后，关于相关的现象（法庭实践法）是否存在，或者它是否被混同于习惯法（习惯法依据的是完全不同类型的规范性事实，它依据的不是任何法庭的判决，而是祖先的相应的群体行为），就不再有值得认真对待的科学争论。

单个判例法（The law of separate praejudicia）。先前在法学中有一种观点认为，如果存在判决先例（关于特定时间出现的有待裁断的问题，之前已经有一个或一个以上的法庭判决对同类问题进行了裁判，这些裁判在内容上相似)，法庭便有义务遵循它们，需要依照它们的要旨来裁判相关问题[遵循先例(stare decisis)]。目前流行于欧陆的观点则拒绝该学说，该观点强调道，判例并不是法的渊源，因为法庭并不受自己的判例或其他法庭(哪怕高级别的法庭)的判例拘束，它没有不假思索地遵从它们的义务。

273 如果我们能够正确地理解实证法的本质以及它与规范性事实的区别，那我们对此问题就会有一个既不同于先前学说也不同于现代学说的解决办法。准确来讲，我们之前对持续的、统一的法庭实践所做的分析推理同样可以适用于单个判例，它们均不属于“一种特殊类型的实证法”意义上的法的渊源。然而，有时候以及在特定条件下(主要是高级法院的判决，以及先前参与正义实施的君主的判决)，甚至单个的判例，也无疑在法官和其他人的心中具有规范性事实的意义。它们作为归属特定义务和权利的基础而被援引，由此而来的结果是，出现了一种相应类型的律令-归属性体验，该体验把单个判例视为规范性事实。这是一种实证法现象，相比于狭义的法庭实践法(基于持续的、统一的法庭实践的法律)，它的存在范围甚至更广，在法律生活中扮演更重要的角色。

我们可以用一个一般性的术语来统称法庭实践法和单个判例法，即判例法(the law of praejudicia)。此种法律出现并兴盛于这样一种情形中，其中尚不存在适宜的立法，也没有其他适宜的、完整的和发达的实证规范模式。从法律具有的尽力统合的趋向着眼，可以解释判例法的存在，当对于给定的一个或一系列问题，尚不存在能够为其提供解决办法的明确的实证规范模式时，人们的法律心理便会借由已经做出的司法判决来确立一种明确的规范模式。通常来讲，判例法作为附带性、辅助性和补充性的实证法而发挥作用，当对于相关问题没有其他实证法上的解决办法时，人们便会适用判例法。但是有时候，判例法也会因为实证法与直觉法的冲突而形成，甚至当实证法的解决方案（制定法或习惯法）与直觉法发生冲突的时候，它会因直觉法的压力而出现。当法庭依照它的直觉法良知做出一个偏离已有的（但是貌似不公正的）实证法律模式的判决时，此判决由此被提升为独立的规范性事实，其结果是，相应的新实证法摧毁并取代了之前的实证法律模式。古罗马的百官法庭（centumviri）的实践正是以此种方式影响了古罗马继承法的发展。一般来讲，立法发展得越好，判例法形成和发展的根基便越薄弱。

前面所述是法律理论的命题，它陈述了事实（不涉及从实践 274
的观点来看什么是可欲的或适宜的），并未预先决定关于下述事项的法律教义或法律政策的问题：此种法律的约束意义应否被人们承认，以及如果被承认的话，在何种条件下、在何种程度上被承认。

裁判法（Judicial law）。从将实证法视为依据规范性事实的法律体验的理论的视角来看，除了法庭实践法和单个判例法以外，还有其他类型的基于法庭判决的法庭实证法。在法律生活中，这些法庭实证法远比具体的判例法更为广泛，也更为重要，更别说和狭义的法庭实践法相比了。此种现象与法律的具体的律令-归属性质紧密相关，与相应的消除冲突、统合法律关系的必要性也有密切关系。它一般地拓展至所有（官方的和非官方的）法律生活的领域，即由官方的法庭或者其他被邀请介入其中的裁断者（在儿童的法律纠纷的情形中的父亲、母亲、保姆或伙伴）来调查和裁断各方的法律争议，这唤起了当事人或者他人法律心理的相应变化。它具体地消除了当事人先前的（相冲突的）法律观点或者削弱其重要性，不论这些法律观点基于直觉法还是实证法而形成，代之以第三种法律观点，该法律观点的根据是“（官方的或非官方的）法庭或法官已经如此裁判了”这样的事实。这个现象具体表达了法律的统合趋向，自身是一种特殊类型的实证法（根据法庭对一个具体问题的判决而形成的律令-归属性体验）。为了与根据先前的针对同类问题的判决而形成的判例法相对比，此种实证法可被称为裁判法。

关于裁判法，我们可以说，在所有实证法中，或者更确切地讲，在所有包括直觉法在内的一般意义上的法律中，它是最有力量、最有权威的法律。依据被广泛接受的官方法原则，**被法院裁断的事情应当被接受为真理**（res judicata pro veritate accipitur），即对于法庭做出的一个终局的、已经具有法律效力的判决，不论它实际上是否正确或者是否符合制定法，我们都要将其承认为显明的、绝对的真理，赋予其“无可争辩”和“恒久不变”的意义。就那个具体案件而言，裁判法凌驾于制定法、习惯法等法律之上，它具有这样一种意味，即它自己便是决定性的、绝对的（当然，某些特殊的、异常的案件除外）。一般来讲，这就是人类心理与法庭判决惯常的、通常的关系，甚至在儿童法、野蛮人的法律以及犯罪组织和抢劫团伙的法律的领域中，情况也是如此。

275 在文化发展的较低阶段，法庭判决神圣的、不可动摇的权威是特别重要和必要的，人类社会潜意识地、充分地应和此种需要，这导致这样的结果，即法庭调查的组织和开展以这样一种方式来进行，该方式使得它的判断被视为有着神圣的权威性，它的判决不被看作人做出的而是神做出的。当没有清楚的和不可争辩的证据能够支持或反对一方当事人时，案件被交由神来裁判，经由祭司解读神意、抓阄或决斗等途径（神判法）来获得他们的指示。

相比于判例法，裁判法是法律生活的一种无可比拟的更为广泛和重要的现象，在几千个唤起了裁判法的法庭判决中，仅有个别判决获得了判例法的规范性事实的意义。尽管如此，流行观念不了解裁判法，并不把法庭的裁判视为一种“法的渊源”。从实证法性质的流行观点的视角来看（特别是，从它未能区分法律和规范性事实的角度看），这是完全自然的、合乎逻辑的、正确的，流行观点不可能在法庭判决自身中发现一种特殊类型的实证法。如此看来，一个依照制定法做出的判决是制定法的一种表达，一个依照习惯法做出的判决是习惯法的一种表达，一个依照正义做出的判决是直觉法的一种表达。一种特殊类型实证法的出现和被发现的场所不是在法庭判决中，而是在这样一些人的心中，即那些将这些判决视为规范性事实并基于此种理念而体验到律令-归属性意见的人，换句话说，现代法律科学没有试图在其中搜寻法律的那个地方。

前述所有三类实证法所包括的（在前已确立的法律理论的意义上）不仅是官方法，还有非官方法。然而，其中只有裁判法才在非官方法律生活中具有重要的、值得认真对待的意义。至于单个判例法以及狭义的法庭实践法，与它们相关的现象主要关联于长久存在的法庭制度，它们因此主要在官方法领域中形成和发展。然而，此种法庭制度在非官方法中也存在：一、在那些为判例法的形成提供土壤的地方，就会存在着长久的法庭制度（例如，同事的法庭、名誉法庭）。正如随着国际法的形成，国际法庭长久的实践，不论是一般的还是特殊的（海战之类的特殊事务），都毫无疑问地会在未来扮演重要角色。二、如果在给定社会群体（例如，部落群
276 体或家庭群体）中，社会成员越来越经常地诉诸于由同一个人组成的“法庭”（例如，部落长老或家庭中的父亲），就此而言，“援引判例提出主张”（援引这样的事实，即相同问题在先前案件中或者总是在一系列先前案件中被“如此判决”）这样的法律意见也不是没有意义的。

第三十八节　书本法与实证法的其他次级类型

一、**书本法**（Book law）。甚至私人编纂的法律叙述的汇编有时也在法律生活中获得了近似于立法活动所具有的那种规范性意义，它使人们产生了律令-归属性体验，该体验依据的是在某书中（《萨克森明镜》《塔木德》等）被书写或叙述的东西。此种实证法可以被称为“书本法”。

此种“书本法”的起源有多种方式。人们有着在明确的法律模式的框架内将社会生活标准化的要求。在此种要求的影响下，国民心理对这样的事情有时并不清楚，即如何编纂法律汇编、由谁来编纂以及基于何种素材来编纂，才能使相关汇编看起来适合确立

一种明确的法律模式。

此类由私人(曾经的法官、商人、神职人员等)撰写的在不同国家的法律生活中有着规范性意义的书本法是无法计数的。著名的《萨克森明镜》曾经是德国萨克森邦的法庭所适用的一部法典,但后来其影响力超出该邦,甚至影响到德国之外的法域。在13世纪的前三十年,一个名为艾克·冯·雷普科(Eike von Repkow)的前骑士将其编纂出来。很多其他类型的《明镜》也有类似的私人起源,有着其他标题的法律汇编也是如此,法国的所谓的“习惯”(Coutumiers)汇编就是私人编纂的。有时候相关汇编由许多私人合作完成,有时候则由一系列个人撰写而成,并不断地被人重写[《塔木德》《夏里耶》(*Shariat*),以及其他多种伊斯兰法汇编;所谓的《摩奴法典》(*The Laws of Manu*);多个基督教教会的多种基督教法汇编等等]。书本法还包含这样的法律,它依据现在起作用的、为了指引参与政府管理的官员而编纂的法律汇编,这些法律汇编与严格意义上的立法和制定法并不相干。有时候为了某地而编纂的官方汇编(例如,所谓的法国习惯法),事实上在其他地方、 277
其他省或其他国家获得了规范性意义。一个国家制定的立法汇编和法典(或者法典的特定部分)事实上可以(在没有得到任何类型立法的许可的前提下)获得这样的权威,即它的相关命题在其他国家被提升到规范性事实的层次。在6世纪初年(506年),西哥特(the West Goths)国王阿拉里克二世(Alaric Ⅱ)向他的罗马臣民发布了《西哥特罗马法典》(*Lex Romana Visigothorum*)[所谓的基于多种罗马法渊源而编纂的《阿拉里克罗马法辑要》(*Breviary of Alaric*)],该法典作为一种权威的规范

性裁判汇编得到广泛接受，远远超出它最初的适用范围（它最初主要适用于法国，但也在一定程度上适用于德国和英国）。后来，在12世纪以及之后几个世纪，在西欧多个国家中，此立法性汇编以及其他特殊的、官方的罗马法和本民族法的裁判汇编被另一个罗马帝国时期编纂的立法性汇编所取代，即著名的《优士丁尼法典》[《民法大全》(*Corpus Juris Civilis*)]。西欧各国通过逐渐扩张《民法大全》的规范性意义来继受罗马法，该法律被西欧国家使用了好几个世纪，后来被新的民法典所取代（在特定的德语国家，直到1900年新的德国民法典才开始发挥作用），这是我们正在考虑的此类现象（书本法）的一个显著例子，但流行的法律渊源学说的理论框架无法容纳它。

书本法源于私人和官方汇编，不论此种汇编的结构，还是它们内容的渊源和特征，抑或它们的编写者使用的素材，都没有一致性可言。这些汇编包括：（一）编写者所知道的他那个时代实证法的命题和摘录；（二）编写者抄写的制定法，或者摘录的制定法，或者编写者按照自己的理解阐述的制定法以及以此为基础所做的推论；（三）传递了编写者那个时代法律习惯的内容的习惯法命题，以及从中得出的推论；（四）法庭实践的命题或者单个判决的摘录；（五）从其他相似法律汇编中借鉴的命题；（六）各类权威、法律学者、圣徒、教父的格言，以及编写者对它们的评论。这些法律汇编还包含作者的直觉法命题，包含他依照正义对多种问题所做的裁
278 断，以及还经常包含非法律性质的命题（道德命题、权宜命题等），对于这些汇编在其心中获得规范性意义的那些人而言，它们成为一种规范性事实。

有些汇编就是由这些异质要素构成的含混的杂烩。在有些汇编中，某种特殊要素具有支配地位，例如，制定法命题、书本法、习惯法。通常来讲，书本法整体上主要起源于习惯法，当习惯法由于某种原因失去效力或者不再为国民提供实质上明确的实证法律模式并且立法还没有发达到足以成功替代书本法的重要程度时，书本法得以形成和兴旺发展，并在法律生活中扮演主要的、决定性的角色。

现代法学，特别是德国法学，(历经诸多世纪直到最近的时代)出现、成长和发达于西欧，它的基础既不是制定法也不是习惯法，而是书本法(主要是罗马法，但在一定程度上也受到教会法和封建法的影响)。书本法因此是现代法学关于法律的(包括那些法的渊源的学说在内的)一般学说的主要根源，现代法学的这些学说通过解释《民法大全》中罗马法学家的格言和罗马制定法而形成。尽管如此，在现代法学所确立的“法的渊源”中，却找不到被我们称为书本法的那种特殊类型的实证法。此种异乎寻常的现象主要由两个因素所导致。

(一)早期法学和现代法学都未能就实证法的性质形成清楚的、正确的概念，也没有搞清楚实证法与实证法所依据的规范性事实的区别。因此在这些法学中，缺少(依照“援引规范性事实”的内容)区分不同种类的实证法、检视不同种类的实证法的性质(包括检视习惯法和法庭实践法的性质)的标准。如果法学了解到相关的概念和命题，不可避免的、显而易见的是，德国和其他西欧国家所继受的罗马法《民法大全》(以及《萨克森明镜》之类的法律)并不属于法学所知道的那三类法律或者“法的渊源”(习惯法、制定法和法庭实践)。极为明显的是,如此被"继受"的法律所依据的事实完全不同于习惯法和法庭实践法所依据的那些事实。它既不是依据"我们的祖先如此行为"这样的事实,也不是依据"法庭实践是如此运作的"这样的事实,而是依据"它被如此写在某本书中"这样的事
279 实。与此同时,法学缺少充分的概念和用于检视的方法,特别是它针对习惯法和法庭实践法所形成的概念是模糊的、不准确的,这些都确实使它容易将书本法与习惯法以及法庭实践法相混淆。

(二)在法律科学与罗马法《民法大全》的关系史中,有一个事实扮演重要角色,即现代法学的学说从那些体现了法学家智慧的权威性书本中形成和发展起来,而这些书本仅仅谈到习惯法、制定法和法庭实践,没有提到我们称之为书本法的那类实证法。罗马法学家以及《民法大全》具有的权威向人们施加了压力,使得人们仅承认这三类实证法,而不承认其他实证法也是法的渊源,并将所有法律现象都归为这三类实证法。

由此而来的结果是,尽管《萨克森明镜》和(与其类似的)德国的、法国的以及其他法律汇编所包含的不仅是习惯法命题,还有其他类型的命题,特别是其中还包含直觉法命题(它像习惯法那样获得规范性力量),即使这些法律汇编的影响力也拓展到有着不同习惯的其他地方和国家,但早期的和当代的法学家,特别是那些研究主要依据被记录下来的法律习惯而编纂的《萨克森明镜》以及其他具体的法律汇编的运作过程的法律史学家,仍然轻松自如地、毫不怀疑地将它们归类为"习惯法"。不过,关于此种法律的性质以及它所属的类型,人们必然会有所疑问,法学家们的答案则是,它一定是习惯法,因为《民法大全》并不是现代国家的制定法。罗马法

法学家教导我们说，罗马法在德国通过习惯法（有些人认为也通过法庭实践）被“继受”，因此它自身是习惯法。

二、**在科学中被接受的意见法**（The law of opinions accepted in sicence）。早期的法学家认为，法律科学是一种法的渊源，他们将拘束意义归属给那些在法律科学中得到普遍接受的意见。有些人将相应的法律［科学法（the law of science）、科学的法（scientific law）］与法庭实践法合在一起，用法学家法（the law of jurists）这个一般性的概念和名称予以统称。现今流行的观点认为，把科学提升到“一种法的渊源”的高度是错误的做法，该观点仅仅将依赖于法律学者意见的科学有效性的狭义权威归属给这些意见。

所有这些学说，不论先前的学说（将在法律科学中得到普遍接受的意见提升为一种特殊类型的实证法），还是现在的学说（否认 280
该种实证法的存在），都是站不住脚的。

一方面，科学的一般意见自身当然构不成一种特殊类型的实证法，它可能是制定法（如果它依赖于一个作为规范性事实的制定法，不论制定法是否得到正确解释）、书本法或者习惯法等法律的表达。其他人（例如，法官）可以认为特定意见是错误的（认为它是对制定法或其他法律的不正确解释），因此遵循一种不同于科学研究者的制定法解释。

另一方面，有学问的法学家的意见确实可能获得规范性事实的意义，也就是说，依据科学中的意见得到普遍接受这个事实［那就是所谓的“博士们的共同意见”（communis opinio doctorum）］，人们有了相应的律令-归属性体验，并广为散布，在法律史上有不少此类现象的例子。当人们普遍认为法庭受到“博士们的共同意见”的拘束时，法官遵循此学说，依此来裁判相关案件，律师依据存在着“共同意见”这个事实为他的客户提出主张。现今的学说未能区分法律和规范性事实，否认此种实证法的存在，并力图阻止相似现象在现代法律生活中出现，它宣称先前理论是错的，但这个宣称不能消除先前实际存在的事实。

三、**法学家或其群体的学说法**（The law of doctrines of individual jurists or groups thereof）。必须要承认的是，个体的法律学者或其群体（例如，学派）的学说（以及现今时代在科学中得到广泛接受的意见）有时在法律生活中获得了规范性事实的意义，一种相应类别的（我们所说的意义上的）实证法由此出现。也就是说，依据被当作规范性事实的某位伟大的法学家的教导或某个法学流派的教导，出现了律令-归属性体验。法学家或其群体通常在其活着的时候并没有获得此种权威，他们后来才获得此种权威，有时甚至要等到几个世纪以后才获得此种权威。科学法所依据的是在科学中（在特定时间）得到普遍承认的意见，法学家或其群体的学说法的规范性事实则存在于过去（有时存在于古代），具有回溯性特征。在此种法律发挥作用的特定领域中，特别在神法的领域
281 中，存在这样一种与古代模式的习惯法的原则相对应的趋向，即“越古老便越神圣”。一代又一代的教士和法学家将早先学者和学派的意见当作规范性事实予以援引、编纂它的评注、从中演绎出判决，以此来发展和巩固这种法律。在此种源自于这样的素材并创造了书本法的法律汇编（例如，希伯来或伊斯兰法汇编）中，我们可以区分和识别出该种法律的诸多不同历史发展阶段。

在世俗法中也有此种现象，它有时在世俗法中扮演重要角色。

罗马法的发展演进正是通过那些有学问的法学家的工作而实现的，他们对那些内容相当单薄的实证法材料（制定法或其他法律，例如，十二铜表法、裁判官告示）进行解释，通过类比推理拓展其内容，（通过辨析或其他方式）将其不断完善。渐渐地，杰出的法学家及其群体（例如，普罗库卢斯派、萨宾派）的大量相关意见转变为后来的法学家、法官或其他人心中的规范性事实。它们被不断地援引、评注和修饰，就好像它们等同于制定法，与其位于同一个效力层次上。到后来，法律最初的实证法基础（制定法、告示等）融入法律的规范性意义的背景之中，它们不再被当作规范性事实，它们的地位被先前杰出法学家的著作所取代。但由于这些著作关于具体问题有不同观点，这给法庭适用它们带来了麻烦，皇帝因此通过立法颁布了很多制定法，来界定哪些先前的法学家著作对法庭具有拘束意义以及在何种范围内具有拘束意义。

在继受罗马书本法的意大利、德国以及其他西方国家中，基于此种继受，类似现象在当代也反复出现。罗马法学家的意见之前已经融入法律的规范性意义的背景之中，取代了它们得以从中起源的那类规范性事实，所以在现代西欧的罗马法学者的法学理论中，《民法大全》的不同学派（注释学派、评注学派等）的解释者和各代解释者的意见开始有了规范性意义，取代了罗马法学家的格言和《民法大全》的其他内容。

在现代国际法的发展史中，胡果·格劳修斯（Hugo Grotius）这位 17 世纪最伟大的法学家扮演重要角色。他的话在他那个时代被当作规范性事实，人们从中推论出国际法上的权利和义务。后来瓦泰尔（Vattel）的意见也扮演类似角色。在国际法和其他法

282 律领域中，英国和美国的法学家现在甚至把有学问的作者的意见当作规范性事实，在英国有很长一段时间，利特尔顿(Littleton)的《土地使用》(*Tenures*)(15 世纪)在法庭实践中被当作一种规范性事实，但是在 18 世纪，它的规范性权威被布莱克斯通(Blackstone)的《英国法评注》(*Commentaries on the Laws of England*)所取代，后者至今仍然在法庭实践中发挥作用。

四、**法律专家法**(The law of legal expertise)。与法律的统合需要相呼应，法律学者的一个作用就是，应私人、协会、行政权威、行政机构以及(偶尔出现的)法庭的要求，解决那些复杂的、困难的法律问题。这是法律专家的工作。通常这些专家的意见仅具有科学权威，当他们表达的观点是充分的、能够被证实时，他们的意见才具有重要性。在特殊情况下，他们的意见具有了规范性事实的权威，当对系争案件有管辖权的法庭为了界定当事人的权利和义务要求专家出具意见时，法庭便承认了专家意见具有拘束力。此种具有规范性意义的专家意见不仅可以由个体法律学者所提供，还可以被其他人或机构所发布，例如学术团体、法学院、神职人员、神职人员团体、君主、国务委员会、最高法院。在非官方的法律生活中(例如，在儿童的法律生活中)，此种专家意见则来自于父母、老师、受敬重的熟人等。相应的法律现象(针对待处理的事务所牵涉的一个法律问题，依据某些作为规范性事实的专家的意见来归属法律义务和权利的体验)是一种特殊类型的实证法，可将其简称为专家法。在罗马法律生活中，其意见具有规范性意义的法律专家的角色，由单个有权威的法律学者和(得到法律学者辅助的)皇帝来扮演，前一种专家意见被称为“解答”(responsa)，后一种专家

意见被称为“批复”(rescripta)。

相似现象后来在新的欧洲国家中再一次出现了。在16世纪，法学院的专家的意见具有了规范性事实的意义。有很多制定法要求，法庭在遇到疑难案件时，需要求助于有学问的博士或者法学院，从他们那里获得专家意见(consilia)。后来形成了这样的习惯，由法学院编纂关于法庭的待决案件所涉及的法律问题的专家意见，以及由他们起草对法庭有拘束力的判决，这样一来，后一种做法的效果不过是正式地使专家们的意见以专家自己的名义得到接受。专家法类似于裁判法，在特定案件中，当法学院为法庭准备 283
判决时，相关现象所反映的究竟是裁判法还是专家意见法，可能并不是特别清楚。

五、另一类实证法是**先前专家的法**(pre-expert law)，该类法律将法律专家的意见当作规范性事实，相当于先前裁判的法(prejudicial law)。这些专家意见有时获得了这样一种权威，即它不仅成为特定案件的解决办法的规范性事实，还成为了就涉及的法律问题而言与该案类似的其他案件的解决办法的规范性事实。罗马皇帝所做的特定批复，罗马法律学者的解答，以及现代的法律博士、法学院的专家意见，便具有此种规范性意义。有时法律专家的意见成为书本法得以形成的素材，那么就有了一种依据专家意见的汇编(《解答集》《专家意见集》等)的法律。

六、**宗教-伦理权威的语录法**(The law of statements of religious-ethical authorities)。关于实证法及其种类(“法的渊源”)的流行学说难以让人满意，这尤其体现在它的狭窄性、不充分性上，此种状况的成因之一是，它所依凭的事实素材的种类极为贫乏，它仅着眼于一种范围极为受限的法律生活。此种学说立基于《民法大全》中罗马法学家和罗马皇帝的格言以及取自于当代欧洲法的素材，它并未考虑其他国家、其他时代以及其他社会发展阶段的法律。如果当代法学的拥趸们将伊斯兰法或希伯来法纳入考察范围，用相应的素材来验证其法的渊源学说，结果很明显，该种学说完全无法成立，因为这些法律数千年来（现在仍如此）依据其他类型渊源，完全不依赖流行学说所认为的那些渊源。即使就当代欧洲法以及法律院校所研习的当代欧洲法的那些具体内容而言，这些学说所考虑的也仅仅是其中一部分（其世俗部分），它完全忽略了神法。神法及其发展史明显无法从传统学说（只有制定法、习惯法和法庭实践才是法的渊源的学说）那里得到解释。

在神法领域中，或者一般地在与宗教有着密切关系的法律领域中，宗教的先知和奠基者，他们身边的门徒、使徒、圣人、教父等这些具有宗教权威的人的语录，作为一种规范性事实而发挥作用。因此，伊斯兰法得以形成的基础和主要的规范性事实是，通过口头或书面传统保留下来的穆罕默德的语录；基督教法（基督教国家的
284 教会法和教规）得以形成的基本的、最具权威的规范性事实是，基督、他的使徒以及其他获得崇高宗教权威的人（教父、圣人等）的言辞。在中世纪（在一定程度上甚至自那以后），甚至在多种世俗法领域中（例如，国际法、宪法以及在一定程度上甚至包括民法），人们认为这些言辞语录具有权威性意义，尽管在这些领域中还存在许多其他高级权威。它们被当作规范性事实而被援引，法律被从中推论出来并立基其上。直到16世纪，法律学者宣布，表现为某些圣人的意见的规则如果基于《圣经》的话，它便是法律规则，其效

力高于“博士们的共同意见”，后者在那时是一种重要的规范性事实。

七、**行为的宗教-权威性模式法**（The law of religious-authoritative models of conduct）。在法律发展的相同领域和时期，具有宗教权威的人的行为模式经常在它成为一种在类似案件中具有义务性的行为模式的意义上具有规范性事实的意义。特定行为规则被提升到具有法律拘束力的层次，其根据是，在类似案件中上帝自身如此行为，或者特定先知、主教和使徒们如此行为。东正教的教会法的特定规范从这样的事实中演绎出来，即那些使徒们来到他人设立的教堂，彼此帮助来完成特定任务等等。

除了神法和教会法领域以外，在另外一个法律领域中也可以看到实证法现象。在中世纪，《旧约》模式在国际法中被当作规范性事实。基于相关资料可以得出这样的结论，即从 7 世纪到 11 世纪，《旧约》的历史文本构成国际法律关系理念的主要渊源。在格拉提安(Gratian)的教令中，甚至是关于《圣经》或教会历史的简单事实，有时也成为一种法的渊源。

一般来讲，教会法和国际法对于法律和实证法的一般学说极富教益，它们生动地向我们展示了，流行学说完全站不住脚。在这些法律领域中，存在于特定时间的法律立基于遥远过去的事实，不论它们实际上是否存在，这些事实被构想为真实的规范性事实，即使这些事实自身经常与法律完全无关，例如，它可能并不是被法律动机唤起的行为，或者它并不是法律陈述，而是纯粹道德性陈述（例如，《新约》中的规定），或者是不具有一般规范性特征的陈述。

八、**契约法**（Contract law）。在国际法科学中，契约、条约、公 285

约等被承认为一种法的渊源，它们与习惯法处于同一效力层次。在其他领域中，特别在民法科学（其代表人物主要构思法律的一般理论）中，契约通常被并不被认为是一种法的渊源，而是被归类为法律交易，它仅仅“创造”主观法，并不“创造”客观法。

早期的很多法律哲学家以另一种方式对待契约，他们不仅承认它们是实证法的一种独立渊源，还把所有实证法以及它们的义务性力量都化约为契约。从把实证法理解为依据规范性事实形成的律令-归属性体验的理论的视角来看，依据当事人缔结的一份契约而形成的法律体验代表一种特殊类型的实证法（契约法）。相应的所有心理现象不仅包括国际法，也包括所有其他法律部门（包括民法在内），都与此种实证法有关系。契约法的此种性质与它是否得到官方的承认无关，例如，依据协议形成的儿童法等法律（官方的和非官方的契约法）。

在现代的法的渊源学说中，关于一个没有客体的主观权利能够存在或者被这个或那个行为所“创造”的理论，造成了其他误解，扮演着惹麻烦的角色。甚至在制定法领域中，许多作者倾向于承认，即使相关行为（例如，立法行为）并没有宣布任何一般规则，而只是授予一份退休金、确定某一年的国家预算之类，该行为也是法的一种渊源。基于此种看法，人们将契约和一般意义上的法律交易与法的渊源相对比区分。应该从法律理论中清除此种对比区分，契约和其他法律交易应该被归类为实证法的规范性事实。

九、**单边允诺法**（The law of unilateral promises）。在法律生活的多个领域中，以完成某件事情（或在特定情形中完成某件事情）为内容的单边允诺也是规范性事实。如此看来，君主的这样一些允诺在法律心理中发挥着规范性事实的作用，从此以后它作为相应权利的基础被人们所参照援引，即君主允诺为了国民而捍卫或批准特定法律，捍卫以及虔诚地遵守早先的法律、宪法等法律，或者为国民公布一部宪章。权威机关或私人做出的对完成特定行为(抓获罪犯、发现并归还遗失物等)的某人进行奖赏的公开允诺，对于相应的义务和权利而言是一种规范性事实。希伯来人部分依 286
据一份契约、部分依据耶和华的单边允诺，推导出他们对耶和华所享有的权利。儿童以他们父母的单边允诺作为特定权利的规范性事实，例如，被带出去散步的权利。甚至在国际法中，单边允诺(例如，在他国受攻击时提供援助，不得侵入他国的特定势力范围，在战时遵守特定规则)也是规范性事实。有鉴于此，把契约视为国际法的渊源，但不把单边允诺视为国际法的渊源，该做法要么不合乎逻辑，要么无视相应科学的代表人物的贡献。

十、**计划法**(The law of programs)。有时候，人的法律心理甚至把特定人关于未来行动规划的简要通知提升到规范性事实的层次，将依此行动的义务归属给计划者，此义务的履行对象是这样一些人，即计划者遵守他宣称的东西对其具有重要意义的那些人，他们有理由希望他遵守其计划。此种通知可被称为计划性通知，相应的法律现象可被称为计划法，相应的规范、义务和权利可被称为计划性的规范、义务和权利。这样在国际领域，不同国家的政府或者联合起来行动的不同国家集团的政府，有时发布通知或发送通告(circular notes)，告知他国政府，在某些国际事务中他们会如何行动，或者他们已经决定遵守何种规则。例如，他们对战争中的中立国持何种态度，或者对中立国的公民和商船持何种态度，或者它们在它们占领的他国领土内会如何行动。在国际法律意识中，这样的计划有时获得了规范性事实的意义，利益相关者可以依据它来支持他针对宣告国的相应行为提出主张。

以完全相同的方式，行政计划和政党计划有时也在国内政治生活中扮演规范性事实的角色。它们被视为相应主张的根据，如果它们被（或多或少严重地）违反，这会引起人们法律心理上的不满，此种不满将被表达出来，人们会做出抗议等等。

私人、社会或者国家机构宣布的关于隆重典礼（公共表演、集会等）的计划（例如，允许新闻界人士以及其他人入场的通知）有时被提升到规范性事实的程度，人们依据它推论出多种主张（针对报
287 道者的席位、进入大厅的许可等等）。一位教授关于将来测验的通知，被学生的法律心理提升到规范性事实的程度，可以从中推论出多种法律主张：关于测验的问题和要求，学生有消极主张；尽管答不上特定问题，学生关于得分有积极主张等等。

在罗马法的发展过程中，计划法扮演重要角色。基于裁判官的法令（edicts of magistrates）[特别是内事裁判官（praetor urbanus）的法令]的大法官法（jus honorarium），以及具体来讲的裁判官法（praetorian law），它们作为规范性事实特别重要。这些法律都是裁判官在履职的时候，为了广泛告知公众而宣布的他们下一年提供服务的时候其职务行动的简要计划。裁判官在他的法令里会阐明，在某某情形中，他会（或不会）提供司法保护（judicum dabo，actionem non dabo），他会（或不会）转移以及保护人们对任何东西的占有或者对遗产的占有（possessionem dabo），他会迫使人们遵守誓言或命令，迫使人们履行债务、担供担保或交付个人的

财产（jurare cogam，promitti jubebo，satisdari jubebo，edi jubebo），他会要求人们做出赔偿（in integrum restituam）等等。

此种宣布计划的做法在后来的、继任的裁判官（以及其他裁判官）发布的法令里，在相当程度上被重复。这些宣布计划的做法被提升到规范性事实的层次，从中可以推论出所有类型的权利和义务，它们成为法律学者们进行解释和其他法律操作的对象。

十一、基于义务人的认可的法律：认可法（Law referred to acknowledgment by the obligor：admission law）。在法律生活的许多领域中，我们会看到这样一种现象，即法律体验（权利和义务被归属给他人）立基于作为规范性事实的、被归属了特定义务的那方当事人的认可。此种“认可”要么是明示的（通过书面或口头的宣告），要么是默示的、从相关行为中推断出来的。此时，该种“承认”是一种独立的、特殊的规范性事实，在义务人认可之后，之前明显没有根据的主张变为适宜的和可实施的。相应的实证法类型可以被称为承认法或认可法。

“认可”所隐含的心理现象紧密关联于法律的具体的律令-归属性质，以及社会具有的统合法律关系的需求。“认可”发挥有价值的作用，它阻止和终止了社会生活中的争议和冲突（或者至少将它们限定在未被义务人的认可所影响的范围内），以及消除其他可能出现的纠纷。在特定法律关系或者复杂法律关系的特定要素得到承认之后，该“认可”不能被取消，纠纷不得被继续。例如，在国 288
际事务中，基于某个“认可”已经确立的内容，不得开启战事或者继续进行战争。

当在私人之间、私人和财政部之间或者国家之间，关于目前的金钱账目出现纠纷时，如果相应主张的计算方面的多个要点得到义务人的承认（即使它们是可疑的或明显不正确、被夸大了），这将减少出现进一步纠纷的可能性，如果账目完全被义务人所承认，所有纷争都会被消除。

在一国的内战期间，当就特定被宣称的权利（例如，王权）产生争议时，一方宣称（不论基于何种理由）他承认另一方的权利（即使被承认的是篡权或革命之类的主张），此种宣称在法律意识中唤起一场革命，这能够治愈法律创痛，阻止当下的流血事件以及减少未来发生冲突的可能性。对于其他已经直接或间接地（例如，通过派出使节）完成此种认可行为的国家而言，篡权者成为合法君主，革命政府转变为合法政府。

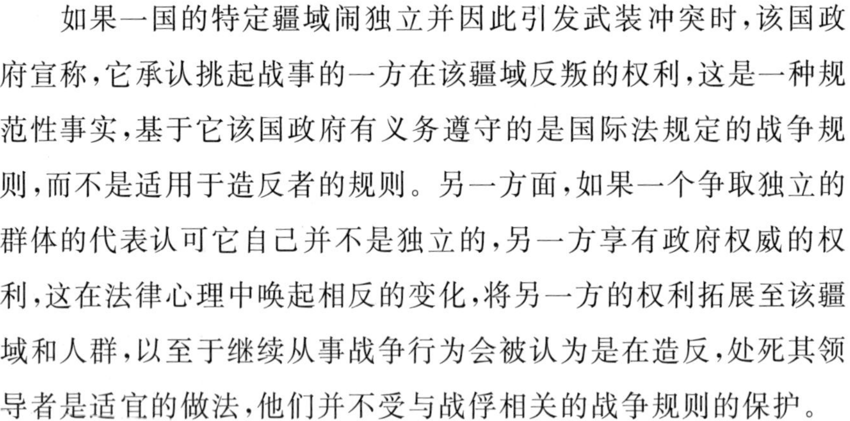

如果一国的特定疆域闹独立并因此引发武装冲突时，该国政府宣称，它承认挑起战事的一方在该疆域反叛的权利，这是一种规范性事实，基于它该国政府有义务遵守的是国际法规定的战争规则，而不是适用于造反者的规则。另一方面，如果一个争取独立的群体的代表认可它自己并不是独立的，另一方享有政府权威的权利，这在法律心理中唤起相反的变化，将另一方的权利拓展至该疆域和人群，以至于继续从事战争行为会被认为是在造反，处死其领导者是适宜的做法，他们并不受与战俘相关的战争规则的保护。

法律心理将“认可”提升为实证法的规范性事实的趋向，时不时地以这样一种学说的形式反映在当代科学之中，该学说试图将所有法律的义务性力量立基于一个被假定的共同体的所有成员的承认。尽管该学说试图确认和证明法律的义务性力量，但如果人们认真对待该学说的话，人们会发现它包含对法律的否定，它把无政府和任意妄为提升到法律原则的层次，使得法律依赖于特定主体是否愿意承认他的义务，或者是否愿意承认法律规范对其具有普遍拘束力。实际的法律生活当然具有与其不同的性质。通常 289
来讲，权利和义务被归属给相关主体，它们**被要求**得到承认和遵守，这都与义务人是否承认无关。不承认它们、置疑它们等做法自身就被认为是在违背它们，有时该做法被认为是自私的、可耻的。在国际法以及其他类型的法律中，情况都是如此。

十二、**先例法**（The law of precedent）。通过构造实证的法律模式来统合法律关系有其必要性，此种必要性使得人们在特定条件下创造这样一种法律模式（如果不存在其他法律模式的话），即人们将早先给定的社会环境中的类似情形中的行为的先例提升至规范性事实的层次。这样，如果在特定情境中（在牌桌上，在大学委员会或院系里，在议会中等等），一个法律问题（关于它的解决办法尚无适宜的法律模式）已经在事实上被解决了，当后来出现类似情况时，相应的实证法信念便会发挥作用，它会坚持要求依据先例采取同样行动，明确肯定在第一次出现此种情形时人们的做法，并主张在新的情况中"因此"也应当遵从该做法。

相应的（官方的和非官方的）法律可以被称为先例法。不可将其混同于判例法（prejudical law），后者是依据判例（经常在司法文本中被称为先例）的法律。也就是说，它依据的是一种不同类型的规范性事实，它不是依据相应的特定社会环境中先前的行为，而是依据某些法庭先前的判决。

先例法主要出现并繁荣发展于封闭的人际圈之中，也就是持续地或者至少经常地保持接触的主体的群体中，例如玩家群体（不仅仅在牌类游戏中，在所有游戏中先例都扮演极为重要的角色）、有组织的协会（俱乐部、学术协会等）、商会和其他类似的联合会、（包括议会在内的）学院型国家机构。对于国家的“协会”（国家联盟）以及其他彼此有特定关系的主体而言，情况也是如此，这些群体为先例法提供了土壤，依此可以在其成员之间构造关于他们彼此关系的先例法。先例法在宪法和行政法领域中有两种表现形式，一种是机构（特别是学院型机构）的内部法，另一种是机构之间的法律，在这些领域中先例法的这两种表现形式都具有重要意义。这样一种法律可以规整下述关系：不同部长之间的关系，行政机关和司法机关的关系，以及君主、内阁和议会的关系。目前在英国，
290 议会和内阁都对国王享有范围很广的权利，这些权利在相当程度上都通过先例而取得，它们的根据是国王在具体的、实际的案件中所做的让步，这些“让步”从那以后被提升到先例的层次，可以依据它们将相应的权利归属给议会和内阁。在英国和其他国家中发展起来的议会这种政府形式，其存在所凭借的是先例法而不是制定法。再强调一次，在国家机构和公民的关系中，先例法具有重要意义。不论对于给定机构和特定公民的关系，还是对于先例涉及的公民范围之外的公民的关系，都是如此。例如，如果给定机构在一个案件中决定了某种事情，与先例涉及的公民处于同样地位的其他人便可援引该案件，并主张此种解决办法也应该适用于他们。

十三、**法律准则和法律谚语法**（The law of legal maxims and proverbs）。还有一种特殊类型的实证法，即把法律准则和法律谚语当作规范性事实的法律。此种现象与古代形式的习惯法一道，主要在较低文化发展阶段中（在父权社会中）广泛存在。法律准则

有时在法律生活中发挥作用，这是当代法学熟知的现象，对于法律史学家而言尤为如此。但是，因为传统上形成的习惯法概念是含糊的，它被广泛关联于所有类型的法律，此种现象被归为习惯法现象，法律谚语则被视为了解和证明习惯法的存在的手段。

十四、**普世法**（Universal law）。有时候人们依据“在全世界范围内”“在所有国家中”“在所有文明国家中”或者“在所有立宪国家中”通常被做的事情，来提出主张、归属义务。律令-归属性体验以及权利义务的归属和实施依据的不是明确的、被清楚地构想的规范性事实，而是依据通常的做法、习惯的做法、被确立的做法，该现象在法律生活中，特别在那些不熟悉制定法的人的心理和行为中，扮演重要角色。然而，有时候在职业法律领域中也会发现此种现象。罗马法学家有时候使用“这就是我们承认的法律”“这已经被确立或承认为法律”这样的表述作为实证性依据。

我们对依据规范性事实的作为律令-归属性体验的实证法的性质所做的研究，对规范性事实与实证法自身的区别所做的研究，以及从中导出的原则，前面已经被我们用来检测得到普遍承认的“法的渊源”（习惯法和制定法）的性质，解决了争议性问题，发现和 291
证明了现代法学所不了解的多种实证法类型。我们可以认为，前面所介绍的这些实证法仍然没有穷尽所有类型的实证法，（以这些原则为指引的）进一步研究会为此领域带来新的（以及可能是丰富的和重要的）发现。

同样的原则和基本概念在做必要修正之后也可以被用于与法律科学相邻的道德科学之中，可以以它们作为指引，来构筑一种实证道德及其种和亚种的学说。实证道德最重要的类型可被简述如下。

一、与制定法相对应的制定道德(staturory morality)。最崇高的道德法则是神法,它的一个(对法律理论也是有教益的)例证是,当代(在教理问答、布道等活动中)从《十诫》(*Ten Commandments*)中推演出来的道德命题。《十诫》在古希伯来人的心中起到了这样的作用,即勾勒出一份耶和华和以色列人的契约,这是神性契约法的规范性事实。

二、与习惯法相对应的习惯道德(customary morality)。它可被分为两类。其一,古代形式的习惯道德,它依据古代传统,在人类社会的较低文化发展阶段具有高度的重要性;其二,现代形式的习惯道德,即使在有着现代文化的国家中,它也并非不重要。

三、随着有学问的神甫阶层以及神学的发展壮大,以及随着出现了(法律的和道德的)神性智慧的成文汇编,书本道德(book morality)形成和扩散开来。纯粹的律令性伦理体验依据的是这样的事实,即这是被写在某部书中的(有时一本神圣的书),该书由个体或集体撰写。所以我们可以从《塔木德》中演绎出纯粹道德的(以及法律的)命题,以至于基于《塔木德》的伦理,部分代表着书本法,部分代表着书本道德。

四、就道德将道德的伟大导师的言论作为规范性事实而言,道德对现代人性有着引领性作用。这可以被称为导师道德(teacher morality)。它最为显著的例子就是基督教道德,该种道德依据的是基督和他的门徒的言论。另一个重要的例子是佛教道德,它有千百万信徒,依据的是佛陀的学说(佛陀本是一个哲学家,他教导说,通常的人类利益是不重要的,他还宣扬众生平等)。最初该实证道德并没有宗教特征，当佛陀的思想被广为接受之后才获得了此种特征。

五、在实证道德的构造和发展过程中，所谓的**模范道德** 292
(model morality)同样扮演重要角色，模范道德指以具有伦理性权威或宗教-伦理性权威的人的行为作为规范性事实的律令性体验。故此，在基督教和佛教的实证道德中，具有重要性的不仅是被明确表达出来的道德格言，还有关于这样一种行为的传统，即基督、使徒、圣人、佛陀等人物在不同情形中做出的、成为被仿效的模范的行为。

第三十九节　官方法与非官方法

将法律分为官方法和非官方法的实质意涵已经在前面通过结合国家在法律领域中的辅助性或从属性角色被阐述过了，[①]这里要补充一些要点。

一、现代法学主要关注的官方法的构造要比现代法学所认为的更丰富，这不仅体现在官方法包含现代法学所不了解的多种实证法类型，还体现在它包含大量直觉法现象。(在不同领域中的、有着不同形式和名称或者没有名称的)直觉法具有拘束性力量，在国家中具有重要意义，被法官和其他国家权威机构所适用。

首先需要注意的是，实证法律模式的功能是预见和消除那些有害的、会带来危险后果的法律分歧和困惑，它在这样一些法律领

---

① 参见第七节。

域中完全多余且不必要，在这些法律领域中，直觉法信念是如此广泛和强烈，以至于除了那些心理异常的人以外，相关的共同生活的规则在任何人心中都不会引起疑问。这样的命题可以被称为直觉法公理。这样看来，下述争议在心理学上都不可能发生，即依照法律儿童可否杀死父母或者父母可否杀死孩子，以及更为一般地，我们能否杀死邻人，能否伤害、打残他们，能否折磨、侮辱他们，能否毁坏、偷盗他们的财产等等。以完全相同的方式，这样一些疑问和争议也被排除掉了，即人们是否有吃东西、睡觉以及实施其他生理功能（洗漱、穿衣、谈话等）的权利，所有人必须容忍这些权利，没有权威能够禁止它们或者惩罚不服从相关禁令的行为。

在所有类型的共同生活中，都有大量此种以及与其相似的直觉法公理，相应的直觉法是所有类型的法律和秩序的实质性要素

293 和基础。实证标准通常并不触及相应的问题。它从前述作为公理的命题出发，解决那些直觉法公理尚未提供解决方案、会引发疑问的问题，以此来补充这些公理。

如果直觉法公理所涉及的对象处于官方法的认知范围内，直觉法公理也被国家的法庭以及其他国家机构所承认。一般来讲，相应的直觉法是官方法的构成要素，并且是其中基本的、实质性的要素。

我们已经指出了，[①]实证法模式并不适合某些法律领域，在这些领域中有必要使法律保持开放，以使其适应于具体情境。例如，依照过错程度课与刑罚，依照功绩大小给与报酬，依照知识多寡评

① 参见第三十节。

定测验成绩。这些做法同时依据了官方法和非官方法。这样，在国家法律和社会服务中，服务人员的薪水以及纪律惩戒，由（或者应当由）权威公正地、无偏颇地或无偏见地界定。也就是说（从我们的视角来看）依照直觉法来界定。在这些场合中，实证的规制主要被用于指明将要被适用的报酬和惩罚的类型。

在文明国家的官方刑法中，刑罚的实证标准化通常仅指明刑罚的上限和下限，在此幅度内界定具体刑罚的工作，则被留给法官的良知，也就是说，留给他们的直觉法。甚至关于罪犯应否得到刑罚、应否被认定为有罪过（对一个已经被证明的行为）的裁决也依赖于法官和陪审团的良知，也就是说，依赖于他们的直觉法。

民法典（特别是较晚近的民法典）也是把多种需要（依照个案情形）得到个别化处理的问题的判决交由法官来裁量。它要求，关于契约的解释和履行以及其他问题的裁决应依照“良知”之类的东西。在这些案件中，从我们已经确立的法律理论的视角来看，也必须承认的是，需要考虑的是直觉法以及官方对它的承认（尽管不是关于它的性质的观念）。

在民事纠纷中（除了特定类型的纠纷以外），当事人可以诉诸
于他们选定的私人的仲裁。此种做法附带有这样的条款，即此仲 294
裁法庭有着与国家的法庭同样的官方意义，如果有必要的话，它的裁决可被权威机关执行，在被实证的制定法所限制的情况下，系争事务被托付给仲裁庭，由它依照良知进行裁决。

多国（例如，英国和俄罗斯）法律均规定，在特定条件下，国家法庭裁决案件不是依照制定法而是依照正义（在英国被称为衡平，在俄罗斯被称为良知），这正如“善意审判”（judicia bonae fidei）在

罗马法历史上扮演的那种重要角色。

然而，随着时间的推移，在法律的统合趋向的影响下，此种直觉法法庭通常变成实证法法庭，尽管它们名义上仍然是正义法庭或衡平法庭。换句话说，随着时间的推移，基于依照直觉法的裁判形成了一种实证法模式，并开始替代直觉法发挥作用。这样，在英国的衡平法庭中，从最终结果来看，直觉法在相当程度上被判例法（根据那些符合正义的先前判决而形成的法律）所顶替。在罗马法的“善意审判”中，直觉法逐渐被实证法所替代，此种替代是“有学问的法学家的法律”的发展所导致的，此种法律是这样形成的，即人们通过解释通常符合正义或良知的做法，把法学家的适宜意见提升到规范性事实的层次。

在由当代法学推动形成的另一个法律领域（国际法）中，直觉法也极为重要。

二、官方法的领域（官方对国民法律生活的介入）随着国家和文化发展阶段的不同而变化。在国家形成以前的较低文化发展阶段，并不存在官方法，它随着国家的形成而形成。最初官方法的内容很少，仅触及法律生活中的一小部分事务，主要涉及在抵御外敌时拥有权威和命令的那些人的事务，下列社会内部法律生活的事务通常并不进入官方法和官方干预的领域，即惩罚犯罪、索取债务、强制归还之前被转移走的财产权客体，以及一般意义上的公民个体或群体与那些负责对前述关系进行安全保卫的主体之间的关系。公民自己或者与其亲属和朋友一起实施复仇、强制收回被拿走的东西之类的做法有效抑制了社会中个体或群体的犯罪行为。

295 在此发展阶段，刑法和民法主要表现为非官方法。官方对社会内部法律生活的介入的形成、强化、扩张以及官方法的领域的增长，以很缓慢的速度逐渐实现。甚至在发达的国家生活的时期，该领域也没有固定不变，它有很多不同的表现形式。在某些国家，它的范围更广，在另一些国家它的范围则更窄，在同一个国家的某些发展时期，它扩张其范围，在另一个时期，它的范围则收缩。在神权国家，或者在国家发展的神权阶段，官方法规制拓展至与宗教相关的生活的诸多方面和行为领域，而在世俗国家，相似行为类型则不属于官方法和国家干预的范围。在所谓的警察国时期，官方法和官方干预拓展至那些在自由国中免于干涉的生活和行为领域，自由国时期的社会-政治趋向是授予公民在安排自身事务上的最大可能的自由，将国家干预限定在最小可能的范围内。现今的社会-政治趋向则再一次引发了官方法及其干预范围的扩张。

官方法（那些合在一起构成了官方法规制的法律的类别和种类，包括直觉法和多种实证法）的结构在不同国家和不同发展阶段有不同表现。在东方的神权国家和神权法的发展过程中，除了那些在欧洲古代和现代国家的法律史上有重要意义的法律（神法，包括制定的神法和契约性神法，宗教奠基者、先知的格言法，有学问的神学代表人物的法，神性书本法等等）以外，实证法的规范性事实及其不同种类扮演重要角色。在罗马民法中，有重要作用的法律的类别和规范性事实（计划性的裁判官法，专家意见法以及有学问的法学家的其他意见法）不同于那些在后罗马的西欧民法中发挥重要作用的法律（习惯法，起源于本土的书本法，起源于罗马的书本法）。在发达国家的现代民法中，制定法作为一种规范性事实扮演主导性和支配性的角色，它们直接或间接地界定了其他类型的法律(直觉法和其他多种实证法)的作用范围。此种状况的形成部分是有意识的、被设计的(例如,制定法对习惯法的影响),部分是无意识的,对于被制定法影响的多种法律的存在及其性质(例如,直觉法以及多种实证法),人们并不了解。此外,那些先前在某种(甚至很高)程度上在特定国家官方法中扮演重要角色的特定实
296 证法种类则在法律生活中被淘汰掉了。这样,书本的民法,特别是直到 1900 年仍在德国特定地方被适用的罗马法,被制定法所替代,仅仅适用于新的德国民法典生效之前发生的案件。在 19 世纪上半叶,在(除了英国以外的)欧洲国家的官方法律生活中,科学中的共同意见法以及杰出的个体法学家的学说法已经消失了。随着社会生活的男权模式的衰败,(依据祖先的习惯的)古代形式的习惯法消失了,新型的习惯法也变得越来越不重要。随着国家和法律从教会和宗教中被解放出来,多种教会法(相关书本法、神性制定法等)失去了意义。

然而,有一些事情我们应该牢记在心。一、多种基督教教会、其他宗教组织以及它们的教会法(界定它们的组织方式,神父对教徒的权利和义务,与教会财产以及它的管理相关的权利和义务等等)仍然在不同程度上得到国家的官方承认,就此而论,相应的实证法种类(神定的和人定的教会法、书本法等等)被整合进当代官方法之中。二、在亚洲、非洲等地区有着殖民地的欧洲国家,在或大或小的程度上承认那些处于不同发展阶段的当地的法律(包括伊斯兰的神法、不同类型的异教的法律等等),这样,相应的实证法种类(古代形式的习惯法,书本法,神定法等等)被安置在相关国家的官方法之中。正如前面已经揭露出来的,在所有情形中,“法的

渊源”的三个传统类别(制定法、习惯法和法庭实践)是一种极不完整的、无法让人满意的法律分类,不论从一般意义上的法律的历史和理论的视角来看,还是从欧洲国家的当代官方法的实际内容的角度来看,情况都是如此。

非官方法(包括国际法)的行动和内容的范围在历史发展过程中不断变化。因为人们对科学自身的误解,不同种类的宗教权威法(以及书本法)失去了它们先前具有的重要意义。在所有情形中,现代国际法的构成问题也是如此,传统的“法的渊源”的分类或
者“国际法的渊源”的分类远非充分,不足以凭借它们获得国际法 297
的知识。在当代科学中,国际法仅仅意味着关联于更为先进的国家的那部分国际法(这是不正确的),有人专断地认为,国际法的兴起是极为晚近的事情,尽管人们对此存在意见分歧,有一些人否认中世纪有国际法,认为在《威斯特伐利亚和约》(*The Peace of Westphalia*,1648)之后才有国际法可言。如果人们能够妥当地拓宽国际法的科学研究的领域(如果不包括教义研究,也至少包括理论性研究、历史性研究以及描述性研究),便需要相应地扩充当代国际法的“渊源”列表,把书本法、神定法之类的法律补充进去。

第七章　公法与私法

第四十节　法律与法学的顶级分类

298 在现代法学中，法律基本的、最高层级的分类是公法与私法之分。该分类被认为是法学的基本的和至高的分类（私法学和公法学）的基础。

这两个命题都站不住脚。我们之前的论述已经表明，法律科学的最高分类的出发点必定不是私法与公法之分，而是依照科学命题的性质对科学命题所做的区分，此种区分已经被多种关于法律的科学所确立了。从此种视角出发，一般意义上的法律的最高分类以及具体的法律科学的最高分类是理论命题与实践命题之分，前一类命题是关于“是什么”的客观陈述，后一类命题表明了可欲的或应该做的行为。

依照理论命题和理论科学的论题（theses）的理论题材的性质，理论命题和理论科学需要进一步被分为，狭义上的关于“类别”的理论（class theories）与关于“个别”的理论和科学（individual theories and sciences），前一类论题的理论题材是类别概念，后一类论题的理论题材是个别的客体或者个别客体或现象的复合体（例如，地球、俄罗斯、俄罗斯民族）。依照理论谓述的内容的特征，个别理论又可分为描述性的个别理论（例如，地理学。这是描述地球的科学）以及叙述性或历史性的个别理论（例如，地球的历史，俄罗斯的历史）。

实践命题和实践科学可分为规范性的（例如，道德、法律、审
美）和目的论的，后者阐明了实现特定目的的合理手段，例如，保护
或恢复健康（卫生学或医学），实现特定教育目的（教育学）或者社
会和公共目的（政治学）。依此，在一般意义上有五种科学：一、狭
义的理论科学；二、描述性科学；三、历史性科学；四、目的论或目的
性科学；五、规范性科学。相应地也有五种关于法律的科学：一、狭 299
义的理论法律科学（名为法律一般理论的理论学科）；二、描述性法
律科学（描述性法学）；三、历史法律科学（法律的历史）；四、政治法
律科学（名为一般法律政策学）；五、规范-教义性法律科学（狭义的
法学）。

哲学是一个复合的学科。它是至高的理论（关于一般意义上的存在的理论）加上至高的目的论（一种关于至高目的的目的论学科。它所考虑的是，行为相应的至高原则的存在及其意义）。法哲学也是一个复合的学科。它是至高的法律理论加上一种至高的目的论（法律至高的政策）。关于法律进一步的区分，（作为不同于历史上形成的分类的）有意识的分类应该符合相关科学的性质和任务。在所有情形中，就法律的理论以及一般意义上的法律的类别科学而言，不可能将至高的效力归属给法律的私法和公法之分。从理论的视角来看，就此种区分目前的样态而论，它完全站不住脚，它目前这个样子完全因为误解而形成。即便将其进行适当改变，它对于法律理论也不具有实质重要性，此种区分的重要性远远

小于直觉法和实证法之区分。对于确立国际法和不同国家官方法的规范性内容的教义研究而言，情况则有所不同。我们所考虑的公私法之分基于法律规制的内容，从法律规制的内容着眼，它具有重要意义，远远超过它在理论语境中的重要性。

人们之所以将至高意义归属给法律的公私法之分，原因在于：一、事实上，一般意义上的法律的性质以及法学家所理解的法律的结构和性质尚未得到确定；二、缺少适宜的一般意义上的科学的分类以及具体的法律科学的分类，因为历史上形成的自然原因以及社会意义上的权宜理由，法律的教义研究被过分扩张，它弥漫在法学家的视野之中，这使得法学家忽略了那些具有不同特征和内容的、可能的和可欲的法律科学。

第四十一节　法律心理推动人类行为的两类情形

将法律分为公私法的无数尝试反映了（在尚未有意识地把握
300 它们的要点的情况下）法律心理对人类行为的两种作用。我们已经展示了，法律实质上是社会生活以及文化发展的一种心理要素。作为这样一种心理要素，它的作用是双重的：一、动机作用；二、文化-教育作用或者说教育学作用。[1]

凭借具体的法律冲动（直接或具体的法律的动机）的作用，人对其法律义务和法律权利的意识成为个体和群体行为的动机。但

[1] 参见第十一节。

是，这无论如何都未穷尽行为的法律动机那极为复杂和多样的形式。在义务人不履行义务的情形中，法律凭借其归属性质，唤醒那些归属给自己权利的人以及那些与他们一起从事共同事业的人的心理和生理反应，这些反应具有动机意义，该动机意义增进了相关人等对这些反应的可能性和必要性的了解，被其唤起的冲动代表一种补充性和辅助性的动机性压力，促使义务人履行义务。但是，此种（与法律的归属性质相伴随的）保障或保证权利人得到他应该得到的东西的趋向，使得法律这样被形成和模塑，即法律中有一整套辅助性动机压力来促使义务得到履行，即使对那些身处特殊领域、仅有较弱的伦理性冲动甚至完全没有伦理性冲动的人而言，情况也是如此。在义务的履行（或者热忱地履行）情形中，我们会看到多种好处，而在不履行的情形中，我们会看到多种坏处和缺陷。来自于法律的相关动机活动过程可以被称为间接辅助性动机，它不同于基础的伦理动机和（更为具体的）法律动机。进而，基础性动机和辅助性动机的心理作用的结果（它所导致的相应的个体和群体行为）要求人们考虑相关的个体行为和社会秩序（正如考虑法律的性质）并遵守它们，甚至就这样一些问题和行为领域而言也是如此，即那些因为没有明确的法律规定而留给个体不受限制的裁量的问题和行为领域。法律唤起了促使人们实施无数其自身未被法律所规定的行为的动机。相应的动机，我们称之为无拘束的或独立的法律动机。

法律的动机作用不仅体现在它唤起积极冲动，它有助于人们实施这种或那种行为（积极法律动机），还体现在它消除了多种有助于特定行为的动机或阻止其出现，它移除了“诱惑”之类的东西 301

（消极法律动机）。

多种法律动机会组合在一起，这部分是为了使它们彼此确证，部分是为了使（来自于特定法律要素的）动机活动过程被其他法律动机活动过程所抑制。

法律的教育（教育学）作用也是复杂的、多样的。被法律所唤起的无法计数的行为并不是没有在那些实施它们的人的性格中留下痕迹，并不是事后在相关人的性格中消失不见。对特定行为的重复形成了相应的习惯，包括积极作为的习惯和消极不作为的习惯，它们反过来影响性格的形成，强化特定特点，弱化其他特点。法律在人类灵魂的不同“琴弦”上演奏它那复杂的心理交响曲，它强化某些运用和执行它们的冲动性倾向，不允许其他冲动性倾向或者抑制这些倾向（那些残忍的、邪恶的或一般地反社会的倾向）发挥作用，在此过程中，法律不可避免地形成和强化某些倾向，弱化和摧毁其他倾向。理性的法是一所复杂和有影响力的学校，它的目的在于将国民性格予以社会化，通过调和它们使它们理性地共存。不成功的法律会传播败坏的道德，毒害国民精神，或者至少背离健康的心理活动过程，阻碍个体和群体性格中有价值要素的形成和繁荣发展。包括公法和私法在内的所有法律以及它的具体种类的意义和重要性，必须从这些动机性和教育性视角来考虑和解释。例如，人们公认，鉴于这样一个事实，“对占有进行保护”这一制度难以捉摸，需要特别予以研究，即该制度明显在保护合法占有者的利益的同时也在保护盗贼、抢匪的利益。以下对此进行说明。

占有制度具有双重意义，从社会和文化视角来看这两种意义

都是重要的、有价值的。一、从动机的视角来看，占有制度的用途在于迫使包括财产所有者在内的所有人都不得对那些事实上的（尽管是非法的）占有者做出具有社会有害性的行为，不得任性地、顽固地取得他人的占有物，或者做出其他侵犯他人占有的行为，不论这些行为是通过运用武力、秘密欺骗或者狡诈手段（这样来从他人那里取得对相关财产的占有，即基于一个归还的允诺要求他人暂时交付）来完成的，都不得做出，而是要使用更为文明的方式，至 302
少通过法律程序（如果存在相应的权利的话）来取得对相关财产的占有，例如，基于一项物权提出一个确认权利的诉讼。在权属不清的情形中，情况将更有利于通过主张一项财产权（通过强行移走、夜间偷走等方式）来剥夺他人占有的人，后者在法律程序的运作过程中必须要证明他的权利，并最终会失败，因为被告的地位比原告更有利。然而，关于占有的法律通过表明，上述这样的机制是无目的的、无用的消除了这些诱惑，物（以及被引发的损害、诉讼费用等）必须被不光彩地返还给先前的占有者，通过更为文明的手段来行事是更好的选择（消极动机）。

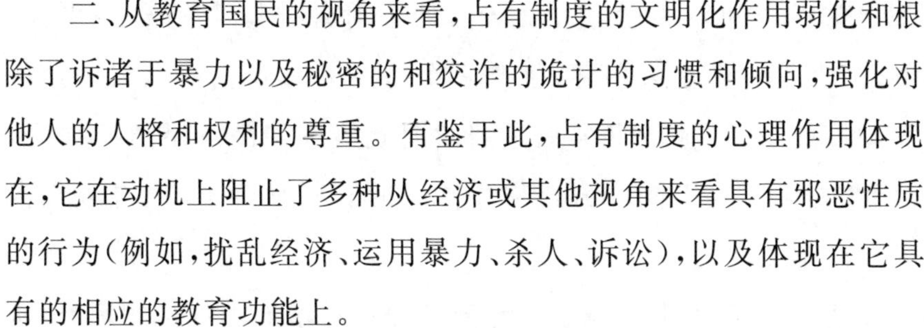

二、从教育国民的视角来看，占有制度的文明化作用弱化和根除了诉诸于暴力以及秘密的和狡诈的诡计的习惯和倾向，强化对他人的人格和权利的尊重。有鉴于此，占有制度的心理作用体现在，它在动机上阻止了多种从经济或其他视角来看具有邪恶性质的行为（例如，扰乱经济、运用暴力、杀人、诉讼），以及体现在它具有的相应的教育功能上。

对于损害赔偿义务以及受害方相应的权利，也可以用类似的方式来解释。相应的权利的心理作用是，它在大众中创造了这样

的群体动机，即不得从事从经济和其他视角来看具有害处的积极
作为（例如，侵害他人的人格或财产）或者不作为（例如，不履行契
约、不支付应付款项），维持和巩固对他人的人格（他的权利和利
益）以及他说出的言辞和做出的允诺的尊重，承认他们在这些方面
的自我决定能力。从权利人的经济利益的视角来看，损害数量的
积聚和赔偿是有好处的，从国民经济和福利的视角来看，它们并不
代表任何种类的任何经济增长，因为被给与某人的东西是从他人
那里拿走的。此外，从狭义的经济（作为不同于私人经济的国民经
济）的视角来看，比（A 减 A 所导致的）零和结果更差的某些东西
303 随之而来，即法律程序的运作以及损害赔偿的要求总是意味着相
应能量的损失，并经常导致超过这些损失的法律损害，有时甚至会
毁灭和摧毁国民经济中积极的、有用的要素（受这些运作过程影响
的相关经济单位）。此外，尽管从一方当事人的经济利益的角度来
看价值的转移是有好处的，但从国民经济的视角来看则是不利的、
有害的，它趋向于强化财产的不平等分配，特别是将财产从穷人那
里转移到富人那里。这是因为，在其他条件不变的情况下，当涉及
到贵重财产和较大价值的时候，财产损害赔偿金的数是更大。
例如，如果一个富人损坏、扯破一个穷人的衣服或者纵火烧掉他
那可怜的小屋，他的义务只是赔偿因此造成的微不足道的损害，
然而，如果穷人以同样方式损坏富人的衣服和房子，损害数额会
很大。

这样看来，在利益保护理论辨认出利益增加和美德的地方，从国民经济的视角来看，不论对于国民财富的总量还是其分配，实际上则存在着利益的减损和邪恶。此种恶有其证立根据，其证立根

据在于，损害赔偿法是一种让人遗憾但却必要的现象（一种必要的恶），或者更确切地讲，它是一种存在于相对较低文化发展阶段的恶，在这个阶段（准确来讲因为较低文化发展水平），只能凭借威胁来确保对社会来讲必要的行为，凭借威胁来对人们的心理施加影响，使其被教育得更好。

为了理解民法的功能，有几个要点必须牢记在心。特定种类的法律秩序的实质要素是：一、社会群体（部落群体、公社等）的所有能够工作的成员负有的这样一种义务，即他们为了群体的共同善（common good）而工作，积极参与对于维系群体以及满足它的其他需求具有必要性的物质利益的集体生产。二、每一个群体成员享有这样的权利，即从使用集体拥有的生产资料集体地生产出来的东西的总储备中，得到维持其生存和满足他的其他需求所需的东西。如果社会主义政权得到确立，这些法律要素会被恢复，然而，在现今社会的生活秩序中，公民的地位与此完全不同。笼统来讲，每一个成年公民享有依照他喜欢的方式规划他的生活的权利。他可以选择他所希望的活动类型，或者他可以什么也不选择，什么
也不做。另一方面，仍然是笼统来讲，他没有刚刚说过的那种被社 304
会提供维持其生存以及满足他的其他需求所需的东西的权利，以至于享有做（或者不做）他希望的事情的权利到头来将意味着他死于饥饿、寒冷的权利。[①]

我们所感兴趣的那种法律秩序的实质内容由此可以被化约为下述命题。

---

① 对文中的这个表述的更为精确的法律阐释要求我们在将精神病人、乞丐、无工作能力的人之类的主体的地位予以标准化的同时，进行一些限定并阐明特定例外。

一、依照财产法(以及其他类似法律)的原则,肥沃的土地以及其他生产资料(国民经济意义上的资本)和被使用或消费的客体是得到保障的、被众人排他性使用和处置的对象。这些东西并不是托付给他们的需要他们小心处置的国民财富的组成部分,人们也不是必须使用它们生产社会需要的东西。相反,财产权允许他们依照他们的喜好使用他们的财产权客体(任意使用和支配的权利),在缺少相反法律规定的情况下,他们可以任由他们所控制的肥沃土地荒芜。

二、依照继承法的原则,对财产自由的享有和处置被授予"一个人及其继承人,直到永远",并且没有附带交出一定财产份额的义务。换句话说,该法律向那些没有用掉自己的财产(以及增加了自己的财产)的人确保,当他们死后,依照他们对其财产的(遗嘱)处置或者(如果他们没立遗嘱就死去)依照相应的考虑人际关系的亲密性的法律规则,他们积攒或取得的财产会被他们身边的人或他们的亲人得到。

三、依照现代家庭法的原则,抚养儿童(保障他们的生存之类)是父母的职能,主要是"家父"的职能,与此不同的体制则是这样的,其中(成人和儿童的)食物、衣物、住所等必需品的满足来自于社会群体共同拥有的集体基金。一般来讲,现代家庭法和继承法的原则与当代法律秩序的具体特征相结合后产生了这样的结果,即依赖于主体的经济福利(economic welfare)的,不仅仅有主体的个人福祉(personal well-being),还有与他关系密切的他人的福祉,此种依赖不仅仅发生在一个人的有生之年,也存在于他死后。

四、那些拥有经济财货和劳动能力的人并不一般地负有这样 305
的义务，即必须以符合生产效率的方式使用一块肥沃的土地以及其他托付给他们的生产资料或者他们自己的劳动能力，以此来为他人生产和提供面包以及其他满足他人需要的手段，与此同时他们也不享有这样的主张，即其他人应该提供给他们面包和其他满足他们的需要的手段，这样一些人基于依照他们自己的判断对这些东西进行处置的权利，能够通过交换来用他们能够处置的东西换取他们自己必需的东西，特别是用经济财货和劳动服务来换取金钱（买卖契约、服务契约）以及其他消费品（购买）。他们并没有义务考虑那些与他们进行交易的人的利益，他们可以依照他们喜欢的方式追求和捍卫他们自己的利益（“贸易”之类），当然有特定例外，例如，禁止放高利贷。不过，依照所谓的契约法的指导原则和实质内容，协议必须得到遵守（相关契约具有拘束力）。其他民法原则提供了救济措施，它们规定，如果一个契约没有得到履行或者没有被妥当地履行，随之而来的就是相关人员需要为由此导致的所有物质损害进行赔偿。

在从动机的视角出发考虑这些原则的意义和价值之后，我们很容易看到，相关法律规定（将肥沃的土地和其他生产资料交由无数分散的个体所有者处置，这些所有者没有义务交出一定份额，也不是必须为了共同善而利用它们或者为了共同善而运用一个人的劳动能力，所有者被允许用他们的财产做他们愿意做的事情或者啥也不做）同时正在间接地创造这样一种动机（该动机部分是利己的，部分是利他的：家庭的福祉和命运），该动机有利于人们积极地、热忱地投入到为了普遍利益而生产的活动中去。在社会的特

定演化阶段，这些动机越有力，家庭纽带和人类的（不同于动物的）这样一种能力便发展得越好，即不仅仅被暂时的冲动所导控（过了今天不想明天），也被关于自己明天的福祉以及亲人的福祉的规划所引导。

相关法律还创造了有力的心理压力，促使人们热忱地考虑这样的事情，即被托付给个人、由他不受限制地处置的国民财富，应该以最有利于生产新的经济财货（应和国民的社会需求）的方式被
306 利用，这样一来，当这些财货最有用处和最被人们需要的时候，它们可以被相关人员提供出来。

智力和伦理水准较低的人当然对国民的或一般意义上人类的福利和进步没有兴趣。他们仅仅考虑自己，仅仅考虑自己的经济状况、自己的家庭。他们既不了解也不理解，当他们为了自己和他们的家庭而工作时，也是在为共同福利而工作，当他们在保存和增加私人财产时，也是在保存和增加国民的以及一般意义上人类的财富和福祉。他们并未觉察到，他们的活动在这样一种有着独特性质和内容的法律的唤起和引导下，趋向于共同福利，该法律迫使他们（就像蒸汽机或电动机为很多轮子和一套复杂机器的其他部件提供动力一样）以从他们既不了解也不理解的任务的视角来看具有必要性的方式去行动，如果该法律被废除或者被实质上改变了，他们的行动会变得不同，他们所追寻的利益和渴望会完全消失或者转向其他方向。不论这些利益和渴望的范围多么狭窄，都不能将它们等同于狭义的利己考量，即仅考虑一个人自己的私人的、个人的福祉。

继承法与现有家庭关系方面的法律一起，明显在相关动机中

扮演关键角色。这些动机仅仅部分具有利己特征。对他人(家庭)的考虑不仅仅存在于私经济主体的有生之年,也延续至其死后,此种考虑极为重要。如果像某些论者希望的那样,在保留其他民法基本原则的前提下,废除现有继承法或消除其实践作用,主体死后保留的财产不再属于他的子女或他的近亲属,而是属于财政部,那么相关动机会有根本的改变。此改变将如此基本,以至于它导致的结果是国民财富和福利的崩溃,而非保存和扩张。

现有法律并不要求私经济主体应该基于这样的考虑来安排他们的生活和经济活动(特别是管理生产和限制消费),即使得托付给他们的那份国民财富甚至在他们死后还被保存下来并得到增长。相反,依照现有法律,这些主体可以这样来自由地安排他们的生活(特别是提升他们的消费水平),即他们可以用掉的不仅仅是他们的全部收入,甚至还有他们的资本。他们通过订立适宜的契 307
约,自由地将他们的私人资本转换为相应的较高数额的年金,并普遍依照“身后之事与我何干”的原则而行动,即只要一个人已经过了一个享乐的人生,死后发生的事情并不重要。这样的行为会不可避免地导致国民财富和福利的毁灭。但是现在的民法既没有禁止此种行为,也没有强制人们做出与其相反的行为,它(通过相关规定和继承权的保证)创造了支持更为理性的和有利于社会的行为的间接动机。如果该权利被废除或者被严重侵犯,那将意味着此种动机被摧毁和受到实质性损害。但是如果我们除此之外还废除现代家庭关系法的原则,特别是如果(依照柏拉图的理想)我们引入由国家集体抚育儿童的制度(这样一个人甚至在有生之年都不必在意他的子女了),或者甚至依照现有被保存的财产的权利将

性关系进行相应的标准化，结果将会是，纯粹利已主义动机成为支配性动机，该种动机被许多理论政治经济学的代表人物错误地认为在经济生活中具有决定意义。

以上检视的动机可以被称为利己-利他动机，它与我们已经考虑过的独立的或自由的法律动机的概念相对应。并没有法律规定，公民应该节俭地处置他们已经获得的、将被其管理和处置的那份国民资产，公民没有义务勤奋地生产对社会必要的、有用的经济财货，以及当社会有需要的时候提供这些财货。这样的行为不具有法律义务性，它们通过创造支持着对社会必要的、有利的“自由和独立地选择行动”的动机，间接得到实现。

以上所述并未对相关的民法的动机作用给出一个完整的科学分类和阐释，想要完整地阐述它，至少需要进行以下三方面研究。

一、需要研究复杂的民法体系的心理动机。包括我们直接考虑的对自由和独立的法律动机的创造和引导，它不仅仅来自于前述现有法律秩序的原则，还来自于与特定公法的要素相关联的私法的很多其他要素，现有法律体系的诸多要素的复杂互动才为可欲的个体和群体行为提供了动机，依凭这些动机这些行为才得以做出。

308 二、研究法律形成的**动机自身**，研究它的要素、特征以及取向。先前的阐释只是对法律形成的动机的概述，对于任何对事物的完整分析而言，远远不充分。

三、研究相关动机在唤起个体和群体行为方面的**运作过程**。前述内容（保存和增加国民财富和福祉，生产对社会必要的、有用的财货以及当有需要的时候提供它们）只是泛泛地概括了此种行为的取向。在知道了由我们正在考虑的那种法律所产生的心理压力的特征和取向之后，关于这样一些事项我们会做出无数可能的推论，即此种动机如何促使人们生产更多财货，这些财货如何被那些需要它们的人得到，以及国民资产和收入如何在那些参与复杂事业的不同人士之间进行分配。

前两类研究还没有被相关学科开展，填补此空白是未来的任务。第三种研究很久以前便已经开展了，自从亚当·斯密(Adam Smith)以及他关于国民财富的性质和原因的研究(这是一部可以公允地称之为天才之作的著作)问世以来，该类研究在某些方面取得了令人瞩目的成就，爆发出显著的能量。有一种特殊的科学(理论政治经济学)致力于研究这个主题(尽管缺少对其性质和根据的妥当意识)。相比于任何其他研究社会现象的科学，它取得了更大的成功，更为繁荣兴盛。在民法的持续的、规律的动机作用唤起了规律性经济行为的范围内，这个学科已经成功确立了一系列有趣的、重要的“经济法则”，这些法则呈现了经济行为的规律，但也仅此而已。由于该学科完全没有意识到它作为(与公法的特定要素相关联的)私法的动机作用的理论的性质，它既不理解也未能正确界定它的研究对象(它确立其理论时所针对的那类现象的性质)。在这一点上的争论是无休止的。它既没有意识到也没有正确地界定，它在确立它的理论时作为它的出发点的那个前提的性质，如前所述，它并未研究和界定被民法唤起的利己-利他动机，它主要把一种被假定的利己主义(在经济生活中只有利己动机在发挥作用)作为进行演绎推论的基础前提，正如前面关于继承法的论述所显示的，该前提经不住批评，在原则上是错误的，它甚至被视为一种

309 有待论证的假设（working hypothesis），人们实际上知道它与现实不一致。尽管此学科的基础有着如此严重的缺陷，并且事实上它的基本概念和前提既没有被检测也没有被查明，事实上该理论却兴旺发达，取得很大的成功，原因在于，社会环境特别有利于它的发展。这些成功当然不是通过一致地适用该理论一开始提出的那种基本概念和前提而成就的，它们是不可适用的，事实上它们被一种完全属于不同类型的、充分的理念和命题所替换。经济学的代表人物并没有参照被多位作者建议的经济的定义，他们事实上都用相同方式描述私法动机的运作过程。经济学家实际上并没有贯彻他们的允诺，即仅仅从利己主义行动这个假设中演绎出所有学说，如果有任何经济学家试图这么做，如我们已经显示的，他的结论必定是国民经济的毁灭（而非建构），会得出饥荒、贫困等结论。与此不同的是，所有事情的描绘都采用了一种大体对应于民法的动机作用的实际趋向的形式。换句话说，最初的假设被默默地放弃了，经济学家转而青睐于被无意识地用作出发点的其他理念，即关于那些事实上有着支配地位的动机和行为的理念，此种理念特别具有（用罗马法学家的话来说）一般意义上的“善良家父”的特征，这是一种可敬的好人，他在意的不仅是他的自我以及自己的享乐，还有他的家庭以及家庭的未来，他呈现出来的完全不是恶棍或享乐利己主义者的形象。

在以下两个重要的、有价值的学科之间有着一种非常罕见的、奇怪的以及异常的关系，一个是一般意义的法律科学和具体的民法科学，另一个是经济现象的理论。它们实质上是（从不同的视角）研究同一件事情，但它们彼此并不了解，它们的方法不同，它们

没有意识到它们彼此的联系以及它们有共同研究对象这一事实。

法律科学(特别是民法科学)就“保护私人利益”进行推理，尽管它还远远不具备一种精致的、优雅的科学所具有的光辉，或者说，它是一种关于民法的作用的理论，尽管是一种部分的、不完整的理论。另一方面，理论政治经济学寻求(但未能成功地)界定它的研究对象以及其中发挥作用的基本要素，它全然未意识到这样一个事实，即它是一种关于法律的作用的理论，该理论已经被另一个邻近学科(民法科学)所研究了。该异常状态对双方都有严重损 310
害，应该让这两个学科彼此了解、将它们联合起来，以此来消除该异常状态。

当然，此种动机作用绝没有穷尽民法的心理作用。从人类的历史和未来的视角来看，民法的心理作用的意义更加深远，它更为根本地改变了人类的性格，此种作用尤其体现在，它提升了经济效率，根除经济收益方面的懒惰、冷漠、粗心、考虑不周和挥霍浪费，鼓励节俭、勤奋和事业心，强化人们有计划地考虑自己的福利和他人的福利的能力和倾向。这些性格特征在它们总体上已经被形成和强化的程度上，不仅仅使得各个法律体系的运作实质上更为成功并显著提升了国民福祉的水平，也有可能弱化被现在的法律所创造的有力的动机性压力(“饿死”这个威胁)，或者甚至消除这个动机，代之以一种更为温和的、人道的动机和教育体系。

科学地研究民法的教育作用，尽可能深入地、全面地研究它，这是未来的一项重要任务，从“知识是为了预见”的视角来看它尤为重要。

与此形成对照的是，社会主义秩序代表一种根本上不同于具有上述特征的经济生活的标准化以及法律的动机和教育系统。所有社会成员都享有生存的权利，享有以通常的代价从总储备中得到满足他们的其他需求的手段的权利，那些能够工作的人必须为了共同福利而工作，他们需要通过使用共同的生产资料参与生产经济财货的一般过程，或者履行托付给（作为领导者或者听从他人指示的从属性执行者的）他们的其他职能。多种单个的经济单位并不是在不受来自于任何中央权威的总体规划或指导的意义上独立发挥作用，在社会主义秩序中存在着一个单一的总体经济，该经济带有单一的复合组织，还存在着单一的规划、引导和管理，单一的指挥和指引中心，以及一套复合的、多层级的从属机构，对于中央和最高机关以及一整套从属机构的活动，存在着规整它们的相关法律。

311 此种体系可以被概括为中心化的或计划性的组织体系，它不同于前面我们检视过的那种体系，后者可以被称为去中心化的体系，在该体系中，不同的个人和经济组织是分离的、独立的。

着眼于社会的全体成员（儿童和成人）的生存权以及从总储备中满足其他需求的权利，在中心化的生产体制中发挥作用的法律动机并不是前面介绍过的那种具有利己-利他特征的、自由的或独立的法律动机。着眼于为了普遍善而工作的义务，发挥作用的动机系统结合了法律的两类动机作用：一、前面称之为具体-法律的或直接法律动机的那种动机（为了共同善而进行的不同活动，例如，在田野里工作、耕种，这些活动是依照相应的法律规定提供社会服务之义务）；二、前面称之为辅助性动机的那种动机（其强度依赖于法律、道德、宗教等社会教育的成就水平）。社会教育所成就的水平越低，正如在不成熟的改革的情形中，某种相对高的勤奋程度和经济效率的其他要素在财产法、继承法之类的法律的帮助下被获得之前那样，相关法律秩序良好地或者至少可容忍地运转所必需的补充性心理压力便越强。①

依照前面关于内容和动机的区分，社会主义法律的教育作用体现在，更为直接地指引人们形成和发展致力于社会事务的意愿和能力并做出相应的行动，被先前的法律所促成的国民性格的特定要素（例如，追求利润和满足贪欲的倾向，以及把家庭关系和合作置于普遍利益之上的趋向）则会朝向相反的方向发展并逐渐衰退。

在现今的法律秩序中，前面简要介绍过的关于人类行为和教育的那两种法律动机（带有独立的动机的去中心化系统，以及被组 312
织、集中起来的中心化系统）彼此依赖，相互影响。

特定生活领域通过确立这样一套复合的系统而得到规整，该系统由较高的和较低的（从属的和下级的）权威机关所构成，这些权威机关的活动目标和取向则依据计划和单一的指挥中心、单一预算等考虑而设定。它们的活动基于结合了具体法律动机（对社会服务义务的意识的动机）和辅助性动机（如果义务被热忱地、成功地履行，会改进服务）的法律动机，趋向于满足相应的社会需求。这样一来，国家防卫（军事和海防）、司法、多种通信部门（邮政、电

① 由此观之，把社会平等的理念与社会主义的愿望和理念相结合的通常做法是出于一种误解。因为它假定了在国民大众中有这样一种性格，即法律的存在便足以使得相关的法律秩序成功地运作，无需任何制裁措施。它还预设了，仅仅向每一个人指出他的义务、被分配的工作等，便足以使得所有人（或者几乎所有人）表现出相应的热忱和勤奋。

报和铁路)、烟酒售卖等(当这些事务通过垄断系统被集中化管理时)方面的要求便进入中心化系统的运作领域,此种中心化系统的主要行政中心位于各个国家的首都。在它们至高无上的管理之下,依据它们发布的指示(狭义的制定法),多种从属性的集中化经济单位(区、市之类)发挥其作用,它们管理的事务包括卫生、医院、教育、市政照明、供水、电话、有轨电车等等。

(包括一般意义上的面包、食物、衣物、住房等最为紧迫的需求在内的)其他国民需求通过去中心化而得到满足,在此种去中心化系统内,有着无数独立的经济中心,它们依照自己的判断、基于独立的动机而行事。

第四十二节　社会服务法与个体(自由)法

前面确立的命题并不是在指出通常被称为或指涉为公法和私法的东西的共同的和区分彼此的特征的意义上,对公法和私法所做的定义。出于第一章确立的方法论上的理由,人们在此等理论的场域内,不可执迷于探究此种特征。

然而,前面确立的命题除了对于解释法律(特别是私法)的运作和社会意义、当代的(以及过去的和可能的)社会秩序的性质以及法律和经济的关系具有重要性以外,它们还提供了构筑法律的
313 分类的基础,此种分类不同于人们的术语使用习惯和其他传统。若想完成此等任务,我们需要考虑前面对法律的组织功能,特别是对国家权威以及国家性质的分类所做的阐释。社会组织给人们这样的印象,即它是具有单一“意志”、单一指挥神经中心以及单一的

(依照整体的需求和福利而运作的)从属机关系统的单一组织,(通过理念的联结)这引发了社会学和政治科学中相应的准生物学学说。这些组织是因法律(律令-归属)型心理现象的形成而被创立的,其中最为重要的是作为社会-辅助性权威的法律这种现象,在其框架内普遍存在着附随的法律义务,这些义务要求权威关怀从属者的福利或者家庭、宗族、部落等社会群体的共同福利。此种社会-辅助性权威实质上不同于支配性权威(例如,针对奴隶、仆人等主体的权威),在后一情形中,不存在此种(附随的)义务。

我们暂时把“关怀臣民福利的义务”放在一边不论,借由前面关于客体理念已经阐释过的东西,我们现在可以更为精确地界定关于法律意见和信念的这两种权利的性质和具体差异。社会-辅助性权威的权利客体是为了臣民或社会群体的福利而做出的命令和其他行动,它不同于支配性权威的权利,后者的客体是这样的命令,它在影响臣民时并不顾及他们的福利。

社会-辅助性权威的意识中的客体理念包含臣民或社会群体的福利的理念,包含具体的行为指令,以及包含对臣民适用命令、惩罚上的限制等等。与此相对,支配性权威的意识中的客体理念并不包含这样的理念、指令或者对行为的限制。例如,支配性权威的意识并不禁止利用主体来获得个人的收益或者满足个人取悦宾客的兴致等。

在那些体验到主体的福利、共同福利或者服务于主体或共同利益的理念的人的心中,这些基本上都是或多或少含混的、未加区分的特征,或者甚至仍潜藏着、尚未被意识到。然而,如果我们将注意力转移到它们上面(例如,问一问家长、保姆、部落权威的代

314 表、君主等人物，他们如何理解他们发布命令、管理主体的命运和事务的权利），我们便能很容易地澄清相应的法律信念的内容，展示它们在我们已经介绍过的这种理念中的表现。通过研究支配性权威的法律心理可以发现，客体理念的内容在这个方面有根本差异。此种客体理念上的差异为我们提供了标准，依此可以将相关法律现象、意见、信念及投射（规范、权利等）分为两类：一、社会辅助性或公法性的；二、自由的或私法性质的。

人们有时候认为，公法的特征是权威和从属，私法的特征则是平等和独立。不论从我们采取的分类（它不同于传统和术语习惯）的视角来看，还是从私法和公法这两类法律的内容的传统区分的视角来看，这都显然是一种误解。法学家认为，主人对奴隶的权利属于私法（这是完全正确的）。以完全相同的方式，没有法学家认为主人和仆人之间的关系或者雇主和雇员之间的关系属于公法。此种误解让人惊讶，因为依据传统学说，罗马的家主（针对儿童、妻子等）的家父权与现代家庭和监护方面的权威都属于私法（这在我们看来是不正确的）。

在私法和公法中都存在着权威-从属关系。然而，在这些权威关系中有两种在根本上不同的法律现象：一、那些包含着主体的福利或社会群体的福利的理念的权威，此类权威是为了这些利益而实施，服务于它；二、那些并不包含此种理念的权威。依照目标或目的来区分这两类法律，以及认为私法的目的在于保护私人利益，这都是不可能的。在私法和公法中，我们在法律心理学的意义上分别考虑不同的“利益”，分别考虑不同人的福利。在私法中，权利意识具有一种“以自我为中心”的指令，在公法中，权利意识具有的则是“利他”的指令（它涉及的不是一个人自己的福利，而是他人的福利，即服务于他人）。至少从乌尔比安那个时代开始直到现在，此种心理学区分已经形成并维系着以目标或目的来区分这两类法律的理念，它自己却未能得到解释和科学阐明，这是因为，人们缺少实现此目的所需要的工具和科学研究方法，即不可或缺的心理 315
学概念和研究方法。不论在民法科学中（其中甚至未能将父亲或丈夫的权威与财产权区分开），还是在现代政治科学中，情况都是如此。国家的权威不仅未能与国家的财产权或者主人对奴隶的权威区分开，甚至未能与抢劫团伙的意志和强力区分开。在这些领域中，都不可能在心理学的意义上分析相关现象以及澄清私法权威与社会-辅助性权威的具体差别。

在社会组织中，特别是在国家中，有许多权威都隶属于特殊的优先关系和等级关系，权威的此种分派方式适于满足社会生活的需要以及依照计划将政府予以有序地集权化的需要。也有无数的从属的特殊权威，它们上面有一个更高的、单一的、一般的社会-辅助性权威。[①] 对于特殊权威而言，因为托付给特定主体的特殊事务的理念，即个体承担的特殊社会服务，其所具有的服务于社会群体普遍福利的理念变得更为复杂，个体承担的这些特殊社会服务包括，指挥军队、部门、团队或公司，管理一般的国民教育事务，管理一个学校的或者某教育机构的国民教育事务，管理学校或教育机构中的一个经济部门，管理一群学生等等。

由此观之，存在着无法计数的公权利（public rights）以及这些

① 参见第十六节。

权利的主体，上至君主、总统，下至警察、未经委任的官员等，但是在现代政治科学中，这些权利及其主体都被从公权利以及权威性权利的主体列表中清除出去了，国家被理解为一个单一的人格，具有单一的意志和一套机构，人们未能运用观察的方法在心理学的意义上研究现实。

与权威性权利类似的是，通过做出他人必须予以考虑的特定宣称来参与共同事务管理的权利（做出宣称的法律能力加上他们必须被考虑的主张），例如，（在国民大会、议会、立法委员会、法庭、行政机构中）形成集体决策事务上的投票权，（在大学之类的社会建制中）立法的权利或者其他关于国民代表或地方自治事务的选举权。

即便在涉及这些权利的场合中，法律意识在结构上仍包含共
316 同福利的理念以及随之而来的对相应行为的指令和限制。当然，在议会或者市政会议等场合中，人们有时候基于利己主义考虑来投票（例如，基于个人收益、职业、推举他人或者不推举他人考虑，基于个人友谊、仇怨、嫉妒、收益或者类似考虑），这些考虑涉及的并非普遍福利，但是该做法属于权利滥用，它违背了通常的法律良知的要求。

所有这些权利可以被整合为一个更为一般的公权利，即为了国家、宗族等社会群体的福利来参与（一般意义上的）共同事务管理的权利。与社会-辅助性权威的权利相伴随的是关怀主体的福利的义务，或者是关怀社会群体的普遍福利的义务，以及特别是相应地落实权威性权利的义务。与社会群体中权威的等级式分派相一致，这些义务的分派也是等级式的，用形象的说法，它们呈现为

金字塔形状。一般的和最高的义务位于金字塔顶端，塔身则由一个依赖于上级指令的、层层下达的社会服务系统所构成，此系统的行动范围逐级变得更为狭窄，更为具体（君主、大臣……警察、未经委任的官员等等）。

在这套系统中，我们能够看到大量法律关系和权利。这些权利（法律关系）的数量很多，因为通常来讲，对应于同一种功能或服务的是带有不同权利主体的多种法律关系。必须结合这样一个问题来考虑以下内容，即谁是那个被归属了要求那些担负特定社会服务的人履行其义务的权利的人。

一、这种权利可以被归属给社会群体自身，在国家服务的领域中它被归属给国家。**针对国家**的相应的义务被归属给君主、大臣、法官等，国家则被归属了相应的权利（一种要求义务得到履行的法律主张）。有时候作为此种权利的主体的并非社会群体，而是社会群体的所有成员，例如，哈里发（Caliph）如果不在意法官的任命，他便侵犯了“所有信徒”的权利。

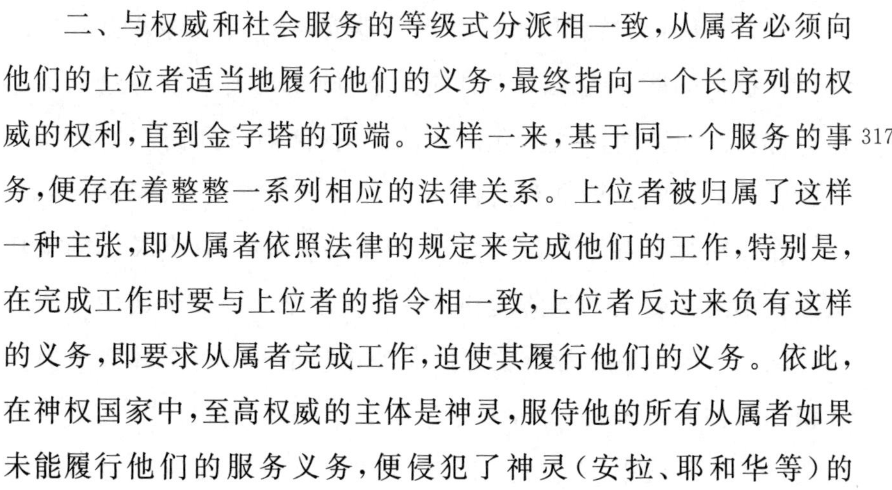

二、与权威和社会服务的等级式分派相一致，从属者必须向他们的上位者适当地履行他们的义务，最终指向一个长序列的权威的权利，直到金字塔的顶端。这样一来，基于同一个服务的事 317
务，便存在着整整一系列相应的法律关系。上位者被归属了这样一种主张，即从属者依照法律的规定来完成他们的工作，特别是，在完成工作时要与上位者的指令相一致，上位者反过来负有这样的义务，即要求从属者完成工作，迫使其履行他们的义务。依此，在神权国家中，至高权威的主体是神灵，服侍他的所有从属者如果未能履行他们的服务义务，便侵犯了神灵（安拉、耶和华等）的

权利。

三、当然,在家庭、宗族、国家等社会群体中,没有一个成员(在通常的法律心理中)享有这样一种权利,即要求相关社会权威代表特别地、仅仅关怀该成员自己,而忽略群体其他成员的福利以及群体自身的福利。然而,即便群体的个体成员(在通常的法律心理中)也享有这样一种权利,即要求相关权威在考虑整体福利以及所有人福利时,依照正义(直觉法)或者实证规范,也将他们(与他人一起)包括在内,这是相应权威负有的义务。

由此产生了大量带有相应的主体和客体理念的法律体验,即群体的不同成员和社会权威的主体之间的一整套相应的法律关系(社会权威的主体在这样一种意义上也包括社会群体在内,即它看起来自身就是一种权威性权利的主体以及关怀义务的主体)。特别是,一般的和最高的提供服务的义务以及各种具体的和从属性的提供服务的义务包括以下内容:在普遍福利所允许的范围内,为了一个人所属群体的成员的利益采取行动,阻止他人对群体成员的侮辱,为群体成员提供保护。当然这意味着,在具体案件中,或许不存在帮助群体的某个成员的义务,例如当灾难威胁到整个群体的时候。在普遍福利所允许的范围内,需要得到保护的群体的个体成员对这些保护享有权利。

在不同社会群体中,在它们不同发展阶段中,社会关怀的至高义务在不同程度上得到落实和发展。在基于血缘而形成的社会群体(家庭、宗族等)中,社会关怀的义务也包括为所有群体成员提供食物和衣物的内容,在并非基于亲属关系的官方群体中,以及在较低文化发展阶段中,它只是或者基本上是在针对其他社会群体的

关系中（以抵御外敌、保卫群体和它的个体成员的形式）得到落实。
随着国家制度逐渐地发展，其服务范围也不断拓宽，甚至开始包括 318
抵御群体内部的伤害之类的内容。在社会主义国家中，正如在以血缘为纽带的社会群体中，服务义务甚至拓展到为个体成员提供食物、衣物以及其他必需品。依此，在由血缘维系的群体中，个体公民针对群体以及针对统治者的这些权利极为宽泛和庞杂。

所有这些类型法律体验（以及规范和法律关系）在它们的智识结构中（具体来讲在它们的客体理念的结构中）都包括了社会服务的理念，即作为主要的行为指令的、为社会群体（普遍福利）服务的理念。

为社会群体（共同福利）服务的义务不仅被归属给社会权威的代表，还被普遍地归属给那些拥有参与管理共同事务权利的人，以及被普遍地归属给群体的成员。它包括（那些具备相应身体条件的人）参与保卫群体、抵御外敌的义务（服兵役的义务、报血仇的义务等），以及通过付出个体的劳力、支付实物和金钱或者其他方式来满足社会群体的一般需求的义务。相应权利的主体是社会群体自身，也就是群体的“所有”其他成员以及相关的（在神权国家中包括神灵在内的）最高统治者。

我们把所有包含社会服务理念的法律体验（规范、权利和义务）结合在一起，作为一种法律类型，名之为社会-辅助性法或者中心化法。在主体理念上具有此种特征的法律以外的所有法律则构成与其相对的法律类型，它并不是必须提供社会服务，可将其称为去中心化法律（称为“私法”之类，但名称是不重要的）。

为了澄清思维、避免误解，需要做一些说明。

一、在社会群体生活中，针对群体外的他人（包括其他社会群体）的权利（类似于财产权）扮演着或多或少重要的角色，他人不得以任何方式侵犯群体或者它的成员，不得干涉此群体的事务，需要容忍这个群体及其权威针对其成员的所有命令或激励措施。[①] 从我们建议的分类的视角来看，这些法律关系，特别是国家之间、独立的部落群体之间的相应的法律关系，以及相应的规范和法律体
319 验，所关联的并非社会-辅助性法（中心化法），而是与此相反类型的法律。如果一个部落或者一个国家主张他人不得干预其事务，此处所考虑的不是一个主体对另一个主体的服务，或者不同主体联合起来对任何更高的集合整体的服务，而是具体的一个主体不得干涉另一个主体的事务，这就好比人们对物或奴隶享有的对世权。相关法律不是在进行统合或集中，而是在进行“拆分”和“驱逐他人”。依此，在罗马法中或者在现代家庭法中，我们区分两个原则上不同的要素：（一）家庭内的法律（关于家庭中权威和相关考量的法律：家父享有要求家庭其他成员服从他的权利）；（二）用于消除外来干预的对外的法律，在古罗马，这是一种通过“保卫家子”（vindicatio filii）以及通过基于涉及财产权的诉讼模式的一般诉讼而落实的法律。前者与国家组织法具有相同性质，后者与财产法、国际法等法律具有相同性质。

二、在法律的特定领域中，在处理私法和公法的差异方面缺少适宜的一般标准的法学家们，为了把股份公司之类的现象归为私法，便把自由意志的表达或者自发的一致同意（契约的缔结）当

① 参见第十六节。

作辅助性的“种差”。该做法让人难以赞同。我们的意义上的社会组织也可以通过契约而建立，此种建立方式也适用于国家，有时候新的国家正是通过契约被归入或并入已有的国家。从我们分类的视角来看，家庭通过契约（婚姻契约）而建立，儿童的权利和父母的权利也可以通过一份收养契约而取得。对于其他社会群体而言，情况也是如此。然而，股份公司、商事合伙之类的社会群体必须被归为私法的理由，不是因为它们被契约所创立，而是因为它们没有前述意义上的社会服务属性，与此相反，在它们内部个体收益的心理发挥着支配作用（法律所允许的支配）。提出契约标准的法学家应该把国际契约法划归为私法（这才是正确的做法）而非归入公法，然而他们没有这么做。

由此观之，之前依照客体理念的内容所确立的法律的类型可以被分为亚类、种和亚种。在谈到社会群体的时候，我们主要考虑一般的社会组织，即具有一般的而非特殊的社会-辅助性权威和相关考量的社会组织。特殊的社会组织，例如，教会组织（以及特别 320
是其中心位于罗马的天主教的一般组织），则可以被归为同一类型。依此，我们将社会组织以及它们的法律分为两种：一般的和特殊的。一般的社会组织及其法律又可以被分为两个亚种：一、基于血缘的组织（家庭、部落之类）；二、非基于血缘的组织（官方组织，例如，国家）。

社会的去中心化法也可以被分为两种：一、独立的社会群体之间的法律，例如，现代国际法或国家间法，在独立的部落群体时代适用于不同民族之间的法律（关于对外的或群体内的去中心化法，可以依照独立的社会群体的分类做进一步区分）。二、社会群体内的法（在有条件的意义上，它是内部的或个体间的法，即该类法律主要规整个体之间或者部落或国家的成员之间的关系，但绝不限于这些关系）。第二种法也可以依照社会群体的分类做进一步区分。

传统上被称为“私法”和“公法”的类型群远远没有包含法律的所有种类（它仅适用于法律发展中有限的阶段），它们在区分法律时，异质的现象被组合为一群，同质的现象则被分开。此种做法的主要缺陷是，国家之间的法与国家组织法一起被归为公法，而家庭组织法（监护法）则被归为私法。这些法律部门应该互换位置。

命名并非最重要的问题，“私”法与“公”法的术语可以被转换为这样两类法律，即前面依照客体理念的内容所确立的作为法律的最高分类的两类法律（社会-辅助性法或者称为中心化法，以及个体法，即自由的法或者称为去中心化法），或者在做必要重组之后，它们可以被特别地保存下来指称当代法学所考虑的那种法律。

我们建议将法律分为社会-辅助性法与自由法，其科学基础和证立理由在于，它提供了构建这样一种充分的理论的基础，基于此种理论方能成功地认知和说明相关现象。

321 关于这些被宣称的分类，当代法学以一些一般断言的形式，含有某种类似于这两种（民法和公法）理论的胚胎的东西。这体现为如下命题。

一、“在民法中存在着主体的独立的现象，而在公法中则存在着权威和从属的现象”。如果把奴隶现象以及一般意义上的主人的私法权威现象放在一边，此种概括是妥当的，但只有在满足了这样一个先决条件的前提下才可以这样做，即把我们正在介绍的这些法律部门相调换，因为私法的此种特征适用于国际法，但完全不适用于家庭组织法（这表明该命题提出一个有缺陷的分类）。这样便消除了该命题的“跳脱”缺陷。为了消除它的“瘸腿”缺陷，适宜的做法是，从此以后将该命题提到的相关特征拓展至前面建议的两类宽广的法律类别，因为权威现象与一般意义上的社会组织的性质密切相关，而不是仅仅与国家组织相关。

二、“在公法中，权利关联于相应的义务，在私法中，并没有一般的规则规定权利附带着落实它的义务”。在我们已经论述的内容中，很明显的是，存在着一类没有附带此种义务的公权利。如果此分类按照前面介绍的方式得到矫正，该命题才可被接受，具体的矫正方式是，目前归属给民法的此种特征也适用于国家间的法（以及其他群体间的法）。

三、“作为一般的规则，基于民法，一个人可以自由地处置他的权利（将其授予他人，放弃它们之类），在公法中则没有此种现象”。关于前两个命题我们已经论述过的内容，在做相应修正之后也适用于此处。这些区分（与前两个命题中的区分一样）与我们已经确立的那两类法律的性质相关。结果是，依照该命题被划归为公法的法律具有“跳脱”缺陷。这是因为，国际法也属于公法。

四、“民法的自由处置特征也体现在法庭上的民事程序中，体现在民事债权人可以自由地提起诉讼或不提起诉讼，可以自由地要求他人提供所有欠他的东西或（如果他希望的话）仅仅其中一部分，可以自由地免除、终止程序等等，这成为相关裁判的依据。其中没有什么东西涉及公权利”。再一次，我们要说的是，就各方希望将他们的问题交由司法机关审查而言，此种自由处置也是国际法的特征。

322 五、“民法规范基本上是任意性的，仅仅当利益相关方没有通过相应的安排确立任何不同的东西时，它们才被适用。例如，依照法律，仅当当事人没有留下遗嘱的时候，继承规则才被适用。与此相反，公法规范具有‘强行’特征”。此种不幸的分类也导致了前面指出的那种错误。因为，考虑到国际法庭的运作特点，主体的处置自由也是国际法（以及一般意义上的群体之间的法）的特征。

六、包括绝对君主的权威性权利在内的所有社会-辅助性权利都是相对权利，在我们所说的意义上的公法中，没有也不能有约束所有人的绝对权利，因为这里涉及的是组织和管理一个有限的社会群体的事务，而不是针对世界上所有的人、其他主体或国家的权威的事务。与此相反，在去中心化法律中，绝对权利不仅仅是可能的，它们还扮演重要角色。所有类型的去中心化法律的基础，以及（传统意义上的）民法和国际法的基础，都是一条原则，可以将其表述为“不许犯我”，即没有人敢于触碰我、我的东西或者干预我的事务，所有人都不得侵犯我，都要容忍我在我的领域中做出的所有类型的支配行为。

这个原则包含大量国际的、部落间的、个体间的法律中的权利，它们是这些法中最重要的权利。除了“不许犯我”之外，国际的、个体间的法还有另一个重要原则，即“有约必守”。基于此原则以及凭借制裁，如果权利被侵犯了（损害赔偿原则），在国际法之类的法律中便会出现相对权利。因此，很明显的是，从实践的角度看，出现了“所有人”（或者“任何人都不应该”）这样的主体理念是将相关法律从公法领域中排除、归为私法的适宜且正确的标准。

这适用于生命、名誉、身体完整等权利，现在一些法学家将其归为私权利。刑法和国家权威的相应义务当然属于公法。

七、社会-辅助性法的特征是，积极义务（提供社会服务的积极行动）以及相应的规范、权利等在其中具有主导地位。自由法（国际法等）并不包含社会服务义务，其特征是，除此之外的两类义务、权利、规范、法律意见、法律信念在其中占据主导地位，它们带 323
有“不得”和“容忍”这样的客体理念（“不许犯我”“有约必守”，不过甚至在此处，积极义务当然也可能存在）。

然而，从法律的理论的视角来看，相比于进行此种对比式概括，还有别的更加重要的东西。我们建议的划分方式澄清了法律的内容（不仅澄清了文明国家的当代法律的内容，还有其他国家、其他时代的法律内容），使其变得很容易被理解。所有（不同类型以及处于不同发展阶段的）社会组织的法的本质和内容可以被化约为几条基本原则，这对于理论、学说体系、法律历史、描述性法学以及法律政策来讲都是重要的。

然而，最为重要的考量是，我们建议的定义代表一种可以作为确立和形成相应的充分理论的基础的分类。特别是，基本的（中心化的和去中心化的）经济秩序、人类行为以及它们的一般意义上的组织管理方式的差异，以及不同情形中动机性质的区别，提供了构筑法律动机和法律教育的两个不同的充分理论的基础。从未来的法律政策科学的视角来看，这极为重要。除了法律一般的最高的政策之外，还应该有两个从属性的（去中心化法和中心化法的）政策系统。不过，这些理论的构建和发展，以及这两类法律各自起源和发展的理论的构建和发展，超出了本书的讨论范围。

第八章　法律与社会-心理生活

第四十三节　法律与社会-心理生活的双边因果关系

324 法律一方面是社会-心理生活的一个要素，它的形成在个体和群体的心理和行为中唤起了特定活动过程；另一方面，法律自身又是特定社会-心理活动的产物，依照因果法则，法律被它们创造和改变。依此，法律理论除了将法律作为一种有着特殊性质、特殊内容、特殊属性的特殊类型的现象予以研究，还必须研究此种双边的因果关联。它既要把法律作为一种要素来研究（构筑一种法律的因果作用的理论），也要把法律作为一种产物来研究（构筑一种法律的起源和发展的理论）。

在当代科学中，第一种关于法律的因果作用的学说还完全不存在，人们甚至没有意识到从此种视角出发研究法律的适宜性和必要性。不同作者在试图界定法的概念时，按照他们对法律的因果作用的理解，直接或间接地表明了法律的因果作用，这些尝试如果还算得上法律的因果作用的学说的话，那也是它的一些完全不能让人满意的雏形。从强制的视角对法律所做的定义隐晦地表明了，法律的作用在于将人们的行为限定在特定范围内。在从自由的视角对法律所做的定义中，透露出来的是，法律的作用在于确立、保护和配置自由。从耶林的学说广为散布那个时代开始，出现了一种与此相似的观点，即法律的作用和意义在于保护利益。

为了构筑一种科学的和充分的法的作用的理论，我们必须先检视法律的性质。如果法律体现了一个具有更大的、无法抵御的力量的意志的命令，它被发布给一个较弱的意志，后者受到限制并从属于前者，那么“法的作用在于限制”（在于通过命令和强制之类的手段来保护利益）这样的理念便是完全自然的。但是，如果法律 325
被认为是一种特殊类型的心理活动过程（一种特殊类型的伦理体验），这样的观点就自我崩解了，因为它不融贯，不符合我们在考察法律的运作过程中所发现的法律的性质。法律作为一种心理活动过程，它的因果作用的理论必定是一种心理学理论。关于该理论主要和基本的命题，我们在前面已经谈论过了。①

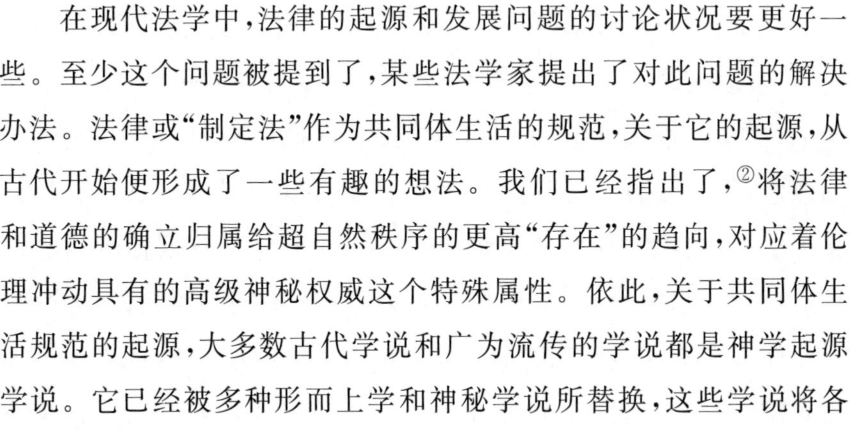

在现代法学中，法律的起源和发展问题的讨论状况要更好一些。至少这个问题被提到了，某些法学家提出了对此问题的解决办法。法律或“制定法”作为共同体生活的规范，关于它的起源，从古代开始便形成了一些有趣的想法。我们已经指出了，②将法律和道德的确立归属给超自然秩序的更高“存在”的趋向，对应着伦理冲动具有的高级神秘权威这个特殊属性。依此，关于共同体生活规范的起源，大多数古代学说和广为流传的学说都是神学起源学说。它已经被多种形而上学和神秘学说所替换，这些学说将各类神灵替换为至高的力量和“存在”，例如，被视为更高“存在”的

① 参见第七节和第九节。

② 参见第六节和第八节。

"自然"、世界"理性"以及"客观精神"。大多数相关学说考虑到了所谓的自然法。多位法哲学早期的代表人物(在所谓的历史学派的学说出现和广为散布之前)认为,实证法是为了实现特定目的(和平、福祉之类)被人的意识和经过设计的人类活动所创立的。一些作者把实证法界定为制定法,将其起源和发展简单化约为立法者、君主之类的人物的意志和裁量,另一些作者则认为实证法的确立来自于契约,依据此种契约,为了实现和平、秩序等目的,人们同意创立一个至高权威并服从它,此权威接着依照此契约行事并发布法律。但是此种契约的义务性力量依赖于自然法,该法律要求契约得到遵守。在人类思想史中,这样一种理论周期性地出现,即将所有法律(以及道德、宗教信仰之类)化约为人为了实现这样一些目的的恶意发明,即为了更好地支配他人、更好地实现他们自己的利益。该学说貌似表达了一种高尚的批判,但实质上是天真的。

在 19 世纪的开端,所谓的历史学派反对"实证法被有意识地、
326 任意地创立"这一学说,它声称,法律与语言、风俗一样,是一种文化的产物,它规律性地、不知不觉地、逐渐地发展,独立于任何人类的意志、设计或者(不论何种)意识,表达了民族精神。在此种民族精神中,自然法一开始处于蛰伏状态。逐渐地它们以相应信念的形式在历史中被发现,体现在习惯法这个更好的和直接的形式中,以及体现在立法者和法律科学的活动中,这些主体是(或者无论如何必定是)民族精神的机构和代表,是共同信念的解释者。该理论也必须被归为神秘理论的范畴。这是因为,它所说的民族精神是一种高贵但难以捉摸的概念,它不同于作为个体心理总和或加总的国民心理,"普遍信念"也是某种不同于特殊个人的信念的东西,

个人的思想可能无法与超个人的“普遍信念”保持和谐一致。

人们认为，耶林的学说在法律的起源和发展理论的演进中开创了又一个纪元，确立了关于该问题的现代法学观点。他提出的基本命题有：一、法律类似于国家，是人类为了实现确定的和实践的目的（发展和保护实践利益），由有意识的和被设计的人类的创造活动导致的结果。二、与作为命令的、起源于意志的、具有充分的力量确保其得到遵守的法律规范的性质相一致，法律源自于强力和权威，体现一种强力和利己主义的政策。国家的权威是所有法律的渊源。由于法律依赖于强力，因此当出现利益的冲突和斗争时，法律需要解决和消除此种对立。耶林认为，斗争作为法律发展的要素扮演重要角色。此种学说应和了它出现的那个时代的“实践”和“现实主义”精神，被认为是一个伟大的发现、一个重大的进步，很快在法学家中流行起来。

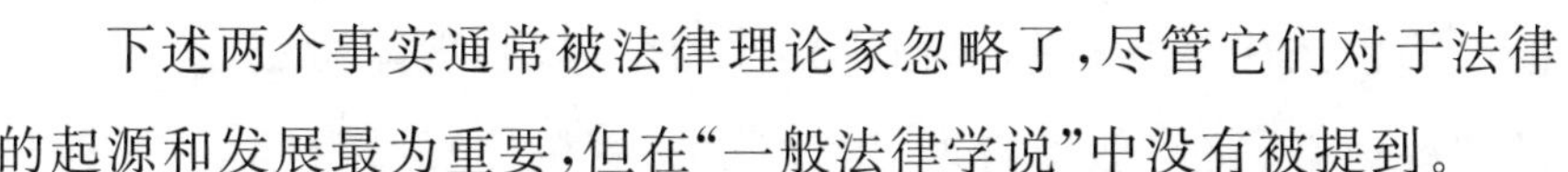

下述两个事实通常被法律理论家忽略了，尽管它们对于法律的起源和发展最为重要，但在“一般法律学说”中没有被提到。

一、在法学的特定部门中（主要在所谓的“比较法”中，它致力于研究和比较包括较低文化发展水平的国家的法律在内的不同国家的法律）存在这样一个信念，即有必要研究和阐明法律的“发展法则”，或者更准确地讲，阐明法律发展的趋向和方向。然而就目 327
前来看，发现法律“发展”的这些“法则”的渴望尚未得到满足。

二、在某种程度上，不仅法学考虑和试图解决法律的起源和发展问题，社会学（社会理论，即关于社会活动过程和社会发展的理论）也是如此。当社会学家试图将所有社会现象及其发展过程化约为基本的要素、力量或活动时，即使他们并没有特别谈及法律，他们也做出了适用于法律的起源和发展的相应主张。相比于当代法学的学说，社会学的此类学说更有深度、更为严谨。

第四十四节　迈向法律发展的科学理论

法律的起源和发展以及法律的因果作用问题是一种关于下列事项的心理学问题，即律令-归属体验、冲动-智识复合体或者相应的心理禀性（体验到相应的冲动的倾向），以及界定它们的形成的要素和活动过程。在特定社会学理论（例如，达尔文主义、历史唯物主义）和作为特殊伦理体验的法律的性质之间，实质上没有关联性。一个人可以在社会学中追随达尔文主义或历史唯物主义，但同时接受作为律令-归属体验的法律的理论。此外，作为律令-归属体验的法律的理论以及相应的禀性为社会学理论提供了一定支援。如果法律是一种基于相应禀性的个体-心理体验，从达尔文主义的视角看，它类似于心理-生理设备（有机体）的多种其他要素和属性，凭借此种理论可以阐明其起源和发展。从经济唯物主义的视角来看，将法律化约为特殊的心理现象并非不可接受，法律现象看起来是心理上出现的相关物（是社会物质的反映），它们的内容作为社会物质的作用结果，在历史发展过程中随着社会物质的改变而改变。

328 为了确立适宜的法概念，以及为了构筑法律发展的科学理论，我们需要掌握两类基本的知识或者说预设。

一、法律的因果作用（特别是它的动机作用和教育作用）的理论。法律（与社会-心理生活中包括道德、规范性审美在内的其他要素一起)影响人类心理的发展，改变人类的性格，使其更适应社会生活，但其自身依照这些心理变化以及为了与此相适应而改变。这是发现法律发展的历史趋向的关键之处。一般来讲，法律形成和演变的历史进程基本上是在逐渐地使法律的动机作用和教育作用适应国民心理的特殊状况。更精确地讲，凭借法律系统的心理作用，个体和群体的行为(以及国民心理)被引导着去追求普遍福利。与人类心理对社会生活的适应同步，在法律中也出现了相应的变化，然而此种变化有着多种复杂情况，有时还会暂时停滞。相比于人类早期的法律体系，最为晚近的法律体系更多地要求公民从事具有社会合理性的行为，前者适合更为原始的心理，它所要求的行为通过人们依照其性格崇高的一面而行动所实现。晚近的法律体系利用已经被实现的结果，依赖于群体性格的特质，此种性格特质是法律动机的较早系统(它被调适得适应一个更为粗糙的以及缺少社会符合性的心理)无法依赖的。在物质产品的生产方式的转变中，我们可以看到这一点，早期实行奴隶制度，役使奴隶劳动是通过原始的和粗糙的动机(监工的皮鞭、主人处死他的权利等)实现的，后来转变为自由劳动、经济自由以及竞争制度，后者通过独立的自由动机实现。这是人类群体文化进步的征兆和产物。对于现在正在多个领域中进行的生产的社会化来讲，情况也是如此，它若想获得成功，不仅要具备一定程度的经济效率，还要具有为了普遍善(而不是为了个人自己)而努力工作的能力和倾向。以完全相同的方式，自我管理的制度替代专制政体，国家逐渐民主化，这些是国民心理进步的征兆和产物。随着人类的性格变得更好，为了实现具有社会合理性的行为，越来越不需要奖惩性的动机

压力。惩罚和奖励被减少，整个群体对于违反法律的（强化动机压
329 力的）集体责任被替换为个体责任。早期针对（尽管不是有意的）被引起的邪恶所负有的不可推卸的责任被替换为这样一个惩罚系统，它允许存在多种免除责任的理由以及责任转移等现象。在较低文化发展阶段，为了确保债务人精确地、体面地落实一项基于契约的权利，存在这样一些威胁，即债权人可以将拖欠债务的债务人切成几段，将其卖为奴隶，在公共场合殴打他，直到他还款为止，在偿还债务逾期时加倍债务，除此之外还有其他残忍的做法。契约法的发展史展示了此种压力逐渐减少这个进步。早先，确保家庭成员做出适宜行为的途径是，由家长实施（包括实施死刑的权利在内的）规训威胁以及由他对家庭成员的行为负责任，但是家庭法后来的历史发展显示了一个进步，它缩减了此种动机压力。在小的社会组织（先前它们彼此攻击、不死不休）被统合成大的群体（例如，大规模的国家）的时期，正是此种统合事实更为强烈地要求人们做出具有社会合理性的行为，要求人们以合作的态度对待先前的外人和敌人。惩罚的危险特征以及一般来讲社会管理体制的强制性被提高了，但这只是暂时的，仅存在于国民心理发展到使得体制的转换得以可能的程度之前。当然，人类及其制度的历史发展的相关法则并未显示，有一些聪慧之士在研究、度量人类心理的进步并依此设计法律，实际上，社会-心理在适应性方面的进步是潜意识的，唤醒并引导它的活动过程仍是神秘未知的。

二、为了解决此问题，我们需要创立社会-心理活动过程的科学理论（科学的社会学）。达尔文主义的理论（唯一包含了“适应”的潜意识机理的理论）完全无法解释独立于个体死亡和群体解体

的社会-心理的适应过程。它未能注意到基于交流以及(更为一般地)社会群体成员之间的心理共同体而发生的特殊活动过程。心理共同体可以说彼此进行心理感染,不仅有智识影响,还有情绪影响。被人们交流并得以流通的,不仅有相关理念,还有在交流者心中与这些理念相关联的情绪和冲动。对于引起个体痛苦的东西,在个体心中形成了消极冲动(拒斥、厌恶),对于向相反方向作用的
力量,则形成了吸引性冲动(同情)。冲动-智识性的社会交融以及 330
心理感染在之后各代人的生活中有了肯定性产物(共享的赞许)。对于说谎、诽谤之类的现象,此种产物不可避免地变成消极冲动,尽管存在着诱使人们从事这类行为的好处。个体从儿童时期开始便通过冲动-智识性交融和感染而得到了这些冲动性产物。由于存在着此种个体尚未意识到其起源的冲动-智识性复合体,在人们心中或许会出现混乱、争吵和冲突(一场不同冲动之间的战争)。

前述冲动性赞许代表着无法计数的事实在人(死者和生者)的生活中导致的相对一致的结果,它与被赞许的客体、现象、规则和行为类型(例如,技术、经济和教育方法,卫生方法,以及一般地所有能够被想象和交流的东西)的通常价值成比例,由此而来的活动过程类似于为了生存而斗争以及自然选择(尽管它们在原则上不同,因为它们被冲动所引发,而非被死亡的镰刀所促成)。这样的无意识的适应、进步和发展发生在所有生活领域中,例如,在语言自身中(语言是我们关注的活动过程的主要工具),在现象和客体的类别中,在习俗中,在国家的卫生、医疗、农艺、教育、道德和法律的规则中。这些产物不断地变化着(包括人类意识的改变在内),此种变化与生活环境的变化相适应。

相关理论(冲动性选择和发展的理论)不是仅仅对于法律而言是充分的,对于无法比拟的更为宽广的现象类别而言也是充分的,如果在这里对此理论进行阐释、演绎以及论证,会与本书的结构安排不一致,因为它需要大量的篇幅。考虑到这些事实,本章仅阐述该理论简单的和初步的要点,至于全面地展示该理论并为其提供佐证,以及(基于它们)形成一种特殊的关于法律的起源和发展的理论,则构成了另一本专著的内容。

索　　引

（索引页码为原书页码，即本书边码）

图书在版编目(CIP)数据

法律与道德/(波)列昂·彼得拉日茨基著;于柏华译. —北京:商务印书馆,2024
(汉译世界学术名著丛书:120年纪念版:珍藏本:增订本)
ISBN 978-7-100-23748-2

Ⅰ.①法… Ⅱ.①列…②于… Ⅲ.①法伦理学—研究 Ⅳ.①D90-053

中国国家版本馆 CIP 数据核字(2024)第 077815 号

汉译世界学术名著丛书
(120 年纪念版·珍藏本·增订本)
法律与道德
〔波兰〕列昂·彼得拉日茨基 著
于柏华 译

商 务 印 书 馆 出 版
(北京王府井大街 36 号 邮政编码 100710)
商 务 印 书 馆 发 行
北京市十月印刷有限公司印刷
ISBN 978-7-100-23748-2

2024 年 5 月第 1 版　　开本 710×1000 1/16
2024 年 5 月北京第 1 次印刷　　印张 29
定价:160.00 元